中共湖北省委宣传部
中南财经政法大学　共建 新闻与文化传播学院项目成果

普通高等学校"十四五"规划文学与新闻传播类专业数字化精品教材

整合品牌传播概论

Introduction to Integrated Branding Communication

袁满 编著

华中科技大学出版社
http://press.hust.edu.cn
中国·武汉

内 容 提 要

本书在详细介绍整合品牌传播发展过程中沉淀下来的为行业、组织的相关实践带来巨大启发和指导价值的相关理论的基础上,展开对整合品牌传播的实践环节和效果衡量的探讨,包括品牌传播的战略规划、品牌定位、内容营销、品牌广告、品牌公关、品牌传播的媒体选择与投放、品牌视觉识别传播、品牌延伸等。本书注重培养读者对整合品牌传播全流程的把握,并让读者了解数字化媒体和社交媒体时代强势品牌如何打造自身竞争力,以达到降低企业经营风险、持续积累品牌资产的目的。

本书系统科学、案例丰富、讲解生动,对中国众多品牌的传播实践进行了详细介绍和分析,以期引导读者对品牌传播学的发展以及中国品牌建设的加强进行深入思考。

图书在版编目(CIP)数据

整合品牌传播概论/袁满编著. —武汉:华中科技大学出版社,2023.8
ISBN 978-7-5680-9850-2

Ⅰ.①整⋯　Ⅱ.①袁⋯　Ⅲ.①品牌-传播-研究-中国　Ⅳ.①F279.23

中国国家版本馆 CIP 数据核字(2023)第 153060 号

整合品牌传播概论　　　　　　　　　　　　　　　　　　　　　袁　满　编著
Zhenghe Pinpai Chuanbo Gailun

策划编辑:周晓方　杨　玲
责任编辑:周　天　杨　玲
封面设计:原色设计
责任校对:张汇娟
责任监印:周治超

出版发行:华中科技大学出版社(中国•武汉)　　电话:(027)81321913
　　　　　武汉市东湖新技术开发区华工科技园　　邮编:430223
录　　排:华中科技大学出版社美编室
印　　刷:武汉市籍缘印刷厂
开　　本:787mm×1092mm　1/16
印　　张:23.75
字　　数:557千字
版　　次:2023年8月第1版第1次印刷
定　　价:58.00元

本书若有印装质量问题,请向出版社营销中心调换
全国免费服务热线:400-6679-118　　竭诚为您服务
版权所有　侵权必究

普通高等学校"十四五"规划文学与新闻传播类专业数字化精品教材

编委会

主　任　罗晓静

副主任　余秀才　张　雯

委　员（以姓氏拼音为序）

陈国和　胡德才　李　晓　石永军
吴玉兰　王大丽　徐　锐　阎　伟
朱　恒　朱　浩　张红蕾　朱云飞

作者简介

袁满 女,河南省周口市人,汉族,博士,现为中南财经政法大学新闻与文化传播学院讲师。研究方向为新闻实务、品牌传播。在核心期刊发表论文多篇,出版《大数据与中国经济新闻生产》等多部专著。

总序
FOREWORD

教育经历了"传统"与"现代"的断裂,"大学"也发生了从中世纪到现代的转变。一般认为,1810年德国柏林大学的创立标志着现代大学的诞生。现代大学不仅是教育机构,也是研究机构,推崇"学术自由"和"教学与研究的统一"。这种研究型大学的理念对世界高等教育影响深远,既为现代大学的形成奠定了基础,也在很长时间内规范着大学的评价体系。20世纪以来,大学则被赋予越来越多的功能,包括人才培养、科学研究和社会服务等,但无论大学怎样转变和多功能化,尤其是到了当下,有一个共识逐渐形成并被强化,即人才培养始终是大学最核心的功能。习近平总书记在2016年全国高校思想政治工作会议上明确指出:"高校立身之本在于立德树人。只有培养出一流人才的高校,才能够成为世界一流大学。办好我国高校,办出世界一流大学,必须牢牢抓住全面提高人才培养能力这个核心点,并以此来带动高校其他工作。"

人才培养涉及面很广,几乎贯穿高等教育的各个环节。教材,是育人育才的重要依托,是课堂教学的关键载体,在落实立德树人和人才强国战略中具有基础性地位和作用。高校教师是教材建设的主体,但高校教师在教材建设中的积极性并不高。究其原因,很大程度上是高校绩效考核中科研成果所占比重远远高于教学成果,教材建设的激励机制严重不足。随着《深化新时代教育评价改革总体方案》(以下简称《总体方案》)的出台,如何改革教师评价方式成为高等教育领域最受关注的问题之一。《总体方案》强调"坚持破立结合","破"的是重科研轻教学、重教书轻育人等行为,"立"的是潜心教学、全心育人的制度要求。教育评价是引导教育发展方向的"指挥棒",在《总体方案》出台前后,国家还出台了若干教材建设规划和教材管理办法,目的在于提高教材建设工作的科学化和规范化。提高教师参与教材建设的积极性,开创教材建设的新局面,已成为新时代背景下高等教育发展的必然趋向。

学术著作的撰写和出版具有很强的个人色彩,教材的编写和建设则往往需要组织领导和机制保障。从宏观层面来看,自改革开放以来,高校教材建设经历了实践与探索、发展与创新的不同阶段,并作为"国家事权"纳入我国高等教育的"顶层设计"之中,成为高校教育教学改革与人才培养模式变革的重要结合点。具体到我们学院组织编写这套"普通高等学校'十四五'规划文学与新闻传播类专业数字化精品教材",既是为了接续学院在新闻、文学和艺术教育方面的优良传统,也是学院在学科专业建设、教学质量提升和人才培养目标实现方面立足当下、展望未来的努力和尝试。

中南财经政法大学新闻与文化传播学院成立于2004年9月,其实学院的新闻、文学、艺术等专业的开办与学校的历史一样长久,源头是1948年学校前身中原大学创建之初设立的新闻系和文艺学院。1948年,随着解放战争节节胜利,新解放区迅速扩大,党的政治宣传任务需要一定数量高素质的新闻宣传人才。同年8月26日,中原大学新闻系在河南宝丰县成立,时任中原大学副校长并全面主持学校工作的正是新华日报社第一任社长潘梓年。中原大学新闻系举办了两期培训班,共招收学员130余人,教学任务分别由中原局宣传部和新华社中原总分社的负责干部来承担,主要讲授时事政治和新闻业务知识两类课程,其中新闻业务知识课包括新闻记者的修养(陈克寒)、新闻的评论和编辑工作(熊复)、农村采访工作(张轶夫)、军事采访经验(李普、陈笑雨)、新闻摄影(李普)、新闻工作的编辑排版校对等工作(刘国明)等。在战火纷飞的年代,中原大学新闻系为革命事业及时输送了一批急需的新闻宣传人才,他们大多终身奋战于党的新闻事业中,成为著名的编辑、记者和在新闻战线担任一定职务的领导干部和业务骨干。新闻系随中原大学南迁武汉后,也曾筹备过招收第三期学员的事宜,因种种原因未能继续办下去。但可以自豪地说,中原大学新闻系为我国的新闻教育和宣传事业做出了应有的贡献。

文艺学院和文艺系,是中原大学最早设立的院系之一。1948年9月中原大学招生广告显示,当时学校设有文艺、财经、教育、行政、新闻、医务六个系。同年10月,中共中央任命范文澜为校长,潘梓年为副校长。首任校长和副校长均在文学理论领域颇有建树,范文澜的《文心雕龙注》是龙学最有影响的著作之一,潘梓年于1926年出版的《文学概论》是较早参照西方的文学理论研究文学的著作。同年12月,中原大学组建了文艺研究室,著名电影导演、表演艺术家崔嵬为主任。文艺研究室下设戏剧组、音乐组、创作组,另有1名美术干部。1949年六七月间,以文艺研究室为基础,文艺学院成立,崔嵬任院长、作家俞林任副院长,在专业设置上包含戏剧系、音乐系、美术系、创作组、文工团。在两年多的时间里,文艺学院共培养了音乐、戏剧、美术、文学等专业毕业生及各种短训、代培生1136人,他们分布在中南地区和全国宣传、文艺、教育战线上,为我国文化艺术教育事业的发展做出了显著贡献。1951年8月,中原大学文艺学院划归中南军政委员会文化部领导。

因为20世纪50年代全国范围内的高等教育院系调整,学校的新闻、文学和艺术教育曾中断多年。1997年,学校重新开办新闻学专业,创建新闻系,相关学科专业建设步入新的发展阶段。2004年,新闻与文化传播学院正式成立。2007和2008年,学院先后成立中文系和艺术系,使建校之初就有的新闻、文学和艺术教育得以薪火相传。经过二十多年的快速发展,学院已经具备了较为完整的人才培养体系,现下设新闻传播学系、中国语言文学系和艺术系,开设了新闻学、广播电视学、汉语言文学、数字媒体艺术、网络与新媒体五个本科专业及网络与新媒体+法学双学位实验班,其中网络与新媒体、汉语言文学专业、广播电视学入选省级一流本科专业建设点,拥有新闻传播学和中国语言文学2个一级学科硕士学位授权点,新闻与传播和汉语国际教育2个专业硕士授权点,新闻传播学为湖北省重点学科、中国语言文学为学校重点学科。

2019年7月,学校与湖北省委宣传部、省教育厅正式签订"共建中南财经政法大学新闻与文化传播学院协议",学院发展进入新阶段,也迎来了改革和发展的"十四五"规划。学院在"十四五"规划期间的发展目标是,专业建设进一步优化和发展,学科建设逐步增强,人才培养进一步彰显特色,国际合作办学逐步拓展,科学研究再获新的突破,师资队伍结构合理优化。本学院的教学研究与改革工程作为重大行动之一,其具体措施就包括了组织编写出版新闻、中文和艺术专业的系列教材。目前我们推出的系列教材，既有彰显学院在经济新闻、创意写作、文化产业、数字影像等方向人才培养特色的《财经媒体与新闻报道案例》(吴玉兰主编)、《创意写作课》(罗晓静、张玉敏主编)、《儿童文学理论与案例分析》(蔡俊、李纲主编)、《文化产业创意与案例》(王维主编)、《数字雕塑基础》(卢盛文主编)，也有展示教师将研究专长与课堂教学有机融合成果的《视听节目策划实务》(石永军、黄进编著)、《汉字溯源》(谭飞著)、《应用语言艺术》(李军湘主编)、《中国当代小说选讲》(陈国和主编)、《欧美新闻传播理论教程》(王大丽主编)、《唐诗美学精神选讲》(程韬光主编)、《实用汉语史知识教程》(甘勇主编)、《整合品牌传播概论》(袁满编著)等。

我们深知教材编写之不易，并对编写教材始终保持敬畏之心！系列教材的出版，凝聚了每一位编写者多年潜心教学的思考和付出，也得到了华中科技大学出版社人文分社社长周晓方、策划编辑杨玲老师等的大力帮助，在此一并表示由衷的感谢！

我们希望以此为契机，深入贯彻习近平总书记在全国教育大会上的讲话精神，认真落实教育部"以本为本"的指导思想，以高水平教材建设为契机，以培养富有创新意识和开拓精神的复合型人才为目标，与时俱进、深化改革、开拓创新，进一步推动学院在教学质量、课程建设和教学改革等方面取得突破性进展。

中南财经政法大学新闻与文化传播学院院长、教授

罗晓静

2021 年 8 月 5 日于武汉南湖畔

序言
PREFACE

每个地区、每个国家的品牌都蕴含特有的文化、地域基因,承载独特的文化内涵,品牌建设是特定地区乃至国家经济社会发展的写照。品牌事关每一个个体、组织,甚至关系到民族和国家的兴衰,是国家核心竞争力的象征之一。当前,面对复杂的国际形势和日趋激烈的全球化竞争,品牌建设已上升至一些国家的战略层面,近年来,我国也开始重视并大力扶持本土品牌发展。中国特色品牌不仅是传承、发扬中华民族优秀文化的有力载体,也是展现可信、可爱、可敬中国特色形象的重要手段,加强中国品牌建设更是满足人民美好生活需要的重要途径。

成功的品牌传播富有生命力,是品牌与消费者沟通、建立关系的有效手段。整合品牌传播这一概念的出现,将品牌与人的关系提升到一个全新的高度,因此有必要对其进行学术探讨。整合品牌传播根植于广告传播理论,从品牌理论的基础上衍生而来,是数字时代整合营销传播理论发展的新高度。与传统的品牌传播理念相比,整合品牌传播更突出市场需求的先导性,顺应消费者需求的个性化、精神化、综合性的转变。而与整合营销传播相比,整合品牌传播对品牌进行了更具"人格化"的打造,强调鲜明的品牌个性、独特的品牌魅力和坚实的社会责任信念。基于此,本书认为,整合品牌传播是企业组织以市场需求为导向,以品牌为载体,以品牌人格化为理念,通过整合各种营销、传播和技术手段,努力与目标用户建立各方互惠、相互信任、互相认同的永续关系,同时获取社会的认可和回报的过程。

本书共 11 章,先从理论角度对品牌及整合品牌传播相关理论沿革进行了梳理和阐释,再从整合品牌传播的全流程,包括战略规划、品牌定位、品牌传播手段、品牌传播媒体选择与投放、品牌传播效果等环节出发,进行专章介绍。本书力求做到以下三点。

其一,系统科学。品牌传播作为一门集大成学科,涉及传播学、广告学、心理学、营销学、设计学等多学科知识。本书通过多学科视角审视诸多品牌传播现象,注重对现象背后的品牌传播规律的探研。

其二,规范易读。本书在编写过程中力求体例规范,按照"学习要点—引例—主体内容—案例穿插、详案解析与点评—课后思考习题"的体例设置每章学习内容,以满足品牌传播教学教材的要求。同时,引入众多国内外品牌介绍作为案例,尤其注重对中国特色品牌的介绍,如云南白药、长城欧拉、片仔癀、六神、农夫山泉、王老吉、茶颜悦色等,以期深入中国本土品牌传播实践,挖掘中国品牌建设的独特基因。这不仅能更好地将理论与实践相结合,还增强了内容的可读性。

其三,与时俱进。本书引入及介绍了目前学界较为权威且主流的理论研究动态,以及权威机构的最新调研数据及结论,让读者在把握前沿趋势的同时培养学术敏感性。

本书适合高等院校广告学、市场营销学等专业的本科生或研究生作为教材或参考书使用,也适合一些相关专业从业人员作为参考资料使用。

袁满

2023 年 6 月 15 日

目录
CONTENTS

- 第一章 品牌与整合品牌传播 / 1
  - 第一节 品牌的内涵和分类 / 2
  - 第二节 整合品牌传播理论的演进 / 15
  - 第三节 整合品牌传播的外部影响因素 / 28
  - 第四节 整合品牌传播的内部影响因素 / 36
- 第二章 整合品牌传播的相关理论 / 45
  - 第一节 产品生命周期理论 / 48
  - 第二节 品牌资产理论 / 54
  - 第三节 品牌识别系统理论 / 62
- 第三章 整合品牌传播的战略规划 / 74
  - 第一节 品牌战略规划的内涵 / 77
  - 第二节 品牌战略规划的内容 / 78
  - 第三节 品牌战略规划的具体步骤 / 86
- 第四章 整合品牌传播的品牌定位 / 99
  - 第一节 品牌定位的内涵 / 101
  - 第二节 品牌定位的前提 / 106
  - 第三节 品牌定位的步骤 / 111
  - 第四节 品牌定位的层次和策略 / 117
- 第五章 整合品牌传播的内容营销 / 126
  - 第一节 内容营销的内涵 / 129
  - 第二节 内容营销的流程 / 134
  - 第三节 内容营销的三重维度 / 138
- 第六章 整合品牌传播的广告创意 / 165
  - 第一节 广告的概念及在整合品牌传播中的作用 / 167

　　　　　第二节　广告传播的目标确立 / 170
　　　　　第三节　广告传播的诉求及策略 / 173
　　　　　第四节　广告传播的发展趋势 / 183

◉ 第七章　整合品牌传播的公共关系 / 193

　　第一节　公共关系的内涵及在整合品牌传播中的作用 / 196
　　　　　第二节　公共关系传播的基本模式 / 203
　　　　　第三节　品牌公益传播 / 205
　　　　　第四节　品牌危机公关 / 216

◉ 第八章　整合品牌传播的媒体选择与投放 / 229

　　　　　第一节　传播媒体概述 / 233
　　第二节　品牌在媒体选择及投放上的考量因素 / 237
　　第三节　整合品牌传播中媒体投放的发展趋势 / 248

◉ 第九章　整合品牌传播的视觉识别传播 / 264

　　　　　第一节　品牌名称设计 / 268
　　　　　第二节　品牌标志设计 / 277
　　　　　第三节　产品包装设计 / 295

◉ 第十章　整合品牌传播的品牌延伸 / 309

　　　　　第一节　品牌延伸的内涵 / 313
　　　　　第二节　品牌延伸的类型 / 317
　　　　　第三节　品牌延伸与品牌定位的关系 / 321
　　　　　第四节　品牌延伸的影响因素 / 325

◉ 第十一章　整合品牌传播的效果评估 / 336

　　　　　第一节　整合品牌传播效果的内涵 / 338
　　　　　第二节　整合品牌传播效果的评估模型 / 340
　　　　　第三节　整合品牌传播效果的评估方法 / 353

◉ 主要参考文献 / 362

第一章　品牌与整合品牌传播

本章学习要点

1. 品牌的内涵和分类。
2. 整合品牌传播的内涵。
3. 整合品牌传播的内、外部影响因素。

引例

民族品牌白象：温润如玉　铁骨铮铮①

2022年3月，北京冬季残疾人奥林匹克运动会（以下简称残奥会）如期举行，当全世界的目光聚焦在残疾人群体时，作为残奥会面食供应商的白象食品股份有限公司（以下简称白象）也迅速火"出圈"，其企业员工三分之一为残疾人、宁愿倒闭也不接受日资入股等感人事迹被更多人知晓，后续更是引发了网友的"野性消费"。大家纷纷喊话："面对这样的良心企业，我们无法保持理性消费！"

一、内心柔软，谦谦君子

白象正式创建于1997年，从诞生之日起，白象一直在坚持做一件事：雇佣残疾人为企业员工。白象为45岁以下的大龄残疾人开辟了专门的就业渠道，现有员工的1/3都是残疾人，创造了本土企业的一项奇迹。这些残疾员工被称为"自强员工"，享受和正常员工一样的福利待遇。不仅如此，为了照顾他们的出行和生活，白象在各个公共区域都设有自动报警系统、无障碍通道，食堂也专门设有特殊窗口。

网友如此评价白象："自己淋着雨，还想着为别人撑伞。"在每一次国家有难的紧要关头，我们总能看到白象的身影：2020年疫情期间，白象挺身而出，捐款300万，并捐出十几万份方便面物资；2021年河南特大暴雨灾害期间，白

---

① 百家号：《因冬残奥会出圈的白象，背后的故事才让人破防》，https://baijiahao.baidu.com/s?id=1727345597418485317&wfr=spider&for=pc，2022-03-05。

象第一时间捐款500万元,并捐出大量方便面等物资,甚至还在内部通知,"谁都不准以救灾捐款的名义接受采访宣传"。这份朴素深沉的民族情怀,彰显着国货品牌的良心。

二、傲骨铮铮,民族脊梁

在"中国方便面四大巨头"(白象、康师傅、统一、今麦郎)中,只有白象始终不肯接受日企投资,并因此遭到了竞争对手的"围追堵截",但白象依然不愿妥协,拒绝被日企收购。

虽然面临重重困难,但白象并不气馁,它全力探寻"破圈"路径。2019—2021年,白象不断探索创新,两年时间内开发出方便面、速食产品、挂面等各品类新产品共80多种。近些年,白象集团也着力开发线上业务,并一度"力压群雄",成为在天猫、拼多多、京东等电商平台销售额第一的方便面品牌。2022年央视3·15晚会曝光"土坑酸菜事件",不少知名方便面品牌纷纷踩雷,但白象方便面"真金不怕火炼",销量反而迎来爆炸式增长。

面对"出圈"和"爆红",白象也时刻保持清醒:短期的消费暴涨只是昙花一现,坚守初心、守正创新才是企业立身之本。希望未来有更多如白象这样的国产品牌崛起,让全世界都看到中国品牌的力量!

白象的走红看似偶然,实则必然。几十年如一日地保持本心,不懈追求高品质产品和坚持公益,白象"民族企业"的荣誉实至名归。正所谓"为众人抱薪者,不可使其冻毙于风雪",面对这样的良心企业,消费者生怕它不"出圈",因为它担得起"信任"二字。白象,为我们千千万万的中国品牌做了最好的示范。

温斯顿·丘吉尔曾说:"伟大的代价就是责任。"[1]在当今社会,信誉远重于山,品牌要想获得长远的发展,必须承担起更大的社会责任。在信誉时代,品牌营销也正在从过去的以实用回报为中心向一个更加包容、完整的模式发展,开始考虑、尊重消费者的心灵、社会和环境。企业仅仅将履行责任当成一种偶尔的善举是远远不够的,优秀的品牌必须始终把使命感和责任感当作企业发展的核心。

第一节　品牌的内涵和分类

"品牌"一词最早源于古挪威语"brandr",原指在家畜身上打上烙印以标记其所属权。后来,随着商品经济的发展,欧洲一些手工业行会也开始在商品上进行标记,以便于消费者辨认产品来源。品牌由此作为一种识别标志逐渐进入大众视野,这也是其最基础的功能。后来,商家为使自己的产品脱颖而出,使用更多品牌化手段,如独特的包装、新颖的标签、响亮的名字等,品牌的形式因此日益丰富起来。19世纪末,随着资本主义工商业的发展,生产商开始注册商标。法国于1857年颁布了世界上第一部成文的

---

[1] 搜狐:《高尚、伟大的代价就是责任》,https://www.sohu.com/a/111494045_119717https://www.sohu.com/a/111494045_119717,2016-08-22。

商标法《关于以使用原则和不审查原则为内容制造标记和商标的法律》,自此,品牌发展逐渐变得规范有序。

在中国,品牌的雏形古已有之,一些出土陶器上的标记便印证了这点。"品牌"概念在中国的萌芽可追溯至百年以前,如诞生于明清时期的一批"国货之光":京师美馔"全聚德",凉茶始祖"王老吉",济世养生"同仁堂",饼艺至尊"稻香村"……这些品牌虽已百岁却不"服老",反而不断推陈出新,在传承中与时俱进。

美国市场营销协会(American Marketing Association,AMA)在1960年出版的《营销术语词典》中对"品牌"一词进行了权威界定:用以识别一个或一群产品和劳务的名称、术语、象征、记号或设计及其组合,以此同其他竞争者的产品和劳务区别开来。① 品牌开始成为广告营销界的重要关注对象。近年来,随着国外品牌研究的不断引入,国人开始重新审视品牌理念并进行相关学理建设,中国品牌学建设的呼声也愈发高涨。

一、品牌的内涵

随着营销和传播环境的日新月异,品牌的内涵也在不断发生变化。对品牌的不同认知,既反映出浓厚的时代印记,也是广告主进行品牌传播决策的重要出发点。品牌研究发展至今,大致衍生出以下六种主流品牌观。

(一)品牌符号论

品牌符号论认为品牌是一种具有差异性的特殊符号和识别标志,反映了品牌最基础的功能。品牌的代表性定义除上文提到的 AMA 的界定外,还有如下几种。

营销权威菲利普·科特勒认为:"品牌是一种名称、名词、标记、符号或设计,或是它们的组合运用,其目的是借以辨认某个销售者或者某群销售者的产品或劳务,并使之同竞争者的产品和劳务区别开来。"②

营销学者麦克威廉认为:"品牌是用以识别的区分标志。同时品牌是速记符号,是更有效沟通的代码。"③

《牛津英语词典》中对品牌的定义是:"证明供应者的一种去不掉的标识。"

中国名牌战略最早倡导者之一、中国名牌培育委员会主任艾丰认为,品牌的直接解释就是商品的牌子。品牌包括三种牌子:第一种是商品的牌子,就是平常说的"商标";第二种是企业的名字,也就是"商号";第三种是可以作为商品的牌子。④

原达美高广告公司大中华区董事长林俊明认为:"品牌是一个名称、名词、符号、象征、设计或其组合,其作用在于区别产品或服务。对一个消费者而言,品牌标识了产品的来源,并且它同时保护了厂商和消费者的利益,可以防止竞争对手模仿。"⑤

---

① 何佳讯:《品牌形象策划》,复旦大学出版社,2000年版,第5页。
② [美]菲利普·科特勒:《营销管理——分析、计划和控制》,梅汝和等译校,上海人民出版社,1994年版,第607-608页。
③ Lancaster Kelvin J. Consumer Demand: A New Approach, Columbia University Press,1970.
④ 余明阳、戴世富:《品牌战略》,清华大学出版社,2009年版,第3-4页。
⑤ 余明阳、戴世富:《品牌战略》,清华大学出版社,2009年版,第3-4页。

综上,具有差异性的标识和符号是品牌最基础的内涵,这也是一个品牌唤起大众印象最直接的手段之一,如麦当劳的"金拱门"、玛莎拉蒂的"三叉戟"、奥迪的"四个圈"、香奈尔的"双C"。但也不难看出,在品牌符号说看来,大众对于品牌的认知还未脱离产品本身,品牌作为产品的附属品而存在,品牌自身的价值还未得到足够的重视。

(二)品牌形象论

20世纪60年代左右,随着西方市场经济的不断发展和社会财富的不断累积,人们的物质需求得到了极大满足,买方市场逐渐形成。与此同时,机器的大规模生产也使产品同质化倾向愈演愈烈。消费者在购买决策的过程中,不再只看重产品性能、质量、价格等物理识别要素,也越来越关注产品的象征性精神功能。这也是马斯洛需要层次论为我们揭示的原理:当消费者较低级的生理需要得到满足后,他们将会追寻更高阶的心理需要的满足,如情感需要、自尊需要和自我实现需要等。这类高级需要的渐长也为品牌的差异性发展带来新契机,品牌开始着重塑造并凸显自身的个性特征,以满足消费者的心理期待。

广告大师、奥美广告公司创始人大卫·奥格威是品牌形象论当之无愧的开山鼻祖,他在20世纪50年代早期推广"品牌形象"这一概念时曾说:"我们坚信每一则广告都必须看成是对品牌形象这种复杂的象征符号做贡献,看成对品牌声誉所做的长期投资的一部分。"[1]1950年,奥格威首次明确界定"品牌"概念:"品牌是一种错综复杂的象征,它是品牌的属性、名称、包装、价格、历史、声誉、广告风格的无形组合。同时品牌也因消费者对其使用的印象及自身的经验而有所界定。"[2]

品牌形象论包含以下三个关键要点。

1. 塑造品牌个性

随着同类产品的差异性减少,品牌之间的同质性增多,消费者选择品牌时的理性元素越来越少,因此为品牌打造一种高品质、差异化的形象比强调产品的具体功能特性重要得多。换言之,广告卖的是品牌的"人设",这也是决定品牌市场地位的关键因素之一。

2. 满足心理期待

消费者购买商品或服务时追求的是"实质利益+心理利益",除了产品所具有的有形特性外,产品的无形特性,即支撑品牌形象的情感价值,也是一项重要的资产。若品牌形象能满足消费者的某种期待或自我设定,如契合自身的性格特征、生活方式、价值观、审美观等,消费者则更愿意为这一品牌买单。人们之所以需要品牌,是因为人们越来越重视品牌的精神属性在社会关系里的符号意义。比如,人们通过豪宅豪车、名表时装来彰显自己的身份、地位,热播电视剧《三十而已》的女主人公顾佳凭借一个爱马仕限量款手提包跻身"上流贵妇社交圈"。

3. 关注长线投资

任何一则广告都是对品牌的长线投资,企业不能仅仅着眼于其是否带来了短期收

---

[1] [美]大卫·奥格威:《一个广告人的自白》,林桦译,中国物价出版社,2003年版,第1页。
[2] 王海涛等:《品牌竞争时代——开放市场下政府与企业的品牌营运》,中国言实出版社,1999年版,第36页。

益。广告最主要的目标是塑造并维护一个良好的、高知名度的品牌形象。因此,"广告必须年复一年持续反映相同的品牌形象"①。

品牌形象论开辟了一个全新的时代,掀起了研究的热潮并经久不衰。营销学家莱威也认为,品牌不仅是用以区别不同制造商品的标签,它还是一个复杂的符号,代表了不同的意义和特征,最后的结果是变成商品的公众形象、名声或个性。②

这一阶段,品牌的内涵得到进一步延伸,广告界对品牌的定义开始突出品牌带来的心理利益,注重品牌带来的品牌联想。在中国,越来越多的人也意识到这样一个事实:中国品牌想要和西方品牌同场竞技,必须运用产品的无形特性的总和——品牌这一工具。正如中国品牌教育家、被誉为"品牌孔子"的梁中国先生所说的,"品牌是凝聚着企业所有要素的载体,是受众在各种信息综合性的影响下,对某种事或物形成的概念与印象。它包含着产品质量、附加值、历史以及消费者的判断。在品牌消费时代,赢得消费者的心永远比生产本身重要,品牌形象远比产品和服务本身重要"③。

案例1

加州大学心理学系的研究者曾做过一个实验,给学生们一些蒸馏水,告诉其中一部分学生那是蒸馏水并让他们描述水的味道,大多数学生认为味道没什么特别的;另一部分学生则被告知水是从水龙头里接的,结果大多数人都反映味道很可怕,因为暗示"水龙头里的水"很容易让人联想到氯。联想的力量有时会超乎人的想象。④

案例2

意大利奢侈品品牌范思哲(Versace)的商标以古希腊神话中的蛇发女妖美杜莎为设计灵感来源(见图1-1)。创始人乔瓦尼·詹尼·范思哲一直对希腊、埃及、印度等古文明帝国悠久而神秘的文化情有独钟,他一生中很多经典的设计元素均来源于此。他把品牌商标设计成美杜莎或许有双重寓意:当你看到我时,你将被我的魅力所蛊惑;当你拥有我时,也将获得这种勾魂摄魄的美。他用这种品牌形象向消费者释放充分的吸引力。⑤

图1-1 意大利奢侈品品牌范思哲商标

---

① [美]大卫·奥格威:《奥格威谈广告》,曾晶译,机械工业出版社,2013年版,第10页。
② 杜国清、陈怡等:《品牌传播理论与实务》,中国传媒大学出版社,2018年版,第13页。
③ 林升梁:《整合品牌传播:战略与方法》,中央编译出版社,2017年版,第8页。
④ [美]大卫·奥格威:《奥格威谈广告》,曾晶译,机械工业出版社,2013年版。
⑤ 豆瓣网:《世界顶级奢侈品品牌故事》,https://www.douban.com/note/605029251/?_i=0275285kAW7kgx,0275351kAW7kgx,2017-02-05。

案例3

万宝路（Marlboro）作为世界上最畅销的香烟品牌之一，其经典的西部牛仔品牌形象可谓家喻户晓。但万宝路最初的定位是女士香烟，主打女性消费市场，因此早期的品牌广告均以女性作为代言人（见图1-2）。然而品牌一直反响不佳，万宝路经营陷入困境。一筹莫展之际，1954年，万宝路品牌所属的莫里斯公司找到了当时著名的营销策划人李奥·贝纳。在对香烟市场进行深入分析后，李奥·贝纳大胆地给万宝路品牌"变性"，将万宝路定位为硬汉香烟，并将承载着美国精神的西部牛仔形象与万宝路联系起来，新的广告代言人均以浑身散发粗犷、豪迈、英雄气概的牛仔形象示人（见图1-3），该广告一经推出就吸引了众多喜爱、欣赏和追求这种气概的消费者。

万宝路品牌形象的大变身也彻底改变了自身的命运，在其品牌、营销、广告策略按照李奥·贝纳的策划思路改变后的第二年（1955年），万宝路香烟在美国香烟品牌中销量跃居第10位，之后更是扶摇直上。[①]

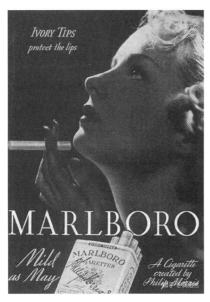 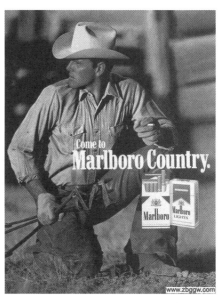

图1-2　早期的万宝路海报　　　　　图1-3　改头换面后的万宝路海报

（三）品牌关系论

品牌关系论认为，品牌体现了消费者与产品之间的认知关系。在品牌关系论中，品牌不再被简单地当作一个名称、标识或一种形象，它更注重消费者在品牌中的作用和两者之间的互动关系。奥美广告公司曾提出："品牌是产品与消费者之间的一种特殊关系，是消费者经验的总和。"

---

① 网易：《男人的万宝路，广告策略成就的世界第一香烟品牌》，https://www.163.com/dy/article/D66T72AL0521F30V.html，2017-12-21。

李维教授提出:"品牌是存在于人们心智中的图像和概念的群集,是关于品牌知识和对品牌主要态度的总和。"①

品牌专家戴维·阿克认为:"品牌就是产品、符号、人、企业与消费者之间的联结与沟通,是一种消费者能亲自参与的更深层次的关系,一种与消费者进行理性和感性互动的总和,若不能与消费者结成亲密关系,产品就从根本上丧失了被称作品牌的资格。"②

消费者原有的认知、态度和行为等倾向,都可能对接受、处理、反馈产品信息等一系列流程产生影响。正如拉扎斯菲尔德通过实证调研得出的"选择性接触"所揭示的,人们在信息接触过程中往往倾向于选择那些跟自己的既有态度、认知相似或一致的信息,而对于与自己的既有态度和认知相反的信息往往选择回避。因此,只有当产品的客观属性和功能与消费者的认知结构一致时,品牌才更有可能发挥效力;相反,被消费者认知结构所排除的产品,与消费者的购买行为则是绝缘的。美国哈佛大学学者大卫·阿诺也曾如此论述:"品牌就是一种类似成见的偏见……成功的品牌是长期、持续地建立产品个性的成果,消费者对它有较高的认同。"③

我国学者韩光军也强调了"品牌认同"的重要性:"品牌俗称牌子,是商品的'脸谱',它体现商品(或服务)个性和消费者认同感,象征生产经营者的信誉、包装等符号的组合……品牌是一个复合概念,它由品牌名称、品牌认同、品牌联想、品牌色彩、品牌包装及商标等要素构成。"④

这一阶段,人们开始偏向于让品牌跟消费者进行互动来构建良好的关系,在互动过程中强调消费者的能动性。品牌与消费者良好互动关系的建立与维持,是品牌价值得以实现的基础和保障。比如,品牌的积分政策、VIP待遇等营销手段可以更好地维系与消费者之间的关系,让单纯的买卖关系往更强的人际关系上延伸,进而培养消费者的品牌忠诚度。

拓展阅读

钻石营销:让全世界女人为之疯狂的伟大"骗局"⑤

求婚为什么一定要有钻戒?钻石为什么象征着爱情?钻石的4C标准又是谁创立的?钻石也有鄙视链?……不知从何时起,钻石与婚姻的绑定已成为约定俗成、毋庸置疑的事实。国内某明星"一克拉以下的钻石都是碎钻,不保值"的言论更是让消费者感慨珠宝投资市场水深莫测。或许有人对此嗤之以鼻,觉得自己是人间清醒——"钻石的化学成分就是碳元素",可到了结婚时仍未能免俗地买一枚钻戒郑重地佩戴在无名指上。

---

① 余阳明、朱纪达、肖俊崧:《品牌传播学》,上海交通大学出版社,2005年版,第4-5页。
② 余阳明、朱纪达、肖俊崧:《品牌传播学》,上海交通大学出版社,2005年版,第4-5页。
③ [美]大卫·阿诺:《品牌保姆手册——13个名牌产品推广、重建范本》,林碧霞、李桂芬译,时报文化出版企业有限公司,1995年版,第11-13页。
④ 韩光军:《品牌策划》,经济管理出版社,1997年版,第1页。
⑤ 虎嗅:《钻石是21世纪全球最精彩的营销骗局》,https://www.huxiu.com/article/12388.html,2013-04-02。

当全球都在追捧"钻石文化"时，我们不妨回答一下文章最开头的那几个问题，它们的答案恰好是同一个：这都是钻石投资商精心炮制的营销话术。在这场旷日持久的钻石营销中，戴比尔斯公司的一系列操作可谓无出其右。

1988年，一个叫罗兹的英国商人创建了戴比尔斯公司，从此钻石营销拉开了世纪大幕。该公司垄断了整个钻石的供货市场，钻石价格水涨船高。为了稳定钻石的价格体系，戴比尔斯公司开始投入巨额广告费打造钻石文化，而这场营销的核心理念就是将坚硬的钻石同忠贞的爱情联系起来。一旦被赋予这一神圣的属性，钻石的"不可替代""独一无二""不可被转卖"等理念的推广就变得顺理成章。1950年，戴比尔斯公司更是提出了那句妇孺皆知的经典广告语——"A diamond is forever"（钻石恒久远，一颗永流传）。

20世纪80年代，苏联发现了一座钻石矿，大量碎钻开始供应于世。为了不让钻石掉价，戴比尔斯公司又炮制了大量的行业标准，如经典的"4C"标准①，以此来"教育"大众：钻石的珍贵不是看大小，而是看做工和切面。于是，即使碎钻有了市场，钻石的价格体系也能得以继续稳定。与此同时，戴比尔斯公司还在广告营销中强调送钻戒的仪式感、惊喜感，而惊喜感正是为了降低女性向伴侣主动索取昂贵礼物的负罪感。

拥有戴比尔斯公司40%股权的奥本海默家族曾感慨："感谢上帝，创造了钻石，同时也创造了女人。"当消费者认同钻戒就如认同一种文化时，品牌和消费者之间的关系已经变得坚不可摧，消费者甚至心甘情愿充当品牌的"信徒"。

无独有偶，我国国内的钻戒品牌"DR"也深谙"爱情鸟"的心理，它凭借"男人一生仅能定制一枚"的口号在竞争激烈的婚嫁珠宝市场中杀出重围。男士凭身份证一生仅能定制一枚，购买DR钻戒前双方须签订真爱协议，承诺终生不可更改；每一枚DR钻戒绑定唯一真爱编码，全球均可进行真爱查询……在这一系列"独一无二""非你不可"的光环加持下，消费者心甘情愿买单。近年来，DR钻戒母公司迪阿股份有限公司的毛利率相当惊人。中新经纬梳理Wind数据发现，2022年上半年A股申万钟表珠宝行业内，迪阿股份的毛利率和净利率均为最高，分别达到70.3%和27.74%，远超消费者熟悉的周大生、老凤祥等品牌。

(四)品牌资产论

"品牌资产"这一概念最早出现于20世纪80年代的广告界，其出现伊始便引发了广泛讨论，相关研究渐成显学。该品牌观认为积累品牌资产是品牌传播的核心目标。根据美国著名品牌专家戴维·A.阿克的定义，品牌资产由五项组成，即品牌知名度、品牌认知度、品牌联想度、品牌忠诚度和其他专有资产。

品牌管理的国际先驱凯文·莱恩·凯勒提出的品牌资产价值概念主要从消费者对

---

① 钻石的"4C"即钻石的克拉重量(carat weight)、净度(clarity)、色泽(color)、切工(cut)。

品牌的心理反应,而非从财务方面去衡量其价值。他认为,品牌资产价值的构成要素主要包括两个部分,即品牌知晓和品牌形象。前者指人们对品牌名称的知晓程度,具体反映在品牌记忆(即某一特定品牌是否储存在消费者的记忆中)和品牌识别(即消费者在面对众多品牌时能否识别出某一特定品牌)两方面;后者指人们在品牌知晓的前提下,与品牌建立的一些联系,即一种品牌态度网络的形成。①

这一阶段的品牌传播目标就是累积包括品牌忠诚、品牌意识、品牌联想、主观质量、其他权益在内的全面性品牌资产(相关品牌资产理论,我们将在第二章展开详细介绍)。

(五)品牌企业论

这类品牌观主张"品牌即企业",将企业作为社会公民,而品牌则是企业这个社会公民的身份证,检验品牌成功与否的标准是品牌是否得到公众的爱戴。这类观点的出现是对 21 世纪开始萌芽并逐渐壮大的企业社会责任建设(corporate social responsibility, CSR)理念的回应。该理念摒弃把利润作为唯一目标的传统,更多地关注企业对社会的价值和反哺,以及企业对员工、消费者、社区和环境的责任等。

现在越来越多的企业开始在品牌建设、企业文化建设等重大企业战略规划中贯彻"品牌即企业"这种品牌企业论,因为它们深谙企业社会责任建设关乎企业的持续、健康发展,是品牌资本和品牌价值积累的强大续航力。

拓展阅读

时尚界的"政治正确":"不沾血腥的时尚才动人"②

珠宝界常用"血钻"来指代那些经由不法途径盗取的钻石矿宝,而皮革界的"血钻"——动物皮革,则是动物被残忍剥夺生命的象征。动物皮草一度是奢华、顶级的标志,时尚圈更是其忠实拥趸。但它所引发的争议也始终不绝于耳(见图 1-4)。环保以外、人性以内,从 Gucci、Michael Kors、Furla 到 Burberry、Maison Margiela,越来越多时装品牌开始拒绝使用动物皮草来追求时尚产业利益的商业行为。

早在 1990 年,Calvin Klein 就宣布舍弃毛皮材料,加入国际反皮草联盟。

2016 年,Giorgio Armani 宣布,将从 2016/17 秋冬系列开始舍弃皮草材料。

2017 年 10 月,Gucci 首席执行官 Marco Bizzarri 表示 Gucci 将在 2018 年春夏系列后全面弃用皮草制衣,库存产品会全部拍卖,所得款项将捐给动物保护协会。

---

① [美]凯文·莱恩·凯勒:《战略品牌管理》,李乃和等译,中国人民大学出版社,2000 年版,第 234 页。

② 搜狐:《皮革界的血钻石 动物保护联盟最痛恨的事情》,https://www.sohu.com/a/123468971_556737,2017-01-05。

图1-4　2002年巴西超模吉赛尔维密走秀遭动保组织成员闹场抗议

2017年12月16日,美国奢侈品集团Michael Kors Holdings Ltd.表示,公司同名品牌及新收购的鞋履品牌Jimmy Choo将在次年12月底前逐步淘汰动物皮草产品。

2018年3月,Versace设计总监Donatella Versace表示,"不再通过杀死动物来制造时尚"。同年5月,Bottega Veneta首席执行官宣布:未来将不再生产动物皮的皮具。同年9月,英国时装协会宣布伦敦时装周将全面停止使用动物皮草。与此同时,Burberry的全球总监Marco Gobbetti也表态:"Burberry不再使用兔毛、狐狸毛、貂皮和浣熊皮等皮草。"同年12月,法国时尚奢侈品品牌香奈儿Chanel正式宣布在皮具、服装等产品生产上停止使用珍稀皮革(鳄鱼皮、蜥蜴皮、蛇皮)及皮草等材料。Chanel彼时设计总监Karl Lagerfeld表示品牌未来会重点开发研究纺织和皮革类材质的创新。

时尚界反皮草队伍还在不断壮大,"不穿真皮草"似乎成了时尚界的"政治正确",它和抵制零码模特、反性侵、撑女权等活动一道,成为品牌彰显对社会负责态度的主要代表。一些国家也开始在政策层面颁布皮草销售禁令,关闭水貂农场。

(六)品牌生态论

新一代物联网技术的革新带来海量数据的积累,可以让企业在把控商业行为宏观规律的同时,精确掌握用户多元场景的每一个个性需求的细节,从而使企业的商业模式实现从"千人一面、一次性购买"到"因需而变、终身交互"的个性服务的转变。

时代在呼唤新品牌范式的诞生,这是一种能够打破传统行业/品类壁垒、有效促成动态多边合作的模式,也是一种要求企业整合并管理自己并不拥有的资源的思维革新。品牌关系的研究方式逐渐从物理化转向生态化,以国内学者张燚为代表的研究者将品牌生态论视为未来的品牌观。[①] 在技术的加持下,品牌生态的理念逐步落地,对品牌生态的研究也成为数字时代品牌研究领域的热点。

---

① 张燚、张锐:《国内外品牌本性理论研究综述》,北京工商大学学报(社会科学版),2004年第1期。

2020年,凯度集团联合牛津大学赛德商学院与海尔集团发布全球首个物联网时代生态品牌建设标准——《物联网生态品牌白皮书》,提出物联网时代下的领导型品牌范式——生态品牌。该白皮书对生态品牌进行了如下定义:生态品牌是一种通过与用户、合作伙伴联合共创,不断提供无界且持续迭代的整体价值体验,最终实现终身用户及生态各方共赢共生、为社会创造价值循环的新品牌范式。①

牛津大学赛德商学院研究副院长安德鲁·史蒂芬与市场营销学副教授费利佩·托马斯在2021年共撰的《我们为什么需要生态品牌》对当前生态品牌的转型热潮做出了解释:"与其他模式相比,生态品牌的独特之处在于,它创建了一个与外部参与方协同或合作并共创价值的系统,同时为生态参与方创建激励系统来消解合作风险。合作伙伴通过生态获得的收入以及生态的共生价值持续激励其进一步留存于该生态之中。而另一方面,生态品牌与用户的共创也为留存终身用户创造了条件。这是因为生态品牌与用户的持续互动增强了用户黏性,进而能够持续推动双方在生态系统中创造和获取价值。"②

2021年,凯度、牛津大学赛德商学院、《哈佛商业评论》中文版合作,共同制定并全球首发"生态品牌认证体系",从"共同进化""价值循环"和"品牌理想"三大视角及其下属的五个核心维度(用户体验交互、开放协同共创、终身用户价值、共赢增值效用、社会价值贡献)和16项评估细则出发,评估品牌在生态品牌转型与打造过程中的成效和进化阶段(见图1-5)。③

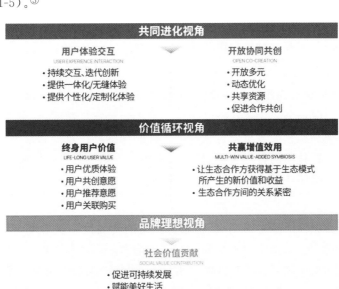

图1-5 生态品牌认证体系

---

① 新华财经:《生态品牌:开启品牌新范式的思维革命》,http://www.banyuetan.org/qyzx/detail/20220301/1000200033137541646124203741379189_1.html,2022-03-01。

② 新华财经:《生态品牌:开启品牌新范式的思维革命》,http://www.banyuetan.org/qyzx/detail/20220301/1000200033137541646124203741379189_1.html,2022-03-01。

③ 新华财经:《生态品牌:开启品牌新范式的思维革命》,http://www.banyuetan.org/qyzx/detail/20220301/1000200033137541646124203741379189_1.html,2022-03-01。

综上所述,品牌生态论的核心观点在于,数字时代的品牌方依赖人工智能、大数据、物联网等数字技术与各利益相关者进行互动,从而构建起稳定的关系生态系统,以实现可持续的品牌形象优化、内容迭代和价值增值。我们在本章末尾将以海尔品牌为例,为大家深度解读生态品牌。

二、品牌的分类

对品牌进行分类,可以让我们从不同维度更全面、深入地了解品牌的内涵和外延。这里按照三种分类标准对品牌进行分类阐述。

(一)按照品牌生命周期分类①

1. 构想期

构想期的品牌尚处于萌芽阶段,此阶段的主要工作是将设计、生产、销售等环节进行规划、协调。当产品只是一个概念时,品牌就可以调查市场对此概念的反馈,将不切实际的想法扼杀在萌芽阶段。做好充分的前期市场调研并确定品牌定位后,企业可以小心翼翼地在市场试水,以确保产品符合目标消费人群的偏好和期待。

例如,宝洁公司有一套严苛、全面、细致的试销活动体系,其对福尔杰咖啡(J. A. Folger)进行了长达6年的扩展方案测试后,才进入东部地区。在"做正确的决策"和"争第一"两个选项面前,宝洁公司往往选择前者并保持足够的耐心,这也是宝洁公司在这么多年的实践中得出的宝贵经验——宝洁历史上只有3种产品进行了不到6个月的试销就推广全国,其中有2种以失败告终。②

2. 导入期

导入期的品牌会呈现出性能不稳定、消费者认知度和接受度不高、市场占有率不高等一系列特征,此时竞争对手也在密切关注品牌的市场推广情况,尚未建立相应的阻击计划,媒体或其他利益相关者可能也在密切关注品牌的推广过程和结果。此时,品牌需要针对具体的产品、具体的目标市场、具体的市场状况来制订合适的推广计划和媒体投放策略,并找准时机使之拥有一个较高的市场起点。

3. 成长期

在成长期,品牌特征基本明朗,已积累了一定的知名度和美誉度,产品的销售量和市场占有率稳步提升;关联企业不断向品牌寻求合作;产品竞争者逐渐增多,模仿者不断涌现,竞争对手正在制订或正在实施阻击计划;媒体的关注度也在不断提升。成长期是决定品牌能否成为名牌的关键时期,因此,品牌需要对自身产品、服务、定位和推广方式等进行适应性甚至超前性的调整,积极应对竞争对手的阻击,并善于运用媒体的力量为品牌扬名,提升品牌的美誉度和消费者忠诚度。

4. 成熟期

成熟期是品牌的丰收时刻,这一阶段品牌会呈现产品销量达到峰值、市场占有率及利润趋于稳定、品牌知名度及用户忠诚度较高、寻求联手的中间商和合作者激增、媒体

---

① 林升梁:《整合品牌传播:战略与方法》,中央编译出版社,2017年版,第8-9页。
② [美]大卫·奥格威:《奥格威谈广告》,曾晶译,机械工业出版社,2013年版,第166页。

对其保持持续关注等一系列特征。正所谓"成功易,守功难",品牌能否长时间维持这种全盛状态,关系到品牌的长远发展,因此品牌应保持产品在研发方面的领先优势,始终与目标消费者的价值愿望趋向保持一致,让产品与目标消费者共同成长,并保证运营层面的安全和媒体公关等工作的常态化。

5. 衰退期

在衰退期,产品销量下降甚至滞销,一部分企业处境艰难甚至被迫退出市场。此时,品牌应积极寻求脱困之道,如进行合理的品牌延伸等。

(二)按照品牌属性分类

1. 功能性品牌

功能性品牌的产品定位主要体现在物质层面的功能和利益上,其在宣传产品功效方面突出与竞争对手的差异,并以此打动消费者。如舒肤佳香皂在广告宣传中开创性地提出"除菌"这一功能,并在此后多年始终强调产品这一特性,从而成功在当年力士香皂几乎一家独大的局面下迅速占领市场。

2. 象征性品牌

象征性品牌能让消费者获得品牌的精神属性以及在社会关系里的符号意义,从而使消费者精神层面的需求得到满足。前文介绍的戴比尔斯公司的钻石营销即是象征性品牌的最佳例证。

(三)按照品牌相关性分类

1. 核心品牌

核心品牌又称企业品牌或母品牌。核心品牌因素包括相似度(即核心品牌代表的产品或服务与延伸对象之间相似的程度,具体包括技术相似度、类型相似度、可替代度等)、强大度(即核心品牌市场地位的高低、品牌资产的大小)、品牌定位(即核心品牌的定位偏向功能意义还是偏向象征意义,是属性定位还是非属性定位)、品牌内涵(即核心品牌所形成的含义)、延伸记录等。

2. 延伸品牌

延伸品牌又称产品品牌或子品牌。母品牌可以充分发挥集聚效应,也可以为子品牌提供良好的背景形象;子品牌可以丰富母品牌的内核和门类,即使是主打同类产品的子品牌在企业内部也能展开差异化的良性竞争,达到"1+1>2"的效果。子母式的品牌结构一般适用于较为传统和成熟的行业,以及较为大型的具有较高知名度的企业。

例如,宝洁公司包含300多个子品牌,在每个产品类别中,宝洁往往拥有不止一个品牌,并允许品牌之间相互竞争。仅洗发产品就有飘柔、潘婷、海飞丝、沙宣、伊卡璐等众多品牌,但这些子品牌的定位各有特色:飘柔主打柔顺,潘婷主打强韧,海飞丝主打去屑,沙宣主打造型,伊卡璐主打草本。差异化的定位使得各品牌都能在竞争激烈的洗发水市场中常青不凋。

除了以上几种分类标准外,品牌还可以依据所有者、辐射区域、用途、市场地位等标准进行分类,在此不一一赘述。

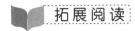拓展阅读

宝洁公司开创的"品牌经理制"①

始创于1837年的宝洁公司总部位于美国俄亥俄州辛辛那提市,是全世界最大的日用消费品公司之一,其全球雇员近10万,在全球80多个国家设有工厂及分公司,所经营的300多个品牌的产品畅销160多个国家和地区,其中包括织物及家居护理、美发美容、婴儿及家庭护理、健康护理、食品及饮料等。1931年,宝洁公司首创了大名鼎鼎的"品牌经理制",其基本原则是:让品牌经理像管理不同的公司一样管理不同的品牌,公司旗下的每一个品牌都有自己的品牌管理者。这一独特的品牌管理系统也是宝洁公司在品牌经营方面的制胜法宝之一。

1923年,宝洁公司推出了新的香皂品牌"佳美"(Camay),但其上市后业绩一直不佳,这主要是因为宝洁公司早已有一款家喻户晓的镇店香皂——"象牙"皂(Ivory)。这两款香皂的产品定位和广告策略几乎雷同,甚至用的广告公司都是同一家,即宝洁公司从1922年起唯一指定的广告公司——纽约的布莱克曼广告公司。而且,当时的宝洁公司并不允许旗下同类品牌进行自由竞争,作为后辈的佳美被压得没有出头之日。

1930年,宝洁公司决定为佳美选择新的广告公司——纽约的派得勒&瑞恩广告公司,并向该公司许诺允许佳美与宝洁旗下同类品牌进行竞争。新广告公司为佳美量身定制广告宣传方案后,佳美的销量才有所起色。1931年,时任佳美负责人尼尔·麦克尔罗伊(后成为宝洁公司首席执行官)敏锐地察觉到差异化竞争的重要性和难点,于是提出"一个人负责一个品牌"的构想,认为宝洁公司的每一个品牌都应该有自己的品牌管理者,由他们来决定品牌的广告和其他营销活动。这一大胆构想遭到公司内外人员的一直反对,反对者认为新方案势必导致公司内部"手足相残"。但尼尔认为一个公司的子品牌就像一个家族的兄弟,内部的良性竞争可以让不同品牌都获利的同时保持活力。该建议于1931年5月31日获得时任宝洁公司总裁杜普利的认可,"品牌经理制"正式诞生,尼尔·麦克尔罗伊也成为宝洁公司的第一位品牌经理。

品牌经理的职责是开展研究,发现问题背后的原因,进而找出措施解决问题,并保证这些措施能及时实施。解决问题的工具包括广告及其他营销手段,比如价格策略、促销活动、店内展示、改进保证和产品革新以及刺激销售等。"品牌经理制"从此成为企业经营中的一个传奇。

---

① 豆丁:《宝洁公司开创"品牌经理制"》,https://www.docin.com/p-103520966.html,2010-12-04。

如今，宝洁公司的"品牌经理制"已被全世界众多企业沿用和演绎，国外如美国通用公司、美国福特公司、法国娇兰公司，国内如上海家化、广东健力宝等企业相继采用了该制度。

第二节　整合品牌传播理论的演进

整合品牌传播理念根植于广告传播理论，并在品牌理论的基础上进一步衍生，成为数字时代整合营销传播理论发展的新高度。本节将按照上述逻辑，梳理整合品牌传播的"缘起今生"。

随着现代市场营销活动的日渐繁荣，广告传播活动在大量的实践中逐步形成了自己的理论体系，呈现出的演进脉络大致如下（见图1-6）。

由约翰·肯尼迪和克劳德·霍普金斯为代表的硬性推销派和以西奥多·麦克马纳斯、雷蒙·罗必凯为代表的软性推销派，分别形成了广告传播两大流派——前者是注重促销的科学派，后者则是注重传播的艺术派。其后，这两种流派分别经过多种理论的发展，最终归拢于品牌理论，并奠定了整合营销传播理论的基石（见图1-6）。

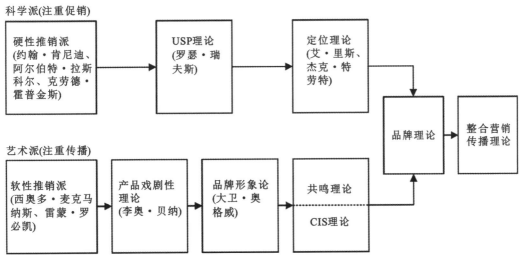

图1-6　广告传播理论的演进历程图

一、早期的广告传播观念

早期的广告传播观念来自20世纪20年代英美等国家盛行的产品推销观念，并逐渐产生了硬性推销派和软性推销派。

(一)硬性推销派的广告传播观

20世纪初，美国著名的劳德&托马斯广告公司的三位代表人物约翰·肯尼迪、阿尔伯特·拉斯科尔和克劳德·霍普金斯一致主张"广告是印在纸上的推销术"，认为广告必须强调消费者购买该产品的理由,这种传播观点被称为硬性推销的广告传播观,并逐渐衍生为一种广告流派。

霍普金斯在《我的广告生涯》一书里提出了很多沿用至今的广告创作原则,如产品试销策略、赠样促销方式等,其中最有价值的当属预先占有权理论。该理论认为,如果谁提出某行业一个非常普遍的产品特征并声称首先拥有它,那么谁就占有了它。

霍普金斯曾经在20世纪90年代末救活了当时快要倒闭的喜力啤酒。喜力作为目前世界上最著名的啤酒品牌之一,彼时经营情形不容乐观。霍普金斯考察了整个喜力啤酒厂后,对一台蒸汽高温消毒设备饶有兴致,决定基于此为喜力设计广告。在得知给循环利用的酒瓶进行蒸汽消毒是所有啤酒公司的常规操作后,霍普金斯依然坚持将其作为新的广告卖点,因为他笃定广大消费者并不知道这个业内规则,而其他的啤酒商家也从未对此进行过宣传。于是,"喜力啤酒的每只酒瓶都是经过4次高温消毒处理过的,确保绝对的安全和卫生"的宣传口号一经问世,便促进了喜力的销量的猛增。① 3年后喜力一举成为美国啤酒市场的第一品牌。

无独有偶,1998年风靡中国大江南北的"乐百氏纯净水,27层净化"的广告理念,同样也是对预先占有权理论的印证。但凡在国内检验合格并成功进入市场的纯净水都需要经过27层净化和过滤,此举并非乐百氏的首创,却只有乐百氏品牌率先提了出来。正如新闻报道需要抢头条一样,广告观点也需要率先占领市场。

(二)软性推销派的广告传播观

软性推销派的广告传播策略大多是围绕消费者的心理暗示和联想展开的,主张广告要使消费者产生一种身临其境的美妙感,从而使消费者对广告产生正面的、积极的深刻印象。该流派的代表人物是西奥多·麦克马纳斯和雷蒙·罗必凯。雷蒙·罗必凯一生做过无数经典广告,其中,他为施坦威钢琴做的《不朽的钢琴》广告更是成就了其在全美广告业界的精英地位:"在音乐史上有一架至高无上的钢琴。在李斯特、瓦格纳、鲁宾斯坦和柏辽兹等大师生活的年代,这架永恒的施坦威钢琴毫无疑问就像今天一样出色,它屹立在那儿时,就像它矗立在今天,成为音乐大师们的选择——这是一种不可避免的偏爱,就像伟大的音乐无论如何都会被理解并得到尊重。"这则广告一经问世,施坦威钢琴的销量直线攀升。罗必凯常说,能卖出东西的好方法,首先是让人愿意读产品的广告。他对好广告也有自己的定义:"不仅具有较强销售力,还必须让一般大众和广告主可以长久记得那是一件值得称赞的作品。"②

1923年,雷蒙·罗必凯和好友约翰·奥尔·扬合伙创办了扬·罗必凯广告公司,它成为美国存活历史最长和规模最大的广告代理公司之一。大卫·奥格威曾如是评价罗必凯:"他是我的赞助人、鼓励者、顾问、批评者和良心,我是他的忠实信徒和崇拜者……

---

① 数英网:《文案怎么写,才能有力传达卖点?6招带你突围》,https://www.digitaling.com/articles/396277.html,2021-01-18。
② 搜狐:《雷蒙德-罗必凯和他的扬罗必凯公司中国公关网》,https://www.sohu.com/a/62810856_384255https://www.sohu.com/a/62810856_384255,2016-03-10。

如果说所有公司都是'一个人的影子的延伸',那么今天世界上最好的两家广告公司(扬·罗必凯广告公司和奥美广告公司)都是雷蒙·罗必凯影子的延伸。"①

以上两种广告传播观念的意义深远,为目前广告创意的两种基本模式——理性诉求和感性诉求奠定了基础。

二、转折期的广告传播理论

第二次世界大战之后,全球经济迅速恢复和调整,买方市场逐渐形成,与此同时,产品的同质化现象日益严重。这一时期的许多企业认为,消费者通常具有购买惰性或者抗拒心理,企业如果想把自己的产品推销出去,就必须对消费者进行劝说或实施一系列促销行为。转折期的广告传播代表理论包括 USP 理论、品牌形象论和产品与生俱来的戏剧性理论等。

(一) USP 理论

USP 理论即独特销售主张(Unique Selling Proposition, USP)的理论,它是由罗瑟·瑞夫斯在20世纪50年代提出的市场推销理论。USP 理论的核心观点包括以下三方面。

第一,明确的概念。该理论认为,"消费者只从一则广告中记取一件东西——一个强有力的许诺,或是一个强有力的概念。"②不要高估消费者的注意力和判断力,要抓住一个重点进行集中呈现,且这个重点必须是经过科学证明的事实。

第二,独特的主张,即竞争者不能或不会提出的主张,以此凸显产品的差异性。

第三,实效的销售,即必须短时间内提升产品销售业绩,这也是瑞夫斯判断一个广告成功与否的最重要依据。

直到现在,USP 理论仍在品牌营销领域被广泛运用。比如,农夫果园提出"喝前摇一摇"。带果粒的饮料普遍都会有沉淀,在农夫果园提出这个口号之前,很多饮料品牌担心消费者将沉淀物当作产品质量问题,还专门提示消费者"如有沉淀属于正常",可是农夫果园却把其他商家避之不及的内容作为"卖点",通过"摇一摇"向消费者传递了双重含义:一是产品由多种果蔬调制而成,摇一摇可以使口味统一;二是产品的果汁含量高,摇一摇可以将较浓稠的物质摇匀。

(二) 品牌形象理论

我们在本章第一节"品牌形象论"中已详述大卫·奥格威的品牌形象理论的要点,即品牌形象应该具有个性,广告要运用品牌形象来满足消费者的心理需求,传播品牌形象重于产品本身,企业应把广告活动看作对品牌的长线投资,不用过度关注、计较短期收益。

---

① MBA 智库百科,https://wiki.mbalib.com/wiki/%E9%9B%B7%E8%92%99%C2%B7%E9%B2%81%E6%AF%94%E5%A0%AA。

② [美]罗瑟·瑞夫斯:《实效的广告——达彼思广告公司经营哲学:USP》,张冰梅译,内蒙古人民出版社,1999年版,第81页。

但在运用品牌形象理论的时候,品牌也应该注意,对品牌形象的选择一定是建立在对目标消费者的调查和了解的基础之上的。时代在发展,市场环境也在不断变化,品牌要注重顺势而为,对品牌形象的塑造也要审时度势,不断探索更适应时代发展和消费者需求的策略。

拓展阅读

60年芭比进化史:不只是公主[①]

在露丝·汉德勒把芭比带到世界上的六十多年时间,芭比一直是风靡全球的形象,但同时饱受争议。芭比娃娃的制造公司美泰公司从2015年开始,不断拓展芭比的包容性,芭比的形象设计有了巨大的变化,不再仅仅是那个白皙、丰满又纤瘦的玩偶,而是拥有了不同身型、肤色、发质以及能力(见图1-7)。年轻人用芭比来想象世界,而芭比的这些改变也在更新着年轻人那些关于芭比能做什么、能成为什么的观念。

图1-7 美泰推出的不同肤色的中性芭比玩偶

一、白皙、金发、纤瘦:芭比的历史争议

芭比收藏家、《玩偶新闻》特约编辑、玩偶联合会的前任总监布拉德利·贾斯特表示,虽然早在20世纪60年代,芭比的世界里就出现了深色皮肤的玩偶,但她们仍然只是芭比的"朋友"。直到1980年,在争取墨西哥裔美国人权益的民权运动与奇卡诺运动之后的数年,美泰公司才开始推出"黑人芭比"与"拉美裔芭比"。但当时美泰公司对穿着传统服饰的芭比的设计,有过度简化某一国家服装与文化之嫌,例如,网友纷纷谴责"墨西哥芭比"(发行于2012年)的服装、配饰以及携带的吉娃娃狗都是刻板且不准确的。

[①] 钛媒体:《60年芭比进化史:不止是公主,TA正在变得更多元、更包容》,https://www.tmtpost.com/4243010.html,2020-02-05。

"身材"则是另一个针对芭比的长期批评。2006年发表于《发展心理学》杂志的一篇文章指出:与接触其他玩偶相比,接触芭比的女孩子更容易产生身材焦虑。20世纪60年代发行的芭比甚至附送"饮食手册",上面只提供一个建议——"不要吃饭"。1992年,一些"会说话的芭比"被程序设定会发出"数学太难了"之类的感叹,一个名为"芭比解放组织"的团体表示,芭比在教女孩子漂亮比聪明更重要。尽管美泰公司后来将这一设定从该系列的生产线上剔除,但其影响仍然持续,并形塑着人们对于芭比的感知。

二、旧批评、新变化:芭比的突破与改进

近年来,改头换面后的芭比开始与曾经的批评正面交锋。

2015年,芭比"时尚达人"系列发行,这一系列丰富了玩偶的肤色与发质。2016年,芭比逐渐拥有了丰满、娇小、高挑等不同的身型。2017年,芭比"时尚达人"系列推出了共计11种肤色、28种发型和7种体型的40种新玩偶,成为美泰公司迄今为止最多样化的系列。2019年,芭比"可创造的世界"系列玩偶拥有不同头发长度和不同肤色,却不具有传统的男性或女性特征,被认定为世界上第一个性别中立玩具系列。

美泰公司还致力于在芭比世界中增加一些现实生活的榜样,其在2015年首次发行的"芭比女英雄"系列和2018年发行的"芭比启迪女性"系列中,都推出了诸多启迪女性的玩偶,诸如阿娃·杜威内(美国著名导演、编剧与制片人,是历史上首位获得金球奖最佳导演提名的黑人女性导演)、弗里达·卡罗(著名墨西哥女画家),伊布蒂哈·穆罕默德(美国击剑运动员)等。

三、新认知、新形象:商业逻辑背后的芭比

芭比之所以迎来大变身,是因为美泰是发现孩子们的父母对于芭比的认知与公司的意图已不匹配,父母们认为芭比太完美,太单调,不能正确反映他们所珍视的价值观念,而全国各地的母亲均表现出对于玩偶肤色与身材多样性的关心。

近年来,芭比的调整也和其销量下降息息相关。在2015年第四季度末,美泰对芭比的肤色与发质进行了一系列包容性改变之后,芭比的销量较上一季度有了8%的回升。

在浮浮沉沉六十余年之后,新时代的芭比改换了自己的容貌和身材,坐上了YouTube的主播台,这位依然青春靓丽的"花甲老人"面对市场洪流与文化变迁做出了妥协与改进。新时代的芭比依然光鲜地活跃在屏幕与市场上,华丽的公主裙背后,是逐步延展与探索芭比世界的无限可能。

(三)产品与生俱来的戏剧性理论

李奥·贝纳是美国20世纪60年代广告创作革命的代表人物之一,是芝加哥广告学派的创始人,也是李奥贝纳广告公司的创始人。

李奥·贝纳在长期的广告从业过程中总结出的最经典的理论之一就是产品与生俱来的戏剧性理论,其核心在于广告宣传要突出产品的内在戏剧性,发掘并集中呈现产品

的魔力。这一观念的代表文案就是他为美国肉类协会所做的广告(见图1-8)。

海报中的肉与背景都呈现出极具视觉冲击力的鲜红色,这在当时无疑是一次颠覆人们认知的尝试。在此之前,市面上肉类广告里出镜的肉基本都是煮过的,因为品牌方和广告代理公司都认为在广告中出现血淋淋的生肉会让消费者觉得恶心。李奥·贝纳没有轻易相信这一"共识",他在前期做了大量调研,甚至跑到菜市场跟家庭主妇们交流,最后得出结论:鲜红色的肉不仅不会引起消费者反感,反而被认为是新鲜优质的表现,买起来更放心。最终,这一大胆革新的海报横空出世,并辅以文案:"肉,使你吸收所需的蛋白质成为一种乐趣。你能不能听到它们在锅里滋滋地响?——它是那么好吃,那

图 1-8　李奥·贝纳设计的肉类广告海报

么丰富的 B1,那么合适的蛋白质。这类蛋白质会帮助正在长大的孩子发育,能再造成年人的健康。像所有肉的蛋白质一样,它们符合每一种蛋白质所需的标准。"

该广告一经刊登,就带动了市场的肉类销量大涨。

案例赏析

在时间里邂逅最美的爱情:梵克雅宝情人桥腕表[①]

梵克雅宝是一个具有百年历史的法国珠宝品牌,其名字飘散着一股浓郁的巴黎艺术气息。梵克雅宝长期以来一直坚持原创、诗意浪漫又璀璨的设计风格,把高级宝石和动人唯美的故事结合起来。

情人桥是梵克雅宝高级腕表中的代表作品之一。巴黎的艺术桥独特而浪漫,象征着塞纳河两岸之间的联结,情人桥腕表灵感便来自艺术桥,书写着一段唯美的爱情故事。表盘下方搭载具有复杂机械功能的逆跳机芯,桥两侧是一对会动的恋人的微缩模型,少年手持的玫瑰为分针,少女背后的伞为时针(见图1-9)。只有在正午和子夜,表盘上的恋人才会在桥的中心相遇、亲吻,而短暂的1分钟后他们又将分离回到原点,12小时的漫长等待只为深情一吻,忧伤的浪漫让无数人沉醉。情人桥腕表广告用动画展示了表盘上这段动人的故事。(视频链接:https://www.bilibili.com/video/BV1854y1p7pZ/)

梵克雅宝在其中文官网上写道:"梵克雅宝以诗意的视角,探索制表工艺的独特维度:梦想与情感的融合。精湛的瑞士制表工艺铸就计时科技的奇迹,

---

①　梵克雅宝中文官网,https://www.vancleefarpels.cn/cn/zh/home.html。

于表盘方寸之间,细述动人故事。"①

当产品设计本身就是一个故事、一段奇缘时,广告只需要用直白的方式来呈现它与生俱来的特色,不需要任何复杂的诠释,就能让人们领悟它的美。

图 1-9　梵克雅宝情人桥腕表海报

三、整合期的广告传播理论

从 20 世纪 70 年代开始,广告传播理论研究进入一个新的历史阶段,并呈现出以下特征:从以产品和生产者为中心向以消费者为中心转移;从着眼于介绍产品功能、满足消费者的实际利益向着眼于完善品牌形象、满足消费者的多层次需求转变;从以传者为中心的单向传播向以受众为中心的双向传播转变;从偏重广告的推销功能向注重广告的营销与传播的整合功能转变;从过去以经验为主的单一性诉求理论向营销与传播的系统性和整合性理论发展。② 这一时期,品牌传播的理念真正形成并开始呈现系统化发展,整合营销传播理论的出现更是意味着企业通过品牌与消费者关系的构建迈入全新的时代。

这一时期的代表性广告传播理论有系统化的品牌形象理论、定位理论、共鸣理论、CIS 理论、整合营销传播理论。

(一)系统化的品牌形象理论

20 世纪 80 年代末,不少学者和机构将大卫·奥格威的品牌形象理论加以丰富和系统化,其中以戴维·阿克最具代表性。这些理论既与大卫·奥格威的品牌形象理论一脉相承,又呈现出新时代的品牌经营理念与特色。

1. 品牌个性理论

品牌个性理论于 20 世纪 80 年代由美国精信广告公司提出,其核心是将品牌人格化,通过赋予品牌独特个性进行品牌区分。

精信广告公司在分析了上百个对同类品牌的广告创意作品后,发现几乎每一个对品牌都有相同的定位,但在营销效果上有优劣之分,关键原因在于,成功品牌的广告在

---

① 梵克雅宝中文官网,https://www.vancleefarpels.cn/cn/zh/the-maison/articles/the-story-of-Poetic-Complication.html。
② 张金海:《20 世纪广告传播理论研究》,武汉大学出版社,2002 年版,第 62 页。

人格塑造方面更有优势,它能为一个品牌注入灵魂。同时,这种人格、个性还与该品牌目标受众的个性相吻合,能唤醒目标受众的情感,并与之建立稳固持久的关系。比如,中国服装品牌七匹狼就用"狼性"成功地塑造了品牌个性,"狼性文化"象征着七匹狼团结、果敢、锐意进取的企业精神。七匹狼品牌的广告文案可谓经典:"他们求近亦思远,锐意进取当下,更以智慧远见未来。他们隐忍亦激扬,从容应对挑战,为梦想奋斗不止。他们时尚亦经典,不为新潮所动,却已将流行品味成永恒……这是男人,不止一面的男人,值得我们致敬的真男人!"七匹狼品牌的目标受众为那些在拼搏历练中沉淀下来的成熟、从容、沉稳、有品位的男性,因此,品牌合作的代言人也都"狼性"十足,张涵予、胡军、张震这样的硬汉型男再次强化了七匹狼自身的品牌个性。

2. 品牌经营理论

在品牌个性理论的基础上,戴维·阿克又先后提出了品牌个性尺度理论、品牌个性要素理论、品牌关系理论、品牌价值理论、品牌认同理论和品牌领导理论等。这些理论从不同维度出发,丰富和完善了品牌经营理论体系。

3. 品牌价值理论

品牌价值理论的关键点在于,它将品牌视为一项重要的资产,并认为这项资产对产品的成功起着至关重要的作用。品牌价值包含正负两个方面的价值,其中,正面的价值是资产,负面的价值是负债。品牌价值的形成包括知名度、品质、忠诚度和关联性四个方面。

4. 品牌认同理论

品牌认同理论是戴维·阿克在20世纪90年代后期提出来的。它主要针对的是怎么建立强势品牌的问题,其理论核心是以品牌的核心价值和意义来成就品牌的永久生命力。"认同感"对品牌而言之所以如此重要,是因为品牌一旦得到消费者认同,企业做出一些举动时,即使没有多说,消费者已经为其找了100个理由,恰如"情人眼里出西施"。品牌认同包含两大部分:一是基本认同,是指一个品牌的本质属性不随时空转移而变换;二是延伸认同,它为品牌带来更丰富的内涵,使品牌认同更完整。

MAIA ACTIVE(玛娅)于2016年成立于上海,是一个专为亚洲女性打造的运动品牌。MAIA ACTIVE从"让每个size都很美"的设计理念出发,研发科技运动面料和适合亚洲女性的版型系统,并鼓励女性在运动中发现真实的自己,展示自己独特的美。①

2020年,为配合其当年秋冬系列新品的发布,MAIA ACTIVE推出了一支广告《我不是漂亮》(视频链接:https://www.digitaling.com/projects/130094.html),意在鼓励女性在"漂亮"标签之外,展示独一无二的真实自我。广告邀请7位博主出镜,她们职业、外形、个性迥异,但无一例外是自信自洽、充满魅力的(见图1-10)。

正如品牌创始人欧逸柔对MAIA ACTIVE品牌态度的定义,"你可以做一些不同的选择,并且真的可以为自己的选择感到骄傲","最舒适的状态应该是自我接纳"。

---

① 玛娅官网,http://www.maiaactive.com/OurStory。

图 1-10　MAIA ACTIVE2020 年广告海报

当下,"白幼瘦"的审美一度成为主流,对于"美"的固化认知限制了当代女性的自我表达。为什么美也要千篇一律?MAIA ACTIVE 试图通过品牌理念的传达,摆脱社会对女性的刻板印象,将人们的审美视线由外转内,挖掘每个人内心深处的力量。MAIA ACTIVE 一直在试图唤起目标受众的品牌认同:有成熟的自我认知、不刻意迎合、不轻易妥协、可以跟自己和谐相处的女性往往更有魅力。而 MAIA ACTIVE 正是从这样的初心出发,让广大消费者更好地做自己,品牌也倾向于选择素人做代言人,她们的故事在某种程度上会比明星更打动人。

(二)定位理论

20 世纪 70 年代,艾·里斯和杰克·特劳特提出了具有划时代意义的定位理论。定位理论的主要观点如下。

其一,广告宣传是为了在目标受众心中占据独特的地位。定位并不是去做某种新奇或者与众不同的事情,而是去明晰、强化人们心中的关于某种品牌的已有印象。

其二,企业要通过广告突出"品牌第一"的理念。

其三,广告传播应着重表现出品牌与其他同类产品的区别,进行差异化竞争。

我们将在第四章"整合品牌传播中的品牌定位"中展开讲解。

案例

新时代男人三字经——"懂关爱 更强大"[①]

联合利华旗下全球第一大男士专业护理品牌——多芬男士+护理沐浴露于 2015 年正式进入中国市场。为了解"男人因何而强大",多芬对千万名

---

① 生活周刊官网:《多芬发布〈中国男士强大指数白皮书〉》,http://app.why.com.cn/epaper/shzk/html/2015-09/29/content_270102.htm,2015-09-39。

30~40岁的中国男性进行了特别深度调研,创造出国内首份具有跨时代意义的《中国男士强大指数白皮书》。调研数据显示,越来越多的男性已经意识到真正的强大并不简单等同于工作上的成就,也不只意味着名位权势,更不只是银行存款,更重要的是拥有强大的内心,并用它来关爱孩子、爱人、其他家人以及朋友。此后,多芬男士便始终将自己在中国市场定位于"懂关爱的男人"。

在中国市场之外,多芬男士也一直在走父爱的温情路线:疫情期间,多芬男士+护理为爸爸们制作了一部有爱的短片。疫情席卷全球之时,家中的父亲纷纷投身照顾和教育孩子的工作前线。为表支持,多芬为父亲们和他们的家庭提供了关键服务和人员支持,以及家庭育儿资源。

当男士用品品牌清一色地以彰显"男人味"、对异性的吸引力为卖点挤占消费者市场时,多芬男士却不走寻常路,提出了"关爱,让男人更强大"的理念。正是多芬男士的品牌精神成就了其成功的定位,品牌为男性提供专业护理产品的同时,更专注于传递男人勇于表达对身边人关爱的现代理念,鼓励男性展现真正的强大。

诚然,铁汉和柔情从来都不冲突。

(三)共鸣理论

20世纪80年代,美国广告界出现了共鸣理论,但目前很难考证其具体的提出者。作为广告传播艺术派的代表,共鸣理论主张在广告创作中唤起目标受众珍贵的、难以忘怀的生活经历以及人生中美好温馨的体验和感受等,激发其内心深处的情感共鸣,以此赋予品牌特定的内涵和象征意义,从而产生互动沟通的品牌传播效果。哈根达斯品牌的经典广告语——"爱她,就请她吃哈根达斯(Love her, treat her Haagen-Dazs)"就是运用共鸣理论进行广告创作的典型(见图1-11)。

图1-11 哈根达斯广告海报

(四)CIS 理论

CIS(corporate identity system)理论即企业识别系统理论,该理论是在品牌形象理论和定位理论的基础上发展而来的,它于 20 世纪 50 年代首次被提出,至 80 年代逐步发展完善。

CIS 理论有三大组成部分,即理念识别(mind identity,MI)、行为识别(behavior identity,BI)和视觉识别(visual identity,VI)。该理论强调对企业的经营理念、企业文化、企业员工的个体行为、企业组织的对外传播活动、企业传播的视觉识别等基本要素予以整合、规划,构建具有高度统一性、独特性和可识别性的企业识别系统,以树立起完整统一且极富个性的企业形象。概括来说,CIS 理论是一种关于企业形象的系统战略理论和具体运作方法,强调企业形象的个性、差异性和可识别性,强化其传播效果,使组织迅速提升自己的知名度、美誉度和公众的认可度。①

1. 理念识别

理念识别是企业的精神所在,它包括企业的精神标语、经营理念、经营方针等。理念识别能对员工产生潜移默化的教导作用,使员工肯定自己在公司工作的意义,进而提高士气。

2. 行为识别

行为识别是企业动态的识别符号,分为对内、对外两部分,其中对内负责企业的组织管理,包括研究发展、生产福利及员工教育(如礼貌仪表、服务态度、上进精神)等;对外负责开展企业的各种活动,包括市场调查、促销活动、公共关系、产品开发、流通对策、金融对策、公益性活动、文化性活动等。

3. 视觉识别

视觉识别是企业静态的识别符号,其在整个企业识别中的传播力与感染力最为具体而直接,它主要分为两部分:一是基础系统,包括品牌名称、品牌标志、标准色彩、宣传口号、经营报告书和产品说明书等;二是应用系统,包括产品和包装、生产环境和设备、展示场所和器具、办公设备和用品、交通运输工具、工作服及其饰物、广告设施和视听资料、公关用品和礼物、厂旗和厂徽、指示标识和路牌等。

打个形象的比方,如果企业识别是一支军队,理念识别是军心,是军队不可动摇的指导思想;视觉识别是军旗,是军队所到之处的形象标志;行为识别是军纪,是军队取得战争胜利的重要保证。

(五)整合营销传播理论

美国西北大学唐·舒尔茨教授于 1991 年在其所著的《整合营销传播》一书中首次提出整合营销传播(integrated marketing communication,IMC)这一概念,引发了市场营销理念和广告传播理念的深刻变革。此后,企业通过品牌与消费者构建关系的方式走向更为广阔的系统整合。

---

① 程宇宁:《整合营销传播——品牌传播的策划、创意与管理》,中国人民大学出版社,2014 年版,第 27-28 页。

舒尔茨教授在其著作中并未明确阐释整合营销传播的概念,后来不少研究机构和研究者试图厘清该理论。其中,被业界广泛认可的是美国科罗拉多大学的汤姆·邓肯博士所提的定义:整合营销传播是一个提高品牌价值、管理客户关系的过程,具体而言就是通过战略性地控制或影响相关团体所接收到的信息,鼓励数据发展导向,有目的地与他们进行对话,从而创造并培养与客户和其他利益相关者之间可获利关系的一个跨职能的过程。①

在此基础上,我国市场营销学者、重庆工商大学程宇宁教授对整合营销传播理论进行了更加全面、系统、通俗的阐释:整合营销传播是企业组织以市场需求为导向,以品牌为载体,以商品的精神属性或物质属性为诉求内容,通过数据库运用及整合各种营销和传播方法,努力与目标消费者和利益相关者建立由内而外的彼此相互认同、相互信任的关系的管理过程。② 该定义凸显了整合营销传播理论区别于传统营销传播理论的几个关键点。

1. 整合营销传播必须以市场需求为导向

美国学者罗伯特·劳特朋教授曾于1990年在其《4P退休 4C登场》一文中提出与传统的4P理论相对应的4C营销理论。4C理论以目标消费者为中心,将考察消费者的偏好和满足消费者的需求作为营销传播管理过程的出发点,重新设定了市场营销组合的四个基本要素。这也是整合营销传播理论的内核所在。传统4P理论与现代4C理论的对比如表1-1所示。

表1-1 传统4P理论与现代4C理论的对比

4P理论	4C理论
产品(product)	忘掉产品,关注消费者的需求(consumer wants and needs)
价格(price)	忘掉定价策略,了解消费者为满足需要愿意支付的成本(cost)
渠道(place)	忘掉渠道策略,思考如何使消费者在购买商品时更方便(convenience)
促销(promotion)	忘掉促销,学会如何跟消费者更有效地沟通(communication)

2. 整合营销传播以品牌为载体

整合营销传播活动的主体是企业和消费者,品牌是连接两者的载体。品牌兼具物质与精神双重属性,前者是品牌存在的基础,后者可以持续为品牌增值。当前,品牌营销早已超越单纯针对产品具体物质利益而营销的阶段,转而追求更高层次的精神属性,如创造品牌故事、塑造品牌文化、传递品牌理念、打造品牌精神……当品牌与消费者的沟通达到精神层面的契合时,消费者才能真正对品牌产生认同感与信任感。

3. 整合营销传播以数据资料库为后盾,以多媒体为手段实现最佳传播效果

只有了解目标消费者、潜在消费者和利益相关者的情况,才能确定与他们匹配的有针对性的沟通策略和营销手段。对其了解程度越深,品牌推展后续营销工作的难度越

---

① [美]汤姆·邓肯:《整合营销传播:利用广告和促销建树品牌》,周洁如译,中国财政经济出版社,2004年版,第8页。
② 程宇宁:《整合营销传播——品牌传播的策划、创意与管理》,中国人民大学出版社,2014年版,第8-11页。

小,营销效果也越好。因此,建立数据完备的目标受众资料库是整合营销传播活动的基本条件。随着大数据等技术的普及,对用户数据的收集、分析以及用户精准画像变得更加便利,满足消费者个性化需求的目标也将更容易实现。

此外,整合营销传播还应灵活组合各种营销与传播手段来实现企业战略价值最大化。比如,对于快消品,通过传统媒体进行广告投放的收益更高;对于积压产品,采用能在短期获得收益的促销手段更合适。

4. 整合营销传播要以建立品牌与消费者的永续关系为最终目标

在本章第一节的"品牌关系论"中,我们已详细解释了品牌与消费者良好互动关系的建立与维持是品牌价值得以实现的基础和保障。消费者与品牌关系的建立与维护成为品牌经营过程中的重要一环。品牌与消费者的关系不应停留在交易关系层面,而应试图向彼此认同和相互信任的人际关系延伸,从而建立消费者更强的品牌忠诚度。具体而言,品牌关系由浅入深可分为行为忠诚度、个人依附、对品牌社区的认同、消费者的主动介入等一系列内容。整合营销传播在每一环节都要综合运用多种营销和传播手段,进行规范化、制度化的操作与把控。

一言以蔽之,整合营销传播就是在正确的时间、正确的地点、利用正确的媒介、向合适的目标受众传递正确的品牌内容的管理体制。

总体来说,整合营销传播理论作为新兴的理论,还有很多地方有待完善,但在经济全球化、信息数字化的今天,整合营销传播不仅是一种新的传播方式,更是营销和传播向消费者回归的一种不可逆的趋势,因此,该理论具有强大的生命力。

整合营销传播理论营造了新的具有更大自由度和开放度的市场环境,在这样的环境和趋势下,企业应该调整组织结构,与整个社会形成一个动态变化的系统,同时,随着企业结构不断升级,社会也与之相对应地不断升级,形成社会与企业间新的对话体系。

四、整合品牌传播理论的出现

随着消费者受教育程度的不断提高和对品牌营销传播手段敏感度的提升,企业需要重新审视和完善整合营销传播理论。在这种背景下,以消费者的需求为基础、更加以人为本的整合品牌传播理论应运而生,成为数字时代品牌理论发展的新高度。

(一)品牌传播的概念

社会上对于品牌传播的定义众说纷纭,其中以余明阳和舒咏平在《论"品牌传播"》一文中的界定较为全面和系统,他们从传播学角度出发,认为品牌传播是一种操作性的实务,即通过广告、公共关系、新闻报道、人际交往、产品或服务销售等传播手段,优化品牌在目标受众心中的认知度、美誉度、和谐度。[1]

此外,杜国清等学者在《品牌传播理论与实务》中提出:"所谓'品牌传播',就是企业以品牌的核心价值为原则,在品牌识别的整体框架下,选择广告、公关、销售、人际等传播方式,将特定品牌推广出去,以建立品牌形象,促进市场销售。"[2]

---

[1] 余明阳、舒咏平:《论"品牌传播"》,《国际新闻界》,2002年第3期。
[2] 杜国清、陈怡等:《品牌传播理论与实务》,中国传媒大学出版社,2018年版,第22页。

综上所述,品牌传播是指品牌所有者通过各种传播手段持续地与目标受众进行交流互动,以增加品牌资产为最终目标的过程。但是,品牌传播的概念并未凸显"市场需求"的关键地位和核心价值,只突出了这一动态传播过程中品牌所有者的主导作用,忽略了目标受众的主体地位和能动性。这显然不适合数字时代的营销和传播生态,因此,品牌传播的内涵也急需更新。

(二)整合品牌传播理论的兴起

整合品牌传播理论(integrated branding communication, IBC)并非"新瓶装旧酒"。与传统的品牌传播理论相比,整合品牌传播理论更突出市场需求的先导性,更加以人为本。与此同时,整合品牌传播理论更敏锐地捕捉到消费者需求的转变,即他们的需求已从对核心产品、延伸产品等物质的需要转变为对购买和使用过程中综合服务的需求;从需求个性特征化向需求个性瞬间化、感觉化方向转变;从终端产品交易向购买一揽子的全套解决方案转变。[1] 因此,消费者需求的变化,要求品牌认真分析自身在竞争中的优劣势并采取相应营销手段,最大限度地发挥自身优势。

与整合营销传播理论相比,整合品牌传播理论将品牌进行了更加"人格化"的打造,不仅回应了消费者需求,更注重社会认可,强调品牌的社会责任。当前,营销理论已从4P、4C发展到了4R阶段。4R理论是舒尔茨教授于2001年在4C理论的基础上提出的,即市场反应(reaction)、客户关联(relativity)、关系营销(relationship)、利益回报(retribution)。4P理论注重营销中最关键因素的组合,要求企业满足消费者的需要;4C让企业忘掉产品,研究消费者的需要和欲望;4R理论要求品牌与消费者建立紧密的联系,如同人与人之间的联系一样,它强调关系营销这一核心理念,即通过建立快速回应消费者需求的营销机制与能力,积极适应消费者需求的变化,并且主动创造需求,追求与消费者建立长期、互惠的关系,同时得到社会的认可和回报。如何建立与消费者的这种关系?整合品牌传播理论认为,最高级的营销不是营销,而是传播;不是建立庞大的营销网络,而是把品牌打造成具有鲜明个性、充满魅力的、能使消费者产生共鸣和归属感的人,品牌与消费者的互动就是人与人之间的互动。综上所述,整合品牌传播是4R理论在当前品牌传播领域最集中的体现和实践。

因此,本书将整合品牌传播进行如下定义:企业组织以市场需求为导向,以品牌为载体,以品牌人格化为理念,通过整合各种营销、传播和技术手段,努力与目标受众建立各方互惠、相互信任、互相认同的永续关系,同时换取社会的认可和回报的过程。

第三节 整合品牌传播的外部影响因素

"场域"(field)一词源于19世纪中叶的物理界,指物体周围传递重力或电磁力的空间。法国社会学家皮埃尔·布尔迪厄拓展了场域理论(field theory),并将场域定义为"在各种位置之间存在的客观关系的一个网络或一个构型",场域理论就是对社会控制

---

[1] 余晓钟、冯杉:《4P、4C、4R营销理论比较分析》,《生产力研究》,2002年第3期。

与行动者能动性之间关系的权威解读。布尔迪厄认为场域呈现的是某一社会空间中的权力与资本的博弈。

在互联网语境中,品牌传播的行动者之间关系更加紧密,包括不同品牌之间、品牌与企业主体之间、品牌与受众之间、受众与受众之间的关系,他们通过互联网形成了一个巨大的网,而不同的主体因为具有不同的势能而处于不同的位置,其相互关系的不断变化形成了品牌独特的场域。[①] 同样,这些行动者也都处于品牌组织内外部的各种控制因素的互动网中。

总之,品牌场域可以理解为处于不同位置的品牌在消费者习惯的指引下,借助媒体平台这个传播桥梁,依靠各自的资本,进行竞争合作的实践空间。目前对品牌传播的研究主要是从消费者角度研究品牌定位、品牌资产、品牌提升,或者从企业角度研究品牌营销策略等,而对品牌实践过程中各个行动者、媒介途径、社会环境的互动性等方面的关注较少。

因此,本章第三、四节内容将分别从外部和内部影响因素着手,并将研究视野置于我国经济社会环境,剖析当前品牌传播所处的特殊场域。其中,整合品牌传播外部影响因素主要包括政策环境、市场环境、技术环境等,内部影响因素主要集中于品牌及其所属企业,即广告主及与广告主相关的组织机构。

一、政策环境因素

每个地区、每个国家的品牌都蕴含特定的文化、地域基因,承载着独特的文化内涵,品牌建设的成就是一地乃至一国经济社会发展的写照。当前,面对复杂的国际形势和日趋激烈的全球化竞争,品牌建设已上升为一些国家的战略层面。

(一)国家宏观把控对品牌建设的重要性

品牌事关每一个个体、组织,甚至关系到民族和国家的形象,成为国家核心竞争力的构成内容之一。越来越多的国人开始意识到保护本土优秀品牌的必要性。在一国品牌建设过程中,若无宏观层面的指引和把控,品牌发展就如同无源之水,无从谈起。

2014年5月,习近平总书记在河南考察时强调,推动中国制造向中国创造转变、中国速度向中国质量转变、中国产品向中国品牌转变。自习近平总书记提出"三个转变"重要指示以来,我国业界的改变有目共睹:企业层面,品牌建设的自觉性和爆发力增强,越来越多的企业在技术创新、产品品质和消费者体验方面三管齐下;行业层面,不少协会和研究机构顺势而为,提炼品牌建设的规律、路径、方法等理论,以期更好地指导行业实践;社会层面,消费者的品牌意识不断增强,对知识产权的保护力度不断加大,尊重劳动、尊重创造、尊重知识的社会氛围正在形成。

对中国品牌来说,要在国际范围内讲好中国故事、传递中国声音,民族品牌是一扇意义非凡的窗口,是一座沟通不同意识形态的桥梁。但是现今世界主流的文化、价值理念评价标准大多依托于西方社会价值观。因此,回归中国语境,以"中国眼光"审视民族

---

① 数英网:《品牌竞争力突围,得场域者得天下》,https://www.digitaling.com/articles/691144.html,2022-01-18。

品牌的发展轨迹,在对标国外先进标准的同时与现有国家标准、行业标准紧密衔接,制定适用于中国企业的品牌建设指南,建立有中国特色的品牌建设与评价标准,将是未来一段时间内我国品牌建设的重中之重。①

(二)中国品牌建设的政策回顾②

改革开放以来,我国品牌建设从把品牌简单等同于商标和广告,将品牌范围局限于外贸出口的初级阶段,发展到深入研究品牌价值、让品牌与经济全面相关的阶段,品牌战略在消费、质量、创新等诸多方面都得到了爆发式的发展,相关国家政策的制定也呈现出阶段性特点。

1. 品牌理念萌芽期:进行立法保护

20世纪八九十年代,随着改革开放进程的推进,"海尔""长虹""春兰""康佳"等民族品牌不断涌现,这一客观现实强烈呼唤相应的政策倾斜和立法保护。

1983年3月1日起《中华人民共和国商标法》的正式施行,成为真正意义上从国家层面推动品牌发展的标志性事件。此后国家金质奖、银质奖,省优、部优、国优的评定陆续开始。

1993年9月1日起,《中华人民共和国产品质量法》正式施行,重视产品质量、保护消费者的合法权益、维护社会经济秩序开始有法可依。同年,《中华人民共和国反不正当竞争法》出台,以鼓励和保护市场公平竞争。

1995年2月1日起,《中华人民共和国广告法》正式施行,广告活动变得有法可依。

但总体而言,这一阶段,国内对品牌的认知还普遍停留在商标和广告的表层。

2. 品牌建设初期:实施"名牌战略"

从20世纪90年代开始,随着市场化的深入发展,国家对品牌的重视逐步加深,国家领导人在多个场合强调品牌建设的重要性,鼓励发展"名优特"拳头产品。品牌建设进入以打造"中国名牌"为标准的新阶段。

1996年,国务院印发《质量振兴纲要(1996—2010年)》,计划用15年的时间实施名牌发展战略,振兴民族工业;

2005年,党的十六届五中全会决定"形成一批拥有自主知识产权和知名品牌、国际竞争力较强的优势企业";

2006年《政府工作报告》提出"大力实施品牌战略,鼓励开发具有自主知识产权的知名品牌"。

此外,国家经贸委提出了《关于推动企业创名牌产品的若干意见》,国家质量监督检验检疫总局发布了《中国名牌产品管理办法》,商务部、发展改革委等十四部门印发了《关于保护和促进老字号发展的若干意见》等。

---

① 李丹阳:《以70年之发展,观中国品牌建设之成就与未来》,https://news.gmw.cn/2019-11/29/content_33361148.htm,2019-11-29。

② 崛起中国栏目:《中国品牌建设国家政策40年回顾》,http://www.cctvrisecn.com/news_detail/a177cd2593f04653b128110791c4e5a0,2021-05-18。

3. 品牌建设上升期：发展"自主品牌"

随着中国正式加入世界贸易组织（WTO），外贸成为中国经济增长的"三驾马车"之一，自主品牌、民族品牌"走出去"开始成为扩大外贸出口的重要突破口。

2002年，党的十六大报告提出坚持"引进来"和"走出去"相结合，全面提高对外开放水平。此后，党的历次重要报告和政策文件均对对外贸易与自主品牌有重要的论述。

2007年，党的十七大报告强调"创新对外投资和合作方式，支持企业在研发、生产、销售等方面开展国际化经营，加快培育我国的跨国公司和国际知名品牌"。

2012年，党的十八大报告指出，"加快'走出去'步伐，增强企业国际化经营能力，培育一批世界水平的跨国公司"。

2017年，党的十九大报告指出，"创新对外投资方式，促进国际产能合作，形成面向全球的贸易、投融资、生产、服务网络，加快培育国际经济合作和竞争新优势"。

每年的政府工作报告均提及外贸和自主品牌。2010年之后，除了鼓励自主品牌出口之外，政府还鼓励在国外市场建立国际营销网络和研发中心、发展服务贸易和服务外包，收购国外知名品牌，提升中国制造在国际分工中的地位等。国务院出台了各种专门文件，以加快培育我国自主品牌。

4. 品牌建设爆发期：以品牌引领经济

2016年是中国品牌建设最为重要的一年。2016年6月10日，国务院办公厅发布《关于发挥品牌引领作用推动供需结构升级的意见》，第一次提出"发挥品牌引领作用、推动供给结构和需求结构升级"，这在中国品牌建设中具有里程碑意义。

2017年，国务院发文同意将每年5月10日设立为"中国品牌日"，中国自主品牌发展的新时代自此开启。以央视为代表的主流媒体也充分发挥了品牌建设的宣传推广作用，在2017年5月10日的首个"中国品牌日"，央视推出"品牌的力量"系列主题活动，包括"CCTV中国品牌榜"、"中国品牌论坛"、纪录片《品牌的奥秘》、宣传片《大国品牌》等，并开始推进"国家品牌计划"；2019年央视又发起了品牌强国战略联盟。新华社则打造了"新华社民族品牌工程"，并以此为核心推进品牌战略系列活动。此外，《人民日报》等各大央级媒体、省市各级媒体也都推出了品牌系列活动。2022年，党的二十大报告指出，"完善中国特色现代企业制度，弘扬企业家精神，加快建设世界一流企业"，将以品牌引领企业发展、经济发展提升至新的高度。

值得一提的是，在疫情加快消费渠道线上化的大趋势下，电商品牌迎来新一轮发展机遇。相较于其他国家，中国跨境电商企业在政策、供应链、人才方面享有天时地利人和的独特优势，但在品牌建设方面暴露出的短板也值得警惕：中国跨境电商的品牌建设仍停留在初级阶段，更加注重产品层面的效果营销，还未覆盖品牌价值观的塑造及传递这一层面，忽视了精神层面的营销。如何讲好能够引发海外消费者共鸣的品牌故事，与消费者建立情感联结，平衡产品广告及品牌广告的投入，做到不仅关注短期投入及效果，还注重平衡中长期投入与收益，是中国跨境电商品牌可持续发展迫切需要思考的问题。[①]

[①] 新浪财经：《2021年中国跨境电商发展报告》，https://baijiahao.baidu.com/s?id=1696583691380955265&wfr=spider&for=pc，2021-04-09。

二、市场环境因素

进入数字传播时代,互联网带来的超级规模化的人际传播和组织传播正在极大地影响着整合品牌传播的机制,这种巨变最先反映在最容易受到影响的社会和市场层面。因此,我们对市场环境因素进行分析才能更全面地审视品牌传播的变化。

(一)消费者:信息处理的碎片化、个性化、主动性

在现代社会,随着市场经济的发展、人们生活节奏的加快,社会关系、市场结构、社会观念等一系列事物的整体性都遭到了冲击,消费者诉求的差异、利益族群的异质、文化部落的间隔等在一定程度上导致了媒介的碎片化,也加剧了消费者在信息处理过程中的碎片化,导致用户的注意力更加难以集中。

碎片化在某种意义上也意味着个性化,用户的需求逐渐呈现"众口难调"的特征。与此同时,用户的消费习惯从被动向主动急剧转变,消费者不再相信单一的信息来源,数字化时代的他们习惯通过不同信息渠道和搜索路径收集、分享、比较信息,以此获得更符合自身需求的内容。反映在品牌传播领域,即广告营销者不再是左右传播效果的绝对传播主体,用户的主动性得到更多的凸显。

因此,在整合品牌传播时代,品牌为了实现更好的传播效果,应深刻洞悉消费者的多元需求,还要善于利用消费者的主动性为自己培养忠实的传播者。越来越多的品牌在对市场进行细致调研的基础上,从解决消费者问题、给予消费者答案的角度来为消费者提供有趣且有用的信息,并以贴近消费者生活场景、符合其信息接触习惯的形式对其进行渗透。品牌通过丰富的内容、多元的形式和载体调动消费者的兴趣和参与度,使消费者愿意主动接受、搜索和传播品牌信息,并通过消费者的反馈进一步完善产品设计、调整品牌战略,形成完美的品牌传播闭环。

(二)竞争者:知己知彼,预判行为,应对风险

在整合品牌传播过程中,竞争者分析是指广告主对其竞争对手的目标、定位、手段、媒体选择、资源投入、优势劣势等情况的分析。[1]

首先,广告主应明确市场上已有的或潜在的竞争对手,在此基础上,确认对方短期和长期的品牌传播目标,并分析对方的优劣势和传播策略。这样,企业才能有针对性地确立自身的品牌传播战略,以避其锋芒,进行独特定位和差异化竞争。

国内汽车界有这样一句经典语:"开宝马,坐奔驰。"这揭示了宝马与奔驰两大豪车引领品牌的显著市场区隔:宝马品牌定位高调张扬,走的是高端运动路线;奔驰品牌定位低调稳重,产品设计主张大气和后排乘坐的高舒适度。宝马公司的正式全称为巴伐利亚发动机制造厂股份有限公司,1916 年成立于德国慕尼黑。在宝马公司成立之际,同为德国汽车品牌的竞争对手奔驰已将入而立之年,并在国际豪车领域称霸一方。彼时的奔驰正聚焦于各种豪华、加长轿车,面对早已靠此定位站稳市场的强硬竞争者,宝马公司非常识时务地选择了一条与奔驰定位完全不同的方向:运动、科技与未来。宝马公司先是开辟了 303 这款强调短小、运动、操控性的车型,并最终在 328 车型上开花结

---

[1] 杜国清、陈怡等:《品牌传播理论与实务》,中国传媒大学出版社,2018 年版,第 24-25 页。

果,而这些产品正是号称"宝马灵魂"的 3 系的"鼻祖"。事实证明,宝马的这条品牌路线非常正确,时至今日,无论是宝马的 SUV 产品还是旗舰 7 系,运动仍然是其值得骄傲且不可分割的基因,并支撑这个品牌走过了百年。

三、技术环境因素

数字技术的日新月异,进一步促进了传播环境和市场环境的变化,带动了品牌传播理念、手段、模式的更新,广告主的传播主体地位也受到强烈冲击,品牌传播面临挑战与机遇并存的局面。

(一)数字时代重塑品牌的营销理念与方式

随着数字时代的到来,用户的需求意识已经觉醒,个性化、主动性的需求日益凸显,技术的加持使得精准营销成为可能。但凡事都有两面性,我们应该辩证地看待数字时代品牌的营销理念与方式的转变。

一方面,品牌方能通过大数据、人工智能、算法推荐等方式收集用户数据、描绘用户精准画像,以更好地满足用户的个性化诉求,实现点对点信息传输的供需平衡,进而加强用户对品牌的认知度、好感度及忠诚度。

另一方面,精准营销也展现出一些弊端。首先,对数据的挖掘、用户画像模型的拟定和消费者的细分都是以品牌方的设定为出发点,受品牌方的主观影响较大,缺乏与用户的双向互动。其次,品牌方想要传播的信息往往是单一的,媒介的投放策略也会因此缺乏相应的适配性,弱化了对用户个体的传播效果。最后,精准营销也意味着对整个社会的影响广度不够,虽能在一定程度上降低传播能耗,从另一个角度看,不利于扩大公众对品牌的认知度。

(二)自媒体与 UGC[①] 冲击广告主的传播主体地位

在很长一段时间内,品牌传播的主体只有广告主,但随着自媒体的发展与推广,用户的媒介接近权得以最大限度地实现,用户实现了从被动的信息接收者向主动的信息生产者和传播者身份的转变,UGC 的出现是互联网去中心化时代的产物之一。

自媒体与 UGC 也同样影响了品牌传播领域,消费者不再仅仅是品牌信息的接收方,同样可以创造并传播品牌信息,这意味着广告主对品牌传播的控制权正在不断削减,因此广告主必须重新审视品牌与消费者之间的关系,顺势而为,合理应对。UGA (user generated ads,用户生成广告)就是在这种挑战下应运而生的范例之一。品牌方发起与自身品牌相关的主题活动,并通过给予物质或精神奖励的方式号召消费者积极参与内容生产,以达到品牌宣传的目的;消费者在主动生产、传播品牌相关信息的过程中,既能加深对品牌的认知度、回忆度,也能收获愉悦的体验或较高的关注度。品牌方和消费者共生共赢,皆大欢喜。例如,精明的商家会鼓励消费者在微博、抖音、小红书等社交平台分享与自身品牌相关的图文、视频,并承诺返现或兑换消费券,以此获取一轮免费或成本极低的用户宣传。对于大众来说,普通消费者的"现身说法"有时比品牌方

---

① UGC(user generated content)即用户生成内容,用户将自己原创的内容通过互联网平台进行展示或者提供给其他用户。

的官方宣传更能使人信服,大众与参加活动的普通消费者在身份、心理等方面天然的接近性让其更愿意为此买单。

(三)线上品牌逻辑更新传统品牌传播模型

传统品牌理论常用品牌资产金字塔来概括品牌建立的步骤,其中最经典的模型之一莫过于凯文·莱恩·凯勒等人提出的 CBBE(customer-based-brand-equity)模型,它把品牌的创建分为四个步骤,并用金字塔的形式呈现,从底端到顶端分别是品牌识别、品牌含义、品牌响应、品牌关系。品牌传播的效果是由下往上循序产生的,它以扩大目标人群基数为首要思路,主张通过建立广泛的知名度,形成品牌良性氛围,将品牌影响力延伸至各角落的少部分消费者,促使其产生进一步的消费行为。

而线上品牌传播的逻辑恰恰相反,它表现为一种逆向金字塔的模型。① 在移动互联网技术蓬勃发展的当下,品牌在全媒体的传播环境中拥有了更立体、全面的发声渠道和媒体触点。但品牌传播路径的泛化也带来了信息爆炸和用户注意力分散的现象,与生产商、渠道商、传统媒体所构建的垂直品牌传播信息渠道相比,用户更愿意相信来自身边朋友或网络口碑推荐的水平信息渠道,重视关键意见领袖(key opinion leader,KOL)的作用,倾向于从社会化媒体中主动获取信息②。

因此,当前品牌传播更着眼于从塔尖出发,通过找到 KOL,利用其影响力,进行蜂鸣式营销③和病毒传播,形成口碑效应,层层扩散,以触达更广泛的受众。

以彩妆大师毛戈平与 B 站的联手营销活动为例,作为当代中国彩妆界的标志性人物,毛戈平的人生履历可谓相当精彩:自 1984 年从事化妆工作以来,毛戈平先后担任 40 多部电影、电视和 20 多部舞台剧的化妆造型设计;曾任第 29 届奥运会开、闭幕式化妆造型设计;2000 年开始他先后创办了以自己名字命名的形象设计艺术学校和美妆品牌,并推出一系列专业化妆著作。④

2020 年 5 月,毛戈平正式入驻 B 站,短期就迅速收获了超过 10 万粉丝的订阅。入驻后,毛戈平联手 B 站发起了第一场活动——"美妆踢馆赛",并亲自担任评委。踢馆赛每期一个参赛主题,网友可根据主题创作,并向官方投送自己的化妆视频,参赛者的最终成绩将通过网站数据和评委打分环节进行综合评定。活动设置了人气奖、黑马奖、阳光普照奖等奖项。

这场赛事在 B 站引发了轰动,踢馆赛第一期主题是"我眼中的中国妆"(见图 1-12),比赛点评视频一经上线,短时间内就突破 100 万播放量,点赞数也超过 6 万。全网美妆博主都来投稿求美妆"宗师"毛戈平点评(见图 1-13),网友戏称"美妆博主们的期末测试来咯"。

近年来,类似毛戈平联手 B 站发起的品牌营销活动屡见不鲜,品牌方号召普通用户主动参与品牌活动,在这个过程中实现多方获利、合作共赢。具体表现为:活动的发

---

① 李华君:《数字时代品牌传播概论》,西安交通大学出版社,2020 年版,第 16 页。
② 王佳炜、陈红:《SoLoMo 趋势下品牌传播的机遇与应对》,《当代传播》,2013 年第 2 期。
③ 蜂鸣营销(buzz marketing)俗称"口头宣传营销",是一种主要通过人们(可以是消费者也可以是企业的营销人员)对目标受众传播企业产品(或服务)信息进行的口头传播,是传统的"口耳相传"方法在新经济下的创新营销方法。
④ 360 百科,https://baike.so.com/doc/2743081-2895089.html。

起者即品牌方"毛戈平"和"B 站"增加了曝光量,同时宣传了自己的品牌,并再次强化了其品牌在消费者心中的独特、至高地位,可谓名利双收。活动的平台方获得了流量和收益。活动的参与者通过平台获得关注度、物质奖励等。

图 1-12　B 站"我眼中的中国妆"参赛活动网页截图

图 1-13　"我眼中的中国妆"参赛作品《鲛人》

第四节　整合品牌传播的内部影响因素

广告主作为品牌传播活动的发起者和出资方,也是品牌传播信息的制定者,处于品牌传播关系链的中心。在数字化时代,广告主作为品牌传播核心行为主体的身份进一步凸显。因此,本节将广告主作为整合品牌传播内部场域的关键行动者进行审视,并分析其在整合品牌传播活动中受到的影响。

一、认识广告主

(一)广告主的定义

2018年修正的《中华人民共和国广告法》第二条对广告主做了明确界定:"是指为推销商品或者服务,自行或者委托他人设计、制作、发布广告的自然人、法人或者其他组织。"其中,作为法人的广告主又可分为企业法人、事业单位法人和社会团体法人;其他组织是指依法从事商业经营或提供服务的社会组织。

广告主一般具有以下特征。

其一,广告主的身份及宣传目的明确。只有当组织或个人根据自身传播需要,自己操刀或委托代理商制作和发布面向公众的广告时,才能成为广告主。广告主推出广告的目的是宣传自己,提高产品的知名度、美誉度和认购率,获得经济效益和社会效益。随着时代的发展,广告、公关、内容营销之间的界限愈发模糊,因此广告主自己操刀或委托代理商制作和发布的信息范畴也拓展到所有为宣传自身品牌而生产的内容。

其二,广告主要为广告制作和宣传付款。这就排除了其他利用非付费形式进行宣传的个人或集体。

其三,广告主普遍采用委托代理广告活动的方式。随着广告代理制的推行,将广告业务委托给专业的广告公司,充分利用其人才、技术等资源整合优势,一度成为广告主的共识和普遍做法。这也主要归因于大众传播时代,企业无法直面消费者,必须通过媒体和专业的广告公司与消费者沟通。随着数字化时代的飞速发展,通过第三方与消费者沟通反而会大大降低沟通能效,正如本节开篇所述,广告主必须快速响应消费者需求,因此,广告主跳过第三方直接与消费者进行沟通并提供商业服务的实践正在不断发生,这种趋势也正在给广告行业带来新一轮巨变。

(二)与中国广告主相关的组织机构

在我国,对广告主进行直接监管或负责的机构或组织主要有以下3个。

1. 国家市场监督管理总局广告监督管理司

中华人民共和国国家市场监督管理总局广告监督管理司是中华人民共和国国家市场监督管理总局内设机构,主要职责是:拟订广告业发展规划、政策并组织实施。拟订实施广告监督管理的制度措施,组织指导药品、保健食品、医疗器械、特殊医学用途配方食品广告审查工作。组织监测各类媒介广告发布情况。组织查处虚假广告等违法行为。指导广告审查机构和广告行业组织的工作。①

2. 中国广告主协会

中国广告主协会成立于2005年11月27日,是经国务院批准、民政部注册登记、由中国广告主自愿结成的行业性、非营利性的全国性社会组织,业务主管单位为国务院国有资产监督管理委员会。2006年,中国广告主协会正式加入世界广告主联合会,是中国在世界广告主联合会的唯一合法国家级会员。目前中国广告主协会已经成为全球最重要的五大国家广告主协会之一。中国广告主协会致力于发挥政府和企业之间的桥梁和纽带作用;促进企业品牌体系建设;提高我国品牌创新能力和营销传播水平,推动我国广告业的健康有序发展;维护广告主的合法权益,推动行业自律,不断提升广告主的市场竞争力。

3. 中国企业联合会

中国企业联合会是经国务院批准成立、民政部注册登记、具有法人资格的全国性社会团体,其业务主管部门是国务院国有资产监督管理委员会。中国企业联合会是企业、企业家(企业经营管理者)的联合组织,由企业界相关专家、学者、新闻工作者组成,它致力于推进企业改革和发展,提高企业经营管理水平,沟通企业与政府的联系,维护企业和企业家的合法权益,为企业和经济管理部门提供培训、咨询、信息、研究成果等智力服务,出版管理书籍、报刊,开展国际交流。

拓展阅读

解读广告代理制②

一、广告代理制的确立

广告代理制度是目前国际通行的广告运作机制,它的确立得益于以下两个关键因素。

1. 广告代理公司蔚为大观,广告代理产业化发展

19世纪60年代以后,广告代理进入独立的专门化代理时代,一大批具有现代意义的广告代理公司成立,为企业提供包括市场调查、广告策划、广告创意、广告设计与制作、媒体计划与购买、广告效果测定等在内的广告运作领域的代理服务。随着市场竞争进一步加剧,企业产生了包括广告、促销、公关、CI策划等在内的整合营销传播代理的需求,代理服务也从广告运作层面的代理走向企业整合营销传播的代理。另外,随着市场调查公司、广告设计制作公

---

① 中国机构编制网:《国家市场监管总局三定方案公布:设特殊食品安全监督管理司》,https://baike.baidu.com/reference/22866858/f49alHtUws9phJwt725oHe3LvoMUagk80LVuNE99bF6VUTJN0mLGTPv7rV1aZTfXBGET3aLvU-AEEvlbp-GUr6UKVMtjisbR4cuPeaxmUQ,2018-9-10。

② 张金海、廖秉宜:《广告代理制的历史检视与重新解读》,《广告大观(理论版)》,2007年第2期。

司、广告策划创意公司等专业化程度较高的公司的出现,广告代理也逐渐向专业化方向发展。

2. 广告代理佣金制的提出和确认

19世纪80年代初,被称为"现代广告公司先驱"的美国费城的艾耶父子广告公司的创始人F.W.艾耶,率先提出了一项新的收费建议,即如实向广告主收取购买媒介版面的实际费用,另按一定的比例向广告主收取一笔代理佣金。这一新的收费方式,正式建立了广告公司与客户的代理与被代理关系。此后这一做法逐步推广开来,直至1917年,以15%为标准的代理佣金制在美国正式确立,标志着广告代理制度的正式确立。

二、广告代理制的核心——分工机制

广告代理制作为一种市场运营机制,必然受市场经济四大基本原则,即成本原则、利己-利他原则(双赢原则)、自身利益原则以及完全信息原则的制约。

1. 成本原则

广告主在长期的市场营销实践中发现,委托第三方即广告代理公司代理其广告业务,要比自己单独完成广告业务所花费的成本低得多。这是由于广告公司进行专业化的生产经营,在面对众多广告主、完成目的各不相同的一系列广告行为时,它可以重复使用一定数量的生产要素,如设备、技术、信息,而重复率越高、效率越高,成本就越低。更重要的是,广告代理公司具有专业服务优势,更能保持对市场和消费者看法的独立和公正,帮助广告主做出客观的广告决策,为委托人增加品牌价值,并在消费者和产品之间建立亲密、信任关系。创造这种无形价值,便是专业广告代理服务的真正价值所在。

2. 双赢原则和自身利益原则

双赢原则和自身利益原则表面看起来互相矛盾,但实质上是相互联系的。人都具有追逐利益的本能,然而,仅仅基于利己原则的市场交易活动是不可能长久的,还应该满足"买卖双方的增长"的双赢原则。在广告代理活动中,广告代理所涉及的三方都会考虑自身的利益,只有在三方都获利的情况下,广告代理制才能顺利地进行。

实行广告代理制,最大的受益者应当是广告主。广告公司有系统的市场信息传播组织,集中了大批广告业务专家和各类广告专门人才,拥有精良的广告制作设备,以及在长期广告实践中所积累的丰富经验,它们能为企业提供综合性的全面广告代理服务,帮助企业提高广告宣传的水平和质量,提高广告宣传的有效性。

实行广告代理制,对媒介也是有百利而无一弊。媒介单位通过广告代理公司承揽广告业务,不必直接面对极度分散的广告主,从而极大地减轻了媒介招揽广告业务、应付众多广告业务员的工作烦恼;也不必再承担广告设计、制作任务,减轻了媒介单位的人力、物力负担;媒介刊播广告的费用,由广告公司支付,媒介不必再对广告主逐个进行信用调查,不必承担广告主违约的经济损失,减少了信用风险。从广告业的发展来看,实行广告代理制也有利于广告公司和媒介发挥各自的优势,互相配合、协调发展。

广告代理制的产生,也正是由于双赢原则的推动——企业通过广告代理

商促进产品或服务的销售,增加品牌价值,媒体借助广告代理商销售版面或时段资源而获利,广告代理商则通过为二者提供专业服务而获得自身的发展。这种相互依存的利益格局正是广告代理制产生和发展的内在推动力。

3. 完全信息原则

完全信息原则意味着买卖双方均可在任何时候得到有关产品、产品质量、产品价格的信息,这使得产品之间的竞争更加激烈,产品价格更低。完全信息原则在广告代理过程中的表现为:在激烈竞争的市场经济中,广告代理所涉及的不同广告主与广告公司之间、广告公司与媒介之间处于错综复杂的激烈竞争中,它们受到价值规律这只"看不见的手"的操纵,交易各方在成本原则、自我利益以及双方获利原则的支配下,各自根据众多目标交易对象提供的有关产品、产品质量、产品价格等信息来选择自己最终的交易对象。

三、对广告代理制发展演变的历史检视

广告代理制是市场经济的产物,是一种市场运营机制。它最大的意义在于促进广告活动的专业化分工和广告产业的独立发展,保证广告市场高效率地运作。广告代理制具有以下三个特点。

一是广告代理制是广告市场三方主体博弈的产物。最早在美国确立的广告代理制,有其特定的时代背景。在当时,广告媒体以平面印刷媒体为主,媒体和广告主都产生了对广告公司代理的需要,由此媒体协会和广告公司协会达成共识,以媒体代理费的形式确定广告公司的报酬。这一制度的确立推动了广告公司的专业化进程,收入上的保证有力地推动了广告公司规模化和集团化发展。

二是广告代理制是随着市场环境和传播环境的改变而不断发展演变的。广告代理制最初表现为广告代理费制,即"广告公司为客户代理媒介广告,一般向广告主收取由媒介返还的15%的代理佣金(由于在大多数情况下,广告客户的付费并不会高于媒体广告时间或空间的基本价格,所以广告公司只能转向媒体寻找折扣,这种折扣即传统的佣金)"[①]。但值得特别指出的是,广告代理制并不等同于媒介代理制甚至15%的媒介代理费制。随着广告主广告意识的增强,市场环境和传播环境日趋复杂化,广告主自然开始思考广告公司这种收益方式的合理性,原先确立的固定代理佣金付费方式越来越受到广告主的质疑。三方之间的博弈的结果是必须制定新的、科学的收益分配机制,这是广告代理制的发展趋势。

三是广告公司想要在广告市场三方主体博弈中取得主动地位,其核心就是具有不可替代的核心竞争优势,即需要为广告主提供专业的广告代理服务和媒介代理服务,并且是广告主和媒介自身无法做到的,即使能够做到也需要投入比选择专业代理服务更多的成本。市场环境是在不断变化的,广告公司只有根据不断变化的市场环境和传播环境调整自己的经营战略,才能在市场中有更多的话语权。

[①] 卫军英:《广告经营与管理》,浙江大学出版社,2001年版,第296页。

(三)广告主的分类

广告主的分类标准及方法繁多,在此介绍四种较为主流的分类方式:按营销规模和范围划分,可以分为地方性广告主、区域性广告主、全国性广告主和跨国广告主;按媒介的使用类别划分,可分为平面广告主、影视广告主、网络广告主、DM广告主等;按照广告性质划分,可分为商业类广告主和公益类广告主;按广告主的性质划分,可分为企事业单位、其他组织和个人。

二、数字时代广告主的转型

尽管面临着数字时代的冲击和用户在品牌传播活动中的主动性的提高,广告主在品牌传播过程中仍占有不可否认的主导权和控制权,也正因如此,市场对广告主快速响应消费者需求、与消费者进行高效沟通和提供商业服务的能力提出了更高要求。

(一)广告主关于整合品牌传播理念的更新

1. 明确竞争环境的变化

从新中国成立到现在的70多年时间里,中国许多产业经历了从无到有、从简单的来料加工、贴牌生产,到创造真正的中国品牌的过程,中国逐步成为世界第一大工业国、第一大货物贸易国、第一大外汇储备国,中国的产业在摸索中不断创造属于自己的模式。

自2014年习近平总书记提出"三个转变"的重要要求以来,中国企业自觉加强在品牌建设方面的意识和行动,更加注重技术创新、产品品质和消费者体验;与此同时,消费者的知识产权意识、品牌意识也在不断增强,对品牌的满意度和认可度也正在成为消费市场中关键的衡量因素。当今世界正经历百年未有之大变局,我国正处于实现中华民族伟大复兴关键时期,品牌建设应肩负起更大的使命,同时全球价值链重构进入关键时期,在国际竞争中急需全球消费者对中国品牌的"认知升级"。

正如中国广告主协会会长杨汉平所说的:用创新不断增强中国品牌的附加值和吸引力,以营销促进品牌整体形象的提升与传递,坚持正确的广告传播导向,传递向上、向善的正能量,推动中国品牌逐步发展壮大,在市场占有率、品牌忠诚度和全球领导力等方面取得长足突破,这是中国广告主企业发展的需求。[①]

2. 增强对品牌内涵的理解

对品牌内涵的理解是广告主的品牌传播决策的重要出发点。随着时代发展,品牌的内涵也在不断变化,这从根本上反映出不同历史条件下的商业逻辑的变革。进入数字时代,媒介融合、万物互联的深入发展,颠覆了传统的商业模式和业务逻辑,广告主应充分意识到,品牌作为企业核心竞争力的载体,已经演变成一种生态模式。

在2022年第一届生态品牌峰会上,由《财经》杂志与凯度、牛津大学赛德商学院联合发起,法国里昂商学院提供学术支持的"生态品牌认证"标准中,建构了"生态品牌"的

[①] 李丹阳:《以70年之发展,观中国品牌建设之成就与未来》,https://news.gmw.cn/2019-11-29/content_33361148.htm,2019-11-29。

五个核心维度:用户体验交互、开放协同共创、终身用户价值、共赢增值效用、社会价值贡献。① 以海尔、平安智慧城市等为代表的中国领航生态品牌正在不断崛起,它们通过与用户进行更深入的交流,不断升级用户体验,建立战略性合作网络,并拥有坚定和清晰的品牌理想,关注社会价值贡献。

总之,广告主应不断深化对品牌内涵的理解,加深对国家及国际品牌战略走向的了解,顺势而动,才能更好地针对自身企业发展层次制定相应的品牌发展战略。

(二)广告主关于整合品牌传播的实践转向

广告主关于整合品牌传播理念的更新也在很大程度上主导了其在实践层面的转向,具体来说,集中体现在以下几点。

1. 持续升级用户体验

在大众传播时代,也就是广告业发展的黄金时代,因企业无法直面消费者,必须通过媒体和专业的广告公司与消费者沟通,广告传播活动总体上是掌握在专业广告公司的手中的,企业的主要工作集中于预算和效果验收层面。

随着数字时代的到来,市场环境、传播环境的变化及消费者个性的凸显,都要求广告主快速响应消费者的需求,学会与消费者互动并提供相应服务。正如海尔卡奥斯化工生态总经理康健所说的,在用户端要做到无穷交互,时刻与用户交流,深刻理解用户的需求,不断为用户创造价值,这样才能够联合生态各方,快速满足用户需求,形成持续迭代的整体解决方案。② 广告公司的中介价值正逐步弱化,不少机构和学者认为广告主的商业传播活动要把握在企业自己手中才能做好商业传播工作,在企业和消费者之间再安插一个广告公司作为中介势必会降低沟通的效率、错失机会。③ 于是,越来越多的企业开始尝试设置专门的广告公关策划部门,负责品牌日常的策划、创意、制作、执行等业务。

2. 智能化运作品牌业务

互联网平台利用计算技术赋能的广告定向与程序化交易技术,实现了媒介购买与广告市场交易的自动化与智能化、用户与流量及其价值的智能化预测、用户与流量资源的合理配置和广告的定向投放,甚至包括广告效果的及时反馈。简而言之,互联网平台承包了从自动进行资源管理、广告投放到效果优化的一整套广告投放流程。因此,越来越多的广告主直接在广告程序化交易平台实现媒介用户与流量的购买,完成广告的市场交易和智能化业务运作,囊括从消费者识别至广告定向投放的全流程。④ 例如,在RTB⑤模式下,每次广告投放所需的时间以毫秒计算,广告投放速度飞速提高,还能及时反馈投放效果并进行优化调整,广告投资回报率也相应提升。

---

① 哈佛商业评论:《生态品牌:与时代共振的引领型品牌范式》,https://www.163.com/dy/article/HGL8STLV0512D8L6.html,2022-09-07。
② 中国经济新闻网:《生态品牌认证榜单发布:卡奥斯打造面向用户需求的无限进化生态》,https://www.cet.com.cn/xwsd/3237581.shtml,2022-09-07。
③ 陈刚,潘洪亮:《重新定义广告——数字传播时代的广告定义研究》,《新闻与写作》,2016年第4期。
④ 曾琼、张金海:《结构、关系与制度:计算技术嵌入与广告产业变革》,《武汉大学学报(哲学社会科学版)》,2022年第5期。
⑤ RTB(real time bidding)即实时竞价,是一种利用第三方技术在数以百万计的网站上针对每一个用户展示行为进行评估以及出价的竞价技术。

3. 注重内容营销,信息即广告

在大众传播时代,广告公司通常是对媒体广告时段或版面进行代理,广告的投放也是以广告时段或者版面为载体的硬性广告。随着社交媒体时代的到来,"内容为王"的重要性愈发凸显,仅仅依靠传统的广告、公关等手段已无法满足消费者的个性化、多元化信息需求,品牌需要能更有效地劝服消费者进行购买的手段。

内容营销通过丰富的内容、形式和载体调动消费者的兴趣和参与度,并通过消费者的反馈进一步完善产品设计、调整品牌战略,在与消费者进行内容互动的过程中,让消费者对品牌形成正确的认知和较高的认同度。内容营销相较于传统的营销模式,针对性较强、成本较低、形式灵活、传播效果更好,并能有效搭建企业与消费者之间长期的良好关系桥梁,成为社交媒体时代风头正劲的营销模式。我们将在本书第五章展开对"内容营销"的专门讲解。

案例赏析

都在讲"生态",为何只有海尔是"生态品牌"?[①]

2021年凯度BrandZ最具价值全球品牌排行榜中,上榜的中国品牌总数增至18个,领先欧洲,居全球第二。上榜的中国品牌的相同之处,是都对"生态"进行了不同方面的尝试和探索。

一、"大牌"偏爱讲"生态"

随着中国品牌越来越国际化,许多品牌开始讲"生态",例如产业生态、生态链、智慧生态等。有的企业将生态解读成跨界,有的企业将其理解成从研发、销售到不断迭代优化的全链路生态系统,有的企业将其理解成从单体作战到舰队作战,有的企业认为生态是形成类似开发者生态圈,有的企业认为生态是通过"智慧场景"战略,围绕自身产品拓展周边。

目前关于"生态"的探索,大致可以分为以下两种。

一种是以核心企业为中心,对企业有利的生态。这种商业模式将目光聚焦于品牌自身利益和投资回报率,是一种由对企业自身有利的外部环境、外部力量所组成的生态,也是一种以绝对利益为目的的生态圈。

客观地讲,这是一种半封闭、半开放的生态链,只对自己的品牌和加入自己生态的品牌开放,说到底,它是产业链条上下游的延伸。这种商业生态的核心标准来自企业自身价值利益观,也就是处于圈子中心、最有影响力的企业,有共同利益的企业,才可以加入。

这种生态具有相对稳定性,这种稳定性很大程度上依赖于抱团企业"掌舵手"对市场的判断和感知。但其弊端也比较明显,就是过于看重资本回报率,

---

① 蓝鲸财经:都在讲"生态",为何只有海尔是"生态品牌"? https://baijiahao.baidu.com/s? id=1703545306797997538&wfr=spider&for=pc,2021-06-25。

一旦市场风向变化,消费者喜好发生改变,这种生态就有可能整体偏移、迷途大海。

另一种是有门槛、有条件的生态。这种品牌发展模式有一定的门槛,这些门槛或是某种机制协议,或是某套基础系统,因此这是一种有条件的合作,无法体现真正意义上的生态。

这种生态形成的前提是生态方在一定程度上牺牲合作伙伴自身的品牌价值和意义。其他一些已经成熟的品牌体系要想加入其中,不得不迈过几道坎。这样做的弊端是品牌成员对处于生态核心的品牌过于依附、依赖,导致其原有品牌一定程度上失去独立性,久而久之容易丧失原有品牌的价值。

二、什么是"生态品牌"?

伴随着品牌内涵的日益多元化,一个以品牌为中心的复杂系统已形成,这其中包括品牌相关的企业、供应商、中间商、消费者、政府等一系列复杂的经济、社会要素。现实的情境决定了我们要从全新的角度去认识品牌的内涵及其所处的复杂环境,这也就衍生出"品牌生态学"这一新的研究领域。

2020年底,新华出版社出版《物联网生态品牌发展报告》,这是为数不多的专门解读生态品牌的著作。该报告对于"什么是生态品牌"这个核心问题给出了回答:物联网生态品牌是通过与用户、合作伙伴联合共创,不断提升无界且持续迭代的整体价值体验,最终实现用户及生态各方共赢共生,为社会创造价值循环的新品牌范式。

BrandZ主办方凯度,作为国际品牌评选方,可谓阅"牌"无数,对生态品牌有整体上的把握,对生态品牌的拿捏和考量是相当严格的。凯度集团大中华区总裁、BrandZ全球主席王幸提出,生态品牌就是品牌发展的未来和引领,物联网生态品牌引领着全球品牌发展的方向和进程。

三、为什么海尔是"生态品牌"?

海尔已经连续三年成为BrandZ榜单唯一物联网生态品牌。

细心的人会发现,海尔智家体验店不像是海尔专卖店,展示的也不全是海尔产品。在衣联网的生态圈中,海尔吸引了服装品牌、洗衣机品牌、RFID物联技术等近13个行业的4800多家生态资源方,包括蓝月亮、海澜之家、水星家纺、万事利等,共同围绕衣物洗护提供服务。

在海尔,围绕用户需求的"开放"已经成为一种主旋律。像这样热衷于"交朋友"的,不仅是海尔智家,还有海尔卡奥斯、海尔生物等品牌。

助力天原化工企业百年圆梦、帮助房车企业解决用户难题、让青岛啤酒实现个性化批量定制……海尔卡奥斯工业互联网赋能不同行业,传递出这样一个信息:生态的海尔,在成就自己,也在成就他人。

2021年,北京烤鸭被很多海尔家庭用户端上了年夜饭桌。用户只需在海尔智家APP或智慧冰箱上一键下单,就能收到顺丰冷链送达的烤鸭。鸭胚无需解冻,可以直接放入食联网蒸烤箱。一键启动定制烹饪,用户就能轻松享受健康减脂的正宗北京烤鸭。

基于海尔食联网庞大的生态平台,"烤鸭模式"有一套自己的运作逻辑。

选鸭环节,有专供北京烤鸭的老丁家;产品研发环节,有国宴大师张伟利;鸭胚包装处理环节,有食品加工企业惠发;冷链运输环节,有顺丰物流;到了用户家中,还有海尔智家的智慧烤箱……

这是一只有"嚼头"的烤鸭。如果单纯从商业营利的角度去解读,海尔只是商业营利中的一环。从品牌的角度来解读,所有生态方的品牌,都能从消费者收获的良好的体验中,得到无形的增值。

一只烤鸭,让海尔更"海尔",顺丰更"顺丰",惠发更"惠发",烤鸭更"北京",这些品牌不仅收获了商业价值,还进一步夯实了各自品牌的独特内涵。

生态品牌的终极目标是什么?从自然生态的角度去理解,就是万物和谐共生、多姿多彩、多元化的、开放的,是在相互承认彼此价值、相互尊重基础上的,一种稳定的、永恒的状态。

真正的生态没有门槛,没有局限,如同海纳百川,是开放的。生态最终的目标是"共同进化"。当一个品牌像大自然一样,包容万物、惠泽万物、共荣共生时,实际上其品牌价值、社会价值早已超越了其商业属性和商业价值。

围绕用户,承认彼此、成就彼此。这或许就是生态品牌最底层的逻辑。

【问题】
1. 什么是"生态品牌"?它有哪些关键衡量标准?
2. 你还了解海尔旗下的哪些生态品牌?能否举例说明它们的应用场景?

课后思考题

1. 举例说明我国采取"品牌经理制"进行品牌经营的企业。
2. 如何正确认识品牌的概念?
3. 大卫·奥格威的"品牌形象论"传递了哪些要点?
4. 硬性推销派和软性推销派有哪些异同?

本章数字资源

第二章　整合品牌传播的相关理论

本章学习要点

1. 了解产品生命周期理论。
2. 掌握品牌资产理论。
3. 了解品牌识别系统理论。

国货品牌出海启示录：小米如何在印度培育"米粉"[①]

在开启于2014年的国际化历程中，小米仅用7年时间，在海外业务方面的经验、人才、渠道，以及专门针对海外市场的产品研发和营销机制等，都实现了从量变到质变的跃升。[②] 印度是小米海外出圈的第一站，也是最成功的一站。彼时，印度已是全球第三大智能手机市场，小米却选择在这一片"红海"中迎难而上，并在进入市场3年后成功超越三星，成为印度销量第一的品牌手机。

下面，我们将从品牌生命周期角度，分析小米在印度市场的品牌传播特点。

一、导入期：社交营销＋期货营销

许多第一次走出国门的中国企业，通常会把国际化首站定在和中国接近的其他新兴市场国家，小米也不例外，它首先将目光瞄准了众多海外手机品牌角逐的印度市场。

印度市场的智能手机渗透率低，且与早期国内市场较为相似，与小米手机主打中低端市场的定位十分契合。而且，英语是印度的官方语言之一，一些国际知名社交软件在当地较为普及，这更有利于小米复制自己在社交营销方面的成功模式。

[①] 雨果网：《重回世界之巅，全民为"米"折腰——国货出海启示录》，https://baijiahao.baidu.com/s?id=1682590012305526195，2020-11-06。

[②] 澎湃网：《小米国际化，离全球第一还有多远？》，https://www.thepaper.cn/newsDetail_forward_15972617，2021-11-23。

2014年3月,小米进入印度市场。它利用脸书(Facebook)、推特(Twitter)等社交媒体打通营销渠道,通过鼓励用户转发点赞、抽奖试用小米手机等方式进行大面积社交营销,一时间,小米品牌声量大涨。为了复制国内的"互联网手机"模式,小米需要借助第三方电商平台。彼时,恰逢亚马逊和印度电商平台Flipkart为抢夺市场份额而对用户疯狂补贴,于是,小米和Flipkart合作举办了一系列闪购活动,其中10月份的一场红米1S的预售有超过40万人参与,上架4秒即宣告售罄。同时,小米也在自己的印度官网采用预约抢购预售码的形式并绑定一定优惠,这种兼具饥饿营销和期货营销的方式,不仅很好地控制了库存,还能在很大程度上促进销售。

凭借这一套品牌营销组合拳,小米打开了印度市场,同年四季度的销量占比升至印度智能手机市场份额第五名。

二、成长期:线上线下联动,提升消费者体验

2015年,小米在印度的线上销售量达到550万台,其中9成来自电商网站。电商运营的好处多多,既避免了繁杂的分销协议,又不必面对实体店成本高、管理难等问题。不过困难也接踵而来,虽然闪购、预售活动打响了品牌,但其库存的紧缺也让小米流失了很多潜在客户。更严重的是,线下售卖渠道的缺乏、不完善的售后服务等都让小米的口碑受到了冲击。2014年底,小米在印度市场被爱立信以专利侵权为由起诉,导致其采用联发科芯片的手机被禁售,小米在印度市场的发展面临阻碍。2015年,小米跌出印度智能手机市场份额前五名。

面对严峻形势,小米开始布局新的品牌营销战略。为解决供需问题,2015年小米与富士康合作在印度设厂生产手机,当年7月就产出了第一部在印度制造的小米手机。2015年初,小米开始布局发展线下销售,其与印度电信运营商Bharti Airtel合作,利用其零售渠道进行Redmi Note的销售。之后,小米与印度最大的零售连锁店Mobile Store合作,Mobile Store旗下的800家门店均开始售卖小米手机。小米采用直销模式为零售店提供货源,减少产品流通的中间环节,既控制了成本,又扩大了业务范围。2016年7月,为更好地发展印度小城镇消费者,小米开始与Just Buy Live和富士康旗下的InnoConn合作。一系列操作下来,小米在印度的实体零售店已有5000家。

此外,小米还一改原先仅有的网站虚拟交易模式,在印度各地建立消费者体验店,为广大印度消费者提供免费的产品体验和配套服务,不仅扩展了当地市场对小米的品牌认知度,还通过口碑效应和关系链接,获得了品牌美誉度。

在洞悉印度消费者对印刷媒体的依赖程度较高这一情况后,2016年,小米在社交营销之外,又斥资30多万美元包下了印度发行量最大的纸媒——《印度时报》的整个头版,用以宣传Mi4手机。

2016年二季度,小米在印度市场的业绩开始全面复苏,2016年三季度小米重回印度智能手机市场份额前五名。

三、成熟期:寻求突围,目光转向高端市场

2017年下半年,小米成为印度市场出货量第一的手机公司,至此,小米在

印度市场的发展进入成熟期。截至2021年,小米在印度一共有1.5万家零售门店。市场调研机构Canlays的报告显示,2022年第三季度小米独占了五分之一的印度智能手机市场出货量,稳居第一。

但需要注意的是,即使是在成熟期,市场也依然存在各种风险和挑战,需要品牌和企业随时掌握情况,及时调整品牌战略。Counterpoint Research的数据显示,2022年第四季度,小米在印度市场的份额(18%)被老对手三星(20%)反超,跌至第二名。外媒认为,随着市场成熟,印度市场对高端手机需求不断上涨,而三星在印度适时启动了创新融资方案,推出了分期付款等服务,推动了该品牌高端智能手机的销售。反观小米,其未能及时跟上印度手机消费者需求的高端化趋势,过去两年,高端手机仅占小米在印度手机总出货量的0%~1%,而三星的高端手机占比已达到13%。

于是,小米开始迅速寻求突围之路,积极调整在印度的市场战略,精简产品线,专注在高端市场构建专业技能。2023年初,小米接连在印度市场上发布了多款高端智能手机产品,例如红米Note12、小米13 Pro。这一战略转变的效果立竿见影,红米Note 12上市两周销售额就达到了6100万美元。与此同时,小米还计划为自己的合作伙伴提供贷款,开设更多的线下手机专卖店,为自己的市场份额增长提供助力。

四、总结:小米"出海"的底层逻辑

1. 品牌市场研判:寻找恰好的时机切入点

小米切入印度市场的时机十分巧妙。在印度这一片手机红海市场,用户已经得到了充分的市场教育,对手机的需求已经十分清晰;同时,移动互联网正在兴起,也为小米发挥自身最擅长的互联网营销优势提供了机遇。此外,印度本土电商公司Jabong的联合创始人马努·库马尔·杰恩负责小米印度业务并担任全球副总裁,为小米开拓印度市场起了关键作用。

2. 品牌价值传播:"米粉"文化的强输出

"米粉"文化一直是小米品牌文化中的亮点。小米国际全网电商部总经理赵程先生曾说:"小米坚持与消费者之间塑造的并不是一种简单的买卖关系,而是一种朋友关系。一位米粉是否购买小米产品,并不单单取决于产品本身,还有源于产品之外、独一无二的价值感,而我们的主要任务,就是将这种价值传达给消费者。"小米在选择出海印度的时候,也将品牌价值同步输出。"小米印度"建立了社交媒体账号和"米粉社区",并招募本地员工进行平台运营,与"米粉"近距离交流,同时,开展"米粉"线下活动,增强"米粉"的认同感和归属感。

3. 品牌定位清晰:控制产品线宽度+主打性价比

小米在面对印度手机市场时,明确自身定位,精简产品结构,在2017年之前,小米在印度累计推出8款产品。另外,由于印度人的平均收入水平不高,对价格非常敏感,小米始终在当地主推高性价比的中低端产品。不过,到2022年底这一风向有所变化,小米也迅速调整品牌营销战略,向印度的高端手机市场迈进。

4. 品牌全面本土化:本土化合作管理+本地化产品定制

为了避免"水土不服",小米在印度市场的本地化策略可谓做到了极致——不仅合作伙伴、供应链生态、管理团队、粉丝社群都进行了本土化,连硬件产品和 MIUI 操作系统也进行本地定制化,为印度市场量身打造了一个"印度版"小米。员工本地招聘、产品本地采购、部件本地生产,小米的本土化运营模式不仅为印度本土创造了更多的就业机会,还为品牌节省了高昂的关税、运营成本,为其低价策略打下基础,也缩短了产品交付周期,可谓一举多得。

5. 品牌生态打造:科技支撑+生态蓄力

近年来,小米在技术研发方面的投入以每年 30% 的速度增长。相关数据显示,2019 年以来,小米买入或大幅增持了至少 34 家芯片领域相关的中国企业的股份,在芯片设备制造、先进显示器、相机镜头及自动化和精密设备行业均有技术投入。此外,小米通过与高通等国际头部企业合作,攻克技术难关,通过与运营商、渠道商紧密配合快速进入多地市场,以生态韧性攻克复杂难关。

每一个产品都要经历从开发、生产到上市,直至退出市场竞争的历程。这就意味着,在产品发展的不同阶段,企业需要因时制宜,采用合适的、有针对性的营销和传播策略,以获取最大的经济效益,建立一个有长久生命力和持续影响力的品牌。

上述目标的实现,涉及品牌战略的规划、品牌定位的选择、传播策略的制定等多方面的内容。在此之前,我们必须充分了解整合品牌传播的相关理论,深刻洞悉品牌传播的心理机制,进而实现理论观照现实,并在实践中不断优化、沉淀理论的良性互动。

本章我们主要介绍产品生命周期理论、品牌资产理论和品牌识别系统理论。在品牌传播长期发展过程中,针对以上理论的研究蔚为大观,并积累了丰富且系统的研究成果,对行业、组织的整合品牌传播实践都有巨大的启发、指导意义和价值。

第一节　产品生命周期理论

伴随着经济社会的变迁,蓬勃发展的经济和营销实践催生出众多应用性极强的营销理论,产品周期理论就是其中的代表之一。产品生命周期理论发展至今,历经半个多世纪,其内涵也在不断发展和完善,从最初单纯的理论上的完美模型到如今已具备更多的实践意义和更多的表现形式。

一、产品生命周期的内涵

产品生命周期理论于 20 世纪 50 年代首次出现,最早用于研究产品进入市场后的销售变化规律;后来,该理论被经济学家用于解释国际经济技术交往关系的演变;20 世纪 70 年代以后,它又被用于印证满足可持续发展要求的产品研制开发的新模式。

(一)产品生命周期的概念

综观当前研究成果,我们可从以下三个角度来理解产品生命周期,它们也能反映出该理论随着时间推移的演变轨迹。

1. 产品进入市场后的销售规律

早在20世纪50年代,随着第二次世界大战后世界经济格局的剧烈变动,以及整个国际范围内的竞争日趋激烈与多元化,工业发达国家开始着手研究新产品开发销售的规律与趋势,以保持市场竞争优势。产品生命周期理论就是这一历史时期的重要研究成果之一。

1957年,美国博思艾伦咨询公司出版了《新产品管理》一书,率先提出可依据产品进入市场后不同时期的销售变化,将产品生命周期分为投入期、成长期、成熟期和衰退期。在此基础上,美国数学家戈珀兹等人把研究产品生命周期与研究生物老化现象的成长曲线结合起来,提出了市场预测中的一种经典的数学模型——戈珀兹曲线。其中,产品的市场生命周期曲线(见图2-1)便是戈珀兹曲线的典型应用,对前者的研究也经历了从定性到定量的跨越。

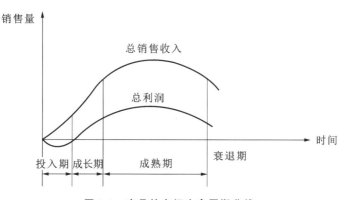

图 2-1　产品的市场生命周期曲线

从产品进入市场后的销售规律角度,我们可以为产品生命周期进行如下概念界定:产品生命周期指为交换而生产的商品(即产品)从投入市场到被市场淘汰的全过程,亦指产品的市场寿命或经济寿命,它是相对于产品的物质寿命或使用寿命而言的。物质寿命反映商品物质形态消耗的变化过程,市场寿命则反映商品的经济价值在市场上的变化过程。①

2. 国际交换与分工

1966年,美国哈佛大学商学院教授雷蒙德·费农将市场学的产品生命周期理论与国际贸易理论结合起来,开始研究新产品在国际贸易中的动态变化规律与趋势,尤其是新产品在发达国家与发展中国家之间流动的规律。费农通过研究美国市场的实际情况,提出了国际产品生命周期的四阶段模型②。

第一阶段是新产品问世、国内市场扩大直至饱和阶段,也可以看作发达国家对某种新产品的出口垄断期。由于新产品(尤其是高技术含量产品)的开发需要投入大量的资金与技术,而发达国家往往拥有更充裕的资本和更雄厚的科技力量,因此新产品在这一时期的生产主要集中在(发达国家)国内进行,产品由创新步入成熟,并逐步开始标准化生产。

---

① 万君康:《论产品生命周期理论的发展及应用》,《武汉商学院学报》,1999年第1期。
② 张军:《产品生命周期理论及其适用性分析》,《华北电力大学学报(社会科学版)》,2008年第1期。

第二阶段是新产品出口、开拓国外市场阶段,此时产品价格主导国际市场竞争格局。外国(主要指其他发达国家)纷纷开始仿制这种新产品,而且这些国家并不需要负担新产品的开发费用、关税、运费等成本,因此对该产品的定价会低于原产国的进口价。于是,仿制的泛滥使原产国的产品竞争力下降,后者的出口量也会相应萎缩。但此时,仿制国的产品出口价仍高于原产国,因此还不能在国际市场上同原产国的产品进行竞争。

第三阶段是外国产品在出口市场上与原产国产品竞争的阶段,也是跨国经营规模逐渐形成的时期。随着国外市场的形成,产品在技术、样式等方面的壁垒逐渐消失,标准化生产开始全面推广,外国厂商也开始大量出口该产品,原产国的产品优势愈发不明显。为追求低成本,原产国将资本和技术出口到欠发达国家(因其劳动力、自然资源等成本低廉),促成了资本、技术与当地廉价劳动力等资源的结合,推进了跨国经营的发展。

第四阶段是原产国开始进口竞争,以及开启新一轮的创新阶段。这一时期,发展中国家开始大规模对该产品进行生产及出口。当外国产品纷纷涌入原产国市场时,原产国在该产品的出口方面就不再具有竞争力并逐渐进入发展停滞状态。为了寻求新的出路,原产国不得不放弃这种产品的生产,转而去开发新产品。与此同时,该产品的生产周期在仿制国继续进行。

综上,新产品在国际贸易中的流动过程呈现"开发新产品—国内市场形成—出口—资本和技术出口—进口—开发新产品"这一循环往复的规律。

3. 环境可持续发展

从20世纪70年代初开始,一种从环境与生态保护角度出发,将可持续产品作为研究对象的产品生命周期理论开始出现。相关研究源于生命周期评价(Life Cycle Assessment),即对产品从最初的原材料采购到原材料生产、产品制造、产品使用以及产品用后处理的全过程进行跟踪调查、质量分析,通过评估能量和物质利用以及废物排放对环境的影响,寻求改善环境的机会以及判断如何利用这种机会。

对可持续发展产品生命周期的内涵界定,以1990年环境毒理学与化学学会(SETAC)的表述最具代表性:产品、工艺和活动的整个生命周期,包括原材料提取与加工,产品制造、运输以及销售,产品的使用、再利用和维护,废物循环和最终废物弃置。[①]

4. 总结

综上,产品生命周期不仅可以反映一种新产品从最初的研发、进入市场、被消费和使用、用后处理到最终被市场淘汰的全过程,也能用于窥察不同国家在产品开发技术乃至综合国力方面的势能差。

产品生命周期理论可谓"常用常新",这也表明它的适用范围广泛,在产品种类、产品形式、产品行业、品牌产品、国际贸易等多个范围均能产生作用。而从不同角度来看待产品生命周期理论,也赋予了其更丰富的内涵,反映出公众的产品观和发展观在不断完善。我们在本章对该理论的讨论,主要基于产品进入市场后的销售规律这个角度。

---

① 万君康:《论产品生命周期理论的发展及应用》,《武汉商学院学报》,1999年第1期。

(二)产品生命周期的特点

现代营销学之父菲利普·科特勒在《市场营销管理》一书中对产品生命周期特点的总结,对学界有较强的参考价值。具体来说,其特点主要有以下四个:一是产品的生命是有限的;二是产品销售会经历不同的阶段,每一个阶段都对销售者提出不同的挑战,要求销售者审时度势进行调整;三是在产品生命周期的不同阶段,产品利润有高有低;四是在产品生命周期不同阶段,销售者需要有不同的营销、财务、制造、购买、人事和传播战略。[1]

二、产品生命周期的不同阶段及相应的传播策略

根据之前的论述,我们主要参照对于产品生命周期的第一种研究角度,将产品生命周期分为投入期、成长期、成熟期和衰退期,并分别考量品牌在产品所处不同时期应采取的相应的传播策略与营销手段,以实现最优的营销效果。

产品进入市场之前需要严密构思,这涉及品牌及企业正确评估市场环境、确定产品定位、了解竞争对手等多个环节,以帮助企业尽量消除风险、化解冲突,达到良性运营的目的。在此基础上,产品的发展将陆续进入投入期、成长期、成熟期和衰退期四个环节。值得注意的是,这四个环节的起始点应根据市场整体态势、产品本身特质、销售额等因素进行综合评判。

(一)投入期

投入期也称入场期,这一时期主要是为产品后期抢占市场、进入成长期打下稳固的基础。为了确保产品及相关信息能够快速触达消费者,让消费者对于产品的功能、价值、特色等有一定的认知和了解,在充分保障产品的质量和售后服务的同时,企业和品牌会投入大量的营销费用,通过广告、促销、试用等手段来打造产品的声势。相应地,这一阶段的利润极少。

1. 投入期的优劣势

在投入期,尤其当产品以市场开拓者身份出现时,一般能抢占市场先机——这种第一印象往往更容易打动消费者,也容易让产品比后来者占有更多的市场份额。同时,人们对一个产品的使用形成习惯后,很难再因为其他产品发生改变;相应地,早期使用这类市场开拓型产品的消费者,也更容易对产品和品牌形成忠诚度。此外,由于早期的资源积累、技术优势和宣发优势,这类产品进入市场要跨越的市场门槛远低于其他产品。

但也需要注意,投入期的产品在推广过程中可能会面临一些问题,比如由于产品生产还未形成规模,此时的成本相应较高,在价格上不占优势;再如技术工艺不成熟等因素导致新产品还需要优化,市场定位不够准确导致产品打开市场局面困难等。

---

[1] 菲利普·科特勒等:《市场营销管理(亚洲版·第二版)》,梅清豪等译,中国人民大学出版社,1997年版,第324页。

2. 投入期的营销策略

一般而言,投入期阶段的产品不以盈利为主,而是以打响知名度、扩大影响力为主要目的。因此,这一时期,企业和品牌的产品开发应做好充分的前期市场调查,选择差异化的市场定位,强调产品本身的创新性和优良品质,顺应甚至主动激发消费者需求,重视消费者的体验感和意见反馈。此外,还可以将少量新产品推广给愿意"尝鲜"的消费者或经销商,将这批"第一个吃螃蟹的人"作为打开市场、宣传产品的中介。

(二)成长期

企业在产品成长期的关键任务是与消费者达成共识,增强用户黏性,形成与用户观念共同成长的品牌定位。这一时期是产品迅速占领市场的阶段,此时产品销售呈现快速上升趋势,产品的知名度大大提升。企业为了继续扩大市场,更注重提升产品性能,提高产品质量与服务,强化消费者品牌意识,以提高产品的市场竞争力。

1. 成长期的优劣势

在产品的成长期,随着促销、广告、公关等营销手段的持续推进,公众对产品的了解程度逐渐加深,良好的消费体验也会形成一定的口碑影响力,并促使新的消费者不断加入产品购买行列,这一阶段产品的消费人群迅速扩大,产品销售额也显著提高。

与此同时,市场跟进者、竞争者也开始出现,这其中不乏产品的仿制者,且由于他们不需要负担产品的开发研制等成本,在价格上更具优势,这都会对原创产品的竞争力造成强烈冲击。尤其在成长期的后期,随着市场竞争的进一步加剧,原创产品的销售增速会逐渐放缓。

2. 成长期的营销策略

在这一时期,企业除了增加规模化生产的投资以外,还应该适当调整传播战略、增加传播预算,以应对竞争并持续开发新的细分市场。因此,企业相应的营销策略可细分为促销策略、广告策略和产品差异化策略。

(1)促销策略

这一时期的消费者在产生消费行为前会深思熟虑,他们可能花更多的时间衡量、决定是否尝试新产品,注重新产品带来的体验和实用价值。因此,企业可以在促销过程中强调产品能够为消费者提供区别于其他产品的利益和价值,也可以适当调低产品定价,满足消费者的消费心理预期。

(2)广告策略

成长期广告的主要目的在于进一步强化消费者心中的品牌印象,提升产品复购率,让消费者形成品牌偏好。此时,产品的同质化现象逐渐严重,在产品使用价值相差无几的情况下,广告宣传应侧重于品牌形象的塑造,以形成显著的产品区隔,这种策略可以有效说服消费者对某品牌产生偏好,进而产生购买行为。

(3)产品差异化策略

产品的个性化和差异化不仅可以维持消费者的品牌忠诚度,还能进一步吸引新的消费者加入消费队伍。此时,企业可以通过改进产品质量、增加新产品的种类和样式、拓展新的细分市场、发展新的分销渠道等方式塑造差异化。与此同时,企业还应该强化消费者的品牌意识,例如通过法律手段打击假冒伪劣产品。

(三)成熟期

当产品的市场占有率、销售量、利润增长都趋于稳定时,标志着产品已进入成熟期。菲利普·科特勒将成熟期细分成增长成熟期、稳定成熟期以及衰退成熟期三个阶段。在增长成熟期,市场需求量趋于饱和,销售增长率开始缓慢下降,利润仍有上升趋势;在稳定成熟期,销售量受到人口增长和重置需求的抑制;在衰退成熟期,销售利润呈现下滑趋势,消费者开始转向其他替代产品。

1. 成熟期的优劣势

在成熟期,品牌的核心价值已经凸显出来,尤其是具有竞争力的品牌,已拥有大量忠实消费者,具有较高的知名度和美誉度,在市场上处于领导者地位;新品牌入场的门槛将大大提高,竞争力弱的品牌慢慢退出市场,市场洗牌加速。

与此同时,随着竞争加剧,市场开始出现生产力过剩、产品供大于求等情况,产品的买方市场形成,消费者对产品及相应配套服务提出更高要求。

2. 成熟期的营销策略

这一时期,品牌传播的关键在于维持产品现有影响力和市场占有率,并采用有效途径尽可能延长成熟期。企业可以从以下几点出发制定策略。

(1)改进市场

在维持原有消费者方面,可以通过开发、宣传产品的新功能和新特点,拓展产品的使用场景等方式,增加消费者对产品的使用频率和次数;在吸纳新的消费者方面,可以通过开拓新的细分市场,利用独特定位抢占竞争对手的目标消费者等方式,争取让更多的消费者尝试使用并接纳企业的产品。

(2)创新产品

可以通过改变产品特征、优化产品功能、提高产品质量等吸引消费者。

(3)打营销组合拳

通过制定可以与竞争对手抗衡的定价、建立更广泛的分销网络、在促销和宣传过程中进一步强调品牌差异和利益等手段,帮助产品获得更多的市场机会。尤其在新媒体时代,可以运用互联网技术手段对目标消费市场进行深入分析,并及时调整品牌的营销策略,以目标消费者偏好的信息接收方式和渠道进行产品及品牌的宣传。

(四)衰退期

大部分产品都要经历衰退期,即使它隶属强势品牌也不例外。此时,产品的市场需求明显下降,产品营收持续下滑,品牌影响力、品牌忠诚度逐渐下降直至消失,即使降价促销也难以为继,最终产品及品牌会彻底退出竞争市场。产品走向衰退期的原因有很多,包括技术更新换代、文化风向转变、消费者偏好转移、市场竞争加剧等。

部分企业在衰退期选择放弃产品经营,导致产品退市;也有部分企业持续对产品和品牌进行经营、维护,并根据衰退期面临的问题,采用有针对性的营销策略和传播策略,以谋求品牌发展的新出路。无论放弃还是争取,企业都应综合考量各种因素,尤其应清楚产品在当前市场的竞争力。若产品仍具备一定的竞争力,企业可优先考虑增加或维持投资水平,因为维持一个老产品要比树立一个新产品更容易,承担的风险也相应会更小。

一般来说,衰退期的品牌传播的策略可从以下几个角度出发进行调整。

1. 维持

维持属于相对积极的应对策略,通过分析品牌发展出现的瓶颈问题,对品牌重新定位,打造产品的新特点,让品牌以焕然一新的面貌再度入市。

2. 收获

收获属于相对保守的应对策略,是指企业对现状进行盘点,通过减少成本的方式继续销售,维系部分消费者,获取最后的短期价值。

3. 放弃

放弃是指企业有效地处理衰退期的产品资产,放弃剩余业务。同时,可进行品牌延伸,迅速推出新产品抢占原来的市场,或开发新的细分市场。

第二节　品牌资产理论

20世纪80年代以来,世界范围内的品牌收购、兼并浪潮频起,典型事件如烟草制造商菲利普·莫里斯公司为了扩展商业版图收购了著名的卡夫食品以及米勒啤酒。其中,强势品牌往往以数十倍于其有形资产的价格被收购,这逐渐让行业开始承认品牌资产的存在。同时,行业内频繁的价格战带来的种种弊端开始凸显:不仅降低了企业利润,影响其在品牌、产品、服务等方面的后续投入,更会导致消费者对品牌失去信任和信心,影响品牌形象的塑造。调整经营理念与战略、通过建立强势品牌谋求可持续发展,成为众多企业的破局关键。

在这种背景下,人们急需科学的品牌资产界定和系统的品牌资产衡量维度,20世纪90年代,学界关于品牌资产的研究开始萌芽并形成一定规模。

一、品牌资产的概念

对品牌资产理念的重视,进一步凸显了品牌在营销过程中的战略地位。然而,由于短期利益导向、使用品牌资产概念的动机复杂等,国内外对品牌资产的界定及评估方式莫衷一是。其中,缺乏中立性和客观性,忽略品牌与消费者关系的管理等问题较为突出。如何将支离破碎的品牌资产概念加以系统整合,明确和深化人们对品牌资产的理解,进而为品牌资产评估提供依据?学界普遍认为,建立品牌资产的概念模型是回应上述问题的较好思路。

当前,卢泰宏等研究者归纳出品牌资产的三种概念模型,即基于财务会计导向的概念模型、基于市场的品牌力概念模型、基于品牌-消费者关系的概念模型。[①]

(一)基于财务会计导向的概念模型

基于财务会计导向的概念模型主要立足于为品牌提供一个可衡量的价值指标,把

---

① 卢泰宏、黄胜兵、罗纪宁:《论品牌资产的定义》,《中山大学学报(社会科学版)》,2000年第4期。

品牌资产货币价值化,这迎合了企业财务人员把品牌作为资本进行运作的需要。这一概念模型的代表性观点是 J. 沃克·史密斯对品牌资产的概念界定:"品牌资产是指由各种成功的营销规划和活动创造的,为一种产品和服务积累起来的在商品和服务贸易过程中可度量的财务价值。"[1]

这一研究模型对品牌资产的关注重点是品牌蕴藏经济价值的有效转化,品牌资产直接与市场效益挂钩,是品牌营利能力的直接体现。具体说来,该概念模型的主要目的有以下三点:一是向企业的投资者或股东提交财务报告,说明企业经营绩效;二是便于企业的资金募集;三是帮助企业制定并购决策。

然而,这一概念模型也具有诸多不足之处:首先,过度关注股东利益和企业短期利益,而忽略了品牌的长远发展;其次,将品牌资产过于简单化处理,对品牌内涵的理解片面、窄化,同样不利于强势品牌的建立;最后,仅仅从企业绩效指标角度来观察企业发展,而无法从全局角度对品牌管理提出建设性意见。

(二)基于市场的品牌力的概念模型

随着国内外众多品牌的不断扩张和成长,单纯将财务会计导向作为品牌资产评估指标的理念迅速暴露短板。此时,一种新的品牌资产概念模型应运而生,即基于市场的品牌力的概念模型,它在确定品牌资产评估指标时,注重品牌的长期成长及计划,更看重关乎品牌长远发展的潜力要素,其中品牌延伸能力是品牌力的核心体现(我们将在第十章展开对于品牌延伸的详细讲解)。

品牌延伸(brand extension)是指企业借助消费者对品牌已有的联想,在原有产品类别的基础上,开发新产品,以缩短新产品被消费者所接受的时间,减少新产品进入市场的投资和风险,以更少的营销成本获得更大的市场回报。Nielsen 公司曾对 1977—1984 年进入超市的新产品进行调研,发现其中有 40% 的产品上市依靠的是品牌延伸策略。[2]

在基于市场的品牌力的概念模型的相关研究中,学者们开始把品牌资产与消费者态度、品牌忠诚度、消费者行为等指标联系起来,这也为研究基于品牌-消费者关系的概念模型打下了基础。例如,1995 年,皮塔和凯瑟尼斯在《九十年代品牌资产管理计划》中,不仅倡导把品牌资产作为长期计划工具这一理念,还重点强调如何制定公司的营销战略以迎合消费者态度、体现消费者观点。该计划分为以下四步。

第一步是 Brand-Picture(品牌蓝图),即一个企业首先必须建立一个品牌蓝图,勾勒品牌的五年发展战略;第二步是 Brand-Persona(品牌角色),企业应该从消费者角度来评估品牌的现状,并发现和识别品牌战略目标(第一步)与品牌发展现状(第二步)之间的差距;第三步是 Brand-Life(品牌生命周期),为了缩小第一步和第二步之间的差距,必须对品牌原有的策略进行调整,制定品牌生存策略;第四步是 Brand-Initiative(品牌首创),评估品牌所有的收益。[3]

---

[1] J. Walker Smith. Thinking About Brand Equity and the Analysis of Customer Transactions, ARF Third Annual Advertising and Promotion Workshop, February 5-6, 1991.

[2] 薛可、余明阳:《品牌延伸:资产价值转移与理论模型创建》,《南开管理评论》,2003 年第 3 期。

[3] 卢泰宏、黄胜兵、罗纪宁:《论品牌资产的定义》,《中山大学学报(社会科学版)》,2000 年第 4 期。

(三)基于品牌-消费者关系的概念模型

在品牌发展过程中,越来越多的学者开始意识到,如果品牌对于消费者没有任何意义(价值),那么它对于投资者、生产商或零售商也就没有任何意义。因此,众多研究者开始从品牌-消费者关系角度出发,研究品牌资产的内涵。其中,以著名品牌管理专家凯文·莱恩·凯勒和戴维·阿克的观点最具代表性和参考意义。1993年,凯勒首先提出了基于消费者的品牌资产(Customer-Based Brand Equity,CBBE)这一概念模型①,认为从消费者对品牌的反应、评价、联想、态度、共鸣、行为等方面来测量品牌资产能较准确地反映品牌在市场中的位置。凯勒如此定义品牌资产:基于消费者的品牌资产就是指由消费者对品牌的认识而引起的对该品牌营销的不同反应。②

1.品牌资产的五星模型

1991年,阿克从消费者认知的视角提炼出品牌资产的五星模型(见图2-2),认为品牌资产由品牌知名度、品牌认知度、品牌联想度、品牌忠诚度和其他专有资产五部分组成。③

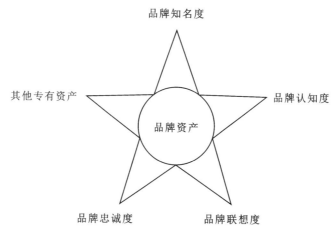

图 2-2 品牌资产的五星模型

(1)品牌知名度

品牌知名度(brand awareness)是指品牌被识别、被回忆和被提及的能力。若一个品牌容易被认出,在同类产品品牌中容易被记起,甚至人们在提到某类产品时想到的第一个品牌就是它,那么,这个品牌的知名度就较高,它在消费者心中就具有优势地位。尤其在品牌势均力敌、差异性不明显,或是商品的技术含量较低的情况下,消费者能认出、能想起的第一个品牌往往就是他可能购买的品牌,所以提升品牌的知名度非常重要。

具体来说,品牌知名度从低到高有以下四个层次,这四个层次体现出品牌知名度逐渐增加的过程:品牌认出(brand recognition),即品牌是否能被消费者认出,体现消费者

---

① Keller Kevin Lane. Conceptualizing, Measuring, and Managing Customer-Based Brand Equity, Journal of Marketing,1993(1).
② 祝合良:《品牌创建与管理》,首都经济贸易大学出版社,2007年版,第17页。
③ [美]戴维·艾克:《管理品牌资产》,吴卫华译,机械工业出版社,2005年版,第15-16页。

对产品的熟悉程度;品牌回想(brand recall),指品牌能否被消费者回忆起;品牌首选(top of mind),即品牌是否是消费者回忆起的同类产品中的第一个;品牌主导(brand prominence),指如果消费者第一时间或唯一想起的品牌就是该品牌,证明该品牌已具备主导消费者购买行为的能力。

(2)品牌认知度

品牌认知度(brand perceived quality)是指消费者对品牌品质的整体印象,包括产品功能、特点、耐用度、服务度、效用评价、可信赖度等。

(3)品牌联想度

品牌联想度(brand association)是指将记忆中的任何元素与品牌产生关联的能力。戴维·阿克将品牌联想分为以下11类:产品属性或特性,无形特征,消费者利益,相对价格,使用场合,使用者,生活方式与个性,产品类别,竞争对手,国家或地理区域以及其他品牌专有资产。

(4)品牌忠诚度

品牌忠诚度(brand loyalty)是指消费者在购买决策过程中,表现出的对某个品牌的心理偏好。这是消费者购买决策的中心环节,也是品牌资产的核心。消费者一旦建立起品牌忠诚度,不仅会青睐企业提供的系列产品或服务,还会对其他竞争对手的促销、宣传等活动"免疫"。而且,忠实消费者的营销成本最低,为企业赢得的利润最丰厚。戴维·阿克将品牌忠诚划分为五个层次,分别为忠诚型购买者、朋友型购买者、满意型购买者、习惯型购买者以及无品牌忠诚的购买者。

(5)其他专有资产

除上述提到的四点外,商标、终端、渠道和专利等也能为品牌创造直接或间接价值,这些都属于品牌的其他专有资产范畴。

在五星模型的基础上,阿克提出了十要素模型,我们将在本节第三小节继续展开讲解。

2. CBBE 模型

1993年,凯勒提出了CBBE模型(见图2-3),这被视作品牌理论研究的里程碑,标志着基于消费者的品牌资产研究成为主流研究趋势。

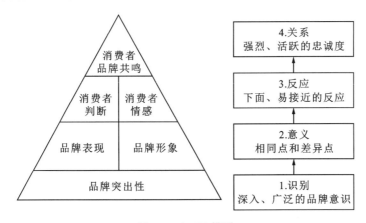

图 2-3　CBBE 模型

CBBE 模型通过创建品牌识别、赋予品牌意义、引导品牌反应和建立消费者-品牌关系四个步骤构建强势品牌。凯勒从消费者的视角梳理了品牌资产的来源,强调品牌力存在于消费者对品牌的知识、感觉和体验中,认为品牌资产是消费者品牌知识对于营销活动的差异化反应。于是,品牌知识开始成为品牌理论的核心概念,品牌知识是如何构成的、如何实证测量品牌知识等问题成为新的研究热点。[1]

CBBE 模型的划时代意义在于,它明确了品牌资产是基于消费者的概念——品牌资产是消费者对品牌履行承诺过程中形成的一系列心理信念与感知;品牌资产的本质是消费者的既有品牌知识导致对品牌营销活动的差异化反应,这种差异化反应可以使产品增值或者溢价。

二、品牌资产的作用

业界和学界普遍认为,积累品牌资产是品牌传播的核心目标。因此,也有许多学者将品牌资产的增加与否作为衡量品牌传播效果的关键指标。与有形的经济资产相比,品牌资产是一种无形资产,具有无限的扩展性和生命力,在品牌价值的积累和企业经营中发挥着至关重要的作用。

(一)品牌资产对于消费者的作用

1. 为消费者提供消费决策参考

全球生产力的爆发和经济社会的发展,造成了消费市场中信息和商品的过载,导致消费者在商品选择过程中面临过多干扰因素。品牌资产具有识别功能和态度导向功能,能从不同维度为消费者设置产品的选择、甄别技巧及条件,为消费者提供决策参考,简化其购买行为,更契合快节奏社会里人们的消费习惯。

2. 助力消费者精神需求的唤醒与满足

随着买方市场的形成,消费者选择的主动性、自主性和多样性不断增强。与此同时,社会物质资料的高度发达和居民生活质量的普遍提高,也让消费者对于产品和品牌的需求逐渐向更高阶的精神领域发展。品牌资产除了包含产品的物质属性,还凝聚产品的情感、精神属性,并通过品牌个性、品牌形象等内容传递给消费者,引起消费者的情感共鸣。反过来,消费者也会把情感渴望和自我价值的实现投射到对品牌符号价值的消费过程中,希望通过品牌的特征和个性来表达自己的理念与态度。

(二)品牌资产对于企业的作用

品牌资产已经成为企业营销的长期战略工具。企业通过品牌资产建设,获得可持续利益回报。具体说来,品牌资产对企业的作用可以归纳为以下两点。

1. 提升企业市场效益

英国 Interbrand 执行董事保罗·斯托巴特曾说:"关于品牌的一个重要问题不是如何创建、营销,而是如何使人看到它们的成功以及它们在财务上的价值。"[2]品牌资产为

---

[1] 卢泰宏、吴水龙、朱辉煌等:《品牌理论里程碑探析》,《外国经济与管理》,2009 年第 1 期。
[2] 陈超:《品牌价值与公司盈利能力相关性的实证研究及应用》,哈尔滨工业大学,2009 年度。

品牌本身赋予了货币价值,这一衡量维度的重要性尤其体现在企业的收购或兼并行动中。

除了有形价值外,品牌资产还包含无形的附加值,如市场的延伸性、强势品牌的溢价收益等,这些都能够在很大程度上使企业资源得到优化配置,提升企业的市场效益,保证企业利润的最大化。

2. 帮助实现品牌延伸

品牌资产代表品牌的信誉和承诺,是品牌延伸的基础,品牌延伸出的新产品可以继承既有品牌的标志、消费者对既有品牌的忠诚度以及品牌形象、品牌个性等要素,这些要素都是品牌资产的重要组成部分。品牌延伸理论的重要贡献者之一——戴维·阿克曾选择一批业绩优秀的消费品公司进行研究,发现其中有95%的公司采用了品牌延伸策略将新产品推进市场。而这些新产品成功站稳市场的关键前提就是有强大的品牌资产为其"撑腰"。

三、品牌资产评估的代表性方法

品牌资产评估的方法建立在对品牌资产概念的理解基础上。不同的品牌资产概念包含不同的品牌资产构成要素,并进一步演化成不同的品牌资产评估方法。

在上文,我们将品牌资产的概念模型归纳为三种,即基于财务会计导向的概念模型,基于市场的品牌力的概念模型和基于品牌-消费者关系的概念模型。相应地,构成各种品牌资产评估方法的基本要素也可以分为三大类:财务要素(成本、溢价、附加现金流),市场要素(市场表现、市场业绩、竞争力、股市)和消费者要素(态度、行为、信仰;认知、认同、购买意愿)。由此,通过对不同要素的组合,我们大致可以将品牌资产评估方法分为以下四类(见表 2-1)。

表 2-1 品牌资产评估方法分类表[①]

评估方法要素	评估方法的特点	代表性方法
评估方法1: 财务要素	品牌资产是公司无形资产的一部分,是会计学意义的概念	成本法、替代成本法、市值法
评估方法2: 财务要素+ 市场要素	品牌资产是品牌未来收益的折现,因此在传统财务方法基础上加入市场业绩要素	Interbrand 评估模型、Financial World 评估模型
评估方法3: 财务要素+ 消费者要素	品牌资产是相对于同类无品牌或竞争品牌而言的,是消费者愿意为某一品牌所付的额外费用	溢价法、消费者偏好法、品牌-价格抵补模型、联合分析法
评估方法4: 市场要素+ 消费者要素	品牌资产是与消费者关系的紧密程度,着眼于品牌资产的运行机制和真正的驱动因素	品牌资产十要素模型、品牌资产趋势模型、品牌财产评估电通模型、品牌资产引擎模型

---

① 卢泰宏:《品牌资产评估的模型与方法》,《中山大学学报(社会科学版)》,2002年第3期。

下面,我们将选择不同类别评估方法中的一种或几种展开讲解。

(一)评估方法1:财务要素

该评估法是利用会计学的概念及原理来进行品牌资产的测量。其中,成本法即根据创建和发展品牌中的实际投入费用(如研发费、广告费等)来估算品牌资产的方法。而替代成本法则是通过建立类似品牌需要的费用来估算品牌资产。

(二)评估方法2:财务要素+市场要素

这类方法主要是在财务要素的基础上,引入了能反映品牌市场业绩和市场竞争力的若干因素。其中最著名的两种方法是英国的英特品牌集团公司推出的Interbrand评估模型和美国的《金融世界》杂志推出的Financial World评估模型,二者均以其创立机构命名。英特品牌集团公司是世界上最早研究品牌评估的机构,也被公认为世界上最著名的品牌资产评估公司,其每年发布的"全球最具价值品牌100强(Best Global Brands)"榜单,被英国《金融时报》评选为最受全球CEO重视的三大榜单之一。美国的《金融世界》杂志从1992年起对世界著名品牌进行每年一次的跟踪评估,其采用的评估方法建立在英特品牌集团公司的Interbrand评估模型基础上。因此,我们接下来主要介绍Interbrand评估模型。

Interbrand评估模型中存在这样一个公式:V(品牌资产)$=P$(品牌收益)$\times S$(品牌强度)。

1.品牌收益

品牌收益反映品牌近几年的获利能力。在Interbrand评估模型中,品牌收益并不仅仅是从品牌销售额中减去品牌的生产成本、营销成本、固定费用和工资、资本报酬以及税收等成本,还要考虑其他因素。比如,并非所有的收益或利润都是来自品牌,可能有部分收益或利润来自非品牌因素(例如分销渠道因素)。此外,为了保证测量的精准性,应该用过去3年历史利润进行加权平均以综合评估品牌收益。

2.品牌强度

品牌强度决定品牌未来的现金流入能力。最初,Interbrand评估模型使用了两套计算品牌强度的模式:七因子加权综合法和四因子加权综合法。这两种方法均运用英特品牌集团公司设计的详细问卷来收集品牌在各因子表现的得分。

七因子加权综合法中,影响品牌强度的7种因子分别是:市场领导力(leadership),稳定力(stability),市场力(market),国际化能力(internationality),市场趋势力(trend),支持力(support),保护力(protection)。

四因子加权综合法中,影响品牌强度的4种因子分别是:比重(heavy,即同类产品中的市场占有率),广度(broad,即市场分布),深度(deep,即消费者忠诚度),长度(long,即产品延伸程度)。

如今,英特品牌集团公司又为品牌的强度分析发展出10个诊断指标:真实性(authenticity),清晰性(clarity),品牌承诺(commitment),品牌保护(protection),应变能力(responsiveness),一致性(consistency),差异性(differentiation),曝光度(presence),相关性(relevance),可理解性(understanding)。

(三)评估方法 3:财务要素＋消费者要素

财务要素＋消费者要素方法尽管引入了消费者要素,但没有摆脱财务方法的影响,认为品牌资产是相对于同类无品牌产品(或服务)和竞争品牌(或服务)而言的,是消费者愿意为某一品牌产品或服务所付的额外费用。其中,溢价法、消费者偏好法、品牌-价格抵补模型、联合分析法等都是该类方法的典型代表。这种评估方法的具体操作是采用实验模拟方式,向消费者提供品牌和价格的多种组合,让消费者进行选择,然后通过专用的统计软件计算品牌资产价值。此类方法的缺点在于操作复杂,且过分依赖消费者的直观判断和电脑统计过程。[1]

(四)评估方法 4:市场要素＋消费者要素

市场要素＋消费者要素评估方法更侧重于将消费者要素作为关键考量维度,重视品牌资产与消费者的关系。这里,我们主要介绍品牌资产十要素模型和品牌资产引擎模型。

1.品牌资产十要素模型

1996 年,戴维·阿克在之前的五星模型研究的基础上,提出了品牌资产十要素模型(见表 2-2),其五个维度、十个要素分别是:品牌忠诚(溢价、满意度/忠诚度),品牌认知(品质认知、领导性/受欢迎度),品牌联想(价值认知、品牌个性和品牌联想),品牌知名度,市场状况(市场价格、市场占有率及分销覆盖面)。

表 2-2 品牌资产十要素模型

一级指标	二级指标
品牌忠诚	溢价 满意度/忠诚度
品牌认知	品质认知 领导性/受欢迎度
品牌联想	价值认知 品牌个性 品牌联想
品牌知名度	品牌知名度
市场状况	市场价格 市场占有率及分销覆盖面

品牌资产十要素模型为品牌资产评估提供了更全面、更详细的思路。其评估因素以消费者为主,同时引入了市场业绩的相关要素。而且该模型的所有指标都较为敏感,可以以此来预测品牌资产的变化。不同行业的品牌资产研究从中选用的指标会有差别,如食品行业的品牌资产研究与高科技行业品牌资产研究所选的指标就可能有所不同。

---

[1] 卢泰宏:《品牌资产评估的模型与方法》,《中山大学学报(社会科学版)》,2002 年第 3 期。

2. 品牌资产引擎模型

品牌资产引擎模型(见图2-4)是国际市场研究集团的品牌资产研究专利技术。该模型认为,品牌的力量归根结底在于自身与消费者之间的关系,强势品牌之所以具有相比弱势品牌更多的品牌资产,就在于它可以通过树立品牌形象来吸引和留住消费者,从而实现利润最大化和品牌的长远发展。该模型将品牌形象因素分为硬性属性和软性属性两类。其中,硬性属性是指功能表现、价格等这类有形的品牌属性;软性属性是指品牌亲和力,反映消费者与品牌的情感利益关联。

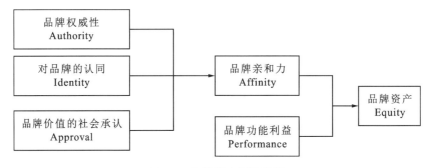

图 2-4 品牌资产引擎模型

该模型建立了一套标准化的问卷(问卷须针对具体行业、具体品牌做相应调整),通过专门的统计软件程序得到所调查的每一个品牌在不同指标的得分,从而可以了解每项因素对品牌资产的影响程度,以及哪些是真正驱动品牌资产的因素。

第三节 品牌识别系统理论

从20世纪90年代开始,随着经济社会的迅速发展,在市场竞争加剧、产品同质化现象愈发严重、信息过爆等种种因素的影响下,人们选择产品时由过去的注重数量和质量,变为如今的对产品背后的品牌及其独特识别特征的偏重。面对这样的情境,各行业开始了打造、优化品牌识别的实践,相应地,品牌的研究重心也开始转向品牌识别。对企业而言,良好的品牌识别系统不仅是有效区隔竞争对手、树立自身特质的重要标志,也是提升企业内部员工凝聚力、打造员工归属感的关键手段。对消费者而言,消费行为本身就是一种情感的透射,因此具有良好品牌识别的品牌,不仅是满足消费者物质需求和精神需求的重要工具,也是消费者表达自我、体现自身价值和追求的窗口。

一、品牌识别的概念

1992年,法国品牌战略专家让·诺艾·卡普费雷首次提出"品牌识别"这一概念。他认为:"品牌识别意味着品牌有自己的品格,有自己独特的抱负和志向。"[1]卡普费雷进一步提出,品牌识别同时包含六个组成部分:体格,个性,文化,关系,反映,自我形象。

---

[1] Kapferer J. Strategic Brand Management,Kogan Page Limited,1992.

在此基础上,学者们开始从内容、目标、作用等角度出发,对品牌识别的内涵进行界定。

从品牌识别的内容角度出发,美国品牌学家佩里和威斯能的概念界定具有代表性,他们认为,品牌识别就是企业、产品或服务的可操控的元素组合。① 而布里吉特认为,品牌识别是显示的外表,包含了企业的核心、产品、服务或品牌环境。②

从品牌识别的目标角度出发,国际著名品牌研究专家戴维·阿克的定义具有代表性,他认为,品牌识别是品牌战略者希望创造和保持的能引起人们对品牌美好印象的联想。③ 产品、组织、个体和符号组成了品牌识别系统的四大要素。

从品牌识别的作用角度出发,代表观点有国内品牌学者翁向东在《本土品牌策略》中的概念界定:"品牌识别是指对产品、企业、人、符号等营销传播活动具体如何体现品牌核心价值进行界定,从而形成了区别竞争者的品牌联想。"④这个定义强调了品牌识别是品牌所有者的一种行为,其作用是通过传播建立差别化优势。翁向东认为,完整的品牌识别包括产品识别、企业识别、气质识别、地位识别、责任识别、成长性识别、创新能力识别、品牌-消费者关系识别、符号识别等九个方面。

虽然中外学者对品牌识别的定义有所差别,对品牌识别包含的元素莫衷一是,我们仍然可以从中提取一些共识:品牌识别是组织、创造和保持与品牌有关联的理念、特质、承诺和事物,以传达品牌本质、品牌意识,在消费者心中形成良好的品牌形象。作为品牌战略的核心,品牌识别不但明确了品牌的含义,还为品牌的发展指明了方向,几乎所有的品牌建设和管理活动都要通过品牌识别来推动。

在品牌识别的研究和实践过程中,专家学者致力于解决以下问题:品牌的核心价值是什么?品牌代表着什么?品牌希望表现出怎样的个性特点?在品牌经营过程中最重要的关系是什么?虽然对于这些问题,专家学者的意见并不统一,不过,相关研究发展至今,以卡普费雷的品牌识别棱镜和戴维·阿克的品牌识别模型为代表的诸多研究成果,为我们的探究提供了系统的研究框架。

二、品牌识别模型之一——卡普费雷的品牌识别棱镜

1992年,让·诺埃尔·卡普费雷发明了第一个解决品牌识别复杂难题的分析工具——品牌识别棱镜(brand identity prism)。他把品牌识别看作一个六角棱镜,六条棱边分别代表品牌的六大核心元素,其中,物质、关系和反映为外在化元素,个性、文化和自我形象为内在化元素(见图2-5)。

(一)外在化元素

外在化元素是品牌的相对具象的反映,包括以下三个元素。

---

① Alicia Perry & David Wisnorn Ⅲ. Before the Brand: Creating the Unique DNA of an enduring Brand Identity, McGraw-Hill, 2003, p44.

② B. Brigitte. Design Management: Using Design to Build Brand Value and Corporate Innovation, Allworth Press, 2003, P79.

③ David Aaker. Building Strong Brands, The Free Press, 1996, p.35.

④ 翁向东:《本土品牌战略》,浙江人民出版社,2002年,第48-49页。

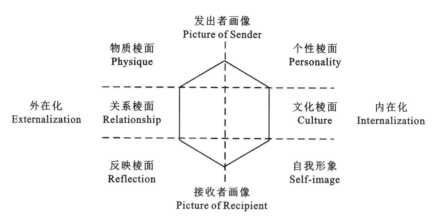

图 2-5　品牌识别棱镜

1. 物质

物质即品牌的产品特性，包括产品的外形、大小、功能、作用和发展变化等元素。它是最能直接体现和代表品牌的核心元素，也是当提到某个品牌时消费者最容易回忆起来的元素。例如，提到"铂金包"，人们通常会想到爱马仕；提到白色山茶花、菱格纹元素，人们也很容易联想到香奈儿。

2. 关系

关系即品牌与消费者在交易、沟通过程中建立的关系，它影响消费者的品牌认知、品牌联想和品牌忠诚等各方面。良好的关系能够帮助品牌管理者了解如何打造好的品牌运营模式，从而提高消费者的回购率、品牌的终身价值，还能围绕品牌吸纳志趣相投的消费者组成社群。

3. 反映

反映即消费者心目中设定的品牌目标消费者形象，也是品牌的典型消费者的形象。它反映了市场、品牌、消费者对品牌目标消费者的一系列较为固定的观念和印象，也经常被品牌用于广告中进行强调，帮助品牌方和广告机构更有效地建立、传播品牌识别。

(二)内在化元素

内在化元素是品牌的相对抽象的反映，包括以下三个元素。

1. 个性

个性即品牌的性格，是人们将品牌进行拟人化处理，通过赋予其人类特征，让其与消费者建立更紧密的联系。

2. 文化

文化是品牌的灵魂，体现着品牌或企业的价值观、精神、愿景、使命等要素，体现着品牌对外沟通的基本原则和立场。

3. 自我形象

自我形象即消费者使用产品时所表现出的形象。人们往往通过选择合适的品牌来展现自己的形象与个性。

以法国时尚奢侈品品牌香奈儿为例,其品牌识别棱镜如图2-6所示①。

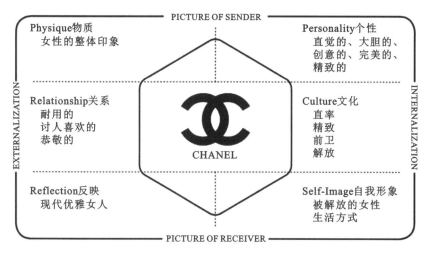

图 2-6　香奈儿品牌识别棱镜

三、品牌识别模型之二——戴维·阿克的品牌识别模型

国际著名品牌研究专家戴维·阿克在《打造强势品牌》(1998)一书中系统阐述了品牌识别理论,并建立了相关模型,该模型也被认为是品牌识别理论的经典研究结论之一。阿克认为,品牌识别是一个系统,该系统的建设包含三个步骤,分别是品牌战略分析、品牌识别系统的设计和品牌识别系统的实施。接下来,我们将分别展开讲解。

(一)品牌战略分析

品牌战略分析是对品牌及企业自身经营发展状况、竞争对手状况以及目标消费者状况等内容进行深入调查和分析。具体来说,品牌的自我分析要素包括品牌形象、品牌历史、品牌或企业的实力、企业的组织价值等要素;消费者分析要素包括消费动机、市场趋势、未满足的需要和市场区隔;竞争者分析要素包括竞争对手的品牌形象、品牌识别、品牌传播战略、品牌实力、营销空白点和弱点等。

(二)品牌识别系统的设计

该系统从纵、横两个维度,阐释了构成、反映品牌的识别要素。从横向来说,品牌识别可以从产品、组织、个人、符号四个方面去打造;从纵向来说,品牌识别可分为品牌精髓、核心识别和延伸识别三个层次,如图2-7所示。

1.品牌横向识别要素
（1）品牌作为产品

产品是品牌的物质载体,与消费者的感受、认知与态度直接发生关联。从这一角度

---

① 腾讯开发者社区:《品牌识别棱镜:让消费者记住你的品牌》,https://cloud.tencent.com/developer/news/625975,2020-05-15。

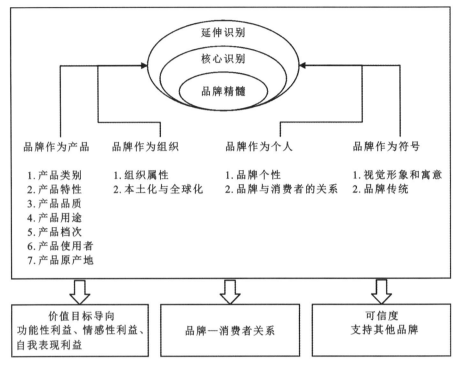

图 2-7 戴维·阿克的品牌识别系统模型

看,品牌识别包括产品类别、产品特性、产品品质、产品用途、产品档次、产品使用者和产品原产地等要素。

① 产品类别,即产品所属的品类及范围。如果消费者想到某一品牌时,能想到该品牌的核心或代表性产品所属的类别,这就在一定程度上证明该品牌在这一产品类别中有较强的识别度。例如,人们提到星巴克就能想到咖啡,提到戴尔就能想到笔记本电脑。

② 产品特性,即产品的性质和特点,它们往往与产品的功能和情感特质相关联。比如,想到可口可乐,人们就会联想到它带来的快乐;想到乐高,人们会联想到它的童趣。这些产品的物理或情感特质都能让消费者快速将它们与品牌联系起来,也较好地证明该品牌产品的特性具有较强的识别度。

③ 产品品质:产品品质是产品进入市场的先决条件,也是产品在市场竞争中取胜的基础和关键。产品的高质量是赢得消费者信任的基础,也是消费者最需要的商品价值;与产品品质相关联的价格是消费者购买该品牌产品的决定因素之一,而价格竞争优势则是企业打败其他竞争对手的关键。

④ 产品用途:产品用途是直接促使消费者产生购买行为的决定因素之一,也是提升品牌识别度的典型途径。比如,想到除菌香皂,人们通常第一时间联想到舒肤佳;想到去屑洗发水,人们联想到的第一个品牌可能是海飞丝。这就是"品牌第一提及率",即当提到某个产品时,消费者首先想到的品牌。

⑤ 产品档次:产品档次是消费者衡量自我价值的重要标准之一。不同的产品档次对应不同的产品定位及营销策略,即使是同一品牌旗下的同类产品也可能有不同的档次,因此品牌需要对两者进行清晰的区隔。

⑥ 产品使用者：产品使用者不仅是品牌定位的集中体现，也能反映品牌的个性与形象。在广告宣传中塑造一些典型消费者的形象，可以增强消费者的归属感，帮助品牌方强化品牌识别度。

⑦ 产品原产地：当产品所属地区或国家在产品的原材料、工艺技术、历史等方面有得天独厚的优势时，将原产地与产品联系起来，以原产地的信誉为产品或品牌背书，产品的识别度将会更高。

（2）品牌作为组织

大多数情况下，品牌组织即企业。从这一角度看，品牌识别就是建立与企业组织及其属性相关的品牌联想。建立品牌组织识别需要具备一系列客观条件，包括组织特性、本土化或全球化等要素。

管理学上认为组织的特性不仅包括组织资源、组织目标，还包括组织内部的权责结构等。相应地，品牌组织识别要素也可以从这几个角度进行探索。比如，从组织目标角度来看，品牌组织识别要素可以细分为组织的创新性、质量要求、对环境的友好性等；从组织资源角度来看，品牌组织识别要素可以分为组织员工、组织独特的资产和技能等。它们都会影响消费者对品牌的认知、印象、态度等。

（3）品牌作为个人

品牌作为个人是指将品牌进行拟人化处理。从这个角度来看品牌识别，品牌个性和品牌与消费者的关系这两大因素起着关键作用。两者相辅相成，共同支撑品牌的发展，使品牌更加鲜活、更有生命力。

① 品牌个性。

"个性"一词最早来源于人类心理学，指人的精神面貌、内在本质表现。真诚、踏实、幽默、新潮、勤奋、自信……这些积极向上的人性是人类的心之所往，也往往能引发消费者的好感。跟人一样，品牌也有个性，若品牌能体现正面的人性特征，就更容易打动消费者。

1997年，阿克在西方人格理论和消费文化的基础上，归纳出品牌个性五维度系统量表，这五个维度分别是纯真（sincerity）、刺激（excitement）、称职/有能力（competence）、教养（sophistication）和强壮（ruggedness）。2003年，我国学者黄胜兵和卢泰宏结合中国人内敛、含蓄的人格特征，提出了具有中国特色的品牌个性五维度量表，五个维度分别为"仁""智""勇""乐""雅"（见图2-8）。这两种品牌维度论联系密切（见图2-8），其中，"仁"对应"纯真"，表示人们具有优良品行和高洁品质；"智"对应"称职/有能力"，形容人们具有智敏、沉稳、严谨和贤能等品质；"勇"对应"强壮"，形容人们具有粗犷、奔放的个性特征；"乐"更具中国特色，除了西方文化中表述的"刺激"，还包括中国传统文化中的积极、自信、乐观、时尚等内涵；"雅"对应"教养"，用以形容人们具有儒雅的言行风范和个性，包括有品位、有教养、体面气派等。

品牌个性是注入品牌的人性特点，具有持久性、稳定性等特征，并通过品牌代言、品牌包装、品牌形象、品牌联想等各种渠道表现出来。品牌个性特征越稳定、越突出、越鲜明，就越容易与消费者建立亲密关系，让消费者对品牌有更多的好感与依赖。在品牌管理理论体系中，品牌个性位于金字塔顶端，品牌个性的打磨和区分能够让消费者将品牌视为具有某些人格特征的朋友，并进一步通过品牌来辨别处于同一圈层的人；同样，品牌个性也能折射出品牌消费者的形象，帮助品牌和企业更好地划分消费者圈层，以相似

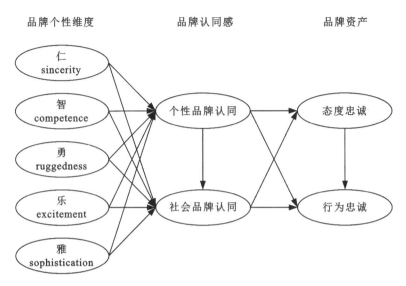

图 2-8 品牌个性五维度量表

的人格特征巩固品牌目标受众群,有助于增强品牌认同感,实现更准确的品牌定位,扩大品牌传播效果,并进一步实现品牌资产的积累。由此可见,品牌个性识别在识别系统中占有非常独特的地位。

② 品牌与消费者的关系。

美国哈佛大学商学院教授苏珊·佛尼尔对品牌与消费者之间的关系进行了长期研究,并总结出两者之间的 11 种关系形式:忠诚的伙伴关系,一时接触,秘密关系,重新建立的关系,被安排的撮合,顺便的撮合,社会支持,儿时好友,不能共患难的关系,被束缚/依赖,专业化友谊。① 将品牌进行拟人化处理,赋予其鲜明且稳固的个性,就是为了更好地让品牌与消费者建立人际交往,达到深层沟通的目的,而不仅仅停留在交易关系层面。

(4)品牌作为符号

从品牌作为符号这一角度出发,品牌识别是指将品牌的符号和代表性意义,包括品牌的视觉形象与寓意、品牌传统等,作为区别于竞争者的产品和劳务的一种方式。符号识别是大众传播中外显且直接的传播方式。其中,品牌的视觉识别是将企业的一切可视事物进行统一化、标准化、专有化表现,借此将企业形象、企业理念传达给社会公众,更快、更深入地打动消费者。对此,我们将在第九章"整合品牌传播的视觉识别传播"中展开详细论述。

2. 品牌纵向识别要素

从纵向角度看,品牌识别系统呈现涟漪状扩散的样态。其中,处于涟漪中心的是品牌最内核和持久的元素——品牌精髓;其次,是品牌最重要的识别要素——核心识别;核心识别以外的品牌的其他识别元素构成了延伸识别。以上三个层次的品牌识别要素相互配合,共同为品牌创建在消费者心中深刻的认知和印象。在阿克看来,一个强势品牌不应轻易改变其品牌识别,尤其应始终如一地坚守品牌精髓和核心识别。

---

① 祝合良:《品牌创建与管理》,首都经济贸易大学出版社,2007 年版,第 70 页。

(1)品牌精髓

品牌精髓如同品牌的基因,是品牌的本质与灵魂。以它为轴心,品牌的一系列识别要素才能有效黏合,共同引导、整合一系列品牌创建活动。成功的品牌至少包括以下几个特点:与消费者产生共鸣的情感和价值观,有独特的主张和鲜明的认知特征,与现实条件紧密结合、具有可执行性。这些都属于品牌精髓的范畴。

(2)核心识别

核心识别代表品牌核心价值的具体化,由体现品牌特性和价值性的要素构成。与品牌精髓一样,它也具有长久性与稳定性,通常情况下不能轻易更改。品牌识别的核心部分通常会体现在品牌的定位和广告传播的过程中,这也就意味着品牌的定位、广告风格等内容要一以贯之。

(3)延伸识别

延伸识别能为品牌带来更丰富的内涵,同时使品牌识别的表达更完整。它包括品牌营销计划中的诸多要素,是对品牌精髓和核心识别的有力补充,让品牌的理念更加清晰。不同于核心识别的稳定性,延伸识别会随着时间和环境的变化而变化。

3. 品牌识别系统模型的整合

从纵、横两个维度分别对品牌识别要素进行梳理后,我们可以确定品牌给消费者创造的价值目标导向——功能性利益、情感性利益和自我表现利益,并明确本品牌是否可以为其他品牌提供支持。在明确品牌识别、品牌的消费者价值和品牌与其他品牌关系的基础上,品牌方就可以明确品牌与消费者的关系。这样,一个完整的品牌识别系统的设计工作就完成了。

(三)品牌识别系统的实施

阿克认为,人们在建立一套完整、科学的品牌识别系统之后,需要对其进行有效实施,以最大限度地发挥其效用。品牌方可以从以下三个方向着手推行:首先,形象地诠释品牌识别;其次,进行品牌定位,积极地向目标受众传播品牌识别和它的价值取向;再次,针对品牌识别设计一系列具体活动;最后,进行效果追踪和评价。

(四)总结

阿克的品牌识别系统理论跳出了以往围绕单个品牌进行创建的视野局限,在宏观把控企业整体的品牌构架的基础上,论述了如何创建强势品牌和领导品牌的问题。他提出,建立品牌识别应兼顾产品的功能性利益、情感利益和自我表现利益,在这一点上,该理论可谓同时吸收了 USP 理论和品牌形象理论的精华;而对于如何建立一个有效的品牌识别系统,他坚持品牌精髓和核心识别要足够稳固和聚焦,这也是对定位理论成果的有效借鉴。

可以看出,阿克的品牌识别理论比较系统地整合了 USP 理论、品牌形象论和定位理论中较为科学的思想内核,形成了更加完整的品牌创建理论,并明确地指明了要围绕品牌识别系统开展品牌创建工作。不过,该理论对如何进行品牌的战略性分析,以及如何有效实施识别系统并没有展开详细论述。

案例赏析

从网红变长红:农夫山泉如何把一瓶水做成奢侈品[①]

一、案例概述

对于品牌来说,产品的包装就是一个品牌最好的广告版面,也是品牌与消费者发生连接的最直接触点。现在围绕产品包装做文章的品牌不在少数,引爆社交平台的成功案例也层出不穷,但许多"爆款"只是昙花一现,真正从网红变成长红,成功地将包装打造成全民熟知的专属IP的品牌十分稀缺。而农夫山泉做到了。

从2016年起,农夫山泉每年春节前夕推出典藏生肖瓶(见图2-9),并一直采取限量10万套"只送不卖"的互动形式,每每都能吸引上亿人参与抽奖活动。网友们纷纷在小红书、微博等各大社交平台晒出自己的"战利品"(见图2-10),并分享抽奖攻略,对生肖瓶进行创意改造……掀起一波又一波的话题高潮。这些都印证了农夫山泉在打造"生肖瓶"视觉锤上的成功。

图2-9　农夫山泉生肖瓶系列

图2-10　网友在社交平台晒出的生肖瓶

生肖瓶系列采用了线条流畅的水滴状玻璃瓶,简洁清透,艺术感十足,凸显了农夫山泉高端水的质感。瓶身具有东方美学的十二生肖,让一瓶水变成了承接传统文化和现代生活的桥梁,生肖中的美好新年寓意,也迎合了消费者"讨彩头"的心态。同时,"限量"概念的打造赋予了产品稀缺、珍藏的价值。

历经8年的积累与沉淀,农夫山泉借生肖瓶的艺术之美,在大众心中构建了独一无二的品牌视觉符号。当好看的包装与美好的寓意相结合时,农夫山泉已不仅仅是大自然的搬运工,更是人们美好生活的缔造者。

[①] 腾讯网:《兔年IP之战,谁赢麻了?》,https://new.qq.com/rain/a/20230116A04DMU00,2023-01-16。

二、解析与点评

2013年,农夫山泉因"标准门"危机遭遇重创,并被新上市的恒大冰泉抢走了市场关注点。2015年,农夫山泉在重整旗鼓后细分市场,重磅推出了3款系列产品——农夫山泉高端天然矿泉水、农夫山泉学生饮用水、农夫山泉婴幼儿饮用天然水。数据显示,2016年农夫山泉的销售额开始回升,比2015年增长19%,农夫山泉的细分市场策略开始奏效。

其中,上市后引起轰动效应的高端水,更是弥补了国内高端水市场的空白,具有重要的战略意义。在此之前,高端水名单上只有依云、巴黎水、Voss等一众国外品牌,农夫山泉这款高端水横空出世后,这张名单上终于有了第一个中国品牌。

农夫山泉于2016年开始推出的生肖水便属于高端水系列,农夫山泉成功打造了国内第一款饮用水中的奢侈品,这背后是品牌对三大要素的精准把握。

(一)原材料:珍稀和高品质的天然水源

"当我们喝下莫涯泉的水时,我们喝到的,是30到60年前落在长白山上的冰雪。"农夫山泉对这款高端水的筹备,早在2007年就已经开始。2008年,农夫山泉把水源定在长白山莫涯泉。

长白山是世界闻名的优质矿泉水水源地,每年平均有270天被冰雪覆盖,山上是广袤的森林,健康指数高达90～100,优越的自然环境也孕育了许多珍稀物种,可谓现实中的冰雪童话世界。长白山山脉30～60年前的冰雪融水,经过地下岩层融滤,在地壳压力下自涌而出,形成了莫涯泉这一汪非常罕见的低钠淡矿泉。农夫山泉高端水正是以长白山莫涯泉低钠泉水为原料,这瓶来自北国的"信物"口感清冽,一入口,冰雪的味道就在唇齿间绽放。

多年来,农夫山泉也一直以自己的珍稀水源地为傲,同样,品牌也始终不遗余力地强化自身品牌定位,斥巨资保护水源地生态环境,并每年发布堪称大片的水源地纪录片,以实景真情打动消费者,让农夫山泉在营销内容上更为生动,也让"大自然的搬运工"这一品牌口号长盛不衰。

(二)瓶身设计:千锤百炼,屡获殊荣

农夫山泉高端水的设计灵感同样来自长白山。水滴状的玻璃瓶身,折射出长白山天然矿泉水纯净自然的本质。删繁就简又极具现代感和时尚感的产品包装设计,迎合了当代消费者市场对于回归自然与极简洁净的追求。

2015年,农夫山泉高端水系列矿泉水包装设计以长白山代表性动植物为插画主体,其中插画内容包含东北虎、中华秋沙鸭、马鹿、鹗、红松、雪花、山楂海棠、蕨类等(见图2-11)。

从2016年起,农夫山泉按照猴、鸡、狗、猪、鼠、牛、虎、兔的生肖排序,不断发掘长白山的自然多样性,将大自然与动物的奇妙关系凝结在瓶身上,让消费者聆听设计与自然的对话。

农夫山泉的生肖瓶设计大有来头,品牌方邀请了英、意、俄共5个创意团队,历时3年共计58稿、300余次设计,才最终决定采用来自英国的全球知名创意设计团队Horse的设计方案。自2015年起,该设计先后在国际上斩获五项大奖——英国D&AD木铅笔奖、The Dieline Awards国际包装设计大奖非

图 2-11　农夫山泉高端水系列瓶身设计

酒精饮料类第一名、第十七届国际食品与饮料杰出创意奖（FAB Awards）包装设计类最佳作品奖以及无酒精饮料包装设计金奖、有设计界"奥斯卡"之称的 Pentawards 铂金奖。也难怪业界流传这么一句话："农夫山泉是被卖水耽误的设计公司。"

（三）文化内涵："生肖图腾"＋"好水旺财"

徒有其表虽能红极一时却无法走得长远，包装只是面子，文化才是里子。农夫山泉也深谙此理，生肖瓶这一成功"美学营销"的背后，是农夫山泉对于中国传统文化的深刻理解和洞察。

自古以来，我国人民就有对生肖的信仰与情结。十二生肖源自农耕文明初期的动物图腾崇拜，是农耕先民寻求人与自然关系的连接点。相比一些品牌偶尔蹭一蹭"生肖"热度的营销行为，农夫山泉将生肖瓶做成了长久事业，在每年春节将至时限量推出，赋予了生肖瓶更多的情感附加价值——新年的仪式感和品牌的长情陪伴。

风水也是中国重要的传统文化，是古人对大自然敬畏的体现。在中国传统风水习俗中，讲究"遇水则发、以水为财"，水是财富、好运的象征，这一象征含义目前在一些地区依然通用。

对于中国人来说，"年"承载着人们对自己过去辛苦一年的鼓励，以及对今后美好生活的向往。农夫山泉将"生肖图腾"和"好水旺财"融入生肖瓶设计，赋予传统文化现代化的意义表达，既实现了中华传统文化的传承，也触发了消费者情绪消费的愉悦感，为国人翘首以盼的新年送上温暖和抚慰。同时，"只送不卖＋历年延续＋限量推出"的组合拳将农夫山泉生肖玻璃瓶水打造为承载着美好寓意的珍贵艺术品，典藏价值被无限放大。

三、案例启示

众所周知，茅台、五粮液等高端白酒品牌每年都会推出生肖酒系列，让白酒收藏者趋之若鹜。但把一瓶水做得有收藏价值的，农夫山泉还是国内头一位。

（一）最高级的营销是情感连接

8 年来，农夫山泉生肖瓶在每年春节来临之际都会如约而至，陪伴着国人辞旧迎新,已经成为消费者心中的美好仪式,与消费者形成一种情感对话和共鸣。8年的陪伴衍生出延续性和稳固性,不少消费者从最初的被动接受宣传,变成如今对品牌方下一步营销动作的猜测与期待。

情感连接是最高级的营销方式。营销大师菲利普·科特勒的消费行为三阶段理论指出,消费者的行为成长有三个阶段:在量的消费阶段,消费者追求数量的满足;在质的消费阶段,消费者追求商品品质;在情感消费阶段,当不同品牌功能和品质接近时,消费者开始关注情感体验。农夫山泉生肖瓶抓住了消费者情感体验的需求,把目光放在产品之外的价值上,强调品牌和消费者之间的情感交流,从而与消费者之间构建了更有黏性的联系。一个能够与消费者持续共鸣的品牌,能够被看见、被记住、被信任、被热爱。

(二)把产品包装做成品牌资产

以精美包装瓶为载体,将中国文化融入品牌血液,结合情感与文化的附加价值,生肖瓶变成了农夫山泉的符号化资产。8年的连续推出,让消费者对春节、十二生肖和生肖瓶形成了关联记忆。生肖瓶也已成为农夫山泉独特的品牌 IP 和品牌资产。

在品牌大师阿克的《管理品牌资产》一书中,品牌资产有忠诚度、知名度、认知度、联想度以及其他品牌专属资产等五个维度。农夫山泉的生肖瓶在忠诚度、认知度、联想度等多个维度延伸,为品牌带来持久价值。

【问题】

1. 从农夫山泉的品牌识别设计中,你受到了什么启发?

2. 对比国外高端水品牌(如依云、VOSS),你觉得农夫山泉在视觉符号打造方面有哪些异同?

3. 除了瓶身设计,你认为农夫山泉在积累品牌资产方面还有哪些亮点?

课后思考题

1. 产品生命周期包含哪些阶段?不同阶段分别有什么特点?

2. 品牌资产的五星模型和十要素模型分别包含哪些要素?关键区别在于什么地方?

3. 戴维·阿克的品牌识别模型包含哪些要素?你如何理解不同要素之间的关联?

本章数字资源

第三章　整合品牌传播的战略规划

本章学习要点

1. 品牌战略的内涵及意义。
2. 品牌战略规划的内容。
3. 品牌战略规划的具体步骤。

Envoy 的披荆斩棘之旅
——改编自纽约麦肯广告公司关系营销办公室资料①

美国通用汽车公司计划于 1998 年春天上市一款小巧、豪华运动型的多功能汽车——Envoy，售价 33000 美元。在产品上市前七个月时，通用公司就找到了麦肯广告公司，希望公司对这款即将问世的新款 SUV 进行推广。

如何宣传一辆没人看过、触摸过或驾驶过的车并顺利为其打开市场？这听起来像天方夜谭。然而，麦肯广告公司最终啃下了这块"硬骨头"，在科学、可行且经济的战略指导下成功实施了整合品牌传播活动，不仅为 Envoy 顺利打造了一个声名鹊起的品牌形象，也促进了其实效销售，还因此获得了著名的广告与营销效应（AME）评估机构的大奖。

一、营销挑战

用"披荆斩棘"这个成语形容 Envoy 的上市相当形象。当时的美国汽车市场，早已有多家强势 SUV 品牌"占山为王"，留给新品牌的机会极其渺茫。不仅如此，还有几个新的 SUV 品牌计划与 Envoy 在同一时期投入市场。更艰难的是，Envoy 甚至还要和"一母同胞"——通用汽车旗下的另一款 Jimmy 精简型车同台竞技，而后者早已在市场上占据了一席之地，而 Envoy 还要再等七个月才能出第一台现车。

---

① ［美］汤姆·邓肯：《整合营销传播：利用广告和促销建树品牌》，周洁如译，中国财政经济出版社，2004 年版。

不过，Envoy 也有自己的优势：它背靠通用公司这棵"大树"，具有良好的声誉与优良的经销商网络，而且汽车市场对 SUV 的需求旺盛并持续增长，同时当时的经济形势呈上扬趋势，这就意味着消费者的可自由支配收入也较为可观。

二、品牌战略计划

在为 Envoy 量身定制的品牌战略计划中，一个关键点在于：麦肯广告公司及时跟踪处理消费者的反应，以了解对这种车型感兴趣、参观过展厅、下了订单的人分别都有哪些。

麦肯广告公司将目标市场定位为高层次消费者，并将目标客户分为三类：现有的通用旗下 Jimmy 型车的拥有者，竞争对手现有的 SUV 拥有者，以及现在已拥有豪华车而将来极有可能会购买一辆 SUV 的顾客群。

另外，麦肯广告公司团队还开展了几个专门的交流活动，并为之设定了行为目标：在 50% 的目标消费者中树立 Envoy 即将被投放市场的意识；保证目标消费者在 Envoy 投放市场前不去购买其他品牌的 SUV；激励 10% 的目标消费者参观展厅并询问 Envoy 的情况；创造一种品牌特性，将 Envoy 定位为一台融豪华与科技于一身的新型 SUV；用最少的营销预算，在 Envoy 投放市场的最初 3 个月内，创造 3500 台的销售量。

三、品牌战略实施的具体手段

所有的营销战略都围绕如何让 Envoy 这款 SUV 激发高层次目标消费者的兴趣，具体分为以下几个方面。

1. 内容战略：虚构代言人与目标消费者进行书信交流

由于 Envoy 还没有可供试用的现车，因此麦肯广告公司策划了一套有趣又有"料"的宣传信息，内容涉及 Envoy 豪华的特点、强大的性能、创新的技术和通用公司悠久的历史等，再以信件的方式寄送给目标消费者。而写信的人，则是公司虚构的一对"品牌代言人"兄弟——哥哥是 Envoy 型车发展部主管史蒂文，弟弟是美国外交官安德鲁。为了使两人看起来更真实，策划团队甚至为两人写了传记，从教育背景、婚姻状况到饮食习惯等，可谓面面俱到。两人性格也截然不同，哥哥是一个严肃的人，因此他在信件中对于 Envoy 车的介绍更偏理性；而弟弟则完全相反，他在信中除了聊 Envoy，还会聊一些自己职业生涯中的奇闻轶事，语言风格也更感性。信件中还会夹杂一些特殊物品，比如印有两兄弟肖像素描的餐巾纸，不仅能让人更加笃信这两位虚构代言人身份的真实性，还能增强信件的趣味性。

2. 媒体战略：信件直邮

信件直邮就是这次品牌活动宣传的主要方式，这种方式能使代理人和通用汽车公司迅速而及时地跟踪调研结果，准确了解目标消费者是否感兴趣以及感兴趣的程度。

为了淡化宣传信息的商业味，也为了让收件人更坚信信件是出自真实的人之手，麦肯广告团队并未在信件封面及内容中显示通用公司的品牌标志，而是使用专设的旅馆回信地址、邮票、真实的可撕销标志，将细节把控得十分到位。

邮件一共有6封，每间隔10～14天寄出一封。这个时间间隔也是经过了麦肯广告团队缜密论证的，他们发现如果间隔时间太短，潜在消费者无法对汽车的相关内容进行深思熟虑；如果间隔时间太长，又不利于系列信件发挥协同配合效果。在最后的两封邮件里，目标消费者会被询问到一个关键问题——你是否愿意到通用汽车公司的展厅来看一看Envoy？

3. 促销战略：两年免车租的彩票申领

在系列信件中，其中一封里夹着一张有机会赢得两年免Envoy车租金的彩票，目的是激发人们的参与热情，并从中筛选出真正的潜在客户。彩票申领表上有5个对SUV车型和Envoy这款车的兴趣的调查问题，还有一张已经付了邮费的回寄信封，方便潜在消费者回信。

一旦消费者回信，团队会向该消费者推送更多关于Envoy这款车的信息，而且该消费者的联系信息也被分发至离他们最近的通用汽车公司经销商，以便让经销商与潜在消费者保持紧密联系，保证其及时得到汽车的最新信息，以及能被安排尽快试车。

4. 传播效果

据统计，此次活动的营销宣传花费只有正常情况下的1/5，但这场品牌活动引发了强烈反响。这些信件使目标消费者对该产品的兴趣维持了7个月以上，直至Envoy汽车真正上市。信件直邮活动的反应率超过10个百分点，远高于普通情况下的1—2个百分点，其中，营销转化率也达到了19%。

更令人惊讶的是，麦肯广告公司策划的两位虚拟代言人——史蒂文和安德鲁两兄弟，居然收到了超过40次求婚。

在没有高成本的广播、印刷媒体进行宣传，并且没有提供传统的"现金返还"促销手段的情形下，通过直邮品牌信息的方式激发消费者去购买一辆33000美元的车——通用汽车公司Envoy汽车成功投放市场的案例，称得上品牌战略计划的一个成功典范。

Envoy汽车投放市场的计划是通用汽车公司采取的一项品牌传播战略，旨在把通用汽车打入豪华运动型多功能汽车的市场，扩大通用汽车的目标消费者群体。其战略目的是引发目标消费者对Envoy的足够兴趣，使他们推迟购买其他品牌SUV汽车的计划直至Envoy能够投放市场。

科学、合理的战略规划是整合品牌传播得以实施的基本条件。品牌战略是一组目标、战术等元素的集合体，为整合品牌传播行为层面设定了基本的方向和原则，确立了品牌传播的基本内容和流程，也为制订品牌传播计划设定了评判标准。本章，我们将从品牌战略的内涵、内容和策划步骤三个构成要素出发，从理论和实践的角度对品牌战略规划进行全面把握。

第一节　品牌战略规划的内涵

正所谓"纲举目张",品牌战略作为一种纲领性指引规划,是整合品牌传播行为的"指南针"与"方向盘"。科学、系统且与企业资源能力相匹配的品牌战略规划,不仅能稳步推进品牌经营的进程,还能节省品牌的塑造成本,提升品牌的传播效益。

一、品牌战略规划的概念

我国古代将战略称为"谋""方略""韬略"等,意指对战争可能爆发的时机、战争的性质、特点和发展趋势的研判,它与"战术"是全局和局部的关系。在近代,"战略"在世界各国先后发展成为军事科学研究的重要领域。如今,"战略"一词已被各行业、领域广泛借用,泛指指导、决定全局的计划和策略。

具体到品牌传播领域,品牌战略规划是企业为实现开拓、占领和巩固市场的目的,而对品牌进行规划、运用、保护和管理的总体性谋划。企业为了提升自身的竞争实力,在对企业内外部环境进行全面分析的基础上,对品牌塑造和传播进行全局发展规划,通过设计科学的品牌组织架构、合理的落地执行方案、高效的品牌推广营销渠道等,帮助品牌快速进军目标市场,获得长远的发展。品牌战略规划不仅为品牌建设设立目标、方向与指导原则,为日常的品牌建设活动制定行为规范,还致力于规划品牌现在与未来的属性、结构、内容、愿景与管理机制等品牌经营中的基础内容,为品牌的长期发展扫清种种障碍。

有计划的品牌经营管理能实现产品组合的科学扩张,提高规模经济效益,扩大市场份额,促进产品销售。而科学、正确的品牌战略规划则是有效实施品牌经营管理的基础和先决条件。在激烈的市场竞争中,长期、正确的品牌战略对于企业来说至关重要,它能够使企业在竞争大潮中旗帜鲜明、步履坚定,从而占据更大的市场,获得更高的利润和更广阔的发展空间。

二、品牌战略规划的特征

国资委研究制定的《关于加强中央企业品牌建设的指导意见》在"中央企业加强品牌建设的主要内容"部分指出:"大力实施品牌战略。中央企业要结合企业总体发展战略、内外资源禀赋、企业文化传承等因素,加强顶层设计,制定或完善适合本企业的、具有独创性和吸引力的品牌战略,并与企业发展战略同步实施、系统推进。要将品牌战略作为最高竞争战略,渗透到公司运营管理的各个层面,建立以客户为中心、培育差异化竞争优势的品牌战略导向机制和流程,围绕品牌战略,优化资源配置,促进品牌建设与业务发展的协同。要保持品牌战略的稳定性,加强对品牌战略落实情况的督促检查和评价考核,持续加强品牌战略的贯彻执行。"该规定尽管是针对中央企业的,但对其他类型企业实施品牌战略亦有借鉴价值。[1]

---

[1] 冯晓青:《企业品牌建设及其战略运用研究》,《湖南大学学报(社会科学版)》,2015年第4期。

具体说来，品牌战略规划具有以下四个核心特征。

(一) 全局性

作为整合品牌传播的纲领性文件和总体发展规划，品牌战略规划要解决的不是局部或者个别问题，而是全局性问题。企业在制定战略的过程中，应该高屋建瓴，从宏观角度出发，对企业所处的市场环境、目标消费者的消费心理与消费行为、竞争对手的传播策略等方面的因素及情况进行综合考量，以确保品牌战略的规划符合现实情况，能真正指导、协调具体的品牌传播活动。

(二) 导向性

品牌战略规划的导向性具体体现在两个方面。

第一，品牌战略规划不仅应该"大处着眼"，也要"小处着手"，前者指品牌战略规划要站在全局高度对品牌的长期发展进行宏观的总体规划，后者指品牌战略规划要对品牌发展过程中各种具体措施和活动计划有指导意义和价值。在战略规划实施期内，所有的具体活动都应跟品牌战略的总体要求保持一致，如有偏差须及时调整。

第二，品牌战略不仅是对品牌当前发展的规划，还应考虑品牌未来的长远发展，因此，品牌战略规划的前瞻性也十分重要，保持品牌的长久生命力和竞争力是品牌战略规划的核心要义。因此，品牌战略规划至少要覆盖品牌三五年间发展的动态，在此基础上谋划品牌更长期的发展。

(三) 系统性

品牌战略规划的内容包括品牌理念、品牌定位、品牌识别、品牌传播、品牌延伸、品牌管理等品牌发展的众多环节，且各个环节之间相互联系、相互影响，共同组成整合品牌传播的有机整体。这意味着品牌战略是创建品牌的复杂、系统的工程。

(四) 创新性

相较于挤占另一个品牌在市场上的位置，企业寻找并占据市场空白点要容易得多。品牌战略的价值在于努力塑造更具辨识度和个性、有别于竞争对手的品牌形象和定位。企业之间所处的发展阶段、面临的市场竞争环境等各不相同，因此必须量身定制自己专属的品牌战略，最好与竞争对手形成显著区别，这样才能达到出奇制胜的效果。因此，创新性无疑是企业品牌战略的点睛之笔，它能够让品牌在发展过程中把握市场竞争的主动权。

第二节 品牌战略规划的内容

品牌战略规划所涉及的内容既庞杂又细致，许多学者曾对其进行总结与分类研究。例如，美国市场营销协会（AMA）和营销战略特别兴趣小组（SIG）指出，营销战略研究领域包括所有公司层面的战略营销事件、决策和问题。2010年，瓦拉达拉詹提出营销战略研究是对组织内、组织间和环境现象进行的研究,主要涉及在为消费者创造、传播及交付价值时,组织与消费者、企业客户、竞争者和其他外部群体之间的互动行为,以及组织的一般管理职责中的营销职能。[①] 综合诸多学者的意见,我们可以得出一种共识性结论,即组织为了建立其竞争优势并获得绩效的增长而采取的战略、策略和行动,都属于品牌战略规划的范畴。

具体说来,品牌战略规划应覆盖品牌属性、结构、内容、范围、管理机制等五个方面,与之相对的就是品牌战略的五块内容,即品牌化决策、品牌模式选择、品牌识别界定、品牌延伸规划、品牌管理规划。这些内容基本涵盖品牌乃至企业运营管理的各个层面,它们之间的相互配合与支撑不仅使品牌战略具备相当程度的稳定性,还包含对品牌战略落实情况的督促检查和评价考核,助力品牌战略的贯彻执行。

一、品牌化决策

品牌化决策解决的是品牌的属性问题。企业在品牌创立之前就应该思考好一系列问题:是选择制造商品牌还是经销商品牌?是塑造企业品牌还是产品品牌?是自创品牌还是加盟品牌……这些品牌属性方面的决策问题直接决定了品牌经营的不同策略,预示着品牌不同的未来与命运。其中,品牌核心价值的提炼和品牌定位是品牌化决策的关键所在。

首先,品牌核心价值的提炼是品牌战略规划的首要目标。企业通过全面科学的品牌调研与诊断,充分研究市场环境、行业特性、目标消费群、竞争者以及企业本身情况,为品牌战略规划提供详细、准确的信息导向,并在此基础上,提炼高度差异化、清晰的、明确的、易感知、有包容性、能触动和感染消费者内心世界的品牌核心价值。企业的核心价值一旦确定,在传播过程中就要贯穿所有经营活动。

其次,品牌战略规划的核心是品牌定位。品牌定位必须是精准而有个性的,在品牌及企业发展的不同阶段,其定位也会有所不同。在企业进行品牌建设时,品牌定位相当于品牌整体发展的指南针,品牌定位不仅要打动消费者,更重要的是要想方设法地创造独特的消费个性,从而与消费者产生情感共鸣、思维共鸣。品牌战略规划离不开品牌定位的指引,定位是企业走向差异化、个性化的决定性因素。我们将在本教材第四章展开对品牌定位的详细讲解。

二、品牌模式选择

品牌模式选择解决的是品牌的结构问题。具体说来,品牌模式一般分为四种,即单一品牌模式、多品牌模式、复合品牌模式和品牌授权模式。一个清晰、协调且科学的品牌结构,对于整合资源、减少内耗、提高效能、加速品牌资产积累等至关重要。不同的品牌模式各有优劣势,选择品牌模式需要对品牌所属行业、品牌的特质与所处发展阶段、营销环境、企业的资源整合与管理能力等因素进行综合考量。

(一)单一品牌战略模式

单一品牌战略是指企业旗下生产和经营的所有产品都共用同一个品牌名进行传播

---

① Varadarajan R. Strategic marketing and marketing strategy: Domain, definition, fundamental issues and foundational premises[J]. Journal of the Academy of Marketing Science,2010(2).

的战略模式。比如国内的美的、小米、康佳等品牌均采用这一战略,且都通过这一战略建立起各自在行业的领先地位。

1. 单一品牌战略的优劣势

(1) 优势

单一品牌战略的优势主要体现在以下四点:其一,通过展示品牌旗下所有产品的统一形象,在消费者心中产生累积效应,增强品牌的可识别度;其二,为品牌节省在品牌设计、推广方面的费用;其三,"先富带动后富",品牌的核心、主打产品对品牌旗下其余产品的带动作用较为明显;其四,有助于增强品牌影响力,彰显品牌实力,帮助企业积累品牌资产、发展潜在客户,为品牌延伸的实施打下基础。

(2) 劣势

任何事物都有两面性,单一品牌战略也不例外,其劣势主要体现在以下两个方面。

其一,正所谓"一荣俱荣,一损俱损",运用单一品牌战略的企业,其旗下产品只要其中一个出现问题,将会"殃及池鱼",产生负面连锁反应。因此,单一品牌战略下的企业也更注重企业形象和市场口碑。

其二,单一品牌战略会使得消费者不易识别产品的特征和档次,无法很好地满足消费者的多元需求。

2. 单一品牌战略的使用原则

品牌在进行战略规划时,若决定采用单一品牌模式,应遵循以下三个原则以扬长避短。

(1) 产品属性相关性

单一品牌战略下的各个产品若能在属性上保持相关性,不仅可以通过共享技术、原材料、合作商等资源来提升经营效率,也可以通过相互借力来进一步增强消费者对品牌的印象,更可以在适当时机更顺利地实施品牌延伸,以适应新的市场环境。

(2) 产品定位一致性

采用单一品牌战略的企业,其旗下不同产品的定位应保持一致,这主要体现在两个方面。

其一,各产品的目标消费群体应大致相同,对差异性较大的消费者群体的拉拢反而会破坏品牌本身的定位,失去既有消费者;其二,各产品的档次应保持一致,单一品牌下的产品若在品质上具有较大差别,低品质的产品不仅会让消费者对高品质的产品产生怀疑,更会损害品牌的形象,失去消费者对品牌的忠诚。

(3) 产品创新性

单一品牌战略并不意味着其产品一成不变,反而要求企业在产品研发上做出更多成绩,并通过产品的不断创新获得或保持在市场竞争中的品牌优势。

(二) 多品牌战略模式

多品牌战略是指企业对于旗下同一品类的不同产品使用不同的品牌名称,这样多个品牌可以同时发展,各品牌独立存在且分别有各自的定位和细分领域。如日化业的宝洁、联合利华,饮料业的可口可乐、百事可乐等,都采用多品牌模式进行品牌经营,且都取得了良好效果。

1. 多品牌战略的优劣势

（1）优势

多品牌战略在很大程度上是针对单一品牌战略的缺陷而制定的战略，因此能很好地弥补单一品牌的劣势。

其一，多品牌战略可以在企业内部形成良性竞争，分散企业经营风险。多品牌战略根据功能、价格、目标消费者等差异对不同品牌的产品进行区别定位，且各品牌的策划、宣传、销售基本独立，看似竞争，实则壮大了企业的市场竞争力，还能降低单一品牌"一损俱损"的风险。

其二，通过细分市场，多品牌战略更能满足消费者的多元需求。随着买方市场的形成，大众的需求也在变得多元化与个性化，这促使商家通过更深入的市场调查和更细分的市场定位来满足消费者的不同需求，而多品牌战略就可以通过同类产品的不同品牌定位来满足细分市场的需求。比如，可口可乐旗下不仅有碳酸系列、果汁系列、茶系列、奶产品、咖啡等多种饮料种类，甚至每一类饮料都会有许多品牌，仅碳酸饮料这一类就有可口可乐、雪碧、芬达、醒目等知名品牌，它们在外观、味道等方面有较大差异，可以满足不同消费者的口味偏好：可乐中含有焦糖和咖啡因成分，甜中带一丝细微的苦味；芬达的定位是橙味汽水，主打酸甜口味；而雪碧中含有柠檬酸和柠檬酸钠成分，味道偏酸。

其三，多品牌战略可以帮助企业扩大市场占有率。多品牌战略能在产品的分销过程中帮助企业占据更大的货仓和货架空间，这对竞争对手也是一种强烈的震慑和冲击，为企业提升市场占有率奠定良好基础，在建立"侧翼"品牌的过程中也能有效防止价格战冲击主品牌。

（2）劣势

多品牌战略也有其明显的劣势。

其一，多品牌战略会使得企业的品牌运营成本增加。这种战略模式下的各品牌相互独立，在品牌管理体制、品牌管理人员的配备和市场推广模式等方面都会有所不同；为了合理避开关联品牌之间的竞争，企业也需要投入巨大成本进行管理。以上种种都是对企业实力的巨大考验。因此，采用此种品牌运营模式的往往是实力雄厚的跨国企业。

其二，多品牌战略会增加企业的品牌管理难度。在多品牌战略下，企业面临的品牌管理方面的难度呈指数级增长。例如，对不同品牌之间的资源分配如何做到公平合理？如何避免品牌在细分市场的模糊地带进行市场竞争？如何防止不同品牌经理之间展开恶性竞争……种种难题都需要企业管理者深思熟虑后做出合理应对。

2. 多品牌战略实施的前提条件

企业若准备采用多品牌战略，应在综合衡量内外部环境的前提下进行战略谋划，才能最大限度地保证实施效果。一般来说，企业需要考虑以下前提条件。

（1）企业实力

多品牌战略比单一品牌战略的成本投入、管理难度都要高得多，各品牌之间要实施严格的市场区分、具备鲜明的个性，且这些个性还要足以能吸引消费者。因此，只有当企业拥有足够雄厚的实力，并且目标市场的发展趋势较为明显，所有细分市场的容量足以支撑企业对应品牌产品的发展时，才能运用这种战略。

(2)市场需求发生横向裂变

当某一产品品类的市场已经出现两种及以上的不同需求时,说明市场正在被这些不同需求划分成若干细分市场,此时,企业可以考虑实施多品牌战略。

(3)市场需求发生纵向裂变

市场需求发生纵向裂变即某一产品品类的市场需求出现了高、中、低档的区别,此时企业可以考虑使用多品牌战略,根据不同档次的市场分别开发不同档次的品牌,这样既不会让消费者对品牌形象的记忆产生混淆,又可以满足不同消费群体的需求。

(4)避免企业原有品牌的负面影响

若企业的原有产品在社会上有负面影响,为避免消费者的反感,企业可以采取多品牌战略,为新的产品重新命名,并且刻意淡化新品牌与所属企业的关联,避免让消费者在企业的传统品牌与新品牌之间产生联想。

(5)产品属性差异明显

若一个企业旗下的不同产品所涉及的领域差距较大,产品属性差异明显,则需要对各类产品分别命名,一类产品使用一个品牌。比如美国零售商西尔斯的家用电器、妇女服饰、家具等产品分别使用了不同的品牌。再如菲利浦·莫里斯公司,其旗下不仅有"万宝路"香烟,还有"卡夫"酸奶、"麦斯维尔"咖啡以及"米勒"啤酒,若都采用统一的品牌名,消费者必然会对该公司印象模糊,造成认知混淆。

(三)复合品牌战略模式

复合品牌战略是指企业对旗下同一产品赋予两个或两个以上的品牌名称。这种战略模式又可细分为主副品牌战略模式和联合品牌战略模式。

1. 主副品牌战略模式

主副品牌战略是指用一个成功品牌作为主品牌,涵盖企业生产制造的系列产品,同时给不同系列的产品分别命名以作为副品牌。面向不同的细分市场,以主品牌展示系列产品社会影响力,以副品牌凸显各系列产品不同的个性形象。比如格力空调作为主品牌,其旗下有睡梦宝、小金宝、夏之凉等副品牌。

(1)主副品牌战略的优劣势

主副品牌战略兼有单一品牌战略和多品牌战略的优点,主要体现在以下四点:其一,能够突出产品的正统性,从而使各种产品都享受到公司良好的声誉;其二,可以突出产品的特色、功能和利益点,极大地方便了消费者进行识别和选购;其三,主品牌和副品牌配合使用,前者可使企业的形象统一化,后者可以凸显产品个性,二者相互补充、相得益彰,使企业的品牌更丰富实在,也更易于沟通传播;其四,副品牌兼有促销作用,可为主品牌进一步开发细分市场、开发新产品奠定良好基础。

需要注意的是,主副品牌需要有较大的差异,若主副品牌之间的区隔太小,容易让消费者混淆,甚至副品牌会对主品牌造成冲击。

(2)主副品牌战略实施的前提条件

实施主副品牌战略一般需要同时具备下列两个基本条件:其一,企业的主品牌要有较高的声誉,目标消费者对其较为偏爱和忠诚;其二,企业的主品牌以及不同副品牌所代表的各种产品在质量或性能上有明显差别,不同品牌个性鲜明、形象突出。

2.联合品牌战略模式

联合品牌战略是指两个或两个以上的企业通过合作、联营、合资等方式共同开发和生产产品,并使用合作企业双方品牌并列的名称或另创品牌名称的一种品牌营销手段。如 Smart 汽车就是由梅赛德斯-奔驰公司与斯沃琪公司合作生产并另创的品牌。

联合品牌战略又分为强强联合型和以强扶弱型。前者是将两家或以上的知名强势品牌进行联合,从而进行资源的有效整合,所生产的产品能够优势互补,进而在同类产品市场上形成更大的竞争优势;后者一般是用较为强势的品牌收编劣势品牌,以赋予劣势品牌新的血液和新的生命力,重新创造其品牌价值。

实施联合品牌战略的优劣势也较为明显,企业在进行资源整合、扩大效益的同时会承担风险,一旦合作对象选择不合适,就会影响企业利益。与此同时,品牌的联合行动也可能导致合作品牌的排他使用权被分享、被淡化,进而丧失品牌的个性。

(四)品牌授权战略模式

品牌授权又称品牌许可,是指品牌权利人将自己所拥有的受法律保护的财产(如商标或版权的名称、徽标、肖像、字符、短语或设计)以合同形式在一定期限内许可被授权者使用,被授权者按合同规定内容从事品牌产品的设计、生产、销售等经营活动,并根据产品销售额向品牌权利人支付相应的品牌使用费的手法。基于版权拥有者(或其代理商)和被授权商(通常是制造商或零售商)之间的合同协定,版权方授予被授权商使用该版权的特定条款权限中,通常应包括授权目的、区域、渠道和授权时间等。

从本质上来说,该战略是企业通过"租赁"他人品牌以帮助自己的产品创建品牌资产的品牌营销手段。

1.品牌授权战略的优劣势

(1)优势

品牌授权战略若运用得好,对于授权方和被许可方而言,是双赢的局面。

对于授权方而言,品牌授权不仅能获得高昂的许可使用费,还可以为自己的品牌进行产品线延伸和市场推广,迪士尼、拉夫·劳伦、范思哲等品牌都是成功运用许可授权模式开疆拓土的典范。

对于被授权方而言,运用品牌授权模式能让企业乘强势品牌的"东风",以较少的资金及管理投入获得较大的利润,尤其能够在短时间内通过"蹭热度"的方式获得巨大的声量和经济利益,比如以某一热门人物或事物为由头向市场推广其联名产品。

(2)劣势

我们不能只看中品牌授权战略的便利,因过度使用该模式经而导致企业经营不善的例子也比比皆是。其劣势集中体现在以下两个方面。

其一,热度来去匆匆。品牌授权模式固然可以在短时间内使授权方和被授权方都获得一波强势关注,也能将这种关注力有效转化成为商业利益,但是这种热度往往只是昙花一现。当热度消退,品牌又没有发展出其他具备续航力的产品特质时,产品销售量便会一落千丈。

其二,过度授权会导致授权方的品牌价值严重稀释。授权方若只看重商业利益进行过度授权,则很有可能导致品牌管理失控,品牌定位模糊,品牌形象受损。曾经名噪一时的皮尔·卡丹如今在中国市场早已没落,甚至成为"山寨"的代名词,主要就是由于其大量采取授权模式且没有配套的严格的遴选、把关机制。

2. 品牌授权战略的使用原则

品牌在进行战略规划时,若决定进行许可授权,应遵循以下三个原则。

(1)授权的合法性

品牌授权需要注意品牌的授权链完整及授权书的真实有效,并在许可协议中将双方的权利和义务予以规范和明晰,尽可能保护双方各自的合法权益。

(2)授权的匹配性

品牌授权的过程应循序渐进,一次性跨度太大容易导致失败,可以先从与授权方品牌定位较为契合的产品领域开始授权,考虑诸如产品的互补性、目标市场的相同性、情感利益的共同性等匹配性因素,循序渐进地授权,这样不仅成功的可能性更大,也为品牌日后的进一步授权奠定基础。

(3)追求授权的"成活率"

品牌授权必须追求质量,讲究"成活率"而不是授权率。广种薄收、不讲"成活率"的粗放式授权,是品牌授权的大忌。因此,品牌在进行授权时,应明确品牌定位,让授权品牌之间形成独特的市场区隔,彼此进行协同竞争;同时,应注意控制授权品牌的数量,加强被授权品牌的管理,确保授权品牌的形象和资源不受冲击。

三、品牌识别界定

品牌识别界定确立的是品牌的内涵。品牌识别是组织、创造和保持与品牌有关的理念、特质、承诺和事物,以传达品牌本质、品牌意识,在消费者心中形成良好的品牌形象。品牌识别界定是整个品牌战略规划的重心所在,它不但明确了品牌的含义,还为品牌的发展指明了方向,几乎所有的品牌建设和管理活动都要通过品牌识别来推动。品牌识别从品牌理念识别、品牌行为识别与品牌视觉识别三个方面,全方位规范了品牌的思想、行为、外表等要素。其中,品牌理念识别包括企业精神、企业愿景与使命、企业经营哲学、企业员工培训等内容;品牌行为识别主要是指品牌长期以来形成的统一运营模式;品牌视觉识别是对企业的一切可视事物进行统一化、标准化、专有化的视觉呈现,不仅包括品牌名称、品牌标志、标准色彩、宣传口号等基础系统,还包括产品及包装、工作服及其饰物、生产环境和设备、展示场所和器具等应用系统。

例如,海信在其2000年的品牌战略规划中,不仅明确了自身"创新科技、立信百年"的品牌核心价值,还提出了"创新就是生活"的品牌理念;不仅确定了立足科技领域的传播范畴,立志塑造"新世纪挑战科技巅峰,并致力于改善人们生活水平的科技先锋"的品牌形象,做"创新生活的领导者",更以品牌的核心价值为中心对产品、人员、企业、企业家等一系列品牌行为进行了规范,同时导入全新的视觉识别系统。之后,海信通过一系列以品牌的核心价值为统领的整合品牌传播,以清晰的品牌识别一举成为家电行业首屈一指的技术流品牌。[1]

我们将在本书第九章具体展开对品牌视觉识别系统的讲解。

四、品牌延伸规划

品牌延伸规划是对品牌所适宜的行业、领域进行的范围框定,它论证了在有效规避品牌价值被稀释、品牌形象受损等风险的前提下,品牌未来更适合在哪些领域、行业进行延伸发展,以获得更长久的生命力与更持续的品牌资产积累。

具体来说,作为整合品牌传播重要战略之一的品牌延伸,是指企业借助消费者对品牌已有的联想,在原有产品类别的基础上,跨越原有产品线,开发新的相关或完全不相关的产品,以便缩短新产品被消费者接受的时间,减少新产品进入市场的投资和风险,以更少的营销成本获得更大的市场回报。品牌延伸是关系品牌长远发展的关键要素之一,也是品牌竞争力的核心体现,因此,对品牌延伸的规划是品牌战略规划中的关键一环。

品牌战略管理层应做好品牌发展的长远规划,充分考虑未来品牌延伸的方向和可能性。很多企业在发展到一定阶段后会面临品牌架构的问题。比如新推出的品牌与老品牌之间采取何种架构来共同面对消费者,老品牌拓展新品类时如何进行品牌延伸;如何处理主副品牌、母子品牌之间的关系,使企业版图得到有效延伸,使品牌理念有效传达,进而抢占细分市场,实现利益最大化,都是企业需要思考的问题。品牌延伸涉及诸多因素,无论是既有品牌特征、既有品牌与延伸产品之间的关系,还是延伸产品的营销环境、延伸产品的类别特征等,都在很大程度上影响着品牌延伸的成败。在进行品牌延伸时,企业也要分析已有的品牌定位是否满足将要进行的品牌延伸的条件和要求。品牌延伸成功的根本在于保持了既有品牌的核心价值,即品牌在消费者心目中的定位,这个核心价值可能是品牌独特的物理特性,也可能是品牌的情感属性。因此,企业管理者在进行品牌延伸规划时,应综合考虑诸多因素,选择合适的时机,以合适的方式展开品牌延伸。

我们将在本书第十章具体展开对整合品牌传播的延伸战略的讲解。

五、品牌管理规划

品牌管理规划是从组织机构与管理机制上为品牌建设保驾护航,并明确品牌发展各阶段的目标与评估指标。

品牌管理涉及创建、评估及管理品牌资产的营销活动的规划和执行。简单来说,品牌管理就是管理"品"和管理"牌"。

管理"品",主要管理的是品类、品质。关于品类,我们需要持续了解品牌所占据的品类是处于成长期、成熟期还是衰退期;在所处品类中,是否有竞争对手通过差异化的价值品类对品牌的品类地位发起挑战;如果品牌在品类赛道不是处于领先地位的话,是否能够挑战品牌所在行业的品类领先者。产品品质是企业的"生死线",品牌的生产工艺是否先进、产品品质是否稳定等一系列问题都会影响到企业的口碑、形象等。

---

[1] 林升梁:《整合品牌传播:战略与方法》,中央编译出版社,2017年版,第157页。

管理"牌",主要是管理品牌的三个方面。第一方面,管理品牌的话语,即管理品牌想要传达给消费者的价值观和产品理念。品牌的价值观和产品理念如果与消费者契合,就能有效说服消费者购买该品牌的产品或服务,并帮助品牌进行传播推广。第二方面,品牌需要创造一个能真正打动消费者的品牌故事。品牌故事能够充分激发人们对于品牌的想象力,好的品牌故事很容易实现事半功倍的品牌传播效果。第三方面,品牌要有能够在消费者心中打下烙印的符号。比如,耐克的"对勾"、阿迪达斯的"三叶草"、香奈儿的"山茶花"、爱马仕的"马车"等,这些品牌符号无不在消费者心中留下深刻的烙印。企业做品牌管理,需要管理好这三个方面,通过不断创新演绎,将品牌形象沉淀在消费者心中。

第三节　品牌战略规划的具体步骤

企业在规划整合品牌传播战略之前,必须对企业之前所开展的营销传播活动以及目前市场环境的变化状况进行评估。这两项评估内容并行不悖,因为市场环境处于时刻变动之中,企业切忌直接照搬过往的成功经验,而必须根据品牌实时的内外部环境状况为品牌量身打造战略规划。

因此,整合营销传播创始专家汤姆·邓肯教授提出了"零起点计划",这是一种基于当前品牌的情况和市场环境来确定目标和战略的计划,而不是对企业过往计划的简单重复。这种战略规划的方式意味着企业必须着眼于未来需要做什么,而不是过去做过什么。汤姆·邓肯提出了"零起点计划"的八个步骤:SWOT 分析—分析目标市场和品牌关系—确定营销传播的目标—提供发展策略—确定预算—安排时间和日程—测试市场营销传播组合—效果评估。① 这八个步骤的计划过程的适用范围较广,无论是对小型零售商、大型全球化公司抑或是非营利组织机构,都有参考意义和价值。

一、SWOT 分析

SWOT 分析法最早由美国旧金山大学韦里克教授于 20 世纪 80 年代初提出,它是制定企业战略的一种有效方法,其核心思想是把企业内部环境和外部环境结合在一起,作为战略制定的依据。其中,S 指企业内部的优势(strengths),W 指企业内部的劣势(weaknesses),O 指企业外部环境的机会(opportunities),T 指企业外部环境的威胁(threats)。企业高层管理人员根据企业的使命和目标,通过 SWOT 分析法分析企业经营的外部环境,确定存在的机会和威胁,评估自身的内部条件,认清企业的优势和劣势,在此基础上,制定符合企业未来发展的战略,以发挥优势、克服不足、利用机会、化解威胁。

该方法在出现之初多用于企业战略管理,如今,其适用范围已经从单个企业的战略管理延伸到产业群体、区域经济、城市规划乃至国家战略等领域。

---

① [美]汤姆·邓肯:《整合营销传播》,周洁如译,中国财政经济出版社,2004 年版,第 189-211 页。

(一)内部因素

SWOT 分析法的内部因素包括优势因素和劣势因素,它们是企业自身存在的积极和消极因素,属于企业可以控制的变量。具体来说,竞争优势是指一个企业超越其竞争对手的能力,或者指公司所特有的能提高公司竞争力的因素或条件。竞争劣势则是指公司缺少的或做得不好的内容,或某种会使公司处于劣势的条件。优势与劣势是相对的概念,企业内部的优劣势一般可从以下几个方面入手分析。

1.技术技能

技术技能可以反映企业是否拥有独特的生产技术、低成本的生产方法、领先的革新能力、雄厚的技术实力、完善的质量控制体系、丰富的营销经验、上乘的客户服务、卓越的大规模采购技能等。

2.有形资产

有形资产可以反映企业是否配备先进的生产流水线、现代化车间和设备,是否拥有丰富的自然资源储存、吸引人的不动产地点、充足的资金、完备的资料信息等。

3.无形资产

企业的无形资产可以反映企业是否具备优秀的品牌形象、良好的商业信用、积极进取的公司文化等。

4.人力资源

人力资源可以反映企业是否有积极上进的职员、在关键领域是否拥有专长的职员、职员是否有较强的组织学习能力和丰富的经验等。

5.组织体系

组织体系可以反映企业是否拥有高质量的控制体系、完善的信息管理系统、忠诚的客户群、强大的融资能力等。

6.市场竞争能力

市场竞争能力可以反映企业的产品开发周期是否较短、是否具备强大的经销商网络、能否与供应商保持良好的伙伴关系、能否对市场环境变化进行灵敏反应以及市场份额的是否能占据领导地位。[①]

(二)外部因素

外部因素包括机会因素和威胁因素,它们是外部环境对企业的发展产生直接影响的有利和不利因素。外部因素属于客观因素,一般归属于相对宏观的(如经济的、政治的、社会的)范畴,包括竞争活动、相关法律和政策的变动、企业所处社会经济环境和市场环境的变化。

---

① 张沁园:《SWOT 分析法在战略管理中的应用》,《企业改革与管理》,2006 年第 2 期。

1. 机会因素

机会因素是指随着社会经济或市场环境的变化,市场上出现有利于企业发展和产品销售的机遇。机会因素是影响公司战略的重大因素。公司管理者应当确认每一个机会,评价每一个机会的成长和利润前景,把握那些可与公司财务和组织资源匹配、使公司最大可能获得竞争优势的机会。

企业的潜在机会可以从以下几个方面寻找线索:利好政策出现;客户群的扩大趋势或产品细分市场的出现;技能技术向新产品、新业务转移,为更大的客户群服务;市场进入壁垒降低;获得并购竞争对手的能力;市场需求增长强劲等等。

2. 威胁因素

威胁因素是指随着社会经济或市场环境的变化,市场上出现的对公司的盈利能力和市场地位构成威胁的因素。

企业面临的威胁因素可能有以下几点:出现强大的新的竞争对手;替代品抢占市场份额;主要产品市场增长率下降;汇率和外贸政策的不利变动;人口特征、社会消费方式的不利变动;客户或供应商的谈判能力提高;市场需求减少;经济萧条和业务周期的冲击等。

(三)以目标消费者为中心展开分析

由于企业的整体性、系统性,在进行 SWOT 分析时,必须从整个价值链的每个环节上将企业与竞争对手做详细的对比。需要指出的是,在分析过程中,应努力做到以目标消费者为中心,站在现有(或潜在)消费者角度,对目标消费者进行深入调研,分析本企业和产品与竞争对手相比有哪些优势和劣势,以 4C[①] 的观点思考和解决问题。

(四)排列 SWOT 要素处理的先后次序

企业在识别自身存在的优劣势以及外部环境带来的机会和威胁后,还必须对它们做出迅速反应和果断的决策。因此,企业需要将调查得出的各种因素根据轻重缓急或影响程度等进行排序。在排序过程中,应遵循的核心原则是优先排列对企业发展有直接的、重要的、大量的、迫切的、久远的影响因素。

企业在排列 SWOT 要素处理的先后次序时有许多衡量因素,以下四个标准可以作为大多数企业的衡量标准:一是如果某个劣势或威胁没有得到处理而对品牌关系和品牌资产带来实际损失,应优先排序;二是如果某个优势和机会得以利用将使企业获得实际收益,应优先排序;三是综合考量企业处理和利用每个 SWOT 因素的成本;四是综合考量企业处理和利用每个 SWOT 因素的时间。

接下来,我们以本章开篇引例中的 Envoy 汽车为例,分析 SWOT 要素的评估量化情况,如表 3-1 所示。

---

① 4C 即消费者(consumer)、成本(cost)、便利(convenience)和沟通(communication)。

表 3-1　通用汽车公司 Envoy 汽车的 SWOT 要素的评估量化排序①

SWOT 各要素按照对公司目标的重要程度从低到高量化打分,最高分为 3 分	不处理则受损	被利用则受益	处理或利用的成本	时间	总计
优势					
强大的顾客特许权	—	2	3	1	6
良好的经销网络	—	2	3	1	6
可确认的目标	—	3	3	3	9
劣势					
Envoy 汽车缺乏品牌认知度	3	—	2	3	8
次年春季以前产品无法上市	3	—	3	3	9
营销预算少,次年春季前没有主要的营销传播活动支持	3	—	2	3	8
机会					
市场对运动型多功能汽车的需求增长	—	2	1	2	5
良好的经济形势	—	3	3	3	9
威胁					
市场已有的有竞争力的品牌	3	—	3	1	7
新品牌的市场投入越大,优先级越高	2	—	2	1	5

在对 SWOT 各要素进行量化打分后,企业便可以此为根据将各要素予以排序,如图 3-1 所示。优势因素和机会因素处于中线的上方,劣势因素和威胁因素置于中线的下方。其中,超出临界线(虚线)的因素被认为是最需要被关注或处理的因素。临界线是基于企业以往经验确定的。

在对 SWOT 各要素进行排序分析后,企业就能基本明确自己的工作目标,即如何在最短的时间内利用有利的机会努力发挥自身的竞争优势,同时尽量减少因环境威胁和自身竞争劣势带来的负面影响。如表 3-2 所示,通用汽车公司在 SWOT 分析的基础上为 Envoy 汽车量身定制了"零起点计划"。

表 3-2　通用汽车公司 Envoy 汽车的"零起点计划"②

关键的 SWOT 要素	营销传播计划	最佳的营销传播工具	确定使用/不使用的理由
没有品牌认知度	在目标消费者中创造 50% 的品牌认知度	广告	受众规模小,产品还未上市,预算低,使用广告不合适

---

① [美]汤姆·邓肯:《整合营销传播》,周洁如译,中国财政经济出版社,2004 年版,第 195 页。
② [美]汤姆·邓肯:《整合营销传播》,周洁如译,中国财政经济出版社,2004 年版,第 195 页。

续表

关键的SWOT要素	营销传播计划	最佳的营销传播工具	确定使用/不使用的理由
可确认的目标市场	在目标消费者中创造50%的品牌认知度	直接营销	受众规模小,信息交流更顺畅,互动性更强
上市问题	产品上市后吸引10%的目标消费者参观展厅	直接营销	在很长一段时间内培养目标对象的好奇心并引起对方兴趣
低预算和很小的营销传播支持	在产品上市前预售3500辆汽车	直接营销	适合与预售目标市场的消费者直接接触

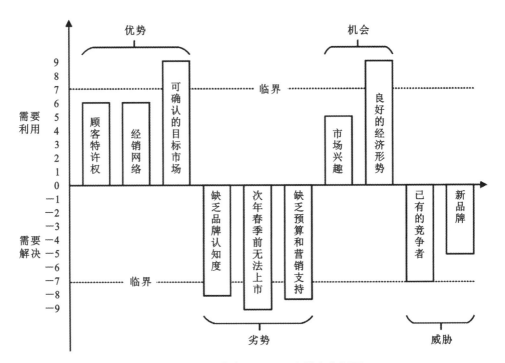

图3-1 Envoy汽车SWOT要素排序分析图

二、分析目标市场和品牌关系

"零起点计划"的第二步是识别品牌的目标消费者和潜在消费者的细分市场,同时分析品牌和每个主要细分市场之间的关系。

(一)识别目标消费者

如何识别与锁定目标消费者?汤姆·邓肯提出,可着重从以下三个方面进行衡量:第一,最有可能再次购买本品牌产品或可以影响其他消费者对本品牌采取购买行为的消费者;第二,出于某种原因需要品牌给予特殊关注的消费者,如曾降低购买频率的消费者、曾被本品牌销售人员恶劣对待的消费者、曾了解过该品牌但未购买的消费者等;

第三,以前没有买过该品牌,但通过介绍可能成为本品牌潜在消费者的群体。此外,其他能影响以上三种消费者和潜在消费者的利益相关者也有可能会作为目标消费者被品牌锁定。

一般而言,一个企业的产品线变化越大,消费者细分市场就越多。市场细分和目标市场的确立大致有以下七个基本步骤:第一步,识别最有价值的现有客户;第二步,建立细分市场的详细信息;第三步,以细分市场为目标来保持现有客户并促进客户规模增长;第四步,利用有价值的客户信息来确定潜在客户细分市场;第五步,评价潜在客户细分市场;第六步,确定最有可能回应的潜在客户细分市场;第七步,继续测试具有类似特征的潜在客户细分市场的响应。

以上七个步骤中,前三个步骤关系到现有客户群,后四个步骤则是对潜在客户群的考量。其中,现有客户是指那些和企业有联系并在一定时期内发生一次以上购买行为的人。潜在客户是指目前没有发生过购买行为,但能从产品使用中获益,能够支付得起并有机会购买该产品的消费者。

对市场的细分应从识别和了解现有客户开始,这主要基于以下原因。首先,现有客户比潜在客户更有价值,因为现有客户已经接受了一定程度的品牌教育,且已经购买过该品牌的产品,对产品及品牌的认知度也更高,让现有客户重复购买一件产品比让新客户开始购买一件产品成本更低,也更容易。研究显示,面对现有客户所需的销售成本只有潜在客户的 1/5 至 1/10。其次,客户的价值不尽相同。正如帕累托法则所揭示的那样,少数的消费者往往能创造大部分的销量。由此,企业应优先关注这一小部分可以创造高利润的客户群,也可以利用该群体吸引同样高价值的潜在客户。

(二)品牌与消费者的关系评估

企业通过持续的消费者反馈和详尽的消费者研究来确定品牌与消费者之间的关系所处的阶段,以及自身品牌在市场竞争中具备的优势。对品牌与消费者之间关系的评估,汤姆·邓肯认为可以从以下八个方面进行衡量和分析:信任品牌;对品牌满意;认为公司在交易活动中允诺的和实际的产品性能一致;认为企业是可以接近的;认为企业是负责的;感到企业忠实于客户,并且把客户放在第一位;对企业和其他客户有一种亲和力;喜爱该企业并愿意和该企业打交道。

三、确定营销传播的目标

企业在制定整合品牌传播战略目标前,必须确定自己采取哪些具体行动才能真正利用好 SWOT 分析结果。按照不同的分类标准,品牌传播活动中的目标可以划分为不同的类型。

(一)按照时间维度划分

以时间维度为出发点,营销传播的目标可分为短期目标、中期目标、长期目标。在目标确立伊始,就需要明确目标实现的具体指标和各指标的完成期限、起止日期,以确保目标有计划、可执行、可监测。

（二）按照内容维度划分

由于整合品牌传播的最终目的是积累品牌资产，因此品牌资产的所有要素都是整合品牌传播过程中需要考量的且着意获得的。产品销售目标、企业形象目标、信息传播目标是其中的关键。

产品销售目标是指企业通过营销传播活动促使消费者发生购买行为的目标；企业形象目标是指以树立企业形象、提高企业知名度和美誉度为主要内容的目标；信息传播目标是指企业设定营销信息在传播过程中对目标消费者产生何种影响以及影响程度。

（三）按照涉及范围划分

以涉及范围为出发点划分，营销传播的目标可分为外部目标和内部目标。

外部目标是与营销传播活动的外部环境有关的目标，如市场目标（市场占有率、广告对象等）、计划目标（如销售量目标、销售额目标、利润率目标等）、发展目标（如树立品牌形象、扩大知名度和美誉度等）、竞争目标（如与主要竞争对手相比的广告投放量、媒体投资占有率、广告暴露频次等）。

内部目标是指与营销传播活动本身有关的目标，如营销传播的预算目标（包括投入与产出目标）、营销传播活动质量目标、营销传播活动效果目标等。

四、提供发展策略

"零起点计划"的本质是在选择营销传播功能和媒体时保持中立，充分利用SWOT分析法和由此产生的品牌传播目标，决定最优的营销传播组合和媒体组合。在这一步骤中，品牌营销传播人员需要对各种营销工具和传播方式进行全面分析，从中选择并使用能在合理预算范围之内帮助企业达到营销传播目标的营销传播工具，并形成独特的营销传播策略。品牌在营销传播过程中对营销工具和传播方式的组合、有机运用，主要解决的是面对公众和目标消费者"怎么说"和"如何有效说"的问题，这涉及广告与公关的职责和表现策略，我们将分别在第六章、第七章展开对这两种品牌传播手段的详细讲解。

媒体选择与投放是品牌传播活动中的重要环节，其终极意义是协助品牌达成营销目标与品牌建设目标。品牌在媒体选择与投放中的表现，直接影响着自身在市场中的发声与地位树立，是影响目标消费者建立品牌认知的决定因素之一。品牌传播管理人员对各类媒体特性的充分了解，以及在此基础上对媒体资源的综合评估与合理运用，是充分发挥品牌传播效果的前提与保障。尤其是我们身处新媒体时代，媒体的形态、功能、传播机制及作用效果都发生了巨变，这也对企业把握与驾驭各类媒体资源的能力提出了更高要求。

因此，品牌必须明确影响自身媒体选择及投放的关键因素，在此基础上对各类媒体进行综合考量及评判，选择于自身最有利的媒体组合形式，以达到最优传播效果。我们将在本书第八章详细展开讲解品牌传播中的媒体选择与投放。

五、确定预算

几乎所有的企业都难以提供充足的预算来开展营销传播活动，也难以事先对即将实施的营销传播活动的效果进行准确评估,这进一步导致企业在制定相关预算时难以抉择。不过,大多数企业在制定营销传播预算时会运用销售百分比法和竞争对抗法。

(一)销售百分比法[①]

销售百分比法是目前市面上适用范围最为广泛的一种广告预算方法。其计算方法较为简便,按照不同的内容和形式可分为上年销售百分比法和下年销售百分比法两种。

1. 上年销售百分比法

上年销售百分比法即企业依照上一年度产品销量状况,确定一定百分比数额的费用做现年度的广告预算。这种方法可行度较高,其中百分比的确定是关键。企业一般采用两种方法来确定百分比:一是按照行业的平均数,二是根据企业过去的经验。百分比一般较为固定,企业每年会具体根据销售额、整体经济状况、市场的竞争状况以及品牌下一阶段的传播目标等要素进行调整设定。

这种方法虽然计算起来简便,但是存在颠倒投入与产出关系的问题。按照正常的逻辑,应该是先投入后产出,但是这种方法是先产出再投入。对于销售额不稳定的企业来说,这种方法的劣势尤为明显。

2. 下年销售百分比法

下年销售百分比法也称目标任务法,即企业依据下一年度预定要达到的产品销量确定一定的百分比数额的费用做现年广告预算。这种预算方法具备一些显著优势:首先,广告费用支出灵活,基本上随公司可支付资金的多少而变化;其次,能较好地平衡媒体投放成本、产品售价与单位利润之间的关系;第三,如果竞争对手也花费大致相同比例的广告费,有利于保持竞争的稳定。但是这种预算方法的缺点也较为明显,跟上年销售百分比法一样,它也颠倒了投入与产出的逻辑关系。

综上,该方法比较适合于全国性产品的营销传播预算制定,即企业根据来年产品在不同地区的销售目标确定不同的营销传播预算。

(二)竞争对抗法

竞争对抗法是按照竞争企业的广告费用来确定本企业的广告预算。整个行业的广告数额愈大,本企业的广告费用也越大;反之,则越小。竞争对抗法有市场占有率法和增减百分法两种计算办法。

1. 市场占有率法

市场占有率法计算公式为:

$$广告预算 = \frac{竞争企业广告费总额}{竞争企业市场占有率} \times 本企业预计市场占有率$$

2. 增减百分法

增减百分法计算公式为:广告预算=(1±竞争企业广告费增减率×上年广告费)。

预算方法作为决策的工具,都不会是十全十美的,它们绝不能代替决策者。在实际工作中,决策者可以用一种方式估算,然后结合自身经验,最终确认合理的媒体投放预

[①] 周问星、王亚超:《广告预算方法研究》,《商场现代化》,2006年第16期。

算。或者,决策者可以尝试根据情况自己研制一套决策支持系统,通过数据输入,结合实际经验做出明智的媒体投放决策。

六、安排时间和日程

"零起点计划"中非常重要的一步就是对媒体、促销计划和其他营销传播活动应在何时展开进行决策。这一步骤直接关系到生产、销售、营销传播等职能部门能否按计划完成任务,能否让企业顺利打开市场并获取相应的收益,以及能否兑现对消费者的承诺从而建立良好的品牌信誉。

一般而言,品牌的营销传播活动需要抓住以下几个规律。

(一)按照产品特点展开品牌传播活动安排

品牌应根据所推出产品的具体特点,选择不同的促销时机。例如,品牌应针对一些季节性产品,如冷饮、泳衣、防晒用具等,制订季节性销售计划,在该类产品的消费旺季来临之前通过相关营销传播活动进行预热。入驻电商平台的众多品牌应善于利用平台的优惠促销节点为品牌促销蓄力,最典型的就是每年的"6·18""双11""双12"活动期间,各大品牌在电商平台的持续发力。以近年来火出圈的防晒品牌"蕉下"为例,2020年其官方旗舰店热销前两名的"胶囊伞"和"果趣系列",分别在7月16日和6月18日进入李佳琦直播间,月销都突破了2万,大大超出了品牌预期。

(二)产品上市前的"制造需求"计划

企业应在新产品正式上市之前的3~6个月就开始实施广告传播计划,这种"未雨绸缪"的行动主要出于两个目的:其一,打通产品销售渠道,这一时期的广告传播活动未必全部面向终端消费者,应更注重对渠道商的宣传动员;其二,在目标消费者心中"制造需求",培养消费者对产品的需求渴望度,以使新产品一上市即可畅销,减少商品库存的压力,提高产品的周转率。

当然,这种提前开始广告传播活动的方法比较适合于新产品上市,若产品已经具备较完善的销售渠道,就应该在产品铺货率①达到60%以上时再进行广告传播,避免传播活动的成本浪费。

(三)各类品牌传播手段的协调配合策略

直邮、电话营销、媒体广告等传播手段的组合、排序,会直接影响品牌传播活动的效果,其具体执行的时间和先后次序排列均需要经过科学的论证。若组合、排序得当,可达到事半功倍的效果。

一般而言,若大众媒体广告先行,可以迅速让品牌及产品为大众所知。在大众媒体广告推出之后的两三周内,此时商品已经积累了一定的知名度,这时企业可以进行直邮广告推送,这样目标消费者阅读直邮广告的概率相对来说也会更大,因为他们普遍会对"听说过"的品牌有一探究竟的好奇。在推送了直邮广告后的三天左右的时间,品牌便可以开始开展电话营销,因为此时在媒体广告和直邮广告的累积宣传效应

---

① 铺货率是指所在区域的适合产品销售的目标零售商总数中销售本企业的产品所占的比例。

的加持下,目标消费者已经对品牌及产品有一定的印象,而且这种印象还处于比较清晰的阶段,此时电话营销可以获得更多反馈。若电话营销与上一阶段的直邮广告营销间隔时间过长,消费者或许对该产品的印象已模糊或淡化,则不利于延续前期直邮广告的宣传效果。

七、测试市场营销传播组合

企业只有在实际品牌传播活动中才能真正了解营销传播组合的效果,因此企业需要在年度计划中加入一些对市场营销传播组合的测试环节,尤其需要考量的是媒体投放成本和品牌营利之间是否达到最优效果,即品牌在维持市场份额的同时做到了媒体投放支出最小。

从企业角度来看,品牌在进行媒体选择投放时,应综合考虑企业的整体市场战略、所处竞争环境以及企业的媒体预算等因素。从媒体角度看,企业需要从量化和质化两个角度出发,了解不同媒体资源特性及优势;其中,量化评估计算的是信息传播的广度和成本效率,而质化评估看重的是媒体对受众的说服深度和效果。

八、效果评估

整合品牌传播战略规划的最后一步就是效果评估,这也是衡量传播行为是否有效的最终检验层面。严格意义上来讲,效果评估不能称为规划的内容,因其本身不包括策划、创意等筹划内容,但是效果评估不仅是一场完整的品牌传播战略活动的终点,也是下一次传播战略的开端。在整合品牌传播战略实施过程中,效果评估应随时展开,并及时根据效果评估的反馈调整和完善品牌传播的具体实施策略,这也是整合品牌传播区别于传统营销传播的关键之处。

本书将在第十一章详细展开对效果评估的讨论,并给出一些具体的效果评估衡量维度和方法。

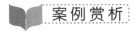
案例赏析

大农业时代:史丹利的新战略、新突破[①]

一、案例概述

成立于1992年的史丹利是一家大型现代化复合肥企业。经过20多年的高速发展,史丹利虽已成为化肥行业龙头,但仍面临市场竞争激烈、产品同质化严重的巨大挑战。为在化肥"大红海"市场中突围,史丹利以"战略竞争引领战术竞争"的企业发展新战略,开启了"史丹利品牌+子品牌"的多品牌运作机制,以高附加值的子品牌"第四元素"实现差异化战略突围(见图3-2)。史丹利以新品牌战略为指引,从营销和传播两大方面进行系统性整合运作,实现了由

---

① 凯纳咨询官网:《史丹利:中国复合肥行业领跑者的新跨越》,https://www.cannor.cn/kehuanli/2541.html。

"传统农业产品(化肥)品牌"向"现代大服务农业品牌"的跨越,在品牌综合影响力、行业影响力上都有了全新突破。

图 3-2　第四元素复合肥广告海报

二、解析与点评

当前,中国肥料行业进入结构调整转型期,行业发展迎来了"大农业时代"——多功能、开放式、综合性的立体农业发展时代。在这一变革的关键期,不仅是史丹利,整个农资行业都面临诸多发展难题,也陷入了转型困境。

(一)SWOT 分析

作为品牌战略规划的依据与第一步骤,SWOT 分析主要关注的是影响品牌发展的企业内部优势与劣势,以及企业在外部环境中面临的机遇与威胁。史丹利当前面对的是何情境?

1. 优势与劣势

经过近 20 年的发展、扩张,史丹利已完成全国市场布局,进入成熟期,也成为国内化肥行业的引领者。但是,在大农业新政策、新环境、新趋势、新市场下,史丹利在品牌运营过程中也呈现出需求衔接与趋势规律上的错层发展,具体表现为:市场累加的老方式,导致新局面下管理难度增大;企业对老经销商过度依赖,禁锢了新市场的拓展;市场经济作物需求快速增长,对产品类型提出新要求;企业的单一产品品牌难以覆盖终端的密集布局;传统市场运作,无法满足种植大户的需求……

2. 机遇与挑战

与此同时,整个行业的变革也在迅速发生。面对土地流转新政策,企业如何未雨绸缪从中抓住机遇?在互联网新趋势下,企业如何应对农资电商热潮?面对同质化竞争新环境,企业的传统领先品牌如何进行突破?面对社会化服务新市场,企业的传统布局如何适应新需求……机遇的背后隐藏种种风险与危机。要解决这些问题,一切还要从市场出发。

(二)品牌传播目标:以战略竞争引领战术竞争

在机遇与挑战并存的市场环境下,史丹利如何破局?根据当时史丹利的发展状况,解决市场根本矛盾的新战略应该是——战略竞争引领战术竞争,通过企业高层对市场的战略调整,改变企业现有旧市场机制,以适应大农业的发展需要,从根本上破解市场困局。

(三)战略破局:横向延伸,纵向深入,立足当下,放眼未来

根据调研结果以及各方信息反馈,史丹利认为应顺应行业的发展大势,最终决定以"横向延伸,纵向深入,立足当下,放眼未来"的思路,助力史丹利进行市场突破。

1. 品牌模式规划:从单一品牌战略转向多品牌战略

在成长期,聚焦单一品牌可以整合资源、凝聚战斗力和开拓市场。当品牌进入成熟期,需要深耕市场时,就需要通过多品牌的差异化运作细分市场。但多品牌运作也并非越多越好,史丹利以市场需求为导向,结合山东市场成功的分品牌运作策略,并对现有的上百种产品进行全面梳理后,最终决定推出子品牌"第四元素"。"第四元素"在以下三个方面优势明显:第一,"第四元素"在肥料养分基础上添加了活化养分,大田作物、经济作物都能适用;第二,作为新型科技肥,"第四元素"产品中含有腐植酸、微量元素,具有疏松活化土壤、固氮解磷解钾、促生长、提产量的优势;第三,该品牌在山东市场已运作了一年,积累了一定的市场基础。于是,子品牌"第四元素"成为史丹利多品牌运作的市场"开门炮"。

2. 品牌识别规划:启动"视觉形象升级工程"

史丹利决定将"第四元素"以新的形象推向市场,具体主要从以下两个层面推进。

第一层面,升级改版视觉形象,以新的视觉识别系统呈现"第四元素"。以科技"蓝"为主色调,从包装、门头、店面、车体、海报等一系列方面入手,制定标准的视觉识别系统,通过整合的新形象包装、产品系列、终端形象等传递新的市场认知。

第二层面,启用品牌代言人,拍摄新的形象广告片。启用王宝强为品牌代言人,有效提升"第四元素"的亲和力、辨识度和记忆度。从央视到各大卫视的《史丹利第四元素科学篇》广告片的TVC投放数据可见,王宝强代言的"第四元素"已经成功获得农民朋友的青睐和认同。

3. 品牌管理规划

(1)市场规划:土地流转政策先行试点

通过综合考量地理区域、成熟市场、潜力市场等因素,史丹利重新规划了全国市场,并采取在成熟的流转市场及大本营市场先行试点的策略,在黑龙江、山东先建立起流转大户服务机制。采用这种试点方式不仅可以把握政策机遇,还可以积累市场运作经验,为应对后期全面的土地流转奠定市场基础和经验。

与此同时,史丹利构建了"第四元素"全系列产品线,通过"第四元素"的新子品牌协同运作战略,与史丹利原产品形成差异化运作,并以村级网点与镇级网点交叉互补,市场覆盖达到指数级倍增的效果。

(2)管理机制规划:VIP服务体系+O2O模式

首先,构建VIP会员服务体系,建设核心数据库;建设VIP经销商服务体

系;开展大客户会员数据库建设,抓住土地流转下的种植大户;以终端门店为基点,构建优质农户会员体系信息数据库。

其次,助力传统渠道,试水O2O新模式。在核心区域市场构建史丹利现代农业服务站(体验店),在进行形象营销的同时可进一步做深主流的传统经销商模式,还能同步试水O2O新模式。

(3)组织规划:启动公司化运作体系

史丹利决定启动区域内自主运作的公司化运作体系。在公司总目标下,分公司在区域内自由调配市场资源,并按照市场需求量身定制本区域的运作体系。

团队上,按品牌、分团队、分部门做事。在销售公司运作下,根据市场的因地制宜原则,攻守结合,兼顾短期效应与长期效应并重,激励市场运作积极性。

渠道上,采用"分级管控经销商",从协作、帮助及改变的模式出发,对经销商进行改革,既保证部分经销商的积极性、稳定性,又可淘汰部分落后的经销商。

4. 品牌延伸规划:大农业,新展望

随着企业的发展壮大,过窄的定位往往会制约企业的进一步发展。根据企业发展规律和趋势,结合企业自身特色,史丹利规划了从复合肥龙头品牌到大农业集团的跨越战略,以期实现由"传统农业产品(化肥)品牌"向"现代大服务农业品牌"的转型,以及从"创造美好农业"到"创造美好生活"的企业理念的转变。做大农业行业的引领者,是史丹利品牌延伸规划的指引与方向。

三、案例启示

面对新环境新政策下的现代农资大市场,史丹利通过找到内部核心关键因素、顺应外部发展大趋势,构建起全新的品牌和产品运作体系,以系统的"公司化战略"实现短期内迅速拉动市场的目标,"现代大农业服务"为企业定下可持续发展的大农业基调,这对于大多数既想短期内突破发展瓶颈又想兼顾长远发展的国内大型农资企业来说,具有十分重要的借鉴意义。

课后思考题

1. 品牌战略规划都包含哪些内容?
2. 品牌战略规划的具体步骤是什么?
3. 什么是SWOT分析?其外部因素和内部因素分别包含哪些内容?

第四章　整合品牌传播的品牌定位

本章学习要点

1. 定位理论的概念及七大原则。
2. 消费者心智的五大特性。
3. 品牌定位的步骤。
4. 品牌定位的层次及策略。

引例

片仔癀跨界新定位：中国人美白"要祛黄"[①]

国内药企老字号品牌片仔癀自20世纪80年代开始跨界生产化妆品，但初期因定位不准，品牌运作陷入困局。后来，片仔癀化妆品找到了差异化竞争的突破点，确立了"黄种人美白，祛黄是关键"的品牌新定位，推出了以祛黄亮白为卖点的产品，并通过"祛黄——中国人美白的关键一步"的概念，将片仔癀与其他美白产品进行了强力区隔（见图4-1），对"pzh片仔癀化妆品"进行全方位、系统性的品牌差异化打造，成就了中国药妆风尚品牌。

图4-1　片仔癀全新商业广告

[①] 凯纳官网：《片仔癀跨界新战略：中国人美白"要祛黄"》，https://www.cannor.cn/kehuanli/2525.html，2012-04-05。

一、片仔癀跨界初试水：定位不准惨败北

片仔癀是一家拥有500多年历史的老字号药企。20世纪80年代，片仔癀依托医药产业优势战略跨界美妆行业，开始生产"皇后牌片仔癀珍珠膏"。2002年5月，片仔癀化妆品有限公司成立，成为漳州片仔癀药业股份有限公司旗下的控股子公司。公司推出"pzh片仔癀化妆品"，定位"中国薇姿"，欲在中国日化精品店渠道大展拳脚。

但结果与预期相去甚远："pzh片仔癀化妆品"市场反响一般，渠道推广困难重重，新经销商、消费者对其认可度低，老经销商信心不足……一年运作下来，品牌前路迷茫。

于是，企业找到了上海凯纳营销策划有限公司（以下简称凯纳）。凯纳咨询专家组在市场调查后发现，"中国薇姿"面临的本质核心问题是定位不准。这主要表现在三个方面：第一，品牌以区域眼光看待全国市场；第二，"中国薇姿"的定位与中国药妆市场现状及既有品牌力不匹配；第三，形象欧化，片仔癀特色品牌文化缺失。

很显然，解决"中国薇姿"的系统定位问题，是当务之急！

二、重整品牌定位："黄种人美白，祛黄是关键"

古典与现代、国粹与时尚的紧密结合，不但成就了片仔癀化妆品，也是其与生俱来的优势所在，因此，寻找跟产品本身、跟品牌历史有天然联系的突破点，成为品牌打造新定位的关键所在。

凯纳通过调研发现，中国人肤色之"黄"是影响人们美白的一大因素，许多成熟女性都有肤色暗黄的困扰，而改善暗黄、增加光泽感是中国消费者护肤的关键所在。而片仔癀本身对祛黄、淡斑有明显疗效，而且其药企世家的出身又能为产品功效背书。于是，"黄种人美白，祛黄是关键"这一品牌定位的提出水到渠成。

三、系统推广整合：力掀中国"祛黄美白"新风暴

围绕"黄种人美白，祛黄是关键"的核心定位，凯纳对片仔癀化妆品进行了系统的推广整合：在产品上，凯纳规划出三个新大类——国密养颜、国粹焕颜、国色润颜；在视觉识别系统上，凯纳重新启用了片仔癀充满中国味的书法体logo，并在其基础上加入国际元素，中西合璧，形成具有辨识度的视觉识别符号；从传播概念上，凯纳紧密围绕"祛黄——中国人美白的关键一步"的概念，将祛黄和美白的机理步骤化，提出充满记忆力的美白三步，即"一祛黄，二提亮，三美白，三步养出真美白"；从渠道选择上，凯纳聚焦三四线市场的日化精品店。

接下来的品牌推广中，凯纳规划了三轮"总攻"：第一轮，明星造势，片仔癀请"国民媳妇"海清做代言，通过央视投放广告进行全国范围宣传；第二轮，重装上阵，黄种人药妆论坛开讲，美博会一鸣惊人；第三轮，动销联动，聚焦"祛黄"、打"海清"牌，强推"黄种人美肤计划"。

凯纳一系列的市场运作，不仅为片仔癀往后的市场拓展奠定了坚实的基础，更使其进入了快速发展的轨道：片仔癀化妆品销售额比往年同期增长了近

300%,有效门店数量直接翻了四番,达到近 5000 家,片仔癀化妆品开启了民族药妆产业的新征程。

正所谓"无定位、不营销",定位是所有品牌传播过程中最基础、最重要的环节,也是开展所有市场活动的依据。在品牌创建和规划的最初阶段,企业要做好充分的市场调查,找准品牌的差异化定位,在设计、生产、销售之间进行协调,以确保新产品能够真正符合消费者的需要,直抵消费者内心。有了明确且正确的品牌定位,品牌才能精准狙击市场的空白点及消费者的痛点,才能明确产品改进的方向,才会懂得如何定价才可以获得最可观的收益,才能选择最合适的途径以有效触达最有可能购买广告产品的目标群体,为品牌的宣传主轴提示正确的路线。

第一节　品牌定位的内涵

"定位"概念最早出现于 20 世纪 50 年代的市场学。20 世纪 70 年代,艾·里斯和杰克·特劳特提出的具有划时代意义的定位理论被人们视作进行广告策划和品牌营销的基本方法之一。该理论于 2001 年被美国市场营销学会评选为"有史以来对美国营销影响最大的观念"。

一、"定位"的概念及原则

所谓"定位",是指品牌在消费者心中占据一个有利地位,这个地位一旦确定下来,就会使消费者在需要解决某一特定消费问题时,首先考虑这一品牌的产品。具体来说,定位理论包含以下七个原则。

(一)占领心智,而非市场

苹果公司前 CEO 史蒂夫·乔布斯曾说:"IT 公司的主战场不在实验室,而在消费者的右脑和左心房。"这里的"实验室"指的是技术领域,而"消费者的右脑和左心房"指的就是消费者的情感和心智。[①] 因此,定位理论关注的是如何让品牌潜入消费者的内心,而不仅仅关注品牌的市场占有率,因为市场占有率这一指标并不能完全体现品牌在消费者心中的地位。

(二)寻找心智中的空缺

相较于代替另一个品牌在消费者心中的位置,在消费者心智中寻找一个空缺的位置并成为第一个占据该位置的品牌则相对容易。定位并不是改变产品本身,而是去明晰、强化人们心中的关于某种品牌的已有印象,在消费者心智中占据一个有利的、空缺的地位。

---

① 搜狐:《干货丨每周三分半 带你走近品牌》,https://www.sohu.com/a/228083307_116044,2018-04-12。

以"奥利奥"品牌为例,其"扭一扭,舔一舔,泡一泡"的广告语深入人心。奥利奥从诞生之日起,就不满足于将自己定位为单一的"好吃",而是发掘其产品功能外的特性——"好玩",这恰是其区别于竞争对手的独特定位。同样,奥利奥在品牌营销过程中,也致力于将趣味性贯彻到底。2017 年,奥利奥曾经进行过一次趣味营销——让饼干唱歌。品牌将一台迷你唱片机作为买赠的礼品,把奥利奥的饼干放在唱片机上,它便自动开始放音乐。当消费者把饼干咬了一口再放上去时,唱片机就换一首歌播放。这台唱片机还兼具录音功能,可谓"小小的身

图 4-2 奥利奥定制唱片机宣传海报

材,大大的能量"(见图 4-2)。奥利奥定制唱片机在 2017 年天猫超级品牌日开售,24000 件产品一经上架就秒售罄。奥利奥不仅是在制造美味,更是在传递乐趣,这是其区别于其他同类产品品牌的价值记忆点。

(三)聚焦,而非延伸

品牌聚焦可以从以下两个方面去理解。

1. 品牌应提出一个强有力的概念并一以贯之

宝洁公司就是提出一个强有力的概念并一以贯之的企业,例如它很喜欢用同一个人物长期进行广告宣传,也不一味追求明星效应,反而常常会选用不太出名的演员或模特,它一旦打造出功效不凡的广告,就长期发布该广告,有时一则广告甚至沿用 10 年以上。

1989 年,宝洁公司旗下的 Olay 以"玉兰油"为中文名进入中国市场。让人印象深刻的当属玉兰油的电视广告,尤其千禧年前后,在电视广告的密集轰炸和连环推送下,一股"玉兰油效应"很快席卷当时的中国内地,广告中青春靓丽、眉眼明媚、皮肤吹弹可破的代言人成为很多消费者心中的美好回忆。来自马来西亚的混血模特丹妮拉·格拉翰(见图 4-3)可谓历任代言人里最出彩的,她凭借短短一句广告词——"肌肤就像剥了壳的鸡蛋"而让玉兰油家喻户晓。此后十年,丹妮拉·格拉翰一直是 OLAY 亚洲区御用模特,并被冠以"初代玉兰油女神"的称号,将玉兰油品牌推向国际化的高度。玉兰油在 2012 年品牌纪念活动时,还特意邀请丹妮拉·格拉翰拍摄了一组"十年特辑",掀起了网络上关于"玉兰油姐姐十年不老神话"的热烈讨论。玉兰油也因为丹妮拉·格拉翰的存在,变得比一般护肤品牌更有说服力。

2. 对品牌扩张持谨慎和保留态度

保持品牌聚焦还意味着要抵制品牌扩张的诱惑,这是品牌"聚焦"的第二层含义。在艾·里斯和杰克·特劳特看来,品牌扩张只会稀释品牌在消费者心智中的力量。但一些企业往往容易陷入一种认知误区,认为品牌版图越大越好,而且越强大的品牌想要进行品牌扩张和延伸越容易,例如进行品牌跨界或开发另一种品类。

图 4-3 玉兰油广告代言人丹妮拉·格拉翰

柯达曾试图将其胶片摄影品牌的产品线转移到数码摄影领域,却最终走向破产。宝马自诞生之日起一直主打空间紧凑、高端运动路线,曾靠着这一品牌定位在美国豪车市场上连续九年稳居第一,其品牌形象已经深入人心,后来宝马的宣传重点开始转向愉悦、舒适,其很快就输给了一直走这一路线的梅赛德斯奔驰。

(四)要做不同,而非更好

定位理论认为,品牌应该注重体现与竞争者的区别,进行差异化竞争。这种差异化可以体现在以产品功能为代表的物理层面,也可以体现在以情感、价值观为代表的精神层面。例如,在红牛饮料推向市场后,美国国内相继出现了 1000 多个品牌的能量饮料,但只有"魔爪"这一品牌成为第二大能量饮料品牌,就是因为该品牌推出了 473 毫升的规格,而其他能量饮料品牌都沿用的红牛开创的传统 245 毫升的规格。

大多数品牌试图说服消费者,自己的品牌比竞争对手的更好,但是消费者往往只会相信一个品类中的领导品牌。如果品牌不能在市场上占据领导地位,就更需要在产品的差异性上下功夫。

(五)品牌名就是定位

品牌名字应该显示出品牌的定位,一个响亮且切题的品牌名称能快速让消费者已有的认知体系与品牌发生关联,并进一步强化这种记忆。如汽车"特斯拉"就是将品牌名称与现代交流电力系统的发明者尼古拉·特斯拉联系了起来。

此外,当一个品牌要推出新的品类时,也需要对这一品类进行新的命名,而不是沿用以往的品牌名。比如,2002 年的柯达可谓家喻户晓,在全球的影响力都十分惊人,但是 10 年后该品牌却以破产告终。虽然柯达为了顺应数字时代的发展也推出了数码相机,但它还是沿用了之前的品牌名,以至于很多消费者并不知晓柯达的产品线新动作。小米、索尼、联想等很多高科技公司也几乎都犯了同样的错误,对品牌旗下的电脑、笔记本、手机、平板电脑等品类并未进行单独命名和区分。反观苹果公司,其台式电脑称为 iMac,笔记本电脑称为 MacBook,耳机称为 AirPods,手机称为 iPhone,平板称为 iPad。苹果每年的毛利润惊人,其品牌命名的学问是不可忽视的因素之一。

因此,品牌命名也是定位之父艾·里斯在《21 世纪的定位》一书中提到的核心观点之一——新的品类出现需要用新的品牌名。一个品牌名不足以支撑两个不同的品类。这同样也是对"让品牌聚焦"理念的延伸。

(六)以竞争为导向,而非以消费者为导向

企业如果始终以消费者为导向,其品牌就只能成为市场的跟随者而无法成为领导者。只有当企业以竞争为导向时,才能真正实现对竞争对手的赶超,成为同类品牌的领航者。例如,红牛花了5年时间实现1000万美元的年销售额,又花了5年时间实现1亿美元的年销售额,这些销售额在可口可乐公司看来并不算可观,于是可口可乐得出结论:能量饮料市场规模太小,没必要进入。这种以消费者为导向的思维让可口可乐公司并未及时推出能量饮料品牌去和红牛竞争。等到后来可口可乐也想进入这个市场的时候,为时已晚。艾·里斯认为,公司应当以竞争为导向,品牌的领导者应该始终关注并阻击竞争对手的行动。作为饮料行业的全球领导者,可口可乐公司应该在红牛进入市场后立刻推出一个能量饮料品牌与之竞争。

(七)二元性

从长期来看,某一品类的全球市场往往由两个品牌主导,这就是二元性。例如,可口可乐和百事可乐在美国可乐市场中占主导地位,其中可口可乐约占61%的市场份额,百事可乐约占29%,第三大品牌皇冠可乐的市场份额仅为2%。同样,在全球视频游戏机市场中,索尼的PlayStation拥有59%的市场份额,微软的Xbox占37%,任天堂Wii只占4%。这种情况在很多品类中都很典型——两个领先品牌和其余一些小品牌共同分割同一市场。两个领先品牌中,较大的那一个往往更盈利;而其余大多数品牌则无法盈利。然而,尽管无望成为市场的两个领先品牌之一,很多公司还是会继续推出品牌,它们始终相信更好的产品能在市场上获胜。但实际上,这种策略往往行不通,因为两个领先品牌会对其竞争对手始终保持警惕,并迅速复制竞争对手可能推出的任何新功能;随着时间的推移,两个领导品牌的定位将更深地根植于消费者心智中。①

由此可见,定位是为了使产品获得区别于竞争对手的优势,并确立其在消费者心中的独特地位。因此,品牌定位是指企业根据消费者对产品各项属性的重视程度以及自身与竞争者在目标消费者心中所处的地位,传递本企业品牌与众不同的特色形象,并试图改变目标消费者的印象,使该品牌在市场竞争中占据有利地位的一系列过程。

不过,在品牌相关理论的发展过程中,也衍生出与品牌定位并行的另一种品牌战略——品牌延伸。两者在增加品牌资产方面的有效性、差异性也一直是学界和业界的争议焦点。尤其品牌定位理论的关键原则之一——"聚焦"即是对品牌延伸理念的否定和排斥。关于构建强势品牌到底是坚持品牌定位还是需要进行品牌延伸,我们将在第十章有关品牌延伸的内容中进行深入讨论。

二、品牌定位的基础

品牌定位就是占领消费者心智的过程,因此从心理学和行为学角度出发研究消费者心智并顺势而为是成功进行品牌定位的基础。消费者心智普遍具有以下五种特性。

---

① [美]艾·里斯,劳拉·里斯,[中]张云:《21世纪的定位:定位之父重新定义"定位"》,寿雯译,机械工业出版社,2019年版,第199-206页。

(一)心智容量有限

正是消费者心智容量的有限性决定了我们的认知具有选择性。消费者能记住的信息是有限的,往往只对某一种特性、功能、概念等有较深的印象,如果重点太多反而没有了重点,这就决定了向消费者承诺一个利益点的单一诉求更能突出品牌的个性,这也是定位理论强调的重点之一,即聚焦才是真正的硬道理。

(二)心智厌恶混乱

删繁就简,微言大义,越简单的事物往往越容易让人铭记,这是人的记忆规律,也与消费者心智厌恶混乱息息相关。因此,将品牌信息简单化处理也是定位理论的核心之一。一句朗朗上口的广告语,一个响亮又有特色的名字,都会让消费者很快记住甚至难以忘怀。

(三)心智缺乏安全感

消费者的心智之所以缺乏安全感,是因为存在认知风险,即害怕因为做出或改变某种行为而承担损失、受到身体或心理的伤害等。为了尽可能降低认知风险,人们常常会有一种与多数人的选择保持趋同或一致的行为或心理倾向,这就是经典的乐队花车效应(也叫从众效应)。该效应象征着任何能引导众人争先恐后地跟在后面的潮流或事件。民意测验和专家顾问团可以为乐队花车效应增加权威性。在品牌传播中,专业机构、明星、专家等就是能为品牌增加权威、给予消费者心智安全感的有效信源,所以权威转嫁的方式能让众多消费者信服,用证言、证书等为品牌背书是屡试不爽的广告宣传策略。

(四)心智不会轻易改变

心理学家杰克·特劳特曾说:"人们对那些跟自己的经验毫无关系的东西可以充耳不闻。"[1]社会学家、传播学家拉扎斯菲尔德的"选择性接触"也揭示了,人们在信息接触过程中往往倾向于选择接触那些跟自己既有态度、认知相似或一致的信息,而对于和自己既有态度和立场相反的信息往往选择回避。当产品的客观属性、品牌定位与消费者的认知结构一致时,消费者才更有可能接触品牌信息及产品;相反,被消费者认知结构排除的产品,与消费者的购买行为则是绝缘的。因此,品牌定位必须建立在消费者已有的认知基础之上,某个品牌一旦进入消费者心智并建立定位就很难改变。

(五)心智容易失去焦点

越多的内容输出越容易让消费者失去关注焦点,而没有重点会让消费者失去对品牌的记忆点,也会导致品牌力量被减弱甚至消解,因此,我们对品牌的定位应该聚焦而不要轻易延伸。

---

[1] 杰克·特劳特,邓德隆:《品牌定位的关键:研究心智》,https://www.docin.com/p-1369274430.html,2015-11-23。

第二节 品牌定位的前提

正所谓"凡事预则立,不预则废",对于一个品牌来说,专业的市场调查贯穿品牌从萌芽、成长到成熟的发展全程,帮助品牌做出最佳决策。品牌要实现准确的定位,前期的市场调查必不可少,它是品牌定位的前提和铺垫。准确、及时、全面的市场调查,可以帮助企业正确评估自身市场态势、市场地位、市场竞争力,将企业生产和市场、消费有机串联起来,帮助企业迅速及时地做出经营决策。

品牌市场调查包括多个方面,目的是研究市场、消费者以及市场上影响产品销售的诸多因素,包括环境调查、消费者调查、商品调查、商业形象调查等。其中,环境调查主要涉及目标市场的政策法规对品牌产品的研发、生产和流动可能带来的影响,市场的经济情况,影响目标消费者购买力的因素,如地理气候情况、社会因素、民族宗教传统对不同消费习惯的影响等。消费者调查主要涉及目标消费群体的性质、消费需求、消费动机等内容。商品调查主要是了解市场上已有的同类产品的优缺点,知己知彼、扬长避短。商业形象调查主要是了解企业在公众尤其是目标消费者心中的印象。

常用的市场调查方法主要分为两大类:定性研究方法和定量研究方法。两者在原理、功能、方法、回答或解决的问题、数据收集处理方式等方面均有所区别。定性研究是对问题进行认识、发现、了解、判断的过程,常见的研究方式包括深度访谈、观察法、座谈会等;定量研究则是对问题进行测量、监控、统计、预测的过程,常见的研究方式有抽样法、问卷调查法等,可通过入户访问、街头访问、电话访问等手段辅助展开。一言以蔽之,定性研究解决"为什么"的问题,定量研究则解决"有多少"的问题。

企业通过上述方法获取一定资料后,再对资料进行整理加工、归纳总结,撰写调查报告。调查报告的主要内容包括调查目的、缘由和方法以及调查材料的分析和结论。接下来,我们为大家介绍一些世界著名企业的市场调查策略。

一、传统的市场调查策略[1]

在互联网新技术普及之前,企业主要通过实地、线下的方式收集消费者反馈、了解竞争对手,并结合企业实际的销售情况,形成专业的调查结论。

(一)美国雪佛隆公司的垃圾分类调查

美国雪佛隆公司是一家专门生产饮料的企业。20世纪80年代初期,该公司在进军亚利桑那州图森市之前,为使产品开发贴近消费者,委托亚利桑那大学人类学教授威廉·雷兹调查该市的饮料市场。

威廉·雷兹教授找到了一个洞悉当地居民食品消费习惯的关键切入口——生活垃圾,他认为,垃圾袋绝不会说谎和弄虚作假,什么样的人丢什么样的垃圾。查看人们所丢弃的垃圾,是一种最有效的行销研究方法。于是,他和助手在每次垃圾收集日的垃圾

---

[1] 晓红:《世界知名企业市场调查策略一瞥》,《价格月刊》,1997年第2期。

堆中挑选数袋,然后把垃圾的内容依照其原产品的名称、重量、数量、包装形式等予以分类,如此进行了近一年的垃圾收集及分析工作,获得了当地食品消费情况的具体信息,得出了如下结论:第一,劳动者阶层所喝的进口啤酒比收入高的阶层多;第二,中等阶层人士比其他阶层消费的食物更多,因为双职工都要上班,没有时间处理剩余的食物,依照垃圾的分类重量计算,所浪费的食物中有 15% 是还可以吃的好食品;第三,减肥清凉饮料与压榨的桔子汁属于高收入人士的偏爱消费品。

雪佛隆公司决策者把这份报告当作企业教科书,并且依据威廉·雷兹教授的调查结果制定饮料的产销战略,果然大获成功。

(二)卡西欧公司的销售调查卡

闻名世界的日本卡西欧公司,自成立起便一直以产品的新、优取胜,这主要得力于其周密的市场调查。该公司的市场调查主要依靠销售调查卡。销售调查卡虽然只有明信片大小,但设计细致,各类内容应有尽有:第一栏是对购买者的调查,包括性别、年龄、职业等;第二栏是对使用者的调查,包括使用者是购买者本人、家庭成员还是其他人,每一类人员中又分别有对年龄、性别等信息的统计;第三栏是购买方法调查,选项分为个人购买、团体购买、赠送;第四栏是调查消费者通过何种渠道知道该产品,选项分为看见商店橱窗布置、报纸杂志广告、电视广告、朋友告知、看见他人使用等;第五栏是调查为什么选中该产品,选项分为操作方便、音色优美、功能齐全、价格便宜、商店的介绍、朋友的推荐、孩子的要求等;第六栏是调查使用后的感受,选项分为非常满意、一般满意、不满意。

另外几栏还涉及机器的性能、购买者所拥有的乐器、学习乐器的方法和时间、所喜爱的音乐、希望有哪些功能等方面的详尽内容。

为及时收回调查卡,卡上印好了公司地址及邮资总付,并表示衷心希望用户能给予密切合作,以便开发更好的产品,用词十分恳切。小小一张卡拥有大大的能量,为企业提高产品质量、改进经营方式、开拓新的市场提供了可靠依据。

(三)环球时装公司"刺探式销售+顾客登记卡"调查

20 世纪 60 年代,日本环球公司还是一个只有 5 名员工的零售企业,到了 1980 年,公司的营业额已超过 1200 亿日元,年利润高达 228 亿日元,成为日本服装业之首。环球公司的飞速发展离不开其缜密的市场调查。

一是开设侦探性专营店,在店内陈列公司所有的产品给顾客留下综合印象,售货员的主要任务是观察顾客的采购动向。除在东京银座外,公司还在全国 81 个城市开设了这种专营店,店铺均选址在人流量大的车站、繁华街道。

二是事业部每周必须安排一天时间全员出动,3 人一组、5 人一群分散到各地的专营店或竞争对手的商店,通过观察顾客情绪、咨询售货员、找店主聊天等方式收集有效信息。调查结束当晚,事业部员工进行集中讨论,分析顾客消费动向,提出相应改进措施。

三是全国经销。该公司的服装专营店有 1300 个,兼营店有 5000 多个,公司同 200 多个专营店建立了调查业务关系,他们通过储存顾客登记卡的方式对顾客的服装购买偏好行为进行预测,卡片上详细地记载每一位顾客的年龄、性别、体重、体型、肤色、发色、使用化妆品种类、常去哪家理发店以及兴趣、嗜好、健康状况、家庭成员、家庭收入等详细情况。

(四)李维斯服装公司的市场分类调查

以生产牛仔裤闻名世界的李维斯服装公司,在20世纪40年代末期的累计销售额仅为800万美元,而90年代却增加到30亿美元,企业的腾飞式发展离不开李维斯公司对市场调查环节的重视。

该公司设有负责市场调查的专门机构,按照国别、品类等维度分别进行详细的市场调查。1986年,李维斯服装公司对德国市场的调查表明,多数顾客对裤装的首要要求是合身。于是公司派人在德国各个大学和工厂进行合身试验,最后李维斯服装公司将同一种颜色的裤子推出了45种尺寸,大大扩展了产品销路。根据多年市场调查积累的经验,李维斯服装公司把合身、耐穿、价廉、时髦作为产品的主要目标,力争使自己的产品长期占据青年人的市场。后来,李维斯服装公司了解到许多美国女青年喜欢穿男裤,便推出了适合女性需要的牛仔裤和便装裤,女性服装的销售额自此开始攀升。

此外,李维斯服装公司还通过应用心理学、统计学等知识及手段,分析消费者的心理和经济状况的变化、环境的影响、市场竞争条件和时尚趋势等,据此制定企业发展战略、产品开发战略,并制定企业的五年计划和第二年的销售、生产计划。结果显示,李维斯服装公司制订的生产与销售计划同之后市场上的实际销售量只差1%~3%。

二、新媒体技术下的市场调查

随着时代的发展,传统的市场调查方式暴露出诸多弊端,比如意见收集不全面、不及时,对市场变化的捕捉不够准确和灵敏等,已无法适应日益复杂的市场环境。新媒体技术的进步带来了市场调查理念和方法的更新,随着网络技术和移动终端的发展,企业可以通过网络问卷、大数据等方式对消费者的目标和偏好进行更高效、更准确地分析和预测工作,这也会进一步影响企业管理者的市场营销决策。大数据技术在处理数据理念上的三大转变,即全数据样本代替随机抽样、允许数据混杂、重视数据的相关关系,颠覆了传统的市场调查方法,为品牌的生产营销工作提供精准的实时数据采集,其对数据的处理、分析及预测的准确性达到全新的高度。

(一)利用终端信息收集系统及移动应用端分析市场份额[①]

目前在快消品等服务行业中,POS系统或二维码支付手段已得到广泛应用,企业可以通过收费系统反馈的信息来掌握市场动态,并借助大数据技术极大地提高数据统计和分析的效率,及时调整经营促销策略。此外,随着移动互联网的发展,企业开发移动应用提供相关服务,可以及时跟进用户动态,收集产品服务的使用次数、使用人群和顾客使用意见反馈等信息。

以国内休闲零食头部企业良品铺子为例,它不仅能够达成"零库存",而且不同城市的门店的产品配比甚至做到了"千店千面",这背后就是基于对用户和供应商信息的收

---

① 上书房信息咨询:《大数据在市场调查中的应用》,https://zhuanlan.zhihu.com/p/139308596,2020-05-09。

集、分析及利用。良品铺子的各类渠道会员累计超过 8000 万,通过对会员消费信息的获取及分析,良品铺子把门店分成不同的类别,比如基于电影院、校园、核心商圈、社区等不同的门店类别,并有区别地进行配货;通过和会员的交互,品牌还可以及时掌握他们的偏好和体验,进行产品开发、视觉识别系统设计、门店升级、降低库存等一系列操作。良品铺子虽然没有工厂,也不做原料生产、加工,但它介入 80% 的供应商的原材料采购,通过指定原料产地控制产品质量;同时,它将合作的两百多家供应商的相关数据录入系统,全盘在线掌握其每日的进销存量,打通生产、物流、资金等各个环节,实时了解不同门店需要补什么货,将断货率控制在 2% 以下。

(二)利用新型社交媒体进行市场调查

当前,社交媒体的发展前景及潜力不容小觑,企业在进行市场调查时应善于开发这座用户数据的"富矿"。企业可以制作电子问卷并借助社交平台分享链接、收集问卷,通过合理的调查方案,以较低的成本获得较为真实的调查结果。同时,企业可通过对消费者发布的微博、微信朋友圈的信息转发量,信息传递内容和速度等来综合统计分析当前的消费潮流、消费理念、消费倾向,为企业管理者进行市场分析和预测提供强劲的数据支撑。

纳斯达克[①]的上市企业 Vistaprint,是在线专业营销产品和服务的供应商。Vistaprint 公司看重社会化媒体的营销力量,于是令其公关团队在 Twitter 上与评论者进行互动,一方面吸引潜在客户,一方面调查客户的需求。Vistaprint 花了三个月监测这些言论,并且设计了一个回复框架,有针对性地回复用户的问题。通过对社交网络上的言论进行调查并及时与评论者互动,大大调动了用户对相关产品和服务的意见反馈热情,一年之后,其公关团队又创建了公司第二个 Twitter 账号,并进行有针对性的软推销,为公司带来了可观的订单量。[②]

(三)利用互联网进行定量调查和定性分析

相较于传统的调查方法,网络调查更具便捷性和经济性。许多企业都建立了公司官网,企业可以在消费者查询企业的网站时邀请其参与问卷调查,让消费者更加深入地了解企业的产品和服务、提高用户满意度的同时,提高企业的调查效率,降低企业的人力和物力成本。

大数据重视对数据潜在价值的探究。企业对庞大数据进行有价值的利用才是最重要的。首先,企业要加强对数据的再利用,并通过重组数据传达最具价值的产品信息。其次,企业要在数据采集前设计好数据的拓展需求,以更好地挖掘数据的潜在价值。最后,企业要充分利用政府开发的数据。政府是大规模信息的原始采集者,企业可以加大与公共部门的友好合作,充分挖掘隐性数据。

---

① 纳斯达克(NASDAQ)全称为美国全国证券交易商协会自动报价表(National Association of Securities Dealers Automated Quotations),是 1971 年创立于美国的电子证券交易机构,迄今已成为世界最大的股票市场之一。

② [美]朗恩·萨福科:《互联网时代营销圣经》,郭书彩、朱丽梅、陈曦等译,人民邮电出版社,2015 年版,第 90-91 页。

> 拓展阅读

大卫·奥格威：广告调查的18个奇迹[①]

广告大师奥格威总结了广告调查的如下作用。

1. 调查可以评估企业在消费者、资产分析师、政府官员、新闻编辑等不同群体心目中的地位和声望。

2. 调查可以预测新产品的销量及达到最大利润所需要的广告投入数额。如利用 Hendry、Sprinter、ESP 和 News 模型等能帮助评估某一新产品值不值得花钱做试销。

3. 调查可以在新产品还只是一个概念的时候获得消费者的反应。

4. 一旦产品准备上市，调查能让企业知道消费者比较他们正在消费的产品后会给新产品打几分，并及时将情况反馈给研发部门的人员对新产品进行相应调整。

5. 调查可以发现大多数消费者最喜欢什么样的配方、口味、香味和颜色。

6. 调查能发现几种销量最好的包装设计和规格。

7. 调查能帮助你决定产品最有利的定位。

8. 调查可以限定目标市场，如性别、年龄、收入结构、教育程度、生活方式、媒体习惯等。

9. 调查可以发现消费者在购买决策中最重要的因素，以及消费者在谈论产品时使用的词汇。

10. 调查能决定什么样的"产品延伸"可以达到最好的销售效果。

11. 当有迹象表明消费者对某个成熟产品的兴趣已不如从前时，调查能及时预警。

12. 通过"检阅"竞争者的试销市场、产品成本和利润空间，达到知己知彼的目的。

13. 调查可以判断哪种承诺最具说服力，因为没有利益承诺的广告无法促销。

14. 调查可以显示哪种赠品效果最好。

15. 调查可以告诉我们广告是否传达了希望被传播的信息。

16. 调查可以说明哪个电视广告促销作用最好。

17. 调查可以显示阅读和记住广告的人数。

18. 调查可以平息争端。

[①] [美]大卫·奥格威：《奥格威谈广告》，曾晶译，机械工业出版社，2013年版，第169-176页。

第三节　品牌定位的步骤

品牌定位的过程就是使品牌实现市场区隔,并确立市场竞争优势的过程。杰克·特劳特在《品牌定位四步骤》中提出了建立品牌定位的过程,即分析行业环境—寻找区隔概念—找到支持点—传播与应用。[①] 这里我们以该研究成果为基础,并结合国内学者的研究结论,提出品牌定位的四个步骤:市场细分—选择目标市场—辨析品牌与竞争对手异同点—传播与应用。

一、市场细分

在进行品牌定位之前,我们需要思考的一个问题就是本品牌的主要消费人群有哪些。如果不明确这一核心问题,品牌就无法有针对性地进行营销与传播。在当前竞争激烈的买方市场环境中,消费者的差异化需求越来越明显,为了提供更适合他们的产品或服务,也为了在特定的细分市场中面对较少的竞争,品牌必须对市场进行细分。所谓市场,就是所有拥有购买欲望、具有购买能力并且能够买到产品的现实和潜在的购物者的组合。市场细分,即将市场按照消费者的相似程度划分成若干不同的购买群体,每一个群体内部的消费者在消费需求和消费行为方面都比较类似。对市场进行细分便于企业制定相应的传播策略。

理论上讲,市场分得越细,企业完成营销计划的可能性及效果就越好,某一细分市场内消费者的需求也越能得到更好的满足。不过,虽然对消费者的针对性更强有可能会促使其产生更为积极的反应,但企业也可能因为市场总量过小、成本增加而难以实现预期收益。因此,对市场细分的过程也是企业在营销成本与收益之间权衡的过程。

市场细分的方法较多,概括起来大致可以从两个角度划分(见表4-1):一个角度是与消费者固有特征相关的角度,包括人口统计细分、地理细分、心理细分;另一个角度则是由产品促发的消费者特征,主要表现在消费者的消费行为上。

表4-1　产品市场细分指数

与消费者固有特征相关	人口统计细分变量	年龄
		收入
		性别
		民族
		受教育程度
		职业
		婚姻状况
		家庭状况

---

① ［美］杰克·特劳特:《品牌定位四步骤》,《农机市场》,2002年第10期。

续表

与消费者固有特征相关	地理细分变量	国际
		地区
	心理细分变量	价值观、意见、态度
		行为和生活方式
由产品促发的消费者特征	消费行为细分变量	使用者情况
		使用率
		使用情境
		品牌忠诚度
		寻求的利益
		使用率

(一)人口统计细分

该细分标准是以人口统计特征为依据,包括年龄、收入、性别、民族、职业、受教育程度、婚姻状况、家庭情况等因素。例如金利来主要针对的是男性市场,七度空间主要针对的是少女群体,步步高点读机主要针对的是小学生群体,欧拉汽车则主要聚焦女性用户。

(二)地理细分

地理细分标准主要以地域为区隔,考察的是不同国家、不同地区甚至是同一城市不同区域的消费者在生活习惯、文化风俗、产品需求、购买力等方面的差异。例如,欧洲人和亚洲人在面部轮廓、肤质、审美等方面都存在较大差异,因此不同地域和种族的消费者对护肤品、化妆品的需求也有很大不同。当前,越来越多的护肤美妆品牌注重在地域方面对消费者进行区隔,研发适用于不同市场的产品并进行针对性宣传。国货美妆品牌酵色(Joocyee)就是其中的代表,它敏锐地察觉到目前市面上主打的立体紧致的高光修容思路和风格更适合欧美女性的面部轮廓和审美倾向,不适用于亚洲女性,于是推出全新"轮廓盘",产品定位于"适合中国女性",并全力打造符合中国女性面部特征的"双圈轮廓"修容思路,产品一经上市就获得良好反响。

(三)心理细分

该细分标准以购买者的心理特征为依据,包括价值观、意见、态度、行为和生活方式等因素。虽然心理细分的测量方式更复杂和抽象,但依然受到众多企业的青睐,因为消费者心智是品牌定位的核心诉求,了解消费者的心理,品牌能更容易地打造具有吸引力的产品,发掘更具说服力的传播方式。

(四)消费行为细分

该细分标准是以消费者对一件产品的了解程度、使用或购买反馈等为依据,最常见的变量有使用者情况、购买时机、追求的利益、使用频率、使用情境、品牌忠诚度等。根据消费者的行为变量来细分市场,有助于品牌管理人员有针对性地制定和实施品牌传播战略。比如，品牌管理人员可以先根据消费者的年龄对市场进行细分，然后选定特定年龄组的消费者作为该品牌某种商品的目标市场。至于为什么这一特定的年龄组会是一个具有吸引力的细分市场，可能是因为该细分市场的消费者有较高的产品使用频率和较多的使用场景，或是因为该产品的定价比较符合他们的消费能力等。这将在之后的"选择目标市场"中进行详细说明。

以全球知名化妆品公司欧莱雅为例，该集团近些年的收入呈持续上升态势，尤其在2018年创下十年来最高年收入增长的业绩，这背后很重要的一个因素是不可忽视的"口红效应"。"口红效应"是指因经济萧条而导致口红热卖的一种经济现象，也叫"低价产品偏爱趋势"。随着第四消费时代①的来临，国内市场迎来了大幅度的"消费降级"。2018年12月，唯品会与腾讯新闻《原子智库》联合发布的《中国家庭精明消费报告》显示，消费者正在集体回归理性，一、二线城市家庭追求"买得精、买得少，但买得好"，三、四线城市家庭则开始享受"好货不贵"。对于护肤品、化妆品的选择，消费者同样遵循这一原则。察觉到市场的消费心理和行为的这一转变，欧莱雅集团开始就"价格敏感度"这一因素对市场进行重新细分，并对产品研发策略和推广策略进行调整，这一战略的实施也成为近些年集团收入猛增的重要因素之一。比如，兰蔻和巴黎欧莱雅同属欧莱雅集团，前者定位一线、贵妇品牌，后者则定位三线、平价品牌。欧莱雅集团的专利成分几乎都属于共享状态，比如欧莱雅的青春密码肌底液，与兰蔻"小黑瓶"一样都是以二裂酵母发酵产物为主，都有淡化细纹的功效以及美白抗衰老的作用，因此被称为"平价版小黑瓶"；欧莱雅深度修护肌底精华则被称为兰蔻高清微整形精华液的"平价替代"，是因为二者均含有LR 2412（四氢茉莉酸）和复合成分Perline-P。而兰蔻首创的"玻色因"成分也被欧莱雅集团旗下诸多品牌所共用。公司旗下定位相似的高端线产品及平价产品往往一前一后推出，后者可以吃前者的品牌"红利"，不仅与高价产品共享一些核心科技和成分、原材料等，还以"平替"名气迅速占领对此类功效有需求但是对价格更为敏感的细分市场。

二、选择目标市场

完成市场细分环节后，企业便可以开始选择目标市场。企业要评估每一个细分市场，并选择最有潜力、最容易进入，同时与企业的优势和能力最为匹配的一个或几个市场。这些被选定的细分市场，就是企业的目标市场。企业所有的营销活动都应针对目标市场中的消费者展开。

对于企业而言，评估细分市场的标准主要在于以下三点。

第一，企业要评估细分市场的规模和发展前景。例如，潜在的细分市场是否具备适度的规模和发展特征。一般来说，大公司比较重视销售量大的细分市场，而常忽视或避免进入销售量小的细分市场；小公司则刚好相反，因为小的细分市场相对来说不需要太多的资源投入。

宝洁公司就是如此。作为一家全球领先的日化集团，宝洁公司几乎从未涉足过

---

① 日本作家三浦展在《第四消费时代》里，将1912年以来的世界分为四个阶段，第一个阶段是解决温饱，第二个发展阶段是强调物质的贵重性，第三个阶段强调的是心理上的满足感，第四个阶段强调的是精神上的富裕。

比较小的产品类别,除非自己非常看好这类细分市场的发展前景。宝洁公司在进入的每个市场都争取赢得领导者地位,通过实现规模化生产降低生产成本,即使以低于竞争者的价格进行销售,依然能有较高的利润空间。以护肤品领域为例,"抗初老"的理念近几年得到消费者的接受和认同,这一细分市场的成长潜力巨大,而欧美人由于肤色、对日晒美黑的追求等导致其皮肤衰老速度相较于亚洲人更快。宝洁公司也意识到了这一点,早在2015年12月,其旗下护肤品品牌玉兰油(OLAY)就大幅调整了美国市场的产品结构,去掉了近1/6与品牌抗衰老定位不符或销量不佳的单品,只保留了120个左右的单品,将品牌聚焦于有抗老需求的细分市场,这一策略让玉兰油在美国的主要面霜产品零售额增长了4%。① 同样,玉兰油在中国市场也在开启大刀阔斧的转型。艾瑞咨询2022年11月发布的研究表明,随着近年来护肤概念的升级,国内消费者护肤需求呈现功效进阶化态势,在进阶化功效中,美白超越了其他功效,在用户端关注度排名第一。② 中国消费者对于"美白"有着近乎狂热的需求,"一白遮三丑"一直是国内的主流审美观念。而中国人皮肤类型多为黑色素小体较为丰富的易晒黑肤质,这也在很大程度上决定了国内消费者对美白提亮功效的需求更为普遍。于是近年来玉兰油集中火力猛攻美白市场,迅速将面对中国市场的低端产品线全部剪掉,开始主推美白类产品线,这一举措也从根本上解决了玉兰油在中国市场面临的品牌老化的困境。

第二,企业要评估细分市场结构的吸引力。有些细分市场虽具备了企业所期盼的规模和发展前景,但可能缺乏盈利潜力。

第三,企业要考量自身的目标和资源。企业必须考虑目标市场是否符合自己的短期或长期发展目标,是否拥有足够的技能和资源以支持产品设计、生产、投放市场等全流程。

综上所述,品牌在选择进入目标市场之前,应该综合考虑企业的资源条件、产品同质化、产品所处的生命周期阶段等要素。

三、辨析品牌与竞争对手异同点

在确定了目标市场后,企业就需要辨析自己的品牌跟竞争对手之间的异同,这不仅包括产品的异同,还包括双方在营销、传播策略方面的异同,在此基础上寻找一个可使自己与竞争对手区分开来的概念,才能更好地占领目标消费者的心智。同时,这个概念还必须"有据可依",正如定位理论强调的那样,这一概念必须像"rock"(石头)一样不可撼动。

消费者对品牌的独特性的记忆往往更深刻。比如,瑞典家居商品零售商宜家(IKEA)以"低价格、精美、耐用"的家居用品定位,走出了跟其他家居品牌完全不一样的路线。它通过让消费者自助服务、运送、组装商品等方式来降低商品价格。此外,宜家还通过其产品组合来建立品牌差异点(见图4-4)。

---

① 界面新闻:《宝洁为玉兰油规划重大调整,是否仍值得被期待?》,https://www.jiemian.com/article/931299.html,2016-10-31。

② 艾瑞数智:《2022年国人美白趋势洞察白皮书》,https://www.idigital.com.cn/report/detail?id=4090,2011-11。

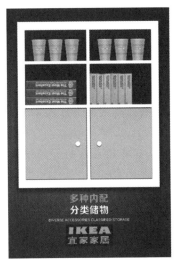 

图 4-4　宜家宣传海报

四、传播与应用

企业最终要靠传播将其核心概念嵌入消费者心智,并在应用中建立自己的定位。品牌定位一旦确定,就需要在产品开发、生产、销售及传播的所有过程中将其一以贯之地落实,在实际应用中真正建立定位、稳固定位。

案 例

口腔里的战争——漱口水品牌舒倍登的品牌扩张之路[①]

2020 年是国内漱口水市场的爆发期,疫情之下的人们长期佩戴口罩,口气内循环促使更多的消费者关注口腔健康,继而带动漱口水需求的爆发式增长。曾经,口腔护理产品更多地被大众当作药品使用;如今,口腔护理已成为全民共识,口腔护理类产品迅速成为快消品。口腔护理这一市场迅速成长并吸引资本疯狂涌入,反映出整个国内市场的消费升级趋势。此外,抖音、快手以及小红书等新型内容平台和传播渠道成为新品牌爆发的关键变量。

1. 漱口水的市场细分

综观国内漱口水市场,主要存在以下 4 个细分市场。

(1)忧虑型细分市场:消费者希望借助漱口水预防牙病。

(2)交际型细分市场:消费者追求清新口气,远离社交尴尬。

(3)感觉型细分市场:消费者注重产品的香型、外观。

[①] 快资讯官网:《漱口水争霸赛:李施德林和它的竞争者们》,https://www.360kuai.com/pc/9b9e44dcb09315011?cota=3&kuai_so=1&tj_url=so_vip&sign=360_57c3bbd1&refer_scene=so_1,2021-09-09。

(4)独立型细分市场:消费者更注重产品的低价。

行业调查报告显示,目前对于大多数中国消费者而言,在选择漱口水品牌时,相较于价格和品牌,产品的包装及味道是首要及优先考虑的因素。

2. 舒倍登的目标市场

在一众漱口水品牌中,创立于2020年的国内品牌舒倍登(SPDCare)可谓发展迅猛。该品牌在2021年7月左右完成了数千万元的种子轮融资,由宝洁校友基金(宝捷会创新消费基金)独家投资,目前已上市了漱口水、特效牙膏以及电子口香喷雾等系列产品,产业线相对完备,具备较成熟的资源储备。

该品牌在进行细致的市场调查后,将消费群体定位在25～35岁的年轻人群,其中女性占比为70%以上。这个结论主要回应的是以下两个问题。

第一,为什么如此定位?因为这群目标消费者具备如下特点:他们愿意接受新鲜事物,对国产新品牌有更强的信心与包容度;他们线上和线下接触品牌推广的渠道都较多,尤其对以抖音为代表的社交媒体的黏性更强;他们对快消品有较高的消费需求,对漱口水有较多的场景依赖和较高的使用频次。总结下来,这部分年轻人群无论在消费观念还是消费能力方面都有巨大的能量。

第二,年轻一代的消费需求到底有什么不同?他们的需求更加细分化、场景颗粒度更细,品牌要做的就是通过专业和有效的解决方案,让他们获得更愉悦的体验。

舒倍登对于消费者的细分市场定位非常准确,也基本符合其当前的用户画像。

3. 舒倍登的产品差异化探寻

传统漱口水通常都是大瓶包装,携带不便,使用场景有限,这也是消费者的痛点之一。此外,早期以李施德林为代表的漱口水因为添加了酒精、氯己定等刺激性成分,不仅口感不佳,还有可能破坏口腔菌群平衡。

因此,以舒倍登为代表的一批不含酒精却可以长效抑菌、改善口气的新漱口水品牌诞生了,一些方便随身携带的条状漱口水也应运而生。舒倍登的创新之处不止于此,它的漱口水中蕴含一门黑科技——牛乳活性肽,该物质从新西兰牛乳中提取,宣称在保证抑菌效果的同时兼具温和的使用感。

此外,舒倍登推出的一款瓶装漱口水还在包装上做了一个小创新:将瓶盖设计成酒杯状,上半部分用来盛放漱口水,下半部分用于密封。相比传统漱口水瓶盖,漱封分离的设计既卫生又便捷。

舒倍登将漱口水产品定价在80元左右,这个价格高于更多定价在40～60元的其他漱口水品牌,但低于100～150元的中高端价位,这主要考虑两方面原因:一是参考目前市场所在区域消费者能接受的价格,另一方面则取决于成本。

4. 舒倍登的产品宣传投放

抖音、快手以及小红书等新型内容平台和传播渠道的助推器作用不可忽视,但仅靠线上打开知名度还远远不够,线下店仍然是接触新的潜在消费者的有效方式。舒倍登就是采用这种营销思路,目前其销售以天猫、抖音两大线上渠道为主要发力点,同时逐步启动牙科医院、诊所等专业线下渠道铺设,截至2021年9月,品牌已与20多家口腔诊所达成合作关系。品牌围绕新用户的生活零售场景,从线上向线下转化,两者联动,科学的售卖方式为舒倍登打开了广阔的市场,在天猫上线仅一个月就获得天猫漱口水热销榜第二名的成绩。

第四节　品牌定位的层次和策略

本书将品牌定位分为产品定位、市场定位、传播定位三个层次,它们由上而下呈现出从具象到抽象、从理性到感性、从物理层面到心理层面的趋势。每一层次的品牌定位又可以从不同的维度出发,对应不同的定位策略。

一、产品定位

产品定位主要是从物理性的角度出发,明确某品牌产品在品类、功能、质量标准等方面的特性。尤其是在当前产品过剩的买方市场,只有差异化的品牌才能真正帮助企业成长,一个小小的差异远比一个大大的需求更具销售魅力。

产品定位通常是由位于营销链最前端的研发人员负责拟定。研发人员要根据产品定位来设计研发具有竞争力的产品,根据产品定位来思考这个类别的质量标准,产品针对的目标消费群体,这个群体的消费人数和人次够不够等,进而围绕以上内容来打造产品的特点。相应地,围绕产品定位的策略也有很多,下面简单介绍三种。

(一)利益定位策略

利益定位策略即根据产品能为消费者提供的利益来进行品牌定位。宝洁原总裁埃德·哈尼斯曾说:"成功营销活动的关键是产品性能高人一筹……如果消费者无法体会到品牌切实利益,无论多么出色的广告和促销都不能挽救品牌的命运。"[1]因此,利益是最能打动消费者的核心卖点。比如,宝洁旗下的洗发水品牌在利益定位上就各具特色:飘柔主打柔顺,潘婷主打强韧,海飞丝主打去屑,沙宣主打造型,伊卡璐主打草本。差异化的利益定位使得各品牌都能在竞争激烈的洗发水市场获得一席之地。

有时,同一产品也会因为不同的功能、用途而引发不同的生意来源,这时就需要通过衡量市场等综合因素来进行重新定位。例如当亲自动手做面包糕点的人减少时,原本作为食品膨松剂的苏打粉就可以改变定位,将产品重新定位为冰箱内部的除臭剂或洗洁精;李施德林在原来的泡脚杀菌的用途领域失去了竞争力,于是重新定位成口腔杀菌,为人们提供不惧口臭、社交无忧的功效,也开拓了全新的生意来源。

(二)质量/价格定位策略

质量和价格通常是消费者最关心的要素,不同的消费者由于收入、消费理念等不

---

[1] [美]大卫·奥格威:《奥格威谈广告》,曾晶译,机械工业出版社,2013年版。

同,对产品在质量和价格方面的取舍会有所差异。例如,某产品的目标市场是中等收入的理智型购买者,品牌可将该产品定位为"物有所值",作为与"高质高价"或"物美价廉"相对立的定位。雕牌就用"只选对的,不买贵的"暗示雕牌的实惠价格,这是既考虑了质量又考虑了价格的定位策略。世界500强企业沃尔玛旗下的高端会员制商店山姆超市,其商品的定位则是高端、优质、差异化,而其商品价格则更是适配对价格非高度敏感的人群,此类用户更加追求商品的新鲜度和生活品质。

(三)产品外观定位策略

产品的外观是消费者最易辨识的特征之一,也是消费者认可、接受某品牌产品的重要依据。由此,如果选择产品的外观这一消费者最易辨识的产品特性作为品牌定位基点,品牌也会更鲜活。艾·里斯和劳拉·里斯在《21世纪的定位》一书中提出了"视觉锤(visual hammer)"的概念,认为创作一个有强吸引力的视觉符号是占领人们心智的有效途径,品牌可以通过八种元素来打造视觉锤——形状、颜色、产品、行动、创建者、标志、明星和动物。比如可口可乐作为世界上第一个可乐品牌,它复古的曲线瓶身就是最有力的视觉锤(见图4-5)。法国设计师克里斯提·鲁布托设计的女鞋以经典的"红底"建立起鲁布托这一现象级的成功品牌(见图4-6)。此外,Tiffany蓝、爱马仕橙等都是经典的品牌视觉锤。

图4-5 可口可乐瓶身设计

图4-6 克里斯提·鲁布托的经典红底鞋设计

二、市场定位

市场定位就是要明确品牌针对什么消费族群,他们想要的产品的用途是什么,他们愿意交易的理由是什么。

围绕市场定位的策略有消费族群定位策略、与竞争者划定界线定位策略等。

(一)消费族群定位策略

品牌的消费者不仅包括产品的购买者,还包括产品的使用者,因此,消费族群定位策略又可以分别从使用者和购买者角度展开。

从使用者角度进行定位的例子很多,如"用步步高点读机,妈妈再也不用担心我的学习",这一广告语就明确定位了产品的使用者是初学英语的儿童。

从购买者角度进行定位的例子也有很多,如"送长辈,黄金酒",这句广告语不仅指出产品的使用者是长辈,还明确该产品的定位是送礼佳品,为购买者提供思路。

企业进行市场定位面临的首要问题是将产品定位在什么人群。市场学中,如何进行市场区隔是一门学问,常见的市场区隔方法多半是从统计学的角度来分析的,比如性别、年龄、职业等。但市场研究也表明,仅从消费者的人口统计特征来划分市场越来越难把握目标市场,即使同一统计学范畴的人群也能进行进一步区隔,这就需要我们找出并界定这些特质,此时从行为学和心理学角度进行区隔可能会更有效,诸如消费者的生活方式、生活态度、心理特性、价值观念等元素的重要性愈发凸显。

比如在房地产市场中,价格接近的一套平层公寓和一栋别墅所对应的消费族群是不同的,即使两者的目标族群都是针对35～45岁富裕的中年男性,我们还需要在此基础上分析他们购买不同房子时的心理诉求。平层公寓往往要求安居宜住,别墅则追求山明水秀。因此,有购买平层公寓需求的人又可以根据心理诉求区分为重视社会地位与强调位置便利等不同族群,而购买别墅的人也可以分为重视社交功能和保护隐私等族群。

许多国际性品牌,为了进行全球营销,通常斥巨资进行前期调研,以将该产品类别的目标消费者用科学的方法划分成不同性质的族群。例如,在厨房空间中,人们对厨具的要求可能是耐用好看,但是人们另一个很重要却永远不能被完全满足的,同时又很容易被忽略的要求就是"干净"。许多人对做饭的过程充满热情,但几乎没有人喜欢烹饪后的清理打扫工作。因此,对"干净"程度要求的高低,就是一个很好的区隔厨具市场的切入点。另一个象限则是用使用的频率来定义:一种是经常做饭,一种则是较少做饭。因此用以上两个不同维度就可以将消费者交叉区隔为四种不同的人:常做饭也爱干净的人,不常做饭也爱干净的人,常做饭但对干净程度要求不高的人,既不做饭又不特别爱干净的人。由此,这四种人对厨具的设计都会有不同的偏好,对广告的输出内容也会有不同的诉求。[1]

(二)与竞争者划定界线定位策略

品牌定位本身就隐含着竞争性,很多品牌把竞争者作为定位的坐标,来寻找与竞争者的差异点。

清扬是联合利华旗下去屑洗发水的"王者",但在它上市前的十多年间,宝洁旗下的海飞丝常年占据去屑市场的绝对领导地位。2007年,中华医学会科学普及部对5351人进行的网络调查发现,60%的消费者对市面上去屑洗发水的效果并不满意。但彼时市场上洗发水品牌的去屑功能似乎都大同小异,要想占领市场,再强调功能诉求明显已行不通。于是"清扬"品牌以性别作为洗发水市场区分的依据,打造"男士专用去屑"概念,推出市面上首款专为男士所设计的去屑洗发水,恰到好处地抓住了男性消费者渴望被重视的诉求。同时,清扬还针对调查结果中"重清洗轻滋养"的去屑误区,提出了"头皮护理是去屑关键"的论点,意图将自己打造为头皮护理专家的形象(见图4-7)。[2] 这使得海飞丝受到了自进入中国市场以来前所未有的挑战,尤其是在去屑的专业性上。

---

[1] 叶明桂:《如何把产品打造成有生命力的品牌》,中信出版集团,2018年版。
[2] 搜狐网:《清扬通过反定位大战海飞丝——十年磨一剑,旨在折桂冠》,https://www.sohu.com/a/384703369_120638974,2020-04-01。

图 4-7 清扬男士去屑洗发露广告海报

三、传播定位

传播定位是精神层次的定位,需要考虑目标消费者的消费心理,通过提供和强调产品在精神层面的价值来满足消费者的情感利益。传播定位的策略有情感定位策略、经营理念定位策略、文化定位策略等。

(一)情感定位策略

情感定位是指运用产品直接或间接地冲击消费者的情感体验,通过引发消费者的情感认同和共鸣而进行的定位。例如,巴黎欧莱雅品牌对女性力量的唤醒与强调就是一种典型的情感定位策略。20 世纪 70 年代,男性在社会中扮演了举足轻重的角色,而女性的个人价值与社会地位却时常被忽视。当时铺天盖地的广告中,对女性形象的塑造充斥着"男性的凝视",物化了女性及其价值。1971 年,巴黎欧莱雅具有革命性意义的染发剂 Preference 上市,也是在这个产品的广告中,一句"我值得拥有"的广告语横空出世,成为全球首个直接主张女性力量的品牌口号。它彰显了一个品牌的前瞻力与魄力,激励着女性勇于发现自己的美与价值。50 多年来,巴黎欧莱雅"你值得拥有"的口号响彻全球,它始终提醒着全球女性,正视自己无与伦比的力量与价值(见图 4-8)。[①]

(二)经营理念定位策略

经营理念定位是企业用自己具有鲜明特点的经营理念作为品牌定位,以体现企业的内核与宗旨。一个拥有正确的企业宗旨、良好的精神面貌和经营哲学的企业,在采用经营理念定位策略时更容易让公众产生好感。如美国 IBM 公司的企业口号"IBM 就是服务"响彻全球,这就是其经营理念的精髓所在;此外,诺基亚的"科技以人为本"、碧桂园的"给您一个五星级的家"等都是典型代表。

---

① 巴黎欧莱雅官网,https://www.lorealparis.com.cn/50-years。

图 4-8　巴黎欧莱雅品牌 50 周年宣传海报

这里以华润集团为例进行说明。创始于 1938 年的华润（集团）有限公司（以下简称华润）主营业务涉及日用消费品制造与分销、地产及相关行业、基础设施及公用事业三大领域，是国内中央企业的代表。负责华润品牌形象重塑项目的李奥贝纳上海华润组在对消费者、商业伙伴、经济专家及央企高级管理层各方面进行访问和调研后发现，这家大型集团在大众心中的印象较为模糊，华润集团的定位并不鲜明。

李奥贝纳认为，无法让受众感受到自己与品牌的情感连接是做品牌营销的痛点。华润是一个亿万规模的企业，又是一家有责任担当和情怀的企业，因此李奥贝纳认为，对华润品牌进行重新定位时的首要任务，是挖掘华润品牌、业务、产业的庞大版图背后更深层的同一性，即让华润人感受到这是一个值得他们骄傲、让他们有深刻归属感的企业品牌，也让华润在更多的人心里树立一个温暖的、与人们的日常生活息息相关的企业形象。于是，李奥贝纳于华润 80 周年之际推出了企业广告宣传片，片中竭力避免千篇一律的伟岸的企业形象塑造桥段，而是为观众呈现了企业员工日常生活的种种场景和缩影。为了让华润每个产业的员工都感受到自己是华润的一分子，片子里各种场景的取舍非常艰难。但最终呈现的效果非常好，华润员工看完该宣传片十分激动，在视频下纷纷留言，细数宣传片里的场景（见图 4-9）。如果不是真的熟悉和热爱，又怎么会对这些场景如数家珍？

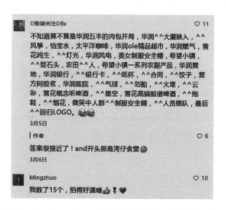

图 4-9　华润 80 周年企业宣传片网友评论截图

值得注意的是，企业广告是能集中反映公司经营理念定位的关键一环。通过精心策划和执行，企业广告会成为一项回报丰厚的投资，因为企业广告可以提高员工的荣誉感，还能帮助企业招募来自不同领域的优秀人才，也能给投资方留下良好的印象，更能让企业在各项兼并和接管活动中扮演更积极的角色。美国西北大学曾开展一项研究，考察了 731 家企业股票的表现情况，发现企业广告对股票价格的积极影响平均在两个百分点，这一数据表明广告在影响企业市场价值方面的作用不容小觑。

(三)文化定位策略

文化定位策略是将文化内涵融入品牌,形成文化层面的品牌差异。比如可口可乐,很多中国消费者对其第一印象是它令人拍案叫绝的品牌名的中文翻译——可口可乐,既有美好的口感,又给人带来欢乐和充满正能量的感受。追溯可口可乐的发展史我们会发现,可口可乐品牌与美国的全球化扩张之路相伴相生,甚至从某种角度来说,可口可乐是由美国大兵带到全球的。彼时可口可乐最广为流传的广告语就是:不惜任何代价,都要保障让美国士兵在全球任何一个地方,用5美分喝到可口可乐(见图4-10)。可口可乐承载着几代美国人乐观向上的文化基因,对很多美国人来说,"可口可乐是装在瓶子里的美国梦"[①],它已经成为美国精神的一种象征,许多美国消费者对可口可乐的迷恋甚至达到了宗教般执着和狂热的地步。

图 4-10　二战时期可口可乐宣传海报

四、总结

以上介绍的是几种较为常见的定位策略,品牌定位策略绝不仅限于此,企业可以根据产品、竞争者与目标消费者的实际情况来决定采用何种定位策略,为品牌进行理想的差异化定位。

一言以蔽之,产品定位是定位的源头,定义的是产品的竞争优势和生意的范围;市场定位,定义的是市场区隔及生意来源;传播定位,定义的是品牌的元素与主张。三合一的定位结构覆盖不同的层次,为我们描述了一种较为完整的定位框架和逻辑。品牌定位是整合品牌传播战略体系里最为基础的一个环节,也是决定企业所实施的品牌传播战略能否成功的关键。

案例赏析

长城"欧拉":猫系电车养成记[②]

一、案例概述

近年来,中国新能源汽车市场迎来爆发式增长。2018年,面对"群雄逐鹿"的市场,出身于传统车企长城公司的纯电品牌欧拉大放异彩。即使在新冠

---

① 搜狐网:《美国精神的代言者》,https://www.sohu.com/a/390625015_687824,2022-04-23。
② 搜狐网:《欧拉:一个品类的诞生》,https://www.sohu.com/a/471587167_100044558,2021-06-11。

疫情期间全行业增速放缓的情况下,欧拉的销售额依旧涨势不减,增幅大幅跑赢全行业。由中经报智库、《商学院》杂志发布的2021年国品竞争力指数榜上,欧拉品牌名列第一,力压红旗、奇瑞等传统品牌,也超越蔚来、小鹏、理想等新造车势力。

从品牌初创至今,欧拉以每年一款车的速度不断推新。从黑猫、白猫与好猫,到朋克猫、芭蕾猫、闪电猫等,售价覆盖5万~25万的区间(见图4-11)。

欧拉如今已发展为一个现象级的品牌,这离不开其精准的品牌定位。如今,欧拉正在被业内越来越多的品牌视为研究对象,其各项营销创新也成为业界潮流。

图 4-11 欧拉猫系电车广告海报

二、解析与点评

欧拉的走红,可谓以皮卡起家的长城应对电动化和智能化浪潮的一步高招。看似剑走偏锋,实则遵循了新世代互联网产品的成功规律。

(一)敢于出圈、步步为营:欧拉的品牌定位之路

1. 前期市场调查及目标市场确立:"Z世代"+"女性"

所有品牌在创立之初都是一张白纸,品牌要寻找机遇进行差异化定位,需要进行深入的市场研究及市场分析。对于欧拉汽车来说,机遇是什么?两个关键词:Z世代、女性。

欧拉敏锐地发现,当前"泛Z"人群(1995年后出生的人群)正在慢慢成为市场中的消费主力。"泛Z"人群有着怎样的特征?他们追求舒适、自由、平和,并且有兴趣、有深度、有个性。但国家信息中心的调研报告显示,如今并没有哪个品牌能够很好地迎合"泛Z"人群的需求,该市场仍然是一片蓝海。再将目光拉到汽车消费市场,"她经济"的崛起也为汽车市场带来了全新机遇,女性的潜在消费体量非常大。

机遇之下,欧拉品牌瞄准了"Z世代"的女性,关注发掘其消费潜力。

2. 寻找汽车品牌定位空白:"吸猫文化+宠爱女粉"抢占女性心智

欧拉在做汽车营销之初,关注的仍是汽车媒体,但团队后来意识到,想真正贴近用户需求、获得用户好感度,必须"出圈"。结合当前最流行的"吸猫"文化,欧拉创新运用"猫系"概念打造产品,来赢得女性消费者的心。

如何撬动庞大的女性消费市场,是车企研究的课题之一。欧拉找到一个突破口,就是"宠爱"女粉,做"全球最爱女人的汽车品牌"。比如"万智推送"功

能很好地解决了女性用户常见的驾驶烦恼;智温贴心座舱、防晕车驾驶模式和暖男模式提供"比他更懂你"服务;闪电猫系列则颠覆了对女车主"追求平稳驾驶"的刻板印象,让希望享受极致驾驶乐趣的女性用户能掌握超跑方向盘……欧拉在产品理念和设计上注重推陈出新,不单以车长、轴距等来定义汽车,而是采用"用户＋场景"这种业界领先的产品定义方法。这都体现出欧拉对未来汽车产品的思考。

因此,欧拉成为第一个全面向女性倾斜的汽车品牌,抢先占领了女性用户心智。

3. 品牌营销及传播:"猫系社交＋和新世代谈恋爱",携手女性消费者共创品牌

在品牌营销过程中,欧拉放弃传统的汽车媒体广告,而是坚持"用户兴趣在哪儿,欧拉就在哪儿"的用户第一理念,携手女性消费者共创品牌。

在产品设计层面,欧拉通过与消费者共创的方式,与女性消费者携手为旗下产品的配色寻找最合适的命名;"欧拉品牌营销总经理"也被亲切地称为"喵星人研究院院长",将"猫系养成文"化贯彻到底。

在传播渠道方面,欧拉更多地选择在小红书、抖音等女性用户较多的社交平台与用户进行互动,并联合 I DO、AcFun、ChinaJoy、猫王、网易、回力等超过100家潮牌进行品牌宣传活动。为配合线上订单转换,欧拉还发起了"厂家＋百家经销商＋千名销售顾问"全员统一行动战役,线上线下合力聚集流量,创建"明星＋高管"的直播间,带领全国经销商完成引流和转化。

在社交互动层面,欧拉汽车深入女性用户群体的各种文化圈,针对新时代女性追求自我、独立、乐于表达的个性,与其进行更常态、更多元的联动,发起诸如好猫乐活局、黑猫女神生活图鉴、二厂定制女性汽水、甜蜜跑系列活动等。

在助力女性成长层面,欧拉联合清华大学等教育、传媒机构举办了欧拉全球青年共创计划,为优秀年轻人提供就业渠道,通过改装大赛给年轻人提供展现才能的平台。

(二)剑走偏锋、"精确制导":欧拉的品牌定位策略

1. 产品定位

欧拉依托同平台进行低成本开发,通过明显的差异化造型设计,覆盖不同人群的策略值得借鉴。小型汽车市场缺少拥有先进的智能化技术和三电技术可靠的产品,黑猫、白猫的出现填补了这一市场空白;而在售价10～15万元的电动汽车市场上,欧拉好猫则具有超越竞争对手的绝对颜值。与此同时,欧拉还根据女性消费者的审美、驾驶等需求偏好对市场再度细分,设计出风格迥异的产品:欧拉朋克猫主打"复古"设计风潮,满足社会高端阶层的怀旧情怀与精致理念;欧拉好猫的赛博版、GT版等个性化车型迎合消费者对科技和运动感的追求;欧拉闪电猫则绝对炫酷,让消费者体验强烈的驾驶感。

当然,这些车型也都拥有一些共同点:风格简约精致,从车型命名、造型风格,到色系选择、配置取舍等,每一款车型都以女性消费者的真实喜好为标准,给予女性消费者贴心的呵护。

2. 情感定位

欧拉不拘泥于产品的常规开发，而是针对目标消费者的特点，将主要的成本和精力放到可以让他们"产生共鸣"的价值点的创建上。无论是猫系文化的加持，还是对女性用车痛点精准狙击的产品功能，抑或助力女性成长的品牌营销等，欧拉不断用诚意和暖心触动这些内心细腻的女性用户，真正打开了消费者的"心门"。

三、案例启示

欧拉率先卡位女性消费市场，与现代女性思想上共鸣，精神上共勉，产品上共识，赢得了女性消费者的绝对倾慕，不断将"全球最爱女人的汽车品牌"标签烙入更多消费者心中。在众多主机厂奋力寻找差异化的今天，欧拉汽车已然更换赛道，正在女性王国中狂奔。

课后思考题

1. 什么是定位理论？
2. 你如何理解品牌定位在整合品牌传播中的意义和价值？
3. 你能否举例说明品牌定位的策略有哪些？

本章数字资源

第五章　整合品牌传播的内容营销

> **本章学习要点**
>
> 1. 内容营销的概念与特点。
> 2. 内容营销的流程。
> 3. 内容营销的三重维度。

引例

"老司机"杜蕾斯的内容营销制胜法则[①]

杜蕾斯(Durex)诞生于1929年,是全球知名的性用品品牌,其名称源自三个英文单词的组合:耐久(durability)、可靠(reliability)、优良(excellence)。杜蕾斯产品在150多个国家销售,并在40多个市场中占据领导地位。在中国,该品牌每年生产约10亿只避孕套,占据40%以上的国内市场份额。

性用品因内容的敏感性、私密性以及与国情民俗的冲突性,在宣传过程中受到法律法规、政策、公序良俗等诸多因素的限制,推广不易。杜蕾斯却充分利用社交媒体,走出了一条不寻常的内容营销之路,成为中国社交传播第一品牌,也被誉为"营销鬼才"。由于优秀作品太多,围绕该品牌还诞生了很多流传甚广的行业梗,例如"传说中月薪三万的杜蕾斯文案""热点必看杜蕾斯"等。

杜蕾斯的内容营销有什么秘密?让我们一起来揭秘。

一、品牌人格化——杜蕾斯品牌人设的三次转变

早期,杜蕾斯在国内的内容营销着重宣传产品的耐久、可靠等功能,以契合品牌理念。中规中矩的内容产出导致品牌传播效果极其不佳,第一次品牌定位宣告失败。

接着,杜蕾斯思考了这样的问题:内容如何传播?让谁传播?它将目光锁定于网络上的"宅男"群体,因为这些人上网时间多,线上表达意愿强烈,且会主动对他们关心的内容进行自传播。于是,杜蕾斯摇身一变,将自己定位于

[①] 曹升:《盘点杜蕾斯内容营销背后的底层逻辑》,https://www.woshipm.com/marketing/2290487.html,2019-05-05。

"宅男陪伴"人设,紧接着产出的内容风格也开始向"宅男"的喜好靠近,但传播效果依旧不理想。究其原因,主要在于生产出的内容互动性差,品牌个性色彩不鲜明。

这迫使杜蕾斯开始了第三次转型,而这次转型的契机在于与互联网营销公司环时互动的"联姻"。此后这对 CP 开启了长达七年的合作,创造了无数优秀案例。彼时,杜蕾斯终于成功打造了品牌的人设——懂生活、又会玩,有点坏、有点污,风流但不下流。

于是,围绕这一新人设,杜蕾斯在内容输出上竭力避免正经、古板,转而全力打造"尽情欢笑享乐",并且能够给人无限想象空间的内容。杜蕾斯恰到好处地把握"性"和"爱"之间的平衡,也让更多用户不再谈"性"色变。

二、创意工业化+运营互动化——杜蕾斯内容营销两大王牌

杜蕾斯将在中国市场 90% 的营销精力放在了互联网内容营销上,且营销效果惊人,仅每月在微博的曝光量就达几亿人次。总结下来,它在内容营销上有两张王牌,即创意工业化和运营互动化,分别对应其内容生产和传播两个方面。

在内容生产方面,杜蕾斯以用户为中心,用老百姓喜闻乐见的方式,将热门时节、热点事件等具有新闻性的内容和杜蕾斯品牌巧妙地连接起来,如图 5-1 所示。尤其在进行文案创作时,为了能把性用品展示得性感而不色情,杜蕾斯充分挖掘语言技巧,玩转了双关语、谐音梗、指代等文字游戏,每每让人拍案叫绝。例如 2016 年 7 月 27 日下午,小米发布了"比一枚(竖起)一元钱币还薄"的 air 笔记本;7 月 28 日 0 点 8 分,杜蕾斯发布了一张海报,方案是"Just 比薄",这就是典型的留白(双关语)。2019 年 12 月 24 日的平安夜,杜蕾斯官方微博发布了一张动图,该图以圣诞节的节日色调做背景,图片中央是一头驯鹿,驯鹿的角上巧妙地植入了杜蕾斯的产品形象,而这条微博的文案更是简单明了——"礼物呢?在鹿上"。利用谐音梗一语双关,既关联主题又突出产品形象。

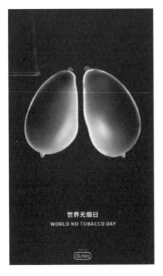 

图 5-1 杜蕾斯借势营销创意海报

此外,杜蕾斯还设置内容日更、话题设置、有奖互动等多个环节,以调动用户的参与热情,激发用户的创作欲,这种"众包"的内容生产模式让客户更有获得感和归属感。每次热点事件出现,网上都会有人模仿杜蕾斯手法创作海报。只要没有伤害到品牌价值,没有低俗内容,杜蕾斯非但不去干预,反而从中间挑选出一些优秀创作者,授权给他们进行高质量创作。

好的创意并不意味着一定会有好的传播,在内容传播方面,杜蕾斯遵循"1%原创+9%转发+90%阅读"的传播公式,专门设置了内容营销ROI(投资回报率)指标:一是曝光数量,二是曝光质量。其中,曝光质量好坏是指杜蕾斯有多少曝光量是通过与关键意见领袖(KOL)的互动传播出去的。杜蕾斯内容营销90%的精力放在优化曝光质量上。

与此同时,借力打力是杜蕾斯的高明之处,它与众多品牌互蹭流量、互相借势、彼此成就,产生传播的裂变效应。箭牌、德芙、士力架等众多品牌都曾被杜蕾斯"撩"过,并擦出"爱"的火花,在获得强力曝光的同时还收割了一波好评(见图5-2)。

图 5-2 杜蕾斯点名其他品牌的广告海报

三、重新定义广告与客户——杜蕾斯内容营销的底层逻辑

在杜蕾斯的内容营销中,消费者变成了品牌的商业合作者。传统消费品营销都是把客户定义成"单次购买者",杜蕾斯则巧妙地创造出一种新客户——专门传播杜蕾斯内容的"内容传播者"。杜蕾斯的微博每月曝光量达几亿次,很多都是靠这个"客户群"以免费众包的形式实现的。

杜蕾斯将广告变成去中心化的自传播模式。传统广告是中心化的单向传播,以流量拦截、单次变现为主,无法对老客户进行二次营销。而杜蕾斯以微博、微信为主,是去中心化的自传播,用户有极强的参与感和获得感;杜蕾斯以用户运营、客户生命周期服务为主,把每次与用户交流的流量都引导、蓄积到自己的客户池中。

杜蕾斯品牌传播的成功经验,给我们展示了内容营销的魅力和魔力,也让我们看到了社交媒体时代品牌吸引用户并留住用户的更多思路。在整合品牌传播中,内容营销可谓一片"富矿",值得我们去深入探索。

随着社交媒体时代的到来,"内容为王"的重要性愈发凸显,仅仅依靠传统的广告、公关等手段已无法满足消费者日益增长的信息需求。相对于传统的营销模式而言,内容营销针对性较强、成本较低、形式灵活、传播效果更好,因此在业界备受推崇。它通过创建和分享有价值的内容来吸引客户,帮助企业留住老客户、开发新客户,并将企业打造成强势品牌。目前,内容营销已上升至众多品牌的战略层面,在品牌传播中扮演越来越重要的角色,甚至成为整合品牌传播的制胜法宝。

第一节 内容营销的内涵

伴随着社会化媒体的出现与蓬勃发展,一种内涵、形式都极其丰富的营销战略——内容营销强势席卷了品牌传播界。早在 1996 年,美国报纸编辑协会的里克·多伊尔就提出了"内容营销"这一概念;后来,该词于 2001 年由彭通定向媒体公司(Penton Custom Media)首次公开使用,用来统称大型 B2B 企业制作和出版购物杂志和纸质新闻通讯的做法。2007 年,乔·普利兹从彭通定向媒体公司辞职,建立了内容营销学院,出版了《首席内容管营销》杂志和相关书籍。自 2008 年起,内容营销研究在国外日渐风靡,其中以内容营销协会为代表的专业机构在该领域有较多建树。我国学者在"2010 年品牌内容营销发展趋势学术研讨会"上首次就该领域的问题进行了研讨,此后,以新浪为代表的专业媒体机构不断投身内容营销的实践,许多新媒体内容营销公司也不断涌现,内容营销已成为数字时代的大势所趋。

一、内容营销的内涵

(一)内容营销的概念

对内容营销的概念的界定,学界及业界莫衷一是,学者从诸多角度出发对内容营销进行了界定。总结下来,对概念的界定衍生出"关系说""手段说""目的说"等几种流派。

1. 内容营销的"关系说"

内容营销的"关系说"认为内容营销是企业在与消费者建立良性互动关系过程中产生的所有内容。它强调通过内容和平台的经营来调动消费者的参与热情及主观能动性,以建立消费者的品牌信任和品牌忠诚。例如,普利奇和巴雷特认为,内容营销即企业通过聆听消费者的需求、免费采纳消费者的有用建议来与消费者建立拥有共同利益的互相依存的关系以及信任。通常作为回报,消费者会向企业提供建议或意见。[1]

在此基础上,普利奇又进一步提出,内容营销是一种不通过干扰或强硬兜售来与消费者沟通的艺术,企业建立一个讲故事的平台,发布有价值、与消费者利益相关并

---

[1] Pulizzi J, Barrett N. Get content get customers: Turn prospects into buyers with content marketing, McGraw-Hill, 2009.

且引人注目的内容,发展稳定的平台关注群体,并最终促进企业产品和服务的销售。①

学者于伯然认为:"内容营销主要指企业以媒体内容来做营销传播,包含多种形式。与传统营销通过打断消费者思考或感官体验来硬性传递信息不同,内容营销从给予消费者答案的角度来向消费者提供信息,从而降低消费者的厌恶感,使有价值的信息更易被消费者主动接受。"②

2. 内容营销的"手段说"

内容营销的"手段说"强调内容营销的形式、载体及产出结果。内容营销机构Junta42认为,内容营销是负载了企业自主创作的品牌内容的产品,包括网页内容、案例分析、博客、白皮书、在线研讨会、内部通讯/电子通讯以及定向杂志等。③

与其持类似态度的有互联网营销软件方案商 HiveFire,其认为内容营销通过创作和发布原创内容来增加品牌曝光度,其形式包括博文、图片、视频、网页、案例分析和白皮书等等。④

学者利布认为,提供有价值(相关、高质量、有教育意义、对购买决策有帮助)和有娱乐性的吸引眼球的内容是内容营销的制胜法宝。⑤

3. 内容营销的"目的说"

内容营销的"目的说"认为丰富的形式和内容均是为了实现企业吸引消费者、促进销售以及保证用户黏性等一系列目的。如汉德利提出,内容营销是以多样化的形式创作和传播有教育意义的、引人注目的内容,以达到吸引或留住消费者的目的。⑥

以上概念从不同角度出发,为我们勾勒出内容营销的外延。从本质上来说,"内容为王"是内容营销的核心,它通过丰富的内容、形式和载体调动消费者的兴趣和参与度,并通过消费者的反馈进一步完善产品设计、调整品牌战略,最终目的是获得消费者的满意度和对品牌的忠诚。由此,本书对内容营销的概念进行如下界定:内容营销是企业以多种渠道发布多种形式的媒体内容,通过满足消费者多元需求并触发消费者的互动和反馈,以建立和完善品牌的营销战略。

(二)内容营销与相似概念辨析

伴随着社交媒体的发展,内容营销越来越受到企业和品牌的青睐。与此同时,由于

---

① Pulizzi J. Content marketing has arrived. Should publishers be worried? Folio:The Magazine for Magazine Manag,2011.

② 于伯然:《新十年的品牌传播:内容营销最热门》,《市场观察》,2011年第5期。

③ 周懿瑾、陈嘉卉:《社会化媒体时代的内容营销:概念初探与研究展望》,《外国经济与管理》,2013年第6期。

④ 周懿瑾、陈嘉卉:《社会化媒体时代的内容营销:概念初探与研究展望》,《外国经济与管理》,2013年第6期。

⑤ Lieb R.《 Content marketing:Think like a publisher-how to use content to market online and in social media》,Pearson Education,2011.

⑥ Handley A ,Chapman C C. Content rules. How to create killer blogs, podcasts, videos,ebooks, webinars (and more) that engage customers and ignite your business. John Wiley and Sons,2010.

其理论研究时间较短,相关研究在思辨性方面仍有所欠缺,人们容易将内容营销与一些相似概念混为一谈。因此,在这里有必要进一步厘清内容营销的内涵与外延。

1. 内容营销与社会化媒体营销

社会化媒体营销是企业通过社交媒体与目标消费者建立关系,发布内容并引导其参与广泛分享品牌信息的互动,并形成品牌社区的营销手段。社会化媒体营销和内容营销有许多重合之处,但仔细辨别后会发现,两者在营销重点和信息发布渠道方面均有显著差异。

其一,营销重点不同。内容营销更注重以品牌信息为核心的内容的生产与打造,社会化媒体只是为内容传播进行服务的载体之一;社会化媒体营销强调企业在社会化媒体平台上做出的所有营销和努力,其营销手段不仅包括内容,还包括各种促销活动(如抽奖、赠券)以及售后服务等。一言以蔽之,内容营销重内容,社会化媒体营销重形式。

其二,信息发布渠道有差异。内容营销涉及的发布渠道比社会化媒体营销更广泛,企业可以通过报刊、广播、电视、互联网等多种渠道联动。随着 Web2.0 时代的到来,企业的内容营销更多的是通过社交媒体进行信息的病毒式扩散,社交媒体在内容营销活动渠道方面所占的权重越来越大。

2. 内容营销与网络口碑营销

网络口碑营销也称病毒营销或蜂鸣营销,是指用户利用社交网络对信息进行自发的口碑宣传,达到一种快速的、滚雪球式的传播效果,这种传播过程呈现自我复制的病毒式扩散规律。内容营销与网络口碑营销也有显著差异。

其一,传播目的不同。网络口碑营销善于利用互联网文化基因和传播机制,其主要目的在于将品牌或产品信息的传播范围扩大,聚焦于探讨如何推动用户进行信息转发。诸多实证研究发现,信息源、内容和表现方式三种因素在很大程度上决定了人们是否转发某类信息。例如,在内容方面,网络口碑营销往往紧随热点,促使信息以衍生方式复制传播,"米姆效应"愈发明显。而社交媒体时代的内容营销虽会借助网络口碑营销的传播机制,但是其目的并不仅仅是扩大传播范围,更重要的是增加传播的深度,如培养品牌意识、提高消费者品牌忠诚度、与消费者直接对话等,重视内容对于消费者深入理解品牌和产品的作用。①

其二,传播层级不同。由以上内容可以得知,网络口碑营销是扩大产品信息传播范围,更多的是着眼于传播策略层面,关注传播广度;而内容营销则被提升至整个品牌传播的战略高度,更重视与消费者的对话和互动以及品牌价值的塑造等,关注传播深度。

二、内容营销的特点

结合以上内容,我们可以总结出内容营销具有的三个突出特点。

(一)丰富多元的内容与形式

进入 21 世纪,内容营销的提法及相关研究可谓蔚为大观,有学者据此认为,内容营

---

① 周懿瑾、陈嘉卉:《社会化媒体时代的内容营销:概念初探与研究展望》,《外国经济与管理》,2013 年第 6 期。

销是新媒体尤其是社交媒体时代的产物,其实不然。比如,早在1900年,轮胎大王米其林公司就将地图、加油站、旅馆、汽车维修厂等有助于汽车旅行的信息集结在一起,出版了随身手册《米其林指南》(*The Michelin Guide*),并免费提供给客户。随着20世纪20年代广播媒介的兴起,宝洁公司迅速将营销主渠道切换到广播上,宝洁公司旗下的肥皂品牌 Duz&Oxydol 进军广播电视剧,此后,广播肥皂剧成为宝洁投放广告的核心产品,这也是之后连续剧被称为"肥皂剧"的原因。1922年,正值美国经济大萧条,Sears公司的 Roebuck 农业基金会推出广播节目,向农民提供最新信息……以上这些都是早期企业在内容营销方面的有益尝试,并大获成功。

由此可见,企业自主或号召消费者创造的、能体现品牌信息并使消费者愿意分享传递的内容都属于企业内容营销的范畴,内容营销旨在营造与消费者之间的良好关系。这可以从以下两个角度理解。

1. 内容为王

内容营销强调企业通过优质的内容来吸引用户,如动人的品牌故事、神奇的性能描述、让消费者有参与热情的话题、热切真诚的对话等。

2. 形式多元

内容营销通过更多元的、建立在消费者洞察基础上的针对性宣传方式扩大产品及企业的营销推广,快速提高用户的参与度,帮助企业迅速建立产品及品牌的认知度、忠诚度。内容营销不拘于形式和媒介,但新媒体在内容营销方面能赋予企业更多的灵活度和施展空间。具体而言,企业内容营销的形式既包括企业在自有媒体(企业创办的报刊、网站、自媒体等)上发布的图文、视频、音频等,又包括企业在自有媒体之外(例如免费媒体上)发布或创作内容,比如企业在各大平台投放商业广告、与社交平台联合进行直播等形式。

(二)强调品牌关系的维护

传统的企业宣传往往通过打断消费者思考或感官体验来硬性传递信息,内容营销则不同,它更多的是强调引导消费者主动参与互动过程。为了降低消费者对于宣传信息的抵触情绪,内容营销在深刻洞悉消费者需求和对市场进行细致调研的基础上,从给予消费者答案的角度向消费者提供有趣又有用的信息,并以贴近目标消费者生活场景和符合其信息接触习惯的形式对其进行渗透,增加宣传的"软度",从而使消费者愿意主动接受、搜索和传播信息,在不知不觉中触发消费者的消费动机。

内容营销可以有效培养企业与用户之间长期的良好关系,一方面,好的内容营销能够通过各种渠道被用户广泛熟知,甚至吸引用户主动参与品牌产品的研发设计和改进,最终无形中在品牌与目标受众之间建立一种非常强烈且相互影响的关系,增强用户黏性;另一方面,内容营销可以通过互动建立联系的桥梁,在建立用户信任感的基础上,提高内容营销的质量,实现产品品牌价值的提升。

(三)追求长效收益的传播目的

声量不是判断品牌的唯一标准。依靠流量、营销堆砌出来的牌子,没有经过时间的沉淀,没有经历品牌成长的必要磨难,不足以称为"品牌"。好的品牌也不会因为投资人的加持和大量资金的涌入,而一味追求扩张和做大。诚然,品牌的成功与否绝对不是仅以经济收益为衡量尺度,而是以品牌知晓度、美誉度等为综合指标,它是一种立体、多元的品牌资产的积累过程。作为品牌传播战略的内容营销也是如此,它围绕品牌产品、品牌文化等方面进行内容创作,并不一味追求消费者短期或立即性的行为改变,而是倾向于对消费者进行理性的、长期的内容教育,从而达到提高消费者品牌忠诚度的目的,追求的是一种长效收益。

更多的研究者强调,内容营销的动机并不直接与利润挂钩,更多的与消费者的品牌意识培养有关。Junta42 和 MarketingProfs 的白皮书数据也印证了这一观点。尤其对于 B2B 市场营销者来说,内容营销的首要动机或目的是培养品牌意识(78%),其次是提高消费者品牌忠诚度(69%)和挖掘潜在消费者(63%)[1]。值得注意的是,与消费者直接对话和创造持久的消费者价值是内容营销比较特别的两个动机。[2]

三、内容营销的原则

内容营销要兼顾信息内容的相关性和信息传播方式的恰当性。好的内容营销,一定是基于品牌与用户的共同利益点,找到巧妙的沟通时机与方法,将双方紧密结合起来。尤其在社会化媒体时代,内容营销更是需要考虑天时、地利、人和的因素。

(一)"人和"——直击目标消费者需求的痛点和快点

内容营销是一种拉动式营销,旨在通过与目标消费者进行内容互动,使消费者对品牌有正确的认知并达到较高的认同度。分享是内容营销的本质,内容营销所关注的不应是制作的内容拥有多少浏览量,而应是有多少人会分享内容。很多人浏览或阅读内容是出于好奇,而分享内容则主要是源于对内容的认可。营销者在开展内容营销活动之前,需要了解消费者真正的需求,以及消费者期待的体验。

因此,内容营销对内容的价值和精准性有较高要求,品牌需要根据自身目标消费群体的需求,直击目标消费者需求的痛点和快点。品牌在实施内容营销之前,要清楚地认识到自己的产品与消费者有何内在联系,抓住消费者的心理进行有针对性的营销,给消费者一种强烈的归属感。从心理层面来说,消费者在与品牌进行沟通互动过程中追求的是情感、被尊重、被认可、自我实现等更高层次心理需求的满足。企业营销人员在制定内容营销策略时,可通过建立沟通交流平台、对核心消费者进行访谈、调研,或依靠大数据等技术手段,挖掘消费者的内容选择偏好,从而为其量身定制他们感兴趣的内容。

(二)"天时""地利"——内容营销的时机、渠道选择

在确定了目标消费者后,企业就可以通过各种手段,选择更加精准的投放渠道和适当的营销方式,促进企业和消费者之间的深度沟通。

---

[1] Fog K, Budtz C, Munch P, et al. Storytelling: Branding in practice, Springer, 2010.
[2] 周懿瑾、陈嘉卉:《社会化媒体时代的内容营销:概念初探与研究展望》,《外国经济与管理》,2013 年第 6 期。

比如,品牌可以通过与第三方机构合作,更加精准地选择内容营销的时机和渠道。以百度公司为例,它不仅是搜索引擎,更重要的是一家提供数据价值的公司。它依托强大的数据资源和数据处理技术,帮助品牌清晰地描绘目标消费者的画像,让品牌更加清楚目标消费者对品牌的真实态度,从而更好地设计与消费者沟通的最佳时刻和结点,帮助品牌与消费者进行更好的沟通,实现消费者和品牌之间长效、实时、一对一的关系。

宝洁旗下的玉兰油品牌曾在2011年以前做了很多推广,但效果并不大好。从2011年起,玉兰油开始和百度展开深入合作。百度敏锐地发现了一个关键问题,即消费者对于玉兰油适用年龄这件事情并不是特别清楚,这就导致玉兰油的目标消费人群并不清晰。于是,百度便通过小规模测试、与消费者对话等沟通方式,了解消费者的真实想法,进而重新寻找产品的差异点并调整产品宣传的诉求信息,在此基础上迅速推出了玉兰油25岁装的单品,并通过社交媒体、搜索引擎等形式进行大幅度推广。时至今日,玉兰油25岁装已经成为玉兰油系列里面卖得最好的单品之一。

第二节　内容营销的流程

一般来说,品牌内容营销的全流程大致包含以下四个部分:内容规划,内容生产,内容传播,内容测量及优化。

一、内容规划

品牌内容营销的规划阶段主要在于制定内容的整体框架和方向,策划能留住访问者的内容。内容规划是一个阶段性的工作,需要在实施过程中根据反馈情况,不断地优化调整。这一阶段涉及如下关键因素。

(一)细分市场的确立

一般说来,市场的细分程度直接关系到企业营销计划的实施效果及目标消费者需求的被满足程度。通过对市场进行细分,并针对特定的消费者进行营销有可能会促使这部分消费者产生更为积极的反应,但企业同时也要注意避免因市场总量过小、成本增加而难以达到预期收益的情形。而其中的关键原则在于把握营销成本与收益之间的均衡。

一般来说,企业可以通过人口统计细分、地理细分、心理细分等诸多方式进行市场细分,也需要辅以一系列的分析工具,比如免费的工具包括搜索引擎统计分析工具、微博分析工具以及行业报告等。值得注意的是,在这一步,应尽量选择熟悉的行业或方向,然后通过分析工具,找到有差异点的细分市场。

(二)客户画像分析

用户画像是大数据的根基,它完美地抽象出一个用户的信息全貌,为进一步精准、快速地分析用户行为习惯、消费习惯等重要信息,从而为用户提供有针对性的服务提供足够的数据基础,奠定大数据时代的基石。

本质上来看，用户画像就是企业对用户进行分析，了解用户需求，寻找目标消费者，并在此基础上开发适合目标消费者的产品。

用户画像的核心工作是为用户"打标签"，每个"标签"都规定了观察、认识、描述用户的角度，"打标签"的重要目的之一是让人理解并且方便地获取和利用信息，比如，一家茶企可以分类统计喜欢红茶的用户有多少，喜欢红茶的人群中，男、女比例是怎样的；也可以做数据挖掘工作，利用关联规则计算喜欢红茶的人通常喜欢什么服饰品牌；还可以利用聚类算法分析喜欢红茶的人的年龄段分布情况。

由此可见，"标签"为大数据时代的数据处理提供了一种便捷的方式，使得计算机能够程序化处理与人相关的信息，甚至能够通过算法、模型"理解"人。搜索引擎、推荐引擎、广告投放等各种应用领域，都能进一步提升精准度，提高信息获取的效率。

用户画像这一过程可以通过一些工具或平台来实现。国外通常使用的谷歌分析（google analytics）可以告诉企业谁访问了博客或网站，受众所处的位置，他们是如何接触到企业内容的，他们都关注了哪些内容，他们的注意力持续时间等。Facebook Insights 可以根据用户的社交群描绘一幅基于人口学特点的图表。Demographics Pro 可以进一步细分品牌在推特上的受众。[1] 国内常用的百度凭借强大的知识库储备，能很好地帮助企业识别自己的品牌受众，并在此基础上更好地了解他们的需求。以百度和可口可乐的合作为例，随着大健康理念的普及，目前消费市场对产品的功能性、安全性有了更高的要求，可口可乐近几年在中国市场的推广过程中发现，中国消费者对可乐饮料有健康方面的担忧，比如可乐容易导致钙流失，甚至可能会影响生育等。为了回应消费者疑虑，可口可乐跟百度进行了深入合作。比如"百度知道"每天响应亿万个问题，其中针对可乐和碳酸饮料方面的问题更是丰富。百度抓取了3600万条相关的信息，基于已有数据、消费者的兴趣点等与消费者进行深度沟通，并在移动端做了应用合作，很好地纠正了公众对于可口可乐的一些不准确的认知。

随着市场环境的愈发复杂和人们需求的愈发多元化，精准的客户画像分析成为企业营销准备阶段的必要步骤。作为内容规划的参考，用户画像越精细，需求点挖掘得越清晰，后续的内容才会有的放矢，产生良好的效果。

（三）内容展示形式和组合的规划

用户画像完成后，企业就要针对用户画像的特定生命周期制定相应的内容和发布形式。其中，企业需要抓住内容营销的一大优势——形式的多元性。因此，除了文字与图片之外，对诸如直播、视频、课程、PPT等高效传播方式的合理组合运用，可以大大降低专业内容生产成本，为企业创造更高价值。企业需要了解不同类型的内容形式的优势，从而为自己选择更适合的内容组合，达到最优的转化效果。

二、内容生产

在了解目标消费者的基础上，企业可以进行内容的规划与生产。

首先，内容生产通常是一个持续不断且耗时巨大的过程。一般情况下，此阶段是以

---

[1] 李蕾：《内容营销理论评述与模式分析》，《东南传播》，2014年第7期。

文本内容的生产为主,因为在文本内容的基础上可以演化出各种内容形式,可以明显提高内容生产的效率。

其次,企业所创建的内容应当是及时且与用户关心的内容紧密相关的,如果内容主旨是唤起人们的问题意识和焦虑感,之后还要提供能够解决问题的行之有效的措施。

再次,内容主题应该是新鲜的、有新闻价值的,同时保证编辑风格、情感基调和品牌定位、品牌形象等保持一致。

与此同时,企业还要注意做好内容复用。所谓内容复用,就是对内容进行拆分、重组,以发掘内容的二次甚至多次价值。比如,可以把大块的深度内容拆分为小文章、小知识点,尽可能多挖掘其中的价值;日常输出的内容,也可以积累整合成系列的白皮书、手册、课程等;与此同时,还可以将不同的内容以图文、长图、音频、视频等形式发布在适配的平台和渠道。

三、内容传播

内容传播作为内容营销的关键步骤,可以放大内容的影响效果,保证边际成本递减。只有将内容传播出去,让用户注意到,内容营销的第一步才算成功。

内容制作完成后,需要通过多渠道场景触达潜在用户,实现传播效果最大化,并在内容中植入CTA[①],将流量引回线索系统,打造用户流量池。例如,品牌在完成一篇原创干货文章后,需要在行业网站、门户网站、知乎、微信、微博、行业垂直博客等渠道进行发布,甚至引导网友投票或者评论,实现吸粉和品牌曝光。内容预算应遵循10∶1法则,即在文案制作上每花1元,就应该在传播上花10元。

这里值得注意的是,内容的输出需要准确把握传播节奏。品牌一般会采取循序渐进、小步快跑的策略,将内容一点点投放发布,然后观察收集反馈数据,根据效果调整后续营销策略,然后继续生产内容,再重复以上发布过程。

四、内容测量及优化

内容测量及优化这一步骤不仅能帮助企业了解内容营销是否真正发挥了作用,还能帮助营销人员用数据证明自己的价值并不断优化营销内容。

(一)内容测量

在内容营销中,对内容营销工作进行效果检测非常重要。随着数字化技术的发展,内容营销的效果也可以通过越来越多的指标进行量化统计,一般而言,企业会参考绩效指标(key performance indicator,KPI)和投资回报率(return on investment,ROI)。

1. 绩效指标

常见的绩效指标包括管道价值(pipeline value)、合适的潜在客户(qualified leads)、表单提交率(form submission rates)、点击率(click-through rate)、打开(邮件或时事通讯)的次数、转化漏斗(funnel conversion)、已完成的交易(closed deals)等。

[①] CTA是Call to Action(号召行动)的缩写,是网站营销活动中常用的一个概念,是指通过放置在网页内容中的按钮,诱导用户进行某种行为,如:单击链接、注册、分享或下载等。

根据公司业务的不同，还有一些其他的绩效指标，例如，内容为网站带来的网页浏览次数、流量、下载次数，访客在该网站花费的平均时间或他们浏览的网页数，以及他们点击了哪些内容。如果是在社会化媒体网站上提供的内容，那么还有其他很多绩效指标，例如，喜欢/最喜欢的内容，对内容的评论、分享、转发，还有粉丝、追随者、用户数量的增加，以及被@的次数等。

除了以上定量的绩效指标外，还有定性的绩效指标，如流行情绪分析、净推荐值等。企业应依据自己的营销目标选择相应的绩效指标，而不是一味追求流行方法。

2. 投资回报率

投资回报率一般通过追踪内容使用者来进行量化。如果信息消费者可以从消费内容转变为购买产品，或者采取其他可以促使内容提供商赚钱的行动，那么内容就能产生实际的经济价值。

越来越多的研究结果显示，通过提升品牌知名度、受众意识和受众忠诚度以及改善客户关系，企业能够吸引和维护客户，并促进销售，从而增加投资回报率。

3. 内容的持续跟踪和监控

在内容发布后，企业应该进行持续跟踪和监控，尤其要注意对负面舆情的管理。敏感的负面信息出现后，如果不及时处理，很可能导致舆情进一步发酵，进而引发企业危机。这时，必须启动系统报警机制，及时与评判者沟通，化解危机。

(二) 内容优化

为了使内容扩散范围更精准，更好地发挥内容的价值和功用，企业需要通过搜索引擎等技术手段对内容进行优化，使人们在搜索与品牌内容相关的话题时，相关内容能被更多人，尤其是真正需要该类信息的人看到。倘若这些内容可读性较强，与用户的兴趣、需求契合度高，还会进一步促使他们分享这些内容，这便进一步扩大了品牌内容的影响范围。如，网页中"您可能会喜欢""网络信息来源""向您推荐"等内容都是媒体利用算法技术来分析用户正在阅读的文章，了解之前有哪些人也点击了这一内容，从而决定将付费内容放在文章的哪个位置。

1. 搜索引擎优化

根据维基百科的定义，搜索引擎优化（search engine optimization，SEO）是指在自然或非自然搜索结果中影响一个网站或网页可见度的过程。搜索引擎试图为人们提供与搜索主题最相关的内容，而 SEO 专业人士则是努力确保自己的内容能够很容易地被受众找到。早在 2011 年，美国互联网调查机构"皮尤网络与美国生活项目"的调查结果就显示，美国 92% 的成年网民通过搜索引擎在网上查找信息，搜索引擎在最年轻的成年互联网用户（即年龄为 18～29 岁）当中最受欢迎，使用率高达 96%。61% 的网络消费者在购物前通过搜索引擎查找产品信息，53% 的人会点击搜索结果中的第一条链接。[①] 因此，能够在搜索引擎中被轻易找到，对于企业来说是非常重要的。

---

① 新浪科技：《调查称搜索引擎仍为网民最主要信息查找方式》，https://tech.sina.com.cn/i/2011-08-15/16395930796.shtml，2011-08-15。

2. 关键词

关键词(keyword)是指人们在搜索引擎中输入的词语,它是 SEO 的基础。在创建内容时,企业需要用一些关键词来总结它的中心思想,这些关键词应该是那些不熟悉自己品牌的人也可能搜索的词汇。如果将品牌名当作关键词的话,只能得到那些知道该品牌的人的搜索,但如果使用了一个很好的关键词,就会获得更多的受众。

人们在搜索引擎阅读内容时的习惯是从上到下、从左到右的。搜索引擎内容页最为重要的三个地方分别为:标题标签,标题(H1 标签),第一段内容。所以企业应在这三个关键的地方使用关键词,可能的话,最好在标签或标题前一两个词中就出现关键词。除此之外,企业在使用关键词和编辑内容时还可以利用图像的 Alt 属性和 Title 属性提升图片搜索排名;也可以利用锚文本链接到其他内容,链接词应该能够描述所链接网站的主题内容,例如:"更多地了解我们的优质有机狗粮,点击这",将"有机狗粮"作为链接词,而不是将"点击这"作为链接词;还可以利用网页描述来影响搜索结果,在默认情况下,谷歌搜索结果中会出现网页描述和搜索者所输入的关键词的突出。①

第三节 内容营销的三重维度

内容营销的维度,简单来说,是指描述内容营销的角度,对内容营销维度的探寻能够较为立体地展示内容营销在实施过程中的属性和特征。

目前,国内较为通行的对于内容营销维度的考察主要是基于以下三个方面:品牌与消费者对话,品牌叙事,消费者互动参与。② 具体说来,当前品牌与消费者对话时通常侧重一对一的交流过程,通过回应消费者的留言或疑问,充当某一领域资深顾问的角色;品牌叙事是企业通过讲品牌故事的方式,将品牌的核心价值理念、产品的特殊利益等作为主要的诉求内容,向目标受众进行传播;消费者互动参与则是企业通过发起品牌活动的方式让消费者参与品牌内容生产、加工的过程等,以加深消费者对品牌的认知和好感,并有效获得消费者反馈。

总体来说,传统的营销传播方式更多的是通过打断用户思考,强势插入宣传内容的方式来硬性传递信息,而内容营销更多的是从给予用户答案的角度向其提供有用信息,降低消费者的厌恶度,使信息更易被接受。企业与消费者站在平等的角度,对关于品牌的理念与产品、消费者的需求与境况进行真正的双向沟通,是内容营销的金科玉律。

一、品牌与消费者对话

沟通是销售成功的基本前提和立足之本。企业通过各类沟通平台及手段,例如网站、论坛、社交媒体、博客、广告等,与消费者进行直接交流,利用对话为现有消费者和潜在消费者提供一对一的支持,无须付出大量的人力就能实现良好的传播效果。

---

① 李蕾:《内容营销理论评述与模式分析》,《东南传播》,2014 年第 7 期。
② 周懿瑾、陈嘉卉:《社会化媒体时代的内容营销:概念初探与研究展望》,《外国经济与管理》,2013 年第 6 期。

(一)品牌与消费者对话的形式

1. 品牌官方网站、网店或博客等平台

消费者可以在品牌官方网站、网店或博客这类官方平台实现与品牌的实时沟通。为了节省资源并即刻回应问题,品牌一般会通过聊天机器人和人工客服相结合的方式为消费者提供一对一服务。不论是文字信息还是语音信息,这些智能的聊天机器人都可以全天候、实时回答一些简单的问题;当消费者询问一些更重要的问题或是需要人工客服时,员工可以随时加入对话,提供个性化支持服务。

2. WhatsApp、微信等通信工具

几乎所有智能手机用户都安装了流行的通信应用软件,用于与亲朋好友保持联系或关注喜爱的企业。企业可以为关注者建立私人群聊,以进行互动或回答问题,还能分享有用的内容。

2015年7月,品牌内容营销先锋杜蕾斯开始在其官方微信平台每天以对话的形式发布内容,每期回答10个消费者关于其产品或情感生活方面的疑问。这种深入的对话交流在解决消费者疑问、增强其与品牌亲密感的同时,拓宽了内容主题和素材的来源,因此这种"陪聊"形式受到广大消费者的欢迎,引得许多其他品牌争相采用。

3. LinkedIn、微博等社交媒体工具

社交媒体也充当了品牌与消费者对话的关键工具。以新浪微博为例,新浪微博2022年Q1财报显示,截至2022年一季度末,微博的月活用户达到5.82亿人,日活跃用户达到2.52亿人。微博用户整体呈现年轻化趋势,"Z世代"在微博常看娱乐、社会资讯、情感类内容,喜欢关注Vlog、游戏、美妆、数码领域的"大V"视频号,微博也成为年轻人生活方式和潮流文化的聚集地。微博上可观的用户数和流量也吸引着各大品牌将其当作品牌宣传的主阵地之一,它们通过话题、视频、直播等方式在微博保持活跃,征集消费者的意见,增加品牌和产品的讨论量,从多个维度深度融入消费者的生活。

(二)品牌与消费者对话的作用

Sprout Social[①] 2018年的调查(Social media behaviors that help brands connect with consumers)结果显示,当品牌点赞或回应了消费者(Like or respond to a consumer),抑或品牌在网上发起、主持甚至参与对话(Participate in relevant conversation)时,许多消费者均表示他们会感到与品牌之间的联系更加紧密,这两种品牌行为相对应的比重分别是55%、44%(见图5-3)。[②] 数据同样表明了品牌与消费者对话的重要性。

---

① Sprout Social是一家为小企业提供社交媒体管理工具的公司。
② Sprout Social. BrandsGetReal: What consumers want from brands in a divided society. https://sproutsocial.com/insights/data/social-media-connection/#introduction, 2018-11-26.

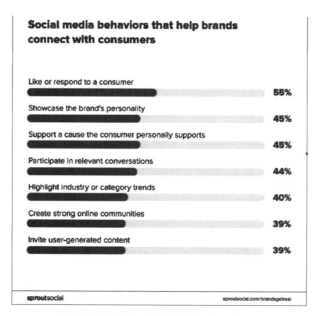

图 5-3 Sprout Social 关于帮助品牌与消费者产生联系的社交媒体行为的调查结果

1. 提升消费者体验感

当前，品牌的对话功能模块通常设在品牌网站主页或访问量最多的网页上，因为这些页面的询问量较大。在聊天机器人的帮助下，品牌的员工与消费者展开直接的、一对一的对话，能够为消费者提供有价值的信息，帮助他们解决问题或下单购物。

首先，即时性是目前品牌与消费者对话时最明显的优势之一，它减少了消费者的等待时间，处于购买阶段的消费者可以立即得到他们问题的答案，由此减少了那些对时间敏感的销售线索的流失。

其次，品牌与消费者一对一的对话可以使消费者在网站上获得量身定制的体验。比如，品牌 ROCKETSHP 在自己的网站上，用 Drift 对话机器人来增加与网站访客之间的互动。网站上的每个访客都会有一个量身定做的机器人陪伴，实时回答问题，帮助访客找到他们最需要的内容或者相关的页面；聊天机器人还可以分析消费者的喜好，针对不同消费者展示不同的内容；聊天机器人可以识别消费者所在地及所用语言，发出相应语种、风格的问候语，并为消费者匹配合适的客服人员，这不仅节省了双方的时间，而且让品牌有更多的时间为有价值的消费者提供更好的服务；与此同时，它还可以完成对垃圾邮件或其他不相关信息的过滤，提升与消费者对话的质量。

2. 对消费者数据的抓取和利用更高效

企业将手上的数据最大化地挖掘出价值是最重要的。企业为每位消费者提供量身定做的体验、同步性的服务、正确的引导，可以大大减少买卖双方时间的浪费。比如，聊天机器人能够根据消费者的在站时间、拜访次数等数据判断其所处的购买阶段。当后台监测到有人已经第三次点击品牌的网站，并且有一定的浏览时长，聊天机器人就会发出信息——"嘿，你已经第三次来了呢，找个人聊聊怎么样？"

3. 帮助消费者建立良好的品牌印象

定位之父杰克·特劳特曾提出，消费者往往呈现心智容量有限、心智厌恶混乱等特征(详见本书第四章有关品牌定位内容的论述)。当访客通过搜索或者广告来到网站之后,有些人可能希望得到一些具体的信息,但是又没有耐心阅读所有内容;有部分人或许会感到很困惑,没有弄明白品牌产品的独特卖点是什么;部分人或许有一些问题,却找不到可以解答的途径……

因此,品牌解决上述问题的第一步就是为消费者进行及时的答疑解惑。实时、高效、高质量的对话,会直接影响品牌的业务收入,增强消费者对品牌的忠诚度。品牌通过与消费者对话可以直观地描述品牌,消费者对信息的加工和准社会交往认知可能更直接也更深刻,从而产生更强的品牌人格感知。

(三)品牌与消费者对话的基本原则

1. 品牌必须先听后说

首先,我们要明确一个问题——如何对话?答案就是:品牌要用消费者听得懂的、感兴趣的内容打开局面。要做到这一点,品牌首先要学会倾听。品牌如果只当内容的输出者而不懂倾听,就会变成"自说自话",这样不仅显得品牌过于强势、不注重消费者感受,消费者也会觉得品牌与自己的理念不同,自然就不会与品牌有更深入的交流。倾听显示了品牌对消费者的重视和尊重,也是最直接、最高效地获取消费者观点和看法的渠道之一。

倾听揭示了什么类型的内容对消费者最重要。当品牌就内容营销主题进行头脑风暴时,倾听可以帮助品牌发现新想法。品牌可以识别和利用所在行业或产品类别优势,以及流行文化中的关键元素,或社会热点、时事新闻等数据,来确定能与消费者产生共鸣的流行话题。在此基础上,企业可以利用社交平台与消费者建立联系,比如通过建立品牌的私人群组,把具有相似兴趣的消费者聚集在一起,为品牌提供创意和反馈的源泉。加入私人群组的消费者可以得到想要的内容,以及喜欢的公司信息,而品牌可以加强与消费者的联系,更深入地了解铁杆粉丝对他们的期望。

2. 品牌对话者需要是真实的人

虽然机器人可以大大提升品牌与消费者对话的效率,但是品牌仍然需要让真人与消费者进行沟通。真实的人是建立真实关系的关键,研究显示,消费者希望更多了解他们喜爱的品牌背后的人。品牌若想与人们建立真正的联系,不仅要有人情味,还要体现明显的人格化,体现在对话方面,就是让品牌内部的人通过消费者喜欢的沟通渠道与他们进行交流,创造有温度的对话内容,而不是只用冷冰冰的机器发布或回复信息。

当前,消费者对了解品牌组织的内部人员越来越感兴趣。Sprout Social 相关数据显示,如果一个品牌的首席执行官在社交媒体上表现活跃,70%的消费者感觉他们与品牌的联系更紧密了。此外,72%的消费者表示,当品牌公司的员工在网上分享品牌信息时,他们也有类似的感觉,因此,企业鼓励员工发布有关公司的信息可以产生积极的品牌曝光效果,同时使公告和品牌信息更有趣,更容易与消费者产生联系。

3. 品牌对话可以进行一定程度的话题延展

研究显示,在内容营销的对话过程中,对话内容与品牌关联度的高低对品牌态度的影响并没有显著差异。① 因此品牌在进行对话时,内容范围不限。除了关联程度高的内容,品牌也可以围绕一些和品牌自身关联并不紧密,但目标消费者感兴趣的话题(如生活、情感、科技、娱乐、旅行、电影等),或者就品牌所擅长及拥有资源的领域展开深入对话交流。

对话消费者的诚意就看可复美"三八"营销战②

一个品牌要想在市场中打响知名度,如何迈出最艰难的第一步?很多时候,品牌会选择吆喝洗脑、强行占领消费者心智,这种方式虽容易见效,但也很容易引起消费者的反感,反而不利于品牌的美誉度。与消费者站在平等的角度,就品牌的理念与产品、消费者的需求与境况进行真正的沟通,才是正解。在2022年三八节期间,可复美就通过与消费者的有效对话,打了一场漂亮的营销战。

可复美成立于2011年,是巨子生物旗下为肌肤问题提供解决方案的专业护理品牌。它以重组胶原蛋白为核心技术成分,专注于改善肌肤问题、调节肌肤亚健康状态、修护肌肤屏障。从2022年2月起,可复美就已经开始为"三八"营销预热,此后更是通过一系列对话为消费者答疑解惑,专注于做解决消费者皮肤问题的专家。

1. 用话题开启分享欲,UGC内容铺垫话题传播

高强度的工作生活节奏、气候环境日渐变差,以及针对"颜值焦虑"的"不择手段",使得熬夜脸、换季敏感、过度护肤成了当代人的三大常见肌肤问题。可复美抓住这个痛点,在官博征集粉丝的肌肤问题故事,打开了网友的话匣子(见图5-4)。护肤路上踩过的雷、日常肌肤问题困扰,都是最容易触动大众、引起积极分享和讨论的话题。可复美通过开启、发散UGC内容,为这场营销战役接下来的话题传播进行了有效的铺垫。

2. 邀达人分享解答肌肤问题困扰,以垂直影响力深化品牌印象

接着,可复美利用垂直类KOL的影响力,进一步扩大话题的辐射范围。达人以"肌肤问题鉴定官"角色为粉丝解答肌肤问题,将可复美胶原棒的产品利益点带到更多人的面前,获取曝光的同时,也通过官博和达人的宣传,让"胶原棒棒打肌肤问题精"这个主题进入受众心智,搭建起"肌肤有问题,就找可复美"的品牌印象。

---

① 贺爱忠、蔡玲、高杰:《品牌自媒体内容营销对消费者品牌态度的影响研究》,《管理学报》,2016年第10期。

② 数英网:《对话消费者的诚意,从可复美38营销战役中看见》,https://www.digitaling.com/articles/720908.html#:~:text=%E4%B8%8E%E6%B6%88%E8%B4%B9%E8%80%85%E7%AB%99%E5%9C%A8%E5%B9%B3%E7%AD%89,%E7%9A%84%E7%A1%AE%E6%98%AF%E9%87%91%E7%A7%91%E7%8E%89%E5%BE%8B%E3%80%82,2022-03-16。

图 5-4　可复美征集用户意见的宣传页面

3. 架构多元沟通场景,将有效对话转化为购买力

三八节期间,可复美邀请达人进直播间解答粉丝肌肤问题,凸显官方宠粉态度的同时,让粉丝深度体验有效解决皮肤问题的沟通场景。

此外,品牌还发起了由演员孙天宇带领的可复美胶原棒"打怪棒棒舞挑战",用具有趣味的"魔性"舞蹈接力,激发网友 UGC 产出动力,提高品牌单品可复美胶原棒"棒打"肌肤问题的产品功效传播度。

可复美品牌在本次"三八"营销战中,从官方引导、粉丝探讨,到 KOL 分享、对话,都在持续从不同角度打造消费者与品牌的沟通场景,以增进交流的深度,从对可复美胶原棒这一单品的功效认知,到对"Human-like 重组胶原蛋白"这一核心专研技术的认同,从产品认可上升到品牌认知,可复美在无形之中建立了消费者对品牌的绝对信任。

二、品牌叙事:讲好品牌故事

叙事是内容营销的核心之一,也是一个长盛不衰的话题。以营销专家劳伦斯·维森特为代表的诸多研究者认为,叙事是叙述者带着既有观点讲故事的过程,叙事就是讲故事。[1] 品牌喜欢讲故事,受众也喜欢听故事。通过讲述品牌的历史、品牌的奇遇等方式,可以拓展消费者对品牌的想象空间,继而深化消费者心中的品牌印象。而故事的传奇性、曲折性、冲突性、戏剧性、传播性、传承性,则是抢占人心最有效、最持久的工具。[2]

---

[1] [美]劳伦斯·维森特:《传奇品牌:诠释叙事魅力,打造致胜市场策略》,钱勇、张超群译,浙江人民出版社,2004 年版,第 21 页。

[2] 彭传新:《品牌叙事理论研究:品牌故事的建构和传播》,武汉大学,2011 年度。

品牌故事是品牌熠熠发光的印记,无论是纪梵希品牌创始人休伯特·德·纪梵希与女星奥黛丽·赫本之间跨越世纪的情谊,还是香奈儿品牌创始人加布里埃·香奈儿一生的传奇经历,都为世人津津乐道,成为品牌文化中不可分割的一部分。

央视市场研究(CTR)联合中国传媒大学广告学院及国家广告研究院发布的《2022中国广告主营销趋势调查》报告显示,30%的广告主都选择减少营销预算以抵御不确定的市场环境。即使经济环境如此严峻,这一年依然有许多品牌选择通过讲故事来传递品牌精神,可见讲好品牌故事对品牌传播的关键价值与意义。

(一)品牌叙事的内涵

叙事理论产生于文学和修辞学领域。品牌叙事是叙事理论引入品牌传播领域后产生的一种新的品牌营销和塑造策略。国内关于"品牌叙事"的概念界定可分为狭义和广义两种。

从狭义来看,品牌叙事是将品牌背景文化、品牌价值理念及产品利益诉求等方面的内容通过相关宣传资料提供给目标消费者。

从广义来看,品牌叙事是指通过品牌的资料宣传、广告和新闻公关等活动,以及品牌与相关社会文化现象相融合的文化传播活动中透射出来的品牌内涵。它是品牌背景文化、价值理念,以及产品利益诉求点的形象生动体现。[①]

综上所述,品牌叙事是指企业将品牌的背景文化、价值理念、产品的特殊利益等作为主要的诉求内容,并以真实的人物、生动的情节及感人的故事等为诉求形式,通过各种媒介面向目标消费者进行的传播活动。

(二)品牌叙事的基本原则

品牌在进行叙事的过程中,需要遵循以下基本原则。这些原则是品牌叙事的方向性指引。

1. 不虚构,真写实

真实是品牌叙事的生命。虚构的故事只能称作广告创意,并不是品牌故事。如果品牌故事丧失了真实性,精明的消费者只会被故事打动,却不会付出行动,甚至对品牌失去信任。

日本高端护肤品牌SK-Ⅱ的品牌故事早已为大众津津乐道:1975年,科学家们在参观日本北海道一家清酒厂时,发现酿酒师傅脸上布满皱纹,双手却细嫩光滑。日本科学家吉井隆敏锐地意识到,清酒的酿造过程中蕴含着令肌肤晶莹剔透的秘密:在酿酒过程中,酵母发酵后,会内含健康皮肤不可或缺的氨基酸、矿物质、维生素等天然活肤酵母精华成分。科学家经过10年研发,在500多种酵母中反复挑选,最终把目光锁定于一种特殊的酵母,并从中提炼出一种神奇的成分,SK-Ⅱ把这种珍贵的液体命名为Pitera。这种专利成分不仅成就了一个美丽的神话,还成就了一个制造美丽的企

[①] 侯微、李亚骏:《品牌叙事及其建构中的秩序——以LVMH旗下网站NOWNESS.COM为例》,《品牌研究》,2016年第5期。

业——SK-Ⅱ。① 三十多年来,Pitera 存在于 SK-Ⅱ 的所有产品中,几乎成为 SK-Ⅱ 的灵魂。

无独有偶,同属高端护肤品阵营的美国品牌 LAMER(海蓝之谜),其品牌故事同样讲述了品牌核心成分的发现经历。品牌创始人物理学家麦克斯·贺伯博士为了治疗自己的严重灼伤,在历时 12 年、6000 次实验之后研制出了 Lamer 品牌的灵魂成分、修护秘方——Miracle Broth 精萃原液,最终焕变自己的肌肤。Lamer 将这一成分融入每一件产品。这一故事常年显示在 LAMER 中国官网上(见图 5-5),也让众多消费者对该品牌出身的专业性和权威性深信不疑。

图 5-5　2018 年海蓝之谜中国官网品牌故事页面截图

然而,LAMER 也因为这则品牌故事屡屡陷入争议。2018 年 9 月,国内一位美妆博主在新浪微博上指责 Lamer 虚假宣传,其产品并不存在修复疤痕功效,且品牌在中、美、日官网的宣传内容并不一样,只有中国版本清清楚楚写了"让他的容颜回复往昔",而在其他国家的官网上却对此只字不提。同年 11 月,国内职业打假人王海向上海市闵行区市场监督管理局发送了一封《关于"LAMER 海蓝之谜官方旗舰店"涉嫌虚构品牌故事的投诉、举报信》,信中指出,海蓝之谜精华面霜不仅没有该品牌故事中提及的修护效果,更是涉嫌虚构了麦克斯·贺伯博士灼伤后开启幻变容颜探索之旅的故事,欺骗中国大众消费者。LAMER 品牌所属公司雅诗兰黛则反驳称,海蓝之谜品牌故事是品牌

---

① 运营派官网:《深入消费者,品牌需要讲好自己的故事》,https://www.yunyingpai.com/content/brand/863280.html。

创始人创建品牌的事迹，并非产品功效宣传。相关公证书专家评估意见显示，涉案产品确有平滑细纹、修护肌肤等功效。一审、二审法院审判认为，海蓝之谜的"品牌故事"不足以对消费者构成误导，此外，雅诗兰黛公司提供的证据可以证明反驳事实，因此对于王海主张因雅诗兰黛公司的品牌故事宣传而陷入错误认识的观点均不予采纳，驳回王海的诉讼请求。然而对于判决结果，王海并不认可，认为虚假的品牌故事和虚假的功效宣传等对消费者的购买有决定性影响，属于根本违约。

海蓝之谜因"品牌故事"引发的风波方兴未艾，这也给其他品牌以警醒，品牌故事不等于故事片式广告，前者必须以真实性为出发点，否则可能会使品牌陷入争议。

2. 无故事，不叙事

品牌故事必须首先是故事。如果以说明书或介绍手册来代替故事，它还会引起大众口耳相传的热情吗？答案是否定的。

（1）故事要具备戏剧冲突

我们对故事的期待是什么？栩栩如生的人物，跌宕起伏的剧情，扣人心弦的情节，拍案叫绝的结局……只有这样的故事才有不断流传的生命力。无论是"Zippo 挡子弹"，还是"泰坦尼克号沉船里打捞出的 LV 行李箱滴水未进"，引人入胜的故事常常会有戏剧冲突，具备趣味、反转、紧张、感人等特点的内容，才更可能引发消费者的兴趣。

神话学大师约瑟夫·坎贝尔提出的"英雄之旅"理论，对故事的创作有着巨大的启发意义。该理论以神话学和荣格的分析心理学为基础，并深深根植于世人的文化基因，是全世界文化所共享的叙事结构和模式。"英雄之旅"讲述了一个生活在正常世界的普通人，有一天因机缘巧合来到另一个不寻常的世界，开启了他的冒险之旅，在历经重重磨难和挑战后，以英雄的身份凯旋。它揭示的是每个人的人生旅程，是每个个体发现自我、挑战自我和活出自我的旅程。因此，品牌故事的创作可以以"英雄之旅"为蓝本，讲述创始人、消费者等角色自我觉醒、不断强大的过程，既充满戏剧张力又十分励志，能引发消费者的强烈共鸣。

（2）故事要解决目标消费者的问题

出色的故事内容还应该有针对性，要"看人下菜"，把最适当的内容提供给尽可能多的需要这些内容的人。这一点对于内容是否能够引起受众的兴趣有着很重要的作用，因为只有内容与受众需求密切相关，才容易引起受众的兴趣。消费者或许并不关心企业做过什么，或是企业创始人有什么了不起的成就和非凡经历，甚至不关心企业产品是如何开发出来的。他们唯一关心的是什么产品可以帮助他们解决生活中的问题。

3. 突出定位，传递理念

主题是品牌叙事的灵魂。品牌故事须围绕品牌，把核心价值、品牌理念、产品卖点用故事的方式展现出来。品牌故事不等同于品牌介绍，它必须让用户与品牌产生情感共鸣；同时，这些故事还要能经过时间考验，沉淀为代表品牌精神的资产，为企业构建"护城河"。唯有如此，品牌故事才可能历久弥新。

以年轻人最熟悉的 B 站为例，它是以 PUGC（professional user generated content，专业用户生产内容）视频为主、拥有浓厚社区氛围的视频社区。QuestMobile 的统计数据显示，截至 2021 年年底，B 站近 82% 的用户是 Z 世代用户（1990—2009 年出生的一代人），大多数是中学生和大学生。值得一提的是，B 站的用户多聚集于一二线城市,并且有较强的付费意愿。B 站的统计数据显示,北上广的大学生和中学生,占其所有用户的半壁江山。B 站是如何将一二线城市有高消费潜力、高付费意愿的年轻人变成平台忠实用户的?这背后有品牌的精准定位、对用户偏好及使用场景的准确把握等因素。尤其在品牌宣传方面,B 站副董事长兼 COO 李旎曾说过:"B 站用户喜欢看有品质、有创意、真实、不做作的内容广告。"①因此,该平台也一直努力在迎合目标用户的需求。

2022 年无疑是经济增速放缓、充满不确定性的一年。丁香医生发布的《2022 国民健康洞察报告》显示,9 成受访者认为疫情、情感、职场、家庭是压力的四大来源。这些情绪也反射到 2022 年的众多品牌故事中——"困境应对和个体成长"成为品牌故事的母题。

B 站也不例外,B 站内部人士透露,2022 年的站内显示,当代年轻用户或多或少都感到"焦虑"和"迷茫"。于是,B 站在五四青年节之际邀请诺贝尔文学奖获得者莫言讲述一个《不被大风吹倒》(视频链接:https://v.qq.com/x/page/m3335w36y8p.html)的故事,该视频在朋友圈一度刷屏。

"如果人生遇到艰难时刻,该怎么办?"面对镜头,莫言分享了在艰难时刻给他带来力量的两个故事:童年穷困时,一本珍贵的新华字典开启了他的阅读之路;爷爷带着自己与狂风对峙的经历。这则视频没有刻意的煽情,也没有千篇一律的"鸡血",更不是俗套的心灵鸡汤。随着莫言的娓娓道来,这两个质朴的故事带给人感动,也同样带给青年人启发、信心与力量——"不被大风吹倒",或许是当下莫言给我们最朴实的启发(见图 5-6)。

图 5-6 《不被大风吹倒》宣传海报

从《后浪》到《我不想做这样的人》《不被大风吹倒》,每年等待 B 站五四青年节演讲已成为 B 站用户的节日仪式感。B 站摒弃说教的方式,希望通过五四青年节短片跟用户对话,进行情绪的分享、反馈,寻求价值观的认同。

---

① 搜狐网:《B 站广告投放高转化的要点,速收藏!》,https://www.sohu.com/a/375780148_120366427,2020-02-25。

4. 与时俱进，指引未来

很多品牌以悠久的历史为傲，悠久的历史见证着品牌乘风破浪的征途，是品牌宝贵的财富。历史故事固然好，但历史故事有时也代表着"明日黄花"。如果只怀抱历史，却不拥抱未来，品牌也终将被历史的洪流淹没。

海尔集团曾经凭借"怒砸冰箱"的品牌故事赢得了消费者的信任，这一事件也成为中国产品质量的里程碑。1985年，一位消费者向海尔反映：海尔工厂生产的电冰箱有质量问题。听到这一消息后，海尔集团的创始人张瑞敏突击检查了仓库，清点后发现仓库中不合格的冰箱还有76台。有人建议，质量有问题的冰箱可以作为福利发给员工，因为当时一台冰箱800元，相当于一名职工两年的收入。但张瑞敏并未这么做，而是紧急把所有员工召集到仓库现场，并让生产这些问题冰箱的员工亲手把这76台冰箱当众全部砸掉。当时张瑞敏砸冰箱的那把锤子，现在还被收藏在国家历史博物馆。但是在今天，海尔不再向消费者宣传这个故事了，因为对现今的买方市场来说，保证质量已经是品牌的起步线和最低标准。

新时代，新征程，海尔也同样在书写新的品牌故事。秦朔先生在《马云往后，张瑞敏向前》一文中曾写道："张瑞敏的海尔史，上半场创造了一个世界级家电名牌，下半场创造了一个独创性管理模式，也就是人单合一。"张瑞敏于2005年提出的"人单合一"①理论和发展模式是一场"从0到1"的冒险，没有先例，更没有理论支持。它打破了传统西方管理范式中科层制的束缚，顺应互联网时代"零距离"和"去中心化""去中介化"的时代特征，从企业、员工和用户三个维度进行战略定位、组织结构、运营流程和资源配置领域的颠覆性、系统性的持续动态变革。这一模式得到西方学界和管理界的高度关注，被认为是超前的、符合时代环境和发展趋势的、具有引领意义的管理理论和商业模式。张瑞敏更是三次登上哈佛讲堂，将一个东方的管理范式带到了全球最高学府的课堂。这是一次不同寻常的旅程，中国的管理学之风吹到了美国东海岸。全球管理学界不再只有西方品牌的姓名，海尔与它的人单合一模式为中国品牌向全球讲了一个故事，故事的名字叫作"东学西渐"。②

2019年底，在海尔创业35周年纪念日上，张瑞敏宣布开启海尔第6个战略发展阶段，即生态品牌战略。生态品牌强调的是开放、包容、协同、共赢。它不是执着于溢价的产品品牌，也不是追逐流量红利的平台品牌，而是发挥"人"的价值，让企业化身为创业的"热带雨林"，最终成为"无组织"的生态平台。在"2019年BrandZ全球最具价值品牌100强"榜单中，海尔成为历史上首个入围的物联网生态品牌。此后每年，这个榜单中都少不了海尔的名字。

---

① 人单合一模式以薪酬驱动的方式根本性变革倒逼企业两个变量——战略和组织的模式颠覆，体现为"三化"——企业平台化、员工创客化、用户个性化。企业平台化，即企业从传统的科层制组织转变为共创共赢的平台；员工创客化，即员工从被动接受指令的执行者转变为主动为用户创造价值的创客和动态合伙人；用户个性化，即用户从购买者转变为全流程最佳体验的参与者，从顾客转化为交互的用户资源。模式的颠覆同时颠覆了企业、员工和用户三者之间的关系。传统模式下，用户听员工的，员工听企业的，而人单合一模式下，企业听员工的，员工听用户的。战略转型、组织重构和关系转变带来的是整个商业模式的重建。

② 海尔集团官网：《要听中国品牌的故事，一定不能没有海尔》，https://www.haier.com/press-events/news/20200509_133998.shtml，2020-05-09。

拓展阅读

邱园的品牌故事如何改变英国政府决策?[①]

英国伦敦的皇家植物园林——邱园(Kew Gardens),拥有世界上1/8种类的植物,堪称世界之最,"逛一园便知天下",它也被誉为"植物界的大英博物馆""植物爱好者的朝圣地"。

邱园的运营主要依赖政府拨款,但在2015年之后,英国政府实施财政紧缩政策,打算缩减对邱园的资助。于是,邱园园长找到了一位咨询顾问,希望他重新帮助设计邱园的品牌故事,从而影响英国政府的财政决策。

邱园原本的品牌故事是这样的:邱园始建于1759年,是英皇乔治三世的皇太后奥格斯汀公主的私人花园……像很多历史悠久的品牌一样,园长翻出了邱园的历史,希望用一个历史故事赋予邱园传奇色彩。但是咨询顾问推翻了原本的历史叙事套路,因为再传奇的植物园也终究是一座植物园,如果它对社会没有了实用价值,那么财政就不可能倾向邱园。新的品牌故事是这样说的:邱园是全球最大的植物数据库,邱园里有活体收藏、干燥标本收藏……这些都是世界重要的科研资产。邱园正在致力于将收藏数字化,供全世界访问,对各类植物多样性的研究也有利于新的食物、材料、药物的研发,邱园的科研成果将对人类解决全球气候变暖和食品安全提供巨大的贡献!

新的品牌故事应用于推广后的第二年,邱园重新得到了英国政府的资助,而且在未来4年里,英国政府承诺每年都向邱园提供2000万英镑的资助。

(三)品牌叙事的主题挖掘

1.起源故事或背景故事

起源故事或背景故事包括品牌或产品的历史、创始人的故事、品牌重要的发展节点等,它回答了几个"为什么",即为什么要创业,为什么要打造这个产品,为什么起这个品牌名,用这个标志等,可谓品牌创始人的内心告白,通过表达其创业之初的那份信念与执着,从而赢得顾客认同,品牌使命与愿景、理念和文化也从故事中发散而来。不少企业的品牌故事就是一部创始人的辉煌创业史,诉说着创始人的初心、情怀和人格魅力。

美赞臣公司是全球最大的、独立的婴儿和儿童营养品公司,创始人爱德华·美赞臣的爱子泰德因患病严重影响进食,幸得"美国儿科之父"雅各布医生配制的婴儿食方才转危为安。于是美赞臣先生以"给婴幼儿生命中最好的开始"为初心,创立了这家婴幼儿营养品牌。

无独有偶,成立于2016年的国内新锐乳业品牌"认养一头牛",其创始人徐晓波在2012年为儿子从香港购买奶粉而被海关问询了4个小时,因被泱泱大国产不出一杯放

[①] 搜狐网:《品牌故事的四个原则》,https://www.sohu.com/a/415739420_120782695,2020-08-31。

心奶的现实所刺痛,于是他花费 2 年时间考察了 7 个国家、136 个牧场,最终自建牧场打造品牌。[①]

国货护肤品牌欧诗漫创始人沈志荣在 19 岁那年从一把镊子、两根铜丝、三张图纸开始,开启了自己的珍珠之旅。55 年来,他专研珍珠科技,创立了以珍珠为原料的品牌欧诗漫,倡导自然且有效的护肤理念[②]。2022 年,在品牌成立 55 周年之际,欧诗漫发布了一则节奏舒缓的品牌故事片《慢慢来》,以第一口吻讲述了沈志荣的创业故事:养珠人 6 年育一珠,欧诗漫用了 55 年研究珍珠。快餐时代下,慢节奏似乎显得格格不入,但欧诗漫坚定自己的步伐提出了"慢慢来"的理念,体现了品牌的恒心、耐心、匠心、初心。正如短片结尾所说的:我们赶了很多时间,那些重要的事,何不慢慢来。(视频链接:https://www.digitaling.com/projects/228017.html)

2. 目标故事和价值故事

目标故事和价值故事是品牌围绕自身价值理念和产品特点进行的创作,以树立品牌形象或传达品牌理念。它与电影创作的逻辑相似:既要拍得好看,拍出新意,还要能引发用户共鸣。

值得注意的是,近年来,越来越多的品牌开始借助人物的故事来呈现精神内核、品牌目标和价值。显然,人物可以帮助品牌构建品牌资产——相较于产品卖点的宣传,稳定的形象和叙事不仅能够让用户对品牌产生更深的记忆点,还能帮助品牌建立"使用场景+情感唤起"的联想。

其中,优秀的时代人物取代流量明星成为近年来品牌青睐的代言人选。在新冠疫情的影响下,许多企业步履维艰,还需要规避因流量明星频繁"塌房"给品牌带来的风险;而且越来越多的品牌意识到,粉丝营销更多在"销",无助于沉淀品牌资产。因此各个圈层中社会名声与自身实力相契合的人物成为品牌新宠,诸如北斗导航系统科学家徐颖、二次创业的罗永浩、知识分子许知远等以行业 KOL 的身份为品牌代言,给大家讲"故事"。这些故事片没有选择强势植入品牌信息,有部分影片甚至没有品牌露出,乍一看以为是人物纪录片,但品牌的理念、价值与目标贯穿故事始终。比如 2022 年,蒙牛邀请奥运冠军谷爱凌为其拍摄了长达 26 分钟的品牌故事片《谷爱凌:我,18》,谷爱凌"天生要强"的人生态度,也是蒙牛对年轻一代的最佳"注解"。

除此之外,品牌还要善于在普通消费者中打造自己品牌的忠实推广人,在与消费者的互动中创造故事,激发大众为品牌生成故事。讲故事的品牌很多,但讲好故事很难,它的困难之处并不在于创意本身,而是如何触达消费者的深层次情感。情感是沟通品牌与消费者的桥梁,品牌若能从产品和用户的双向故事出发,或许更容易找到最能引发消费者共鸣的情感元素。尤其对于一些新兴品牌或是资产实力不那么雄厚的品牌来说,将用户的真实故事、经历汇集成篇的品牌价值提炼的方法不仅成本低,也容易让大众产生共鸣。

以海尔旗下高端家电品牌卡萨帝为例,其定位于精英人群,如何让卡萨帝成为高端

[①] 数英网:《如何让品牌故事深入人心?》,https://www.digitaling.com/articles/840853.html,2022-10-10。

[②] 数英网:《欧诗漫 55 周年短片:重要的事,何不慢慢来》,https://www.digitaling.com/projects/228017.html,2022-10-28。

用户的精神领袖,从而让用户与品牌核心产生关联呢?品牌在市场调查中发现,当前消费者越来越重视精神层面的感受,卡萨帝的目标用户不仅仅是物质贵族,更应该是精神贵族。于是,品牌参照了大量卡萨帝用户的故事,最终选取了传承、公益、忧患意识、共生共存、道义担当、命运共同体共六个目标用户最有共鸣的点,以讲故事的形式诠释了卡萨帝"珍惜"的价值观,创作了 3 分钟的 TVC《卡萨帝人生故事》,并在央视隆重投放。该广告从过去强调精英的生活场景,到挖掘精英用户背后深层次的精神闪光点,最终从"人"的角度完成了品牌故事的创作,不仅增强了品牌的说服力和重量感,更是建立了品牌与用户之间从物质到精神层面的信赖与共鸣。① (视频链接:https://www.digitaling.com/projects/118404.html)

3. 信息故事和知识故事

信息故事和知识故事是通过科普、答疑的方式为目标消费者传递资讯、消除信息不对称,从而在对方心中树立专业、权威的品牌形象。

IBM 公司便将这种故事营销做到了极致。IBM 旗下的安全事业部拥有超过 8000 名的安全专家,专攻 ToB 业务,需要解决的都是特别复杂的技术难题,这些难题对普通用户来说简直是天书。但就是这么一个看似最不需要讲故事的部门,却特别擅长故事营销,因为他们想明白了一件事:企业虽然不懂"如何解决安全问题",但是他们很关心"安全事件是如何发生的"。于是 IBM 建立了一个网站,专门报道黑客攻击、数据盗窃、软件漏洞等各种安全新闻,为了使新闻通俗易懂并能引发用户兴趣,故事化表达就是其中要义,部分新闻报道甚至被一众美国专业新闻机构转载。故事报道让 IBM 成为众多企业高管信赖的安全顾问。

IBM 的经历告诉我们,品牌故事不是把创始人经历简单地进行戏剧化包装,也不是把广告拍成故事片,而是打造一种机制、一张温床,让故事可以持续发酵。

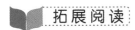
拓展阅读

稀物集:如何讲好一个原创的中国成分故事?②

巨量引擎和益普索 Ipsos 联合发布的《2022 美妆成分趋势洞察报告》显示,植物、花本、中药等已经成为当下热门成分,天然温和、绿色环保的纯净美妆概念更能迎合市场需求,品牌自研成分可以筑起产品的"护城河"。

从品牌故事讲述的角度来看,"成分"也是个合适的切入口。近期火爆的国产功效护肤品牌稀物集,就为美妆新锐的突围提供了一个样本。

一、品牌定位:中国成分的主流叙事

稀物集于 2020 年成立,在 2021 年首个双 11 爆品月销就达 10w+,一跃成为消费者心中的"国货黑马"。

---

① 广告门:《卡萨帝化身"故事大王",看高端品牌怎么玩转故事营销》,https://www.sohu.com/a/408057615_117194,2020-07-16。
② 春雷社官网:《稀物集:如何讨巧地讲好一个原创的中国成分故事?》,https://baijiahao.baidu.com/s?id=1746122365897789896,2022-10-08。

品牌在最初定位环节便有巧妙的构思，以中国高原特色植物成分切入赛道，与品牌文化实现了深度捆绑。从政策层面来看，一个关于中国成分的故事迎合了官方对消费升级的语境的期待，也符合大众主流文化的认知。其次，稀物集"中国原创高原植物护肤品牌"的定位顺应当前精简护肤的风潮，虽然当前市面上主打珍稀植萃的护肤品牌很多，但稀物集既突出"中国原创"，价格又十分亲民，两相结合实现了稀物集的差异化定位。

具体到成分的选择上，稀物集的主打成分是松茸，这一原料自古以来在国人心中就是"珍稀""昂贵"的代名词，能自然指引用户联想到这个成分背后的文化属性。

不过，松茸在护肤领域尚处于开启消费者心智的阶段，选择一个行业市场较为冷门的成分有利于迅速抢占赛道，但同时存在着很大的风险。于是，稀物集开始从成分故事和品牌营销两个维度处理这个问题。

二、品牌故事：珍稀且有效的功效成分

以中草药为切口，讲述中国成分故事并不是稀物集的首创。此外，想将独创成分与某种护肤强功效捆绑，并向市场和行业证明其不可替代性，都需要一个漫长的过程，尤其是护肤行业中相对冷门的中草药成分，功效故事往往都难以逻辑自洽。

稀物集采用了一种高效且讨巧的方法。它没有采用护肤品行业的惯用招数——功效验证、明星原料堆砌、热门概念拼贴等，而是选择通过原创专研复合成分来建立产品壁垒，这个主角便是松茸，这个原创专研复合成分名为X-Compocalm。因为复配溶液成分更复杂，且稀物集的关键原材料松茸对原料的产地、生产环境等要求极高，种种因素使得竞争对手很难仿制，且稀物集的复配成分可单独申请商标保护知识产权，这进一步提升了产品壁垒。

稀物集接下来要做的，是让整个故事合理化。松茸的"珍稀"属性在中国人的心智中已经根深蒂固。在功效上，松茸富含多种氨基酸、人体必需微量元素等，具有抗氧化、抗衰作用。为了进一步强化松茸的珍稀和效用，稀物集还在香格里拉建立了自己的松茸生态研究区（见图5-7），既强调了地域的联系，也强调了品牌在源头上对原料进行品质把控。专研复合成和成分故事闭环共同组成了稀物集的产品竞争力。

为更好地证明其产品功效，稀物集在新品造势阶段，与老爸评测、配方师Rex、化妆品创新实验室等专业博主合作，从功效评测上进行背书；还联合小鱼亲测实验室、华测检测、美丽修行等机构，出具数据化的检测报告。同时，稀物集把这些检测结果，都放在包裹卡里，快递给消费者。

三、品牌内容传播：打造东方美学，慢工出稀物

稀物集在与消费者的沟通上也分外注重东方美学的弘扬和禅意的表达，希望通过发掘传统文化宝藏，让更多国人重拾对传统美学的关注与热爱。

2021年，中国国家地理和美丽修行联合打造的《这就是中国成分》纪录片广告开播，在稀物集单元中，故事取景于品牌自建的香格里拉松茸生态研究区，由研发成员和创始人共同讲述松茸的故事。同年，稀物集官宣了自己的品

图 5-7　稀物集云南香格里拉松茸生态研究区宣传海报

牌代言人"丁真",并拍摄了广告宣传片《我知道你珍贵》,收割大批流量。丁真质朴、清新、超然于尘俗之外的个人形象与稀物集的品牌调性有着天然的契合,广告片在质感和文案创作方面也十分契合品牌本身的定位(见图5-8)。

2022年5月份,稀物集携手其他5个品牌与数据机构巨量引擎、时尚媒体《时尚芭莎》共同打造了"了不起的中国成分"IP项目。与此同时,稀物集还在抖音上发起了"寻找东方珍稀"话题,播放量达到4.7亿。

2021年,在品牌成立一周年之际,稀物集与非遗剪纸联手创作的《卧虎藏茸》,是品牌文化定位东方美学的首发之作;2022年,稀物集与非遗苏绣大师姚建萍的联名"慢工出稀物",也是品牌积极探索以创新形式弘扬东方美学的见证。

图 5-8　稀物集×丁真《我知道你珍贵》品牌宣传片

稀物集在品牌、品类、产品等方面形成高度统一,并一以贯之地讲述一个关于"成分"的故事,未尝不是功效护肤内卷赛道上的一条新出路。

三、消费者互动参与

移动互联网时代,消费者的知晓权、话语权得到空前提升,他们更加重视与品牌的对等沟通,会通过一系列的接触点来了解和感知产品与品牌。消费者互动参与是内容营销成功的核心,也是内容营销与传统营销的关键区别之一。积极主动地与消费者互动交流,保持消费者较高的参与度,是品牌提升消费者体验感的必经之路。

(一)消费者互动参与的作用

1. 降低品牌的传播成本

著名市场调研和数据分析公司尼尔森经过调查指出,在左右消费者购买决策方面,商家直接打硬广的影响力只占到7%。而能够让消费者参与的方式更符合新的市场趋势,也更具"性价比"。

我们在逛淘宝的时候,可能见过一些商家在自家网店页面发布类似的提示:顾客收到货后,拍摄5秒以上的视频发布到抖音/小红书,凭借页面截图即可找官方客服兑换30元消费券。无论是文字好评还是图片或视频买家秀,商家无非是想通过这种近乎免费的消费者证言,打消更多潜在消费者的购买疑虑;与此同时,消费者在不同平台分享的视频或图片,"长尾"流量也能在一定程度上转化为购买力,商家不需要大张旗鼓地进行官方宣传就能"四两拨千斤",有时甚至实现意想不到的效果——消费者利用社交网络对信息进行自发的口碑宣传,容易形成信息的病毒式扩散。

品牌在内容营销过程中,如果能让消费者获得信息接近的主动权,让他们成为信息的生产者、加工者和传播者,在信息得到有效传播的同时,也能降低品牌的传播成本。

2. 扩展品牌信息的传播速度和深度

互联网消费时代,人们每分每秒都在受到碎片化信息的冲击,让品牌信息深入消费者心智并非一件易事。互动式的传播拉近了消费者与产品、品牌的距离,给人丰富的体验感并降低消费者对品牌宣传的排斥感,也让品牌信息更容易占领消费者心智。

以"小茗同学"为例,它是2015年3月由统一集团推出的一款茶饮料,品牌"反戴鸭舌帽的小男生"标志深入人心。自诞生以来,小茗同学就瞄准"95后"消费市场,推出的一系列内容营销活动都深谙目标消费者喜好:与秒拍合作发起"认真点儿,我们搞笑呢"鬼畜模仿活动;根据"95后"消费者喜欢的语言和行为动作,上线品牌"微信表情包"……它还擅长将产品瓶身作为载体,鼓励消费者参与内容创作,让互动从产品端开始。2017年在饮料销售淡季,小茗同学限量推出了2000箱"不要脸"空白瓶——瓶身上,小茗只有一个空的脸部轮廓,而五官全部消失,品牌鼓励消费者各显神通,信手涂鸦,随心创作一张脸来玩(见图5-9)。这场"不要脸"主题营销活动的创意,源于小茗同学的内容营销合作方李奥贝纳对当下年轻人流行的"自黑"文化的精准洞察,他们发现年轻人自黑的最高境界常常就是戏谑性地说自己"不要脸",背后反映的是放下面子、保持自我的人生态度。① 活动中,品牌还专门推出了一支 H5 互动广告——"测试你的不要脸指数",只要上传面部照片到瓶身空白脸处,就有机会收到印着自己面部照片的"定制表情瓶"。

图 5-9　网友的饮料瓶涂鸦创意

空白瓶一经上市迅速售罄,网友们也在社交媒体掀起了一波声势浩大的创意浪潮。小茗同学在瓶身上的创意早已有之,只不过此次的无脸空白瓶是品牌在瓶身设计上的一次升级,它跳出了以往单向品牌形象视觉输出的套路,开始让用户参与到瓶身包装设计中来。

3. 提升品牌的传播转化率,培养消费者的品牌忠诚度

其实,很多品牌都有一个迷思,即简单地认为流量等于销量,流量的增多意味着市场的扩大,掌握了流量就占据了品牌营销高地。但是,很多活动的声量和转化效果并不呈正比,比如,曾经的一则现象级广告——百雀羚《时间的敌人》,以长图形式实现了平面媒体的一镜到底,阅读量一度达到了 3000 万,转化率却不到 0.00008%。②

产品的传播转化率与消费者的参与程度息息相关,只有让消费者深度参与品牌产品创作、信息传播的过程,消费者才能真正感觉跟某个品牌有强关联。Sprout Social 的调查数据显示,当消费者感觉与某个品牌有联系时,超过半数(57%)的消费者会增加对该品牌的支出,76% 的人会购买这个品牌,而不是从竞争对手那里购买。③

以汇源为例,它从 2016 年开始践行"品牌年轻化"战略,以期通过品牌端的创新输出,扩大在年轻消费群体中的影响力。其中,引导消费者的互动参与就是品牌传播的重要策略之一。2017 年上半年,汇源巧妙借势当时的嘻哈说唱热潮,以一支《原来你是这

---

① 搜狐网:《难道是印坏了? 小茗同学居然号召消费者"不要脸"》,https://www.sohu.com/a/202671246_660159,2017-11-06。
② 品牌营销报:《深度提升用户"参与感",才能让品牌营销更有价值!》,https://www.sohu.com/a/397374159_643194,2020-05-24。
③ Sprout Social. BrandsGetReal: What consumers want from brands in a divided society. https://sproutsocial.com/insights/data/social-media-connection/#introduction,2018-11-26。

样的汇源》创意说唱视频引爆网络;同时,品牌在线下同步发起了 Openday 开放日体验活动,邀请网友代表、食品饮料行业意见领袖以及当红主播,亲赴汇源农业生产基地参观,探秘汇源果汁生产车间,现场感受汇源果汁的生产工艺及品质。开放日当天在线直播数据显示,共有 568 万人次在线上围观,汇源将一场消费者的深度参观之旅,变成了一场几百万人共同沉浸其中的"大联欢"。①

2018 年下半年以来,汇源在微信、微博、小红书等社交媒体平台发起了"汇源品尝官"活动,让普通消费者在各大平台发表关于果汁产品的测评内容,就产品的包装、口感、营销等提出建议。活动一经发起,就吸引了数千名消费者参与。汇源不断让消费者参与品牌打造过程,通过互动式营销实现品牌的跨越式发展。2018 年,汇源以 195.71 亿元的品牌价值荣登亚洲品牌 500 强榜单,实现品牌价值近 20 亿元的大幅增长。

更为关键的是,消费者与品牌互动(比如让消费者参与产品建设),可以使品牌和消费者之间有机会实现价值共享、内容共鸣,从而进一步带动品牌的口碑传播,有利于培育消费者对于品牌的忠诚度,而这一结论也已被众多研究所证实。比如,默杜布和库利的研究表明,在虚拟品牌社区,消费者的参与度越高,就越能感受到品牌社区的特征,进而越会排斥其他品牌并产生积极的品牌推荐意识,最终形成持续的品牌忠诚。② 王新新和万文海的研究证实品牌社区内消费者之间、消费者与员工之间以及消费者与产品之间在消费领域的互动创造了价值,从而让消费者对品牌更加忠诚。③

4. 改进产品开发至运营的全流程

品牌的本质是产品及其消费者组成的共同体,而打造品牌更是一个企业与消费者共创的过程。用户在品牌内容营销中的积极参与,可以让品牌更有效地观测消费者的行为偏好、消费习惯、消费心理等显性或隐性因素,在此基础上,品牌可以改进从产品开发到营销的全流程,为消费者提供更优质的产品和服务。

尤其在移动互联网时代,企业拥有更多的机会直面消费者,同时让消费者可以更为便捷地参与产品的传播甚至研发和设计,并从中提取合理化的意见和建议对产品进行改进,推动产品不断更新升级,以更加贴近消费市场需求。

以海底捞为例,当大众提到海底捞时,很容易想到这三件事:"社死"的现场庆生服务,无所不能的贴心服务和必须解锁的隐藏菜单。当海底捞的"隐藏菜单"在抖音、小红书、微博等社交平台上掀起声势浩大的口碑传播后,这些来自网友的自发的免费宣传有效地转化成了惊人的消费力,各路人士纷纷去海底捞打卡,解锁各种火爆的网红新吃法并安利给其他人——番茄牛肉饭、肥牛金针菇卷、豆泡虾滑……网友们仿佛把海底捞店铺变成了家以外的第二厨房,各种食材组合搭配创意层出不穷。与此同时,这种现象也引起了各大媒体的重视,众多新闻报道更是无形之中免费为品牌做了广告。顾客在海

---

① 搜狐网:《让消费者参与品牌打造 汇源互动式营销成效显著》,https://www.sohu.com/a/315197103_412026,2019-05-20。

② Madupu V, Cooley D O. Antecedents and consequences of online brand community participation: A conceptual framework. Journal of Internet Commerce,2010,(2)。

③ 王新新、万文海:《消费领域共创价值的机理及对品牌忠诚的作用研究》,《管理科学》,2012 年第 5 期。

底捞的创意吃法的传播效应甚至直接促进了海底捞品牌在产品开发模式上的创新,2021年底,海底捞宣布将尝试更多地"与消费者共创",未来也会将庞大的"顾客研发团队"作为产品开发的另一个思考原点。

(二)消费者参与品牌互动的动机

目前,相关研究主要从社会学、心理学等角度出发,研究品牌传播过程中消费者参与互动的动机,揭示消费者参与价值创造的本质,并以此为基础,探讨企业如何从消费者不同的动机角度出发,通过更合适的激励措施引导消费者深层次参与品牌互动,进而在两者之间形成更稳固、更融洽的关系。接下来,我们分别从内在动机和外在动机两个角度进行总结。[1]

1. 内在动机

一般来说,消费者参与的内在动机主要表现在兴趣动机、控制动机、认知动机、表现动机、交往动机等几个方面。

(1)兴趣动机

消费者由于兴趣使然,主动参与品牌价值的生产和传递,并由此获得愉悦感、新鲜感、欢乐感和社会归属感。这种精神上的快感能够带给消费者一种强烈的价值感知和心理体验。兴趣动机直接触发参与行为,并且对参与行为的影响力最大。

(2)控制动机

消费者的参与有时是为了获得一种控制感,控制产品或服务产出。比如品牌发起定制活动、DIY活动等鼓励消费者参与,可以很好地满足消费者这种心理动机。

(3)认知动机

认知动机对消费者的参与行为同样有较大影响,例如各种视频平台的UP主进行的新机测评、新车测评等,能够满足他们自己对新产品、新技术的渴望和好奇。

(4)表现动机

在参与的过程中,消费者会相应地投入自己的智力、情绪等资源,同时也得以展示自己的能力,满足自身的内在表现需求。如2022年下半年在小红书和抖音等社交平台突然爆火的"东方树叶瓶身绘画"挑战,众多绘画、书法、掐丝珐琅爱好者和达人纷纷在平台晒出自己的作品,"没点文化都不能喝东方树叶"登上抖音挑战榜,获得1000万以上的观看量;部分热门视频收获数十万点赞量,一些创作博主也因此爆红。病毒式传播也使得东方树叶品牌频频登上热搜,直接带动销量暴涨。

(5)交往动机

从心理依赖和人际关系方面看,消费者参与品牌互动,也希望从商业接触中获得一些有益的人际接触。尤其是在品牌虚拟社区中,消费者由于共同的兴趣与利益聚集在一起,交流心得体会并向品牌反馈意见和建议,这种人际交往方式也是社交媒体时代的主流沟通方式之一。

---

[1] 陈李红、严新锋、高长春:《顾客价值创造的理论分析——基于消费者参与视角》,《中国商论》,2015年第26期。

2.外在动机

消费者参与品牌互动最直接的外在诱因是获得个人消费利益,在参与产品、服务的生产和传递过程中减少交易所需成本,例如消费者参与品牌话题就有机会获得品牌奖品、品牌折扣等激励措施。消费者的亲自参与还能减少信息不对称,规避与消费行为相关的风险因素,包括经济利益、身心健康、时间、效率等。

与此同时,消费者参与品牌互动的另一个外在动机是维持个性。在产品和服务日益多样化的趋势下,消费者的个性需求也日趋明显,这些需求也需要通过个性化的产品和服务来实现,这就要求消费者主动参与品牌互动过程,以享受个性化定制带来的独特性。

(三)消费者与品牌互动的方式

当前,消费者与品牌互动的形式愈发丰富,随着数字化进程的持续推进及电商渠道的建设,消费者运营日益成为品牌力建设的重要抓手。越来越多的品牌围绕消费者需求创立 DTC[①],充分利用互联网及数字化能力,将消费者引入研发与销售闭环,与消费者共创产品,形成共赢。

在互联网环境下,虚拟品牌社区是消费者参与品牌共创的重要平台,消费者通过虚拟品牌社区参与品牌的设计和开发,分享品牌使用的体验和感受,为品牌进行宣传与推广;企业则通过虚拟品牌社区与消费者沟通互动,收集消费者关于品牌的意见与建议,引导消费者参与各类品牌体验活动,建立和维护消费者与品牌的关系。

相应地,品牌应该注意营造与消费者能力及喜好相匹配的开发环境,如提供技术学习和意见反馈平台,设置网上社区门槛,加强网络开发平台建设,为消费者配备专用参与工具,建立友好的用户界面,打造具有归属感、娱乐性的社区氛围。同时,建立便于消费者沟通的组群,引导新客户加入、及时回答消费者的问题,提高消费者的参与能力、丰富消费者使用产品体验。此外,还要尽量满足消费者对新产品特色或功能的需求,及时对消费者的贡献进行评级,并通过及时提供给创新者新产品信息、给予特殊头衔等公开奖励的方式给予物质和精神双重激励,尽量提高消费者的参与兴趣,激发消费者的内部动机。

(四)品牌与消费者互动的原则

1.品牌要以提高消费者参与过程的满意度为目标

消费者的体验会影响他们对品牌的认知,好的互动体验一定是基于品牌与消费者的共同利益点,企业要找到巧妙的沟通时机与方法,将双方紧密结合起来。在参与的过程中,企业可以让消费者产生积极情绪,让他们自主分享,产生对品牌的忠诚度,促成消费者的重复购买和交叉购买行为,从而创造可持续和不断增长的品牌价值。

因此,企业制定所有引导客户参与的策略,应当以提高客户参与过程的满意度为目标,这样才能使消费者与品牌形成持续互动、良性互动的模式。提高消费者参与品牌互

---

① DTC 是 direct-to-consumer 的缩写,即直面消费者,简单来说就是品牌不通过第三方平台或者批发零售等中间渠道,而是通过自建渠道的方式直接和消费者进行沟通。

动的满意度,可从消费者参与的动机角度出发,并根据产品及其所处开发、运营过程不同阶段的特点,有针对性地制定相关策略。①

2. 鼓励消费者自发参与

一般而言,企业为了吸引消费者参与品牌共创,往往会采取一定的激励措施,因此消费者参与企业发起的品牌互动活动,可能不是出于强烈的内在动机,而是受外部刺激诱导的结果。而企业的种种激励行为也容易被消费者认为是营销手段,因而这种参与难以获得消费者情感上的认同。此外,消费者在参与企业发起的品牌互动时,如果有一些负面感受或体验,会对企业(或品牌)产生不满和抱怨。

相反,消费者如果参与品牌互动时更多的是源于内在心理动机的驱动,则更容易形成情感上的认同,产生负面体验的风险将会大大降低;并且消费者参与自发的品牌互动活动,进行品牌体验的分享和互动,本身就是一种口碑宣传,能够引发品牌共鸣。消费者参与自发的品牌互动对其品牌忠诚有直接显著的正向影响。② 因此,鼓励消费者自发的品牌共创行为也是品牌与消费者互动的核心原则之一。

3. 重视品牌知识传播,突出品牌的象征意义

众多研究表明,消费者参与品牌互动,对品牌进行建议与改进,能促使品牌与消费者自身理想的自我形象更趋于一致,在这一过程中消费者会对品牌与自我形象的一致性产生更高的认同,消费者的自我品牌联结得到强化。而消费者自我形象与品牌联结越紧密,消费者越倾向于使用该品牌来表达和强化自我形象,因此顾客会持续购买该品牌的产品,并向他人推荐该品牌,从而表现出更高的品牌忠诚度。

换句话说,消费者参与品牌互动的投入越多、程度越深,与品牌的联系就越紧密,对品牌的依赖度就越高,因此,企业在消费者参与品牌互动的过程中,应为品牌知识的传播提供土壤,营造良好的环境,并重视品牌与消费者自我形象的关联,突出品牌的形象价值和象征意义。

四、总结

内容营销的三重维度,也可以理解为内容营销的不同形式。对于这三重维度,品牌可以根据自身需求适时适当挑选或混合使用。

当品牌缺乏讲故事的主题或内容素材时,通过社交媒体与消费者深入对话的形式予以替补也能达到较好的效果。品牌也可以在自己与消费者的关系较为稳固的情况下,通过消费者互动参与的形式,邀请消费者成为品牌内容的创作者,缓解品牌内容供给的压力。品牌在内容营销的过程中要逐渐形成"讲故事—对话—消费者互动参与"的可持续内容运营规律,在节省资源、降低营销投入的同时,可以实现品牌内容营销的良性循环,提高品牌传播的成效。

未来,内容营销将成为营销方式的主流。品牌必须以目标消费者为中心,运用大数据等技术手段深度挖掘消费者的需求,在此基础上充分整合已有的媒体资源和营销渠道,与目标消费者建立直接和间接的联系,向消费者传达品牌理念。

---

① 何建民、常传武、刘业政:《客户网上参与产品开发的"动机-行为"模型研究》,《中国管理科学》,2011年第5期。

② 朱丽叶、袁登华、张红明:《顾客参与品牌共创如何提升品牌忠诚——共创行为类型对品牌忠诚的影响与作用机制研究》,《外国经济与管理》,2018年第5期。

案例赏析

舌尖上的反套路营销——网红崂山白花蛇草水的逆袭之路[①]

一、案例概述

提到崂山白花蛇草水,你的第一反应是什么?

崂山白花蛇草水是青岛的地标品牌——崂山矿泉水旗下的一款王牌饮品。20世纪60年代,为配合品牌重点面向东南亚市场的战略布局,崂山矿泉水特别推出一款全新功能饮料,即崂山白花蛇草水。该产品在天然泉水中额外加入了白花蛇舌草提取液和二氧化碳,经过特殊工艺加工配置,以更适应东南亚地区消费者应对高温湿热和蚊虫肆虐环境的需要。

这款看似平平无奇的透明瓶装饮料(见图5-10),却有着让众多消费者深吸一口气才敢浅尝一口的味道,一度位列"全球最难喝饮料TOP5"榜单。然而,"难喝"——这个别人唯恐避之不及的品牌标签,却成为崂山白花蛇草水逆袭的关键所在。

图5-10 崂山白花蛇草水瓶身设计

借助一系列话题炒作及热点扩散,崂山白花蛇草水的"难喝"品牌标签逐步被健康、时尚代替。自2016年开始,堪称饮品市场小众品牌的崂山白花蛇草水开始全面逆袭,走上了神奇的爆红之路。

二、解析与点评

(一)崂山白花蛇草水内容营销的主题、渠道及形式

2016年4月5日,崂山矿泉水发布了一条官方微博:崂山矿泉水响应国家"一带一路"的号召,进驻利比里亚了!"最难喝的中国饮料"进入非洲市场了,这无异于一石激起千层浪,各种相关话题井喷。诸如"最难喝饮料Top 5"

[①] 搜狐网:《网红"神水"崂山蛇草水神奇逆袭,背后爆款营销大揭秘》,https://www.sohu.com/a/393073896_100148105,2020-05-05。

的热搜、知乎热帖"崂山白花蛇草水究竟有多难喝"、朋友圈的病毒式传播……网友们纷纷评价"中非友谊小船说翻就翻"。面对铺天盖地的戏谑式"恶评",崂山蛇草水并未强行"洗白",反而"将计就计",借助持续火爆的话题热度,以"难喝"的特色自居,迅速铺开市场。这一举措直接变"危机"为"商机",颇有"别人朝我扔泥巴,我拿泥巴种荷花"之格局。

比如,崂山白花蛇草水在微信公众平台发布了一组诸如"对方不想和你说话,并向你扔了一瓶白花蛇草水"的官方表情包,恶搞自己、自黑自嘲的反向营销引得众多微信用户争相传播(见图 5-11)。不仅如此,依然是借助"难喝"的话题热度,崂山矿泉水公司还不断发起"难喝饮料评比""挑战白花蛇草水"等线上线下粉丝互动,由此,各个网站、论坛的"试喝体验""魔鬼挑战"层出不穷,甚至上升为全球流行趋势。在此基础上,官方微博、KOL、主流门户媒体、传统媒体等组成的营销矩阵同步发力,再加上线上线下市场渠道的全面跟进,以及和苏宁易购的战略合作与专题推广……一系列操作下来,崂山白花蛇草水成为网红爆款。

图 5-11 崂山白花蛇草水表情包

数据显示,自 2016 年爆红以来,崂山白花蛇草水在功能饮料市场成功进入了头部品牌行列,销售收入更是在短短一年之内实现 138% 的增长。2018 年,崂山白花蛇草水全年销售额甚至占崂山矿泉整体收入的 25% 以上。

1. 开展线下品牌分享活动,专家科普凸显品牌"养生"形象

一时的流量热度无法带来长久的产品热销,同样也无法有效积累品牌资产。热度一过,品牌势必会被市场抛诸脑后。在拥有品牌知名度的同时,企业如何加快推动从品牌知名度到品牌美誉度、忠诚度的转化?随着市场销路迅速被打开,有远见的崂山矿泉水公司趁热打铁,开始加强消费者的品牌认知。

2017 年 7 月 28 日,以"品味非凡健康"为主题的崂山白花蛇草水品鉴会活动在上海隆重举行。这次大型展示分享活动旨在淡化崂山白花蛇草水"难喝"的品牌标签,明确其科学、健康、养生的产品功能和定位。为了确保活动的权威性,崂山矿泉水公司还邀请了同济大学附属东方医院中医科副主任医师李伟民,通过分享饮水及健康知识讲座的形式,对崂山白花蛇草水的营养与功效进行深度剖析。在分享中,专家学者引经据典,特别是直接引用了《本草纲目》等中药典籍的文献记载和现代研究资料,多维度、全方位介绍了崂山白花蛇草水的营养保健功效。崂山白花蛇草水的产品功能定位开始被更多消费者熟知。

此外,青岛饮料集团还将目光投向了风头正劲的直播电商,罗永浩、郝开心等直播大V都成为企业合作伙伴。就连著名主持人倪萍都在山东消费年直播活动中为这款"神水""打Call"。得益于公众人物、流量明星的"站台",更多消费者购买崂山白花蛇草水的动机也逐渐从"猎奇"向"养生"转变。

2. 借势影视知名IP植入广告,强化消费者的品牌认知

2018年,崂山白花蛇草水开始和影视知名IP进行深度合作,进一步强化消费者的品牌认知,扩大内容营销的裂变效果。品牌赞助了当年网络播放量破6亿的爆火电视剧《天乩之白蛇传说》,并将产品解渴、消乏、除困以及健康、养生的品牌宣传口号与故事剧情深度融合,让观众在潜移默化中了解并接受品牌。同时,品牌与影视IP联名款产品也被不失时机地推出,"天乩限量版崂山白花蛇草水"以观众们的"追剧神器"为定位,迅速在市场上掀起了销售热潮(见图5-12)。

图5-12 天乩限量版崂山白花蛇草水

(二)崂山蛇草水内容营销的策略

1. 洞悉用户猎奇心理:利用"难喝"噱头反向操作

崂山矿泉水公司负责人曾在采访中提到,最早看到网络上对崂山蛇草水味道的负面评价时,着实把它当作负面信息紧张过一阵,"但是逐渐看到很多回复,说想尝一下这么奇特的饮料到底是什么味道时,我们意识到正是可以通过'难喝'这个点,逆向突破赢得口碑"。

因此,面对"史上最难喝饮料"的称号,品牌方顺势而为,找了很多互联网上的红人和话题领袖,针对年轻族群来进行推广;甚至通过自黑式的微信表情包、微博超话、知乎热帖等内容生产来引导相关话题,强化品牌的这一标签,传播内容和方式都拉满了消费者的好奇心。相应地,无论评价的内容是难喝还是好喝,都会撩拨起更多人的好奇心和尝试心,继续加入尝试者的队伍。崂山白花蛇草水洞悉并玩转了消费者的逆反心理,通过"不走寻常路"的反向营销,将负面效应变为品牌营销助推器。

2. 品牌故事的新包装:《本草纲目》打基础,中医专家做科普

崂山蛇草水在爆红后一直不遗余力地通过科普贴、科普视频等方式宣传自己的功效和历史,它背后的品牌故事也被越来越多的人知晓。

1905年,德国商人马牙在太平山无意中发现一汪清泉,泉水味道甘甜,经专业检测后发现,这里的水质竟然胜过了法国依云矿泉水水源。这就是崂山矿泉水水源地的故事,而崂山白花蛇草水同样也是取材自这种高质量水源地。

除此之外,崂山白花蛇草水还在泉水中添加了另一种神奇物质——白花蛇舌草提取液。因白花蛇喜欢舔食一种草叶上的露水,这种草叶的外形和蛇舌很相似,开白花,所以这种草被称为"白花蛇舌草",它产于我国广东、广西、云南、福建等地。《本草纲目》和《名医别录》中也均有记载这味中草药,其成药味苦、性甘淡凉,可清热解毒、利尿消肿、助消化。现代医学中也表明,白花蛇舌草可治各种炎症,可抗肿瘤、抗病毒。《纲目拾遗》记载:"搓其叶嗅之,有臭气,未知其正名何物,人因其臭,故名臭藤。"……各路KOL在科普过程中,引经据典,追溯蛇草水原材料的神秘功效,在典籍的权威加持下,许多消费者也开始对产品的功效有了更多的信任。

除此之外,品牌在内容营销过程中也一直强调该产品的"受欢迎"程度,让更多名人成为这款"世界特饮"的免费代言人。要知道,它不仅是新加坡前总理吴作栋来华时的"指定饮品",也是柬埔寨西哈努克亲王"每天都要喝"的东西,更为了"支援非洲"而被送到了利比里亚。

综上,品牌着重通过权威背书的方式,借典籍、专家、学者等专业形象和名人、明星等公众人物之口,讲品牌的起源故事、历史故事、信息故事、知识故事。

3. 品牌养生定位的再强调:关注草本植物饮料赛道

崂山白花蛇草水在经历了爆火后迅速冷静,开始将关注点放在其品牌发展的未来,品牌战略直指当前国内正在崛起的饮料细分品类——草本饮料。当前,具备养生的功能性产品的消费群体呈现愈发年轻化趋势,这既是由于当前充满压力与"内卷"的社会环境,也是由于当前健康消费市场环境的成长。据统计,2020年中国草本饮料市场总量约为200亿元,未来该细分赛道拥有巨大的增长空间。

崂山白花蛇草水的品牌战略再明确同样也是从产品本身的功能角度出发的,这也是其真正独特的产品定位——功能性饮料,因此,内容营销方面,在"难喝"事件营销之后,品牌紧接着就通过发布科普类文章,从功效的角度来解析崂山白花蛇草水,引导消费者关注健康。具备诸多养生功效,辅以崂山矿泉水的天然优势,使这一产品成为引领"草本养生新国潮"的翘楚。

4. 品牌年轻化战略转型:满足消费者个性化、标签化需求

在决策层看来,经过前期的品牌营销积累,崂山白花蛇草水的最大卖点就是主打中产阶级的健康元素,以及年轻消费群体的兴趣元素。随着消费新升级时代的到来,崂山白花蛇草水在营销战略的制定上也与时俱进,特别注重围绕80后、90后新兴消费群体的需求进行调整,因为他们已经成为越来越重要的主力消费群体。用年轻化的包装和营销方式,用年轻人的语言与消费者沟通、传递品牌故事就是品牌内容营销的方向。由此,崂山矿泉水公司开始了一系列"不正经"的创意营销互动。

在业内人士看来,崂山白花蛇草水的走红正是因为其满足了个性化以及标签化需求,中国食品商务研究院研究员朱丹蓬曾说:"很多人觉得喝蛇草水是一件很有格调的事情。"在一系列内容营销的加持下,产品也具备了很强的社交属性,用户通过产品的购买使用、相关话题的参与、相关挑战的跟风创作等,实现品牌网络社区空间内的更深入交流,甚至"出圈"。

三、案例启示

崂山白花蛇草水的走红并不偶然,它得益于崂山矿泉水集团精心策划的营销"组合拳"。总结下来,我们可以从"天时""地利""人和"角度学习其内容营销的成功经验。

首先,"天时"是指内容营销的恰当时机。崂山白花蛇草水避开了事件节点比较多的下半年,选择在春节之后一个月进行爆发式营销,而营销势能爆发的背后,更是长达两年的内容铺垫和累积效应。比如在"难喝"事件营销的两年前,品牌已经在B站邀请达人制作一些产品相关的搞笑视频,用夸大的手法对崂山白花蛇草水进行诠释。

其次,"地利"是指内容推广的合适渠道。品牌在2015年年初推广蛇草水产品伊始,就选择了A站、B站和微博三大平台,因为这些平台的用户群体更加年轻有活力,同时还能与消费者更好地互动并对数据进行更好的监测,同时将研究结果与营销的内容进行结合。

最后,"人和"是指品牌对消费者进行的正面引导。反向营销如果把握不好度,很容易"搬起石头砸自己的脚"。因此,品牌在"难喝"事件形成一定热度之后,紧接着进行了大量正面引导。与此同时,还要持续拉拢更多能为品牌声援的消费者,因为一个品牌自主生成的内容有限,更需要鼓励消费者生成更多的内容,争取不断地与品牌客户玩在一起,让更多的人体验产品。

【问题】
1. 崂山白花蛇草水运用了哪些方式进行内容营销?
2. 未来该品牌在内容营销方面还可以有哪些创新手段?

课后思考题

1. 内容营销与社会化媒体营销、网络口碑营销的联系与区别有哪些?
2. 品牌在讲故事时有哪些原则?
3. 品牌为什么喜欢号召消费者参与互动?

本章数字资源

第六章　整合品牌传播的广告创意

> **本章学习要点**
>
> 1. 广告的概念。
> 2. 广告在整合品牌传播中的作用及目标。
> 3. 广告传播的 AIDMA 法则、AISAS 法则、ISMAS 法则。
> 4. 广告传播的诉求及策略。

引例

百度神曲《你说啥》——凭什么这支广告能够"洗脑"全网?[①]

2020年10月25日,是农历九月初九重阳节。在中国传统文化中,"九"有长久长寿的含义,寄托着人们对老人健康长寿的祝福,"感恩敬老"也是重阳节亘古不变的主题。这一年的重阳节前夕,百度推出一支洗脑广告《你说啥》引发全网讨论,相关话题阅读在腾讯微博平台突破1.2亿次(见图6-1)。截至2022年11月,该广告在腾讯微博百度官方账号上已有5061万次观看量,转发量达2.5万次。(视频地址:https://v.qq.com/x/page/o316454q3ib.html)

凭什么这则广告能产生"刷屏"效果?《你说啥》的大火,离不开百度MEG市场团队的全团头脑风暴的创意,也离不开将创意落地的执行公司瀚海博联的努力。从创意、洞察到执行,这则广告的"出圈"绝不是偶然。

一、创意萌芽:"走心"又"调皮"

以"一本正经"著称的"科技直男"百度想改变也不是一天两天了。到底怎么改呢?百度市场公关在2020年5月发起一场内部创意比赛,号召全员头脑风暴。其中,《啥》这一提案以全员赞成票华丽胜出,旨在打造百度搜索"说人话"的标签。此后,百度便开始打起了"好好说人话"的广告营销组合拳。

[①] 数英网:《专访"直男"百度:咋就拍出了2020最魔性洗脑的走心MV〈你说啥〉》,https://www.digitaling.com/articles/373261.html,2020-11-30。

图 6-1　腾讯微博"重阳百度 APP 做了个啥"话题页面

2020 年六一儿童节,百度 APP 关注到孩子们背负着巨大的成长压力,于是选择和孩子们打成一片,在广告中喊出"放过孩子吧,百度 APP 不想营业"的口号,这一"摆烂"风格的广告在放出当天就在社交媒体收割了大片好评。

父亲节的时候,百度注意到大家知道得越多,亲情沟通反而越少,于是果断让大家"别问百度,回家问你爸",该广告一个周末获得无数转评赞。

等到七夕节,百度直接摇身一变化身情感大师,推出的广告为搜索送礼指南的男男女女道明爱情的真谛"别问,感情的问题没有标准答案"。

大家会发现,百度的这些广告创意都有一些很明显的共同点:不再主打功能性产品宣传或者做"硬广",反而用更多的情感、价值观的输出,走进目标用户的内心。而且每一次"反套路营销"都像是一次自我调侃,品牌形象越发生动起来。"调皮"的背后,也是社会责任的变相输出。

二、用户洞察:信息差衍生的焦虑感,中老年人首当其冲

当你的社交圈都在讨论一个流行话题,可是你连听都没听过,无形之中你已经被隔离在社交体系之外了,于是你自然会产生一种被社交圈、互联网抛弃的焦虑感。这个普遍的社会现象让项目组洞察到"信息差"的痛点。可能比我们还焦虑的一群人,就是我们的父辈。"代沟,就是从你妈看不懂你朋友圈开始的。""而且,中老年人和网络热词其实是有一定反差性的,这也是比较好突显的一个点。"百度 MEG 市场团队认为,"有反差就会有关注,有极致的反差就会有出圈的项目"。

至于广告中那句"你不会自己百度吗"又是怎么来的?它源自腾讯微博上的同名热门话题,也是现实生活中许多人的口头禅。但大家都没有意识到这句话其实很伤人,尤其是面对我们的亲人长辈,这句话会自带"负面""敷衍""疏远"等标签。在项目团队看来,这句话在辨识度、熟悉度以及直击人心的程度方面都有足够分量,兼具"敷衍"和喜剧感。

三、项目执行:歌词、人物、场景和歌曲节奏环环相扣,难度激增

想法要落地,要依靠瀚海博联公司的执行和导演、设计团队来实现。从歌词到选角,从人物塑造到配音,从场景到歌曲节奏,环环相扣、困难重重。比如最重要的歌词部分就前前后后改了近 30 版,因为想要体现极致的反差,团队需要在欢快气氛达到最高点时,来个 180°的转弯去冲击观众的泪点。同时,还要展现品牌的价值主张以及敬老爱老的主题。最关键的是,歌词还必须简洁

易记、有情绪。最终,《你说啥》广告的最后来了这么一段点睛文案:"很多老人会偷偷搜索流行语,可能出于好奇,也可能想离我们更近。他们的问题,百度往往都能回答。但也许,你才是她最好的答案。"而且,无论是场景的切换,还是歌曲整体的节奏,整首 MV 都给人非常紧凑舒适的体验,大大降低了用户观看的跳出率。

国家卫生健康委、全国老龄办发布的《2021 年度国家老龄事业发展公报》显示,截至 2021 年末,全国 60 周岁以上的老年人口已超 2.6 亿人,占总人口的 18.9%。中国已经步入老龄社会,我们应该重启"银发族"对"数字化"的认识。百度的项目运营团队发现,百度只是解决信息差的工具,工具的背后还有更多的人情,有些时候人们提问并不是想通过工具得到答案,而是想和其他人产生交流。百度这场广告营销让我们在大笑的同时也在反思,因为"某些时候,百度并不是最好的答案"。

让品牌"人格化"是整合品牌传播的核心理念之一。越来越多品牌广告营销的成功案例也在告诉我们,大众需要的是一个有血有肉、有感情、有责任感的品牌。

广告作为塑造品牌形象的一个重要端口,能运用多维的媒介技术、调动丰富的感官体验去展示创意和传达理念。当然,广告营销的套路也越来越容易被消费者看透。现在用故事、Rap、艺术等手段弱化广告感的营销越来越多,但有时候过于专注怎么让它不像广告就会忽略品牌,有时陷入煽情的老套创意中,会让消费者感觉广告"不走心",有时又"娱乐至死",会让消费者在开心一笑之后将其抛诸脑后。如何寻找有益和有趣的最佳平衡点,在广告中巧妙融合品牌、产品和消费者,是一门需要广告人长期钻研的艺术。

第一节 广告的概念及在整合品牌传播中的作用

广告因其效果明显,一直以来都是品牌最重要的营销传播手段,这在广告主的投放费用上也有明显体现。从 2020 年起,疫情给市场带来了巨大的冲击和改变,也让广告行业发现,广告早已不仅是原来定义的广告,而更多的是品牌与消费者建立联系的方式。

一、广告的概念

广告,顾名思义——"广而告之",但其内涵的丰富性远不止于此,且随着时代的发展常用常新。广告活动作为工业时代的产物,其价值在于满足广告主在特定市场环境和传播环境中的营销传播需求。1948 年,美国营销协会的定义委员会(The Committee on Definitions of the American Marketing Association)针对广告的定义一度成为行业权威:广告是由可确认的广告主,对其观念、商品或服务所做的任何方式付款的非人员式的陈述与推广。[①]

---

① 陈刚、潘洪亮:《重新定义广告——数字传播时代的广告定义研究》,《新闻与写作》,2016 年第 4 期。

随着数字时代的到来和传播环境、市场环境的剧变,广告主的需求在不断变化,广告活动也在不断创新发展,广告亟须重新被定义。为了回应现实困惑,澳洲大学昆士兰科技大学的盖勒·科尔和密歇根州立大学的杰夫·理查德两位教授在 2014 年 10 月至 2015 年 6 月针对全球 18 位学者和业界专家的成果进行研究,并在发表的《关于广告定义的德尔斐研究》(Delphi Study on the Definition of Advertising)中对广告进行重新定义:"广告是由一个可确定的品牌,利用付费媒体、自有媒体或者可拥有的媒体,意图劝服消费者在现在或者将来形成认知、情感或者行为上的改变的传播。"①

北京大学陈刚教授认为,德尔斐研究对于广告的界定并没有反映当前广告传播的互动性、个性定制化等特征,对广告活动的边界界定模糊,也没有意识到数字传播时代广告主作为营销传播主体地位的回归。因此,他提出了"广告"的全新定义:"广告是由一个可确定的来源,通过生产和发布有沟通力的内容,与生活者进行交流互动,意图使生活者发生认知、情感和行为改变的传播活动。"②该定义点明了数字时代广告传播的交互性、个性化特征,同样强调了广告主与消费者的直接沟通,更贴近当下世界范围内的传播环境和市场环境。这也是本书采纳的关于"广告"的定义。

广告与促销、公关、品牌植入等其他营销传播手段一起,共同为整合品牌传播服务。广告区别于其他营销传播手段的关键点在于,广告是具体赞助商在付费媒介上所进行的说服性沟通,因此成为广告必须满足三个标准:说服性沟通;付费媒介;具体赞助商。

二、广告在整合品牌传播中的作用

广告与品牌是硬币的两面,缺一不可,紧密相连。每年,企业都要花费一大笔资金在品牌广告上,因为企业难以承受消费者忘记它们品牌的后果。当品牌有段时间没有在市场宣传自己时,消费者或许会渐渐淡忘它,用其他同类品牌替代它。因此即使是十分成熟的品牌,也会时不时发布广告宣传,以起到提醒消费者的作用。

一言以蔽之,广告在整合品牌传播的不同阶段都持续发挥作用,其对于积累不同维度的品牌资产都意义非凡。

(一)广告帮助提高品牌知名度

品牌知名度(brand awareness)是指品牌被识别、被回忆和被提及的能力,这三种能力由低至高排序,综合反映品牌在消费者心中的知名度。一个品牌越容易被消费者认出,在同类产品品牌中越容易被消费者记起,甚至提到某类产品时消费者想到的第一个品牌就是它,那么,这个品牌的知名度就越高,它在消费者心中的优势地位自是不言而喻。尤其是在与竞争品牌势均力敌、差异性不明显,或是商品的技术含量较低的情况下,消费者能认出、能想起的第一个品牌往往就是他可能购买的品牌,所以提升品牌的知名度非常重要。

在品牌建立知名度阶段,广告可以发挥很大的作用。研究显示,对于新上市的产品来说,"广告态度—品牌态度"的路径关系较强③,即广告是消费者形成品牌态度的关键

---

① 陈刚、潘洪亮:《重新定义广告——数字传播时代的广告定义研究》,《新闻与写作》,2016 年第 4 期。
② 陈刚、潘洪亮:《重新定义广告——数字传播时代的广告定义研究》,《新闻与写作》,2016 年第 4 期。
③ 李琼、吴作民:《广告态度与品牌态度作用机制研究综述》,《广告大观(理论版)》,2008 年第 5 期。

信息来源。此时,广告主可以整合不同的媒介渠道进行广告投放,以在目标消费者心中建立基本的品牌印象。比如,资金实力比较雄厚的企业可以选择电视广告、电台广告这类广告形式,它的广告费用相对较高,但是在提升产品知名度方面的作用较为明显,且见效较快,比较利于短期内打造强势品牌。对于资金预算不太高但又想通过广告投放提升产品知名度的广告主来说,自媒体广告等方式则是不错的选择。

大施品牌策划公司创始人郭金瑞指出,一般来说,越昂贵的广告类型,越有利于塑造品牌势能。① 宝洁在推广新品牌时,总是不遗余力地进行广告宣传,其旗下每个成功的品牌都得到了雄厚的资金支持,比如佳洁士的广告预算是 2900 万美元,帮宝适是 1900 万美元,汰渍是 1700 万美元。

再以香飘飘为例,在最初起步阶段,即使资金实力并不雄厚,香飘飘依然斥资 3000 万元广告费集中在湖南卫视做广告投放,突出的广告效应促使其销售额从 2005 年的数千万元一下增长至 2006 年的 4.8 亿元。2014—2017 年,香飘飘的净利润分别为 1.85 亿元、2.04 亿元、2.66 亿元、2.68 亿元,4 年净利润共计 9.23 亿元;而这四年间,香飘飘广告费用分别为 3.33 亿元、2.53 亿元、3.6 亿元、2.3 亿元,4 年广告费累计 11.76 亿元。② 巨额的广告投放为香飘飘带来了可观的收益,奠定了其"中国杯装奶茶开创者和领导者"的地位。2009 年,香飘飘首次打出"一年卖出 3 亿多杯,杯子连起来可绕地球一圈"的口号;到了 2017 年,这句口号已经变成了"一年卖出 12 亿杯,能绕地球 4 圈"。

(二)广告帮助确立品牌认知度

品牌认知度(brand perceived quality)是指消费者对品牌品质的整体印象,包括产品功能、特点、耐用度、服务度、效用评价、可信赖度等。它是品牌实施差异定位、制定高价位和进行品牌延伸的基础。

在品牌建立认知度阶段,消费者初步了解了新产品并且对其产生了一定程度的需求,但对商品的品牌、款式、质量等仍处于认知、考虑和选择过程中。这时候,广告就要担负起劝导消费者购买本企业产品、诱导消费者产生有利于本企业的购买倾向的重大责任。比如让消费者了解产品的物理特性,进而加深消费者对品牌的印象,提升消费者对产品及品牌的信任度,并通过各种劝说的方式保证商品销售的稳步增长。

(三)广告帮助扩展品牌联想

品牌联想(brand association)是指品牌使消费者将记忆中的任何元素与品牌产生关联的能力,这些因素包括产品特性、产品类别、消费者利益、使用场合、竞争对手、相对价格等。品牌联想对于培养消费者的品牌忠诚度有重要意义,积极的品牌联想能迅速为品牌赢得消费者认同,进而促使消费行为的产生。

品牌可以通过包装、标志和口号等众多方式扩展品牌联想。具体到广告传播中,则

---

① 品牌管理咨询顾问:《如何提高品牌知名度? 这有 12 个方法》,http://www.gongguanzhijia.com/article/5204.html,2022-09-26。

② 中国经济周刊:《香飘飘上市即亏损、汇源面临退市风险,饮料巨头的消费者去哪儿了》,https://baijiahao.baidu.com/s? id=1610576186344920903&wfr=spider&for=pc,2018-09-03。

可以充分利用事物之间的联系,提示消费者回忆品牌并提高其对于品牌的记忆效果。例如我们可以通过广告中一个圆圈的形状延伸出团圆、重新开始、无限等主题,也可以延伸出车轮、钟表、靶心等事物。广告也可以利用消费者熟知的形象来唤起消费者的记忆,并通过将该形象与品牌发生关联,加深品牌在消费者心中的印象,比如说到周润发代言过的产品,很多消费者首先会想到"百年润发"洗发水。此外,广告在思维上应打破恒常心理模式,擅于从人们习以为常的事物中发现它们之间的关联性,并从中挖掘出新的含义,这样在让人们有亲切感和熟悉感的同时兼具强烈的意外感、反差感,以使广告创意出其不意、出奇制胜。

(四)广告帮助巩固品牌忠诚度

品牌忠诚度(brand loyalty)是指消费者在做出购买决策过程中,表现出的对某个品牌的心理偏好。一旦建立起品牌忠诚度,消费者不仅会青睐该公司提供的各系列产品或服务,还将会对其他竞争对手的促销活动"免疫"。而且,忠实用户的营销成本最低,为企业带来的利润最丰厚。

上海交通大学品牌研究中心主任余明阳提出了品牌忠诚形成的模式:认知—试用—态度—强化—信任—强化—忠诚。① 可以看出,品牌忠诚度与消费者头脑中已经建立的认知密切相关,消费者产品的使用经历形成对品牌的决定性态度,并通过反复发生使用行为强化这种态度,最终形成品牌忠诚度。其中,成功的广告能极大地提升消费者的品牌忠诚度。对成功的品牌来说,由广告引起的销售量增长中,只有30%来自新的消费者,剩下70%的销售量来自现有的消费者,这是由于广告肯定和加强了消费者体验的感觉,强化他们对品牌的积极态度,进而增加他们重复购买或重复使用的可能性。如果继续强化,消费者对产品的重复购买或重复使用行为就会转化为对品牌的信任,形成品牌忠诚度。

重复信息能为企业带来什么好处?早在20世纪70年代学者就发现重复信息能够带来"真实效应(true effect)",即重复信息能给人带来真实感,进而增加信任感。重复的刺激所带来的记忆会变成习惯,而人们95%的消费行为直接来源于习惯,换言之,我们的消费选择在很多情况下都是由潜意识主导的。因此,品牌持续传播产品卖点、进行广告推广对提升消费者的品牌忠诚度而言至关重要。当一则品牌广告第一次投放到消费者面前时,他可能根本记不住;但随着广告频率的增加,消费者就会逐渐认识甚至记住、相信、接受这一品牌。

第二节 广告传播的目标确立

广告目标是制定广告策略、生成广告创意、规划广告预算、选择广告媒介等一系列工作的前提和基础,在广告活动的规划过程中举足轻重。因此,广告主在确定自己的广

---

① 余明阳、朱纪达、肖俊崧:《品牌传播学》,上海交通大学出版社,2005年版,第99-100页。

告目标时,应根据自身所处的发展阶段、产品或品牌的特点、对市场环境的研判等因素进行综合规划。

一、广告目的与广告目标

我们需要对"目标"和"目的"进行概念辨析,两者虽一字之差,性质却不同。

广告目的是广告主开展广告活动的意图,作为一种方向性的指引,它决定了广告目标的制定,具有宏观战略性质,偏定性;广告目标则是对广告目的的具体反映,更具微观战术性质,偏定量。

广告目的按照不同的标准可以进行不同的划分,比如从广告宣传主体角度出发,可以大致分为产品广告目的和企业广告目的两大类。

(一)产品广告目的

产品广告目的即针对广告主生产或经销的产品或服务而展开的宣传活动的目的,可分为短期目的和长期目的。前者以促进产品短期内的直接销售量为目标,追求广告立竿见影的传播效果;后者则注重长效影响,着重建立产品在市场的知名度、美誉度等。

(二)企业广告目的

企业广告即针对企业自身展开的宣传活动,其目的主要在于扩大企业影响力,树立正向的企业形象,建立与消费者之间的友好关系,并注重维持良好的公共信誉,获得较好的社会反响,促进企业的长远发展。

从品牌传播的不同阶段角度出发,广告目的又可以分为提高品牌知名度、确立品牌认知度、扩展品牌联想、巩固品牌忠诚度等。从这一由浅至深的层次中可以看出广告在品牌一步步占领消费者心智,最终影响消费者行为的过程中发挥的作用。

广告目标是广告主期望通过广告活动达到的可以量化的销售与传播效果,它是广告目的的直观体现。例如,某护肤品公司的广告目的是通过一段时期的密集广告投放打开新面霜在某一区域的市场,品牌的广告目标可以包括知名度目标、使用经验率目标和店铺陈设率目标,其中,知名度目标是推出新面霜1个月后达到60%,使用经验率目标是推出新面霜3个月后达到20%,店铺陈设率目标是推出新面霜1个月后达到100%。

二、广告目标的功能与类型

(一)广告目标的功能

广告目标主要有以下几个功能。

其一,广告目标作为一种具象指标,能让广告主与广告代理商之间更清晰地沟通与协调,也可以协调广告策划、广告文案、广告创意等相关人员之间的工作。

其二,广告目标可以为广告决策提供依据与衡量标准。企业若同时有几种不同的广告方案,通过预测哪一种能更好地完成广告目标,就可以优先选择该方案。

其三,广告目标可以对广告传播的效果进行评估。在一项广告活动结束后,用预先设定的标准评估广告活动是否成功,可以判断和评价广告代理商的工作水准。

(二)广告目标的类型

按照不同的分类标准,广告目标可以划分为不同的类型。本章主要展示以下三种划分依据。

1.按照时间维度划分

按照时间维度划分,广告目标可分为短期目标、中期目标和长期目标。广告目标在确立伊始,就需要明确目标实现的具体指标和各指标的完成期限、起止日期,以使目标有计划、可执行、可监测。

2.按照内容维度划分

按照内容维度划分,广告目标可分为产品销售目标、企业形象目标和信息传播目标等。

产品销售目标是指企业通过广告传播活动促使消费者发生购买行为的目标;企业形象目标是指企业以树立企业形象、提高企业知名度和美誉度为主要内容的目标;信息传播目标是指广告信息在传播过程中对目标消费者产生影响以及影响程度的目标。

3.按照涉及范围划分

按照涉及范围划分,广告目标可分为外部目标和内部目标。外部目标是与广告活动的外部环境有关的目标,如市场目标(市场占有率、广告对象等)、计划目标(如销售量目标、销售额目标、利润率目标等)、发展目标(如树立品牌形象、扩大知名度和美誉度等)、竞争目标(如与主要竞争对手相比的广告投放量、媒体投资占有率、广告暴露频次等)。内部目标是指与广告活动本身有关的目标,如广告预算目标(包括投入目标、产出目标)、质量目标(包括广告传播的创意、文案、制作等)、广告效果目标(包括广告的传播效果、销售效果)等。

三、广告目标的确立步骤

传播学一般认为,信息传播对目标消费者的影响呈现"认知—态度—行为"层层深入的规律。广告活动也是如此,从最开始的目标消费者的信息接收,到目标消费者的态度形成,再到目标消费者产生购买行为,一些关键因素始终发挥作用。因此,广告目标的确立也主要围绕这些因素展开。一般来说,有以下三个步骤。

(一)确定目标受众

目标受众与目标消费者并不等同。虽然绝大多数品牌传播活动的目标受众主要是目标消费者,因为这一群体将最终产生购买行为,但从广告传播的影响意图来看,其"受众"应该是所有信息的接触者而不仅仅是消费者。将广告传播的目标对象表述为"消费者",强调的是对产品的消费,体现的是在营销上获利的功利观念;而将广告传播的对象表述为"受众",强调的是对产品或品牌的认可和接受,体现的是传播上的信息分享和平等沟通的观念。当然,广告主还希望通过传播来影响所有与自身发展有关系的人,因此广告的目标受众也呈现显著的多元性,除目标消费者之外,还包括品牌合作者、政府与官方组织、股东或投资者、内部员工及一般公众,我们可将其统称为利益相关者。

(二) 分析目标消费者最终需求行为

广告目标的设定应当与目标消费者可能发生的行为变化挂钩,并将通过广告信息的传播使目标消费者最终产生行为变化的程度予以量化。例如,设定广告想要达到的目标是促进新顾客的尝试性购买,还是强化老顾客的品牌忠诚度从而加快其使用频率。这些行为在很大程度上是可以量化并反映在广告目标的设定中的。

(三) 衡量广告目标的中间变量

所谓广告目标的中间变量,是指通过广告传播使目标受众产生反应的一系列衡量标准,如品牌认知、品牌知识、情感、态度等。中间变量可能同时有多个,确定广告目标就要判断哪一种中间变量与消费者需求行为之间的关系最密切,以及哪一种变量对广告投入而言最有经济价值。

第三节 广告传播的诉求及策略

广告若想达到预期的效果,就必须在策划、设计、制作和传播的全流程重视对消费者心理活动规律与特点的研究,巧妙运用心理学、传播学等原理,增强表现力、吸引力和感染力。广告信息首先作用于消费者的视听等感官层面,并在消费者的大脑中引起不同程度的反应,从而形成一系列复杂的心理活动,最终促使需求的产生和购买行为的发生。因此,我们将从广告引发消费者心理反应的过程这一角度出发,分析广告传播的不同诉求以及广告满足这些诉求的常见策略。一般而言,广告传播的诉求有引起注意、启发联想、增进情感和加深记忆。

一、引起注意

引起注意是产生广告效果的基础环节及首要因素。注意力主要由以下两种因素引起:刺激的深刻性,即外界刺激的强度及刺激物的突然变化;主体的意向性,即主体因需要或兴趣而自觉地将意识集中于某一事物。

这两种因素都指向了同一问题:人们最感兴趣的是什么? 因为只有人们感兴趣的因素才能对其产生强刺激。早在20世纪初,美国广告和营销心理学家丹尼尔·斯塔奇就对这个问题做了回答,他在长期的科学研究过程中得出结论:人们最关心的是他们自己! 1935 年,H. E. 沃伦在《购物缘由分析》一文中提出了经典的"八大生命原力"(life-force 8),即人类共有的8种与生俱来的基本欲望:生存、享受生活、延长寿命;享受食物和饮料;免于恐惧、痛苦和危险;寻求性伴侣;追求舒适的生活条件;与人攀比;照顾和保护自己所爱的人;获得社会认同。[①]

那么,如果从"原力"的角度出发来构思和创作广告,广告就同时具备了获得注意力

[①] 中国经济网:《广告大师告诉你:人们最关心的是——他们自己》,http://book.ce.cn/news/201712/07/t20171207_27149806.shtml,2017-12-07。

的两种基本因素,也就具备了得天独厚的通往成功的条件。正如扬雅广告公司所说的:"人们因为情感而购买商品,并用逻辑证明其正当性。故而要通过触及人基本的欲望和需求来激起情感反应。"① 以此为出发点进行广告创作,就可以衍生多种广告策略。当然,在广告中,性感、幽默、可爱、快乐、恐惧等元素都可以运用。接下来,我们主要从以下两种常见的角度来探讨。

(一)恐惧诉求策略

太胖、太瘦、太老、太穷、太黑、没有吸引力……人类的困扰形形色色却亘古不变,当然他们也希望通过各种方式变得更瘦、更丰满、更年轻、更富有、更白皙、更性感……所有这些蜕变指向了同一个终极目标:更快乐。于是,广告往往遵循"制造问题—解决问题"的思路,宣称品牌可以提供解决问题的好方法。以恐惧诉求为策略的广告就是其中的代表,它利用人们恐慌、焦虑等负面心理来制造压力,试图改变人们的态度或行为。

其中,恐慌情绪相对激烈和短暂,比如当面对火灾、车祸时。禁烟类公益广告、交通公益广告往往采用这种策略,通过激起人们害怕失去美好事物的恐慌(如健康、生命等)来促使人们采取正确的行动。

而焦虑情绪则更具持续性和隐匿性,比如在当前竞争激烈的时代人们普遍存在的生存焦虑、生育焦虑、年龄焦虑、知识焦虑等。贩卖焦虑在广告圈已经成为一种流行趋势,奥美广告公司曾在台湾"天下文化"出版社 25 周年庆时为其推出一篇长广告文案(节选):"我害怕阅读的人。一跟他们谈话,我就像一个透明的人,苍白的脑袋无法隐藏。我所拥有的内涵是什么?不就是人人能脱口而出,游荡在空气中最通俗的认知吗?像心脏在身体的左边。春天之后是夏天。美国总统是世界上最有权力的人。但阅读的人在知识里遨游,能从食谱论及管理学,八卦周刊讲到社会趋势,甚至空中跃下的猫,都能让他们对建筑防震理论侃侃而谈。相较之下,我只是一台在 MP3 世代的录音机:过气、无法调整。"② 文案大谈"害怕",目的是激起当代读者普遍存在的知识焦虑,从而激励、影响更多人开始阅读。

(二)追逐性感策略

在"八大生命原力"中,"寻求性伴侣"是其中重要的一种。对"性"的关注衍生对"性感"的追逐,这也是人类与生俱来的欲望和需求。在许多品牌的传播过程中,我们也经常能看到追逐性感的元素与创意,尤其是香氛、内衣、安全套等与性吸引力有天然相关性的产品,其广告也更容易采用这种策略。

以联合利华旗下男士护理品牌凌仕为例,作为一个为年轻男性而生的品牌,凌仕的定位是使男人的气味、质感和外表更具诱惑力,从而帮助男性在与异性的社交过程中有更出众的表现。凌仕自 2011 年 5 月进入中国市场以来,一直沿用其在欧美市场的宣传策略,主打强势提升男士吸引力。从凌仕创建的"凌仕天使""凌仕在新浪""凌仕在人人""凌仕在腾讯"等线上官方账号来看,凌仕在各大门户网站的传播目标明确,除了不

---

① 搜狐网:《如何把文案做到吸引人,文案怎样写才能做到更吸引人?》,https://www.sohu.com/a/418579709_120857250,2020-09-15。

② 搜狐网:《我害怕阅读的人》,https://www.sohu.com/a/126619710_480195,2017-02-18。

间断提供提升男性吸引力秘诀外,同时推出的还有系列"病毒视频",通过文字、视频、活动线上线下结合,引爆"凌仕效应"。

当女性经济越来越强势之时,凌仕异军突起,主打"男权回归",这一策略实施的初期在中国市场的传播效果尚佳。随着国内男性个护市场的逐年扩大,以及男性消费者对于男性个护产品的兴趣日趋多元化,凌仕这一男士个护全球领先品牌在中国市场的知名度与占有率却不尽如人意。2017年,Genudite 淳博传播成为凌仕新的营销代理公司,该公司经过市场调研后发现,凌仕一直以来主打的"荷尔蒙""两性"路线并不符合中国男性消费者的喜好,消费者普遍对凌仕有"轻浮油滑"的低端印象;中国的男性消费者更内敛沉稳,更喜欢低调地展现自己的魅力。① 换句话说,"性感"策略不是不行,而是要展示自己内敛的性感。凌仕开始根据这一洞察重新定位凌仕品牌形象,起用低调但兼具魅力的明星、网红为其进行广告代言,主张代言人用更干净整洁的外形,更好地释放自己身上的闪光点(见图6-2)。

图6-2 凌仕中国市场广告

性感广告的创作历来都是充满争议的话题,如对性感的展示度的界限,身体暴露多少为宜,对美女或帅哥的过度关注会不会影响受众对广告商品本身的注意等。因此,广告主在运用此策略进行广告创作时,应以法律为准绳,并根据社会的公序良俗、市场的实际情况等综合判断,做出最优方案。

二、启发联想

事物之间的共性和人对事物认知上的关联性特征,构成了联想的客观和主观基础。因此,企业通过在广告中适时引导消费者联想,能在一定程度上扩大品牌的认知广度。接下来,我们着重讲解扩大品牌联想的关键策略之一——为产品拓展使用场景,创造情境。

为什么要"创造情境"?当品牌给消费者构建了贴合现实、符合消费者实际情况的场景,进而引发消费者的"代入感""身临其境感"时,就能让消费者在各种各样的场景中体验情绪的起伏,消费者往往更容易被打动。之后消费者身处相同或者相似的场景时,也能快速地联想到相应的品牌。因此,扩大消费者能想到的使用情境无疑是提升品牌联想度非常重要的一环,反映在广告领域,"场景化广告"的广泛应用就是典型。

"场景化广告"即在广告片中营造各种消费者熟悉或给予其共鸣感的场景,让消费者能在相同或类似的场景下触景生情联想到品牌或产品,从而传达品牌的定位或价值,并提高产品销量或使用率。

---

① 数英网:《凌仕:品牌焕新,大胆"造势"!》,https://www.digitaling.com/projects/27731.html,2017-08-13。

有人的地方就有需求，就有场景。正如前文所说，人们最关心的是自己，广告传递出来的信息若能与消费者自身紧密相关、切中要害，自然能够从海量信息中脱颖而出，使得产品、服务获得消费者的青睐。尤其在碎片化、注意力稀缺的互联网时代，场景化策略的优势不言而喻。

(一)高效直连消费者需求，产品功能具象化展示

场景营销的本质是将生产、使用、购买场景前置，并充分利用投放渠道的场景特色，实现与消费者需求的高效直连，比如小米做 IoT(internet of things，物联网)产品营销时就打造了一种智能化的家庭场景。同样，场景广告也需要结合产品生产、购买、使用等环节和投放渠道的实际，真正从消费者感知、需求角度出发，通过内容创意强化消费者需求，进而触发其关注、了解、喜爱、传播、购买等行为。

智能家居广告就非常擅长运用场景营销。在韩国 SK 电信公司拍摄的《Mr. & Mrs. Smart》广告片中(视频链接：https://v.qq.com/x/page/p0182uzlkzd.html)，导演用诙谐幽默的方式展示了情侣之间的生活情趣，而这些让人啼笑皆非的情节恰巧发生在各种丰富且日常的智能家居场景中。

(二)细分品牌场景，开发消费新情境

随着市场经济的发展和国民消费水平的提升，消费者的需求越来越细化，消费情境也发生了极大的转变。比如，清凉型沐浴露在最初上市的时候非常受欢迎，其产品理念和功能也旨在更多地满足炎炎夏日里的消费群体。但后来沐浴变成了消费者的每日需求，清凉型沐浴露在冬季就失去了大部分的消费市场。因此，这也在提醒品牌，一定要根据市场变化轨迹，及时细分品牌场景，并主动开发新的消费情境。

梅见青梅酒于 2019 年上市，是重庆江记酒庄有限公司推出的青梅酒品牌。以往古人喝酒会以青梅佐餐，但如今的消费者不再像以前那么注重餐酒搭配，梅见定位"佐餐酒"就是想要重拾这一传统。基于此，品牌不仅与豪客来等餐饮品牌联名，还一直在不同城市辗转挖掘品牌与不同菜系间的交融碰撞。夏季的小龙虾是老饕们的席上贵宾，2022 年梅见联手成都、潮汕、长沙、南京四地的四大名厨，解锁梅酒与熟醉、卤煮、酗炝等不同做法的小龙虾的搭配场景(见图 6-3)。秋季的螃蟹同样也是上品佳肴，2021 年梅见和海派菜系研究者傅师傅推出了"好酒好蟹"联名礼盒，尝试将醉蟹与青梅酒搭配组合；2022 年，梅见又与盒马共同打造秋季限定产品"熟醉大闸蟹"(见图 6-4)，以此拓展梅酒季节性消费新场景。此外，煎饺、酥肉、烧烤等诸多食材均成为梅见的"速配嘉宾"，在探索餐饮细分场景和拓展消费场景的基础上，梅见成功将自己打造成国内梅酒品类市场占有率第一的品牌。

(三)产品特性形象化处理，精准触发消费者想象

消费者对于品牌的美好想象能在很大程度上引发其购买行为，因此品牌也可以适时通过各种方式主动触发消费者的美好想象。

以新锐科技感内衣品牌蕉内为例，严冬来临，如何既能展示产品材料特性，满足大众对冬季家居服的两大核心诉求——暖和与舒适，又能在情感上带给大众温暖感，让产品特点深入消费者心智呢？2022 年冬季，蕉内打出"像动物一样暖绒绒"的口号，并以

图 6-3　梅见×小龙虾宣传海报

图 6-4　梅见×盒马熟醉大闸蟹宣传海报

具有童话感的冬日场景展示品牌家居服触感松软、体感温暖的特性,这一创意基于品牌对产品特点的精准把握和挖掘。蕉内基于动物绒毛仿生技术,借鉴熊、兔子等不同动物绒毛的长度、曲度及结构,分别对应研发出半边绒、法兰绒等四款面料,实现产品的类动物手感和暖感。① 在将"绒绒家居服"保暖、舒适的触感形象化的基础上,蕉内聘请当红小生王一博代言(见图 6-5),短期之内全网曝光量就突破 1 亿 7600 万,微博话题"像动物一样暖绒绒"阅读次数突破 1.1 亿,讨论次数 124 万。超强的曝光率也极大地带动了销售转化,品牌广告《像动物一样暖绒绒》(视频链接:https://www.bilibili.com/video/BV1z14y1L73e/)在零点发布后半小时左右,绒绒家居服多款尺码断货。

---

①　北京晚报:《蕉内绒绒家居服保暖新升级!你真的搞懂各种绒了吗?》,https://cj.sina.com.cn/articles/view/1703371307/6587622b02002doqt,2022-10-12。

图 6-5 蕉内绒绒家居服宣传海报

三、增进情感

消费者的情感状态也是影响消费者购买欲望、购买行为的重要因素。消费心理学中的情感迁移策略告诉我们,品牌可以通过各种手段,将消费者对某事、某物、某人的积极情感迁移到品牌或产品上来。因此,广告也可以通过营造和渲染美好的感情来与品牌发生或明或暗的联系,建立起消费者对品牌正面的感情,如信任感、安全感、亲切感、美感等。

在增进品牌与消费者之间的正向情感方面,广告传播也有诸多策略,现列举其中几种。

(一)权威转嫁策略

权威转嫁策略是将具有很高可信度的人、机构等主体作为信源进行信息发布与传播,以将其流量、信誉度和号召力转移至品牌身上。权威转嫁是建立消费者信任感的重要方式之一。

我们先来对比如下文案。[①]

A. 这本书讲人性讲得特别好。

B. 扎克·伯格非常喜欢这本研究人性的书,也是他今年推荐的六本书之一。

A. 这个马桶非常好。

B. 你知道吗?纽约和芝加哥所有的希尔顿酒店都是用的这款马桶!

不难发现,文案 B 更容易让人信服,这就是权威转嫁的力量。消费心理学中经典的精细加工可能性模型(Elaboration Likelihood Model,ELM)认为,个体在接收说服性信息时,其态度改变遵循两条基本路径,即中心路径(central route)和外围路径(peripheral route)。当信息处理的中心路径启动时,信息内容对个体态度改变起主要

---

① 知乎:《打造爆款文案第三步:赢得用户信任》,https://zhuanlan.zhihu.com/p/335023399,2020-12-09。

作用;当信息处理的外围路径启动时,信息来源或者情境因素则对个体态度改变起主要作用。尤其当消费者在时间、知识、精力等方面较为匮乏时,他们在接受广告刺激时则更容易启用外围路径来处理信息,广告中的一些线索,如广告给人带来的感觉和体验,广告所用的名人代言等会更容易改变其态度。

20世纪90年代,周润发代言的"百年润发"电视广告(见图6-6)缘何能成为广大80后的集体记忆?(视频链接:https://v.qq.com/x/page/g0184odi1ju.html)说来有趣,"百年润发"的品牌名和周润发的名字机缘巧合地一致,而且周润发本人的荧幕形象也与品牌自带的亲和力高度吻合,单单这些因素就已使"百年润发"在品牌辨识度上占尽了先机。从中国传统文化的角度来讲,头发历来都与爱情和婚姻紧密相连,甚至被视为爱情的信物,而"百年"则是对爱情最美好的期冀。因此,百年润发这一经典广告片以中国人听得懂的京胡曲调作为背景音乐,不仅呼应了女主身处戏班的职业,也将国风贯彻到底。广告片的情节借古抒情:一对夫妇从相识相依,到被命运无情阻隔,最终将相思哀叹、柔肠百转、化作久别重逢时的会心一笑。短短一分钟光景,演尽了整整一生——"如果说人生的离合是一场戏,那么,百年的缘分更是早有安排。青丝秀发,缘系百年"。洗发水作为二人情感的象征和纽带,恰如其分地将中国夫妻"百年好合"的美好愿景融入"百年润发"的品牌诉求。百年润发广告播出当年,品牌所属的奥妮公司便取得了公司发展史上最辉煌的业绩——年销售收入达到8亿元,市场占有率达12.5%,仅次于宝洁。① 彼时,奥妮公司成为业界和媒体心目中"国产洗发水"的扛旗者。

图6-6　百年润发广告海报

如果品牌请不起明星代言人怎么办?或许下面这个案例会给人们一些启发。

某款希腊品牌的床上用品售价不菲,定位高端,一个枕头都要近千元。品牌方给广告公司提供了如下资料:12.3万平方米的工厂,25年的历史,曾获EFQM(欧洲质量管理基金会)颁发的金奖,高级椰果纤维,羊毛,棉制原料……在竞争对手的宣传文案里,这些都是老生常谈。如何写出新鲜感,让读者迅速感受到品牌的实力呢?一家广告公司在仔细阅读了该品牌的大客户名单后发现,许多国际高端酒店、航空公司都在用这家品牌的床品。该公司继续顺藤摸瓜,搜寻这些酒店和航空公司接待过的贵宾,终于在名

---

① 数英网:《周润发与〈一百年润发〉》,https://www.digitaling.com/articles/281385.html,2020-04-12。

单中找到国际著名影星乔治·克鲁尼,于是如下广告文案诞生了:"奢侈酒店为了客人们的舒适睡眠一向都很下功夫,所有床品尤其是枕头的选择,都必须是最高水准,让人们在一张陌生的床上都能舒缓压力,轻松入睡。如今不仅是阿联酋国家航空头等舱,还有希腊希尔顿、巴塞罗那丽思卡尔顿……这些奢侈酒店床品的供应商都是一个来自希腊的家居品牌CC。当年,乔治·克鲁尼和美女律师阿玛尔的婚礼引人瞩目,女方把婚礼选在了阿曼运河豪华酒店。这家古典气息的浪漫酒店,选品相当讲究,床上用品全部都来自CC。"①

该广告公司利用这种方式,让世界名人间接为自己"代言",真可谓高招。在发布该广告的当年,品牌超额21%完成了既定销售目标。

综上,权威转嫁的线索包括权威奖项、权威认证、权威合作单位、权威企业大客户、明星顾客、团队权威专家等,实施权威转嫁的关键点在于塑造权威的"高地位",强调权威设立的"高标准"。再进一步发散思维,企业如果找不到权威来推荐某一品牌,可以描述那些权威的认同该品牌的产品理念,以间接支撑该产品品质。

(二)用户证言

虽然权威身份很有吸引力,但普通人的身份同样能打动消费者,因为有时他们的说辞和亲身经历更容易让同样身为普通人的目标消费者有代入感和共鸣感。

同时,人们往往还有从众心理。为什么香飘飘"一年卖出3亿多杯,杯子连起来可绕地球一圈"的广告语让人心动?我们不妨从消费心理学的角度寻找答案:消费者普遍存在认知风险,即害怕因为做出某种行为或改变而承担损失或受到身体或心理的伤害等。为了尽可能降低认知风险,人们常常会有一种与多数人的选择趋同或保持一致的行为或心理倾向,这也在一定程度上解释了从众心理的存在原因。而消费者的这种普遍心理,也能为广告主好好把握并加以利用。

因此,品牌要学会挖掘用户证言,善于打造自己的品牌忠实推广人。爱彼迎(Airbnb)把有趣的房客和沙发客改写成一个个故事,在杂志、社交媒体、广告中扩散,每段故事都是当地的一种生活方式,也是一段奇妙的旅行指南。优步(Uber)则把每段搭车的故事,演绎成马路上的奇遇人生,比如打车打到直升飞机、搭车搭上CEO、搭车解决了单身难题等。这些吸睛的故事屡屡成为撬动社交传播的新闻热点。海底捞以其无微不至的周到服务而闻名,这也给它带来了大量的用户证言,大家纷纷在网络上分享自己在海底捞就餐的奇妙经历,而且很多用户的经历未经刻意营销,完全是网友自发传播,"只有你想不到,没有海底捞做不到"渐渐成了大家的共识,吸引更多的消费者光顾海底捞。

(三)双重角色说服

20世纪60年代,美国社会心理学家威廉·麦奎尔通过实验找到了改变抵抗态度的有效方法,并提出了经典的"预防接种理论"。他认为,当说服对象接触到对于基本信息的攻击,以及这些攻击的反驳时,原先接收单方面讯息的人几乎都受到了相反观点的影响,而那些原先接收正反两方面讯息的人的态度却没有发生明显变化。因此,要增强

---

① 知乎:《打造爆款文案第三步:赢得用户信任》,https://zhuanlan.zhihu.com/p/335023399。

一个人思想上的免疫力,可以使其同时接触正反两面的信息,经过预防接种的人在接触到对于基本信息的攻击(反驳)时会形成一种通用的免疫力。

因此,消费心理学中的"双重角色说服"是指品牌或商家在展示己方观点或于己有利的材料时,也以某种方式展示对立一方的观点或不利于自己的材料。这种"预防接种"手段会使得自己的宣传信息更有说服力,也会使消费者一定程度上对竞争品牌的宣传信息免疫。例如,2016年宝马迎来了自己100岁的生日,作为品牌一直以来的竞争对手,奔驰发来了它的生日祝福,广告文案幽默又有风度:"感谢100年来的竞争,没有你的那30年其实感觉很无聊!不为胜负,只为同道。"①奔驰大方地向公众提示竞争劲敌宝马的百年历史,但同时不忘宣传,自己其实更"老牌"。

需要注意的是,虽然双重角色说服在劝服消费者过程中十分有效,但品牌绝不能通过恶意贬低竞争对手的方式来抬高自己,一方面,这种行为属于不正当竞争,可能会触犯法律,我国广告法明文规定"广告不得贬低其他生产经营者的商品或者服务";另一方面,也容易拉低品牌自身格局,反而不利于消费者建立对品牌的好感。

四、加深记忆

对广告信息的记忆是消费者做出购买决策的重要前提和条件。因此,在广告设计和传播中,企业应该有意识地加深消费者对产品或品牌的记忆。满足广告这一诉求的常见策略有以下几种。

(一)适当重复

销售市场有这样的金句:"想要完成一笔交易,平均需要打7个电话。"同样,在广告传播中,重复是一个很重要的技巧,诺贝尔经济学奖获得者康纳曼认为,使人们相信一个概念或事物的方法就是不断重复。因为人们很难分辨熟悉感和真相。熟悉的事物会让人们放松认知,从而做出舒服且轻易的判断。

重复的广告播放也能给人带来心理累积暗示,因此,一些广告惯用的手段就是连播三次,或者是在一则广告中反复重复品牌的名称。无论是"一年逛两次海澜之家",还是"妇炎洁 洗洗更健康",诸多深入人心的品牌广告都采用过重复的广告策略。广告大师大卫·奥格威也曾揭示宝洁公司的广告奥秘,他提出宝洁用视觉和听觉手段,竭尽全力传播品牌名称——多数名称短小简洁,在广告的头10秒钟出现,之后一般重复3次。同样,广告用语言传达产品承诺,并充分利用各种信息进行强调,在广告结尾一般会再次重复产品承诺。②

(二)广告口号与广告音乐

广告口号属于"文字钉"的范畴,可以将品牌印象深刻地"钉"进消费者心智。好的广告口号可以通过简练的韵律、流行的元素等帮助消费者快速记住品牌卖点,让品牌传播达到事半功倍的效果。王老吉的广告口号一开始是"健康相伴王老吉",其年度销售

---

① 今日头条:《宝马100周年,奔驰表白:没有你的30年很无聊!宝马精彩回应》,https://www.toutiao.com/article/6276320187911782658/,2016-04-22。
② [美]奥格威:《奥格威谈广告》,曾晶译,机械工业出版社,2013年版,第165页。

额只有200万；改成"怕上火，喝王老吉"之后，其年度销售额增加到了200亿。在这个过程中，广告口号居功甚伟。

同样，广告中音乐的重要性也不言而喻，它可以表现或烘托广告主题，有助于突出广告内容的形象，便于介绍某种商品及其相关知识，加深消费者对商品和品牌的记忆。在运用音乐进行广告创作的过程中，产生了一种特殊的广告品类别——音乐广告，除了歌曲本身是宣传点外，品牌本身同样也是宣传主角，两者相辅相成，相互成就，达到1+1>2的效果。本章开篇为大家介绍的百度主题曲《你说啥》便是其中代表，它的歌曲悦耳，歌词玩"梗"，情节紧凑，演员有趣，并通过不断重复"你说啥""你不会自己百度吗"等歌词对品牌进行强调，加深了看客的记忆。

再如，响彻海内外的华为品牌曲《Dream It Possible》就是华为独特且识别度极高的品牌标识之一。该曲由国际著名音乐人安迪·勒夫作曲，由有"小阿黛尔"之称的美国歌手德拉西演唱，于2015年在华为Mate8的发布会上首次亮相。华为后来与好莱坞影视制作公司Wondros共同打造了《Dream It Possible》的海外宣传片（视频链接：https://www.bilibili.com/video/av328688940/），短片动人地演绎了一个热爱音乐的女孩追梦、蜕变的人生旅程。这首歌迅速在全球走红，网友戏称华为"是一个被通信行业耽误的音乐公司"。音乐可以打动人心，科技可以改变世界，华为用经典的品牌歌曲在消费者心中建立了独一无二的印象。

(三)推理式论证

理解是记忆的前提，人们通常对于能理解的事物记忆深刻，所以广告要善于化抽象为具象，通过深入浅出的说明解释，加深消费者的理解与记忆。广告可以通过实验、例证、对比等手段，将产品品质进行具象化呈现，打造产品的高质量、高标准形象，以此向消费者提供购买该品牌的确凿证据与理由。

在宝洁的经典广告策略里，比较式实验手法当属其一，它在宝洁系列产品的扩张之路上几乎无往而不利。无论是洗发水还是洗衣粉，宝洁的品牌广告都喜欢将效果以最直观的实验形式呈现出来：或是用自己的品牌与竞争对手的品牌进行产品试用效果对比，或是将自己品牌产品使用前后的效果进行对比，或是将以往经验和品牌尝试后的效果进行对比。广告中，消费者的亲身体验进一步凸显对比的戏剧化效果，产品记忆点由此深入消费者心智。由国内著名小品演员郭冬临领衔主演的汰渍洗衣粉广告一度是国内90后观众心中的广告经典，广告以普通消费者的生活场景开篇，接着，广告主角拿出一件领口超级脏的白衬衫，将其泡在兑了某品牌洗衣粉的水中轻轻揉搓，片刻后衣领洁白如新。众人惊呼"太干净了"，广告揭秘：是汰渍洗衣粉。接着，"有汰渍，没污渍"的广告语在结尾点题，朗朗上口的"语言钉"瞬间强化了消费者的印象。（视频链接：https://www.bilibili.com/video/BV1K7411T75s/）

五、总结

以上是广告引发消费者心理反应的一系列过程及相应的广告诉求，在此基础上我们探讨了满足这些诉求的常见广告策略。广告主需要根据产品或品牌所处的不同发展阶段、特定的传播目的等因素对这些策略进行灵活组合和运用。

此外，从消费心理学角度看，消费者对一种商品的态度主要取决于该商品能否满足自己的需要，因此，我们还可以更主动地对消费者进行"动机唤醒"，也就是使他们的特定需求显性化，从而对产品或品牌形成积极态度。比如，品牌方可以将他们的产品与消费者的重要需求联系起来，以此来形成或改变消费者的态度，刺激消费者购买；也可以向消费者展示他们没有考虑到的产品效用，由此来激发消费者的需求与动机，改变消费者的态度以支持某产品；还可以通过引起消费者的好奇心，激起消费者的信息需要，促使消费者更详细地了解产品。

第四节　广告传播的发展趋势

从传统媒体时代到互联网时代，再到如今的移动互联网时代，面对纷繁复杂、瞬息万变的传播环境，广告传播规律也呈现出历史性变化。这里对不同时期的代表性广告传播法则模型进行总结，它们综合反映了广告传播的发展趋势。

一、传统媒体时代广告传播的 AIDMA 法则

在传统媒体时代，广告主牢牢把握着信息传播的主动权，其信息传播金字塔顶端的地位不可撼动；处于信息传播另一端的受众在接收信息的同时鲜有便捷、畅通、有效的反馈渠道，个性化意见和需求被简化成了"看与不看""听与不听"，信息传播的单向性明显。在这种信息不对称的环境下，广告主往往通过强大的报纸、杂志、电视等媒介，广泛发布产品信息，动态引导消费者的心理过程，刺激其购买行为。

传统媒体时代这种近乎"集权式"的传播方式直接促成了单线性的营销关系的诞生，1898 年美国广告学家 E.S·刘易斯提出的 AIDMA 法则是这一营销关系的集中写照。该法则揭示了这一时期消费者对于营销信息的反应模式，认为消费者从接触营销信息到发生购买行为，大致要经历五个心理阶段：引起注意（attention），产生兴趣（interest），培养欲望（desire），形成记忆（memory），购买行动（action）（见图 6-7）。

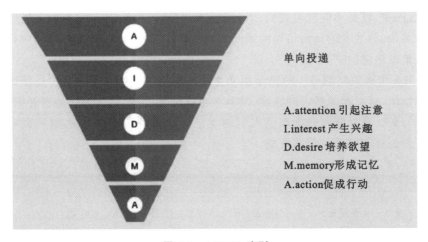

图 6-7　AIDMA 法则

AIDMA法则注重营销效果的遍布效应、累积效应和共鸣效应①。在传统媒体时期,一方面,广告主以引起注意为首要任务,是否能让消费者真正获得良好评价似乎并不重要,因为广告带来的负面情绪、消费者的个性化需求由于反馈渠道的缺乏无法被直接呈现出来。因此,这一时期的广告在生产和传播的过程中具有内容刺激性强、传播范围广、多次重复的特征,另一方面,广告内容"简单粗暴"的倾向也很明显。比如,2004年国内太极急支糖浆广告中猎豹追美女的桥段(见图6-8)让众多观看者摸不着头脑:它到底要表达什么?殊不知,它借用的是麦当劳一个曾获奖的广告创意:一只老虎猛追一个手中拿着麦当劳汉堡包的人,人即使命悬一线也不肯丢弃汉堡,而老虎不想吃人只想吃汉堡。不过,急支糖浆还是由此衍生了"急支豹"品牌IP。

图6-8 太极急支糖浆广告

无论是汇仁肾宝片的"他好我也好"、北极绒保暖内衣的"地球人都知道",还是妇炎洁的"洗洗更健康",姑且不论道德和审美高标,这些广告在当年靠着"重要的事情说三遍"的连播策略和强刺激性的情节设置火了一整个时代。它们在广告"引起注意"的环节无疑是成功的,也确实玩转了传统媒体时代广告传播的规则。但有时,简单、机械性重复的广告也很容易让人产生视听疲劳,甚至被网友评为最讨厌的广告类型。不过,这类重复式广告的赞成派则认为,广告让人厌烦不可怕,无法让人记住才是失败——要么爱我,要么恨我,就是不能忽视我们。值得反思的是,互联网时代的消费者已经不再是沉默的大多数,消费者的负面情绪能瞬间淹没广告所带来的正向增量,给品牌带来的负面效应是难以估量的。

AIDMA法则关照的是一种完全由卖方主导的营销,企业主利用大众媒体引导观众的心理情绪,从引起消费者的注意,使其产生兴趣和欲望,一直到让消费者记住产品,最终促成购买。在互联网开始改变人们的生活方式之前,AIDMA法则一直在指导着有效的广告创意和实效的营销策划。②

---

① 崔玲美:《一文讲透用户消费行为模型(AIDMA、AISAS、SIPS、SICAS、ISMAS)》,https://zhuanlan.zhihu.com/p/146319118,2020-06-09。
② 刘德寰、陈斯洛:《广告传播新法则:从AIDMA、AISAS到ISMAS》,《广告大观(综合版)》,2013年第4期。

二、互联网时代广告传播的 AISAS 法则

在互联网 2.0 时代,消费者对于互联网的关注逐渐超过传统媒体,后者的生存空间受到强力挤压。2014 年 60 个城市的 CNRS① 数据调查显示,互联网媒体、手机上网占据受众媒介接触的第一、二名,分别达到了 100% 和 91.4%;位列第三、第四的媒介接触为户外媒体与电视,分别为 88.7% 和 77.1%;而广播、报纸和杂志的接触率分别以 16.1%、42.3%、49.2% 列于倒数三位。② 传统媒体时代已一去不返,新媒体凭借全时性、便利性和互动性的传播特点牢牢占据用户市场,商家在互联网的广告营销费用不断上涨,网络广告的生产与传播蔚为大观。消费者的媒介接触习惯和信息使用习惯都发生巨大改变,呈现小众化、个性化、碎片化的趋势;他们也早已不是沉默的大多数,在信息接收和反馈方面都更加主动,可利用的渠道也更加多元。互联网媒介生态带来营销新趋势,也急需新的营销规则,彼时,AISAS 法则应运而生。

2005 年,国际 4A 广告公司日本电通广告集团提出了 AISAS 法则(见图 6-9),AISAS 中的字母分别表示 attention(引起关注)、interest(产生兴趣)、search(主动搜索)、action(采取行动)和 share(进行分享)。

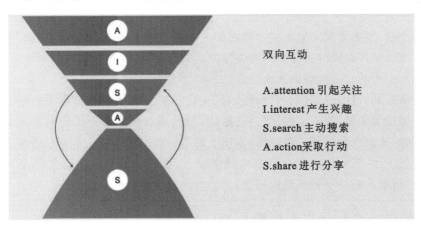

图 6-9 AISAS 法则

相较于传统的 AIDMA 法则模型,AISAS 法则模型中添加了两个来自互联网的典型行为模式——search(搜索)和 share(分享),这也深刻反映出互联网时代用户在媒介接触和信息使用方面的变化。

一方面,用户的消费习惯从被动向主动转变,消费者不再相信单一的信息来源,数字化时代的他们通过不同信息渠道和搜索路径收集、分享、比较信息,以此获得更符合自身需求的内容。消费者在进行购买决策的过程中,常常会通过互联网搜索、对比产品信息,货比多家已成为他们的常规操作。另一方面,人们还可以在不同的平台与更多的消费者分享信息,为其他消费者的决策提供依据。总体而言,品牌传播不再简单地被广告营销者左右,用户的主体性得到更多的凸显。

---

① CNRS(China National Resident Survey,中国城市居民调查)是在中国大陆进行的关于城市居民媒体接触习惯、产品及品牌消费习惯和生活形态的同源连续性大型市场调查,于 1999 年根据国际规范建立。
② 朱江丽:《全媒体整合广告:策略与案例分析》,中国人民大学出版社,2016 年版,第 4-5 页。

AISAS法则模型也强调品牌商家与消费者之间的互动关系,消费者信息反馈与分享机制的建立和不断优化,不仅促使企业开始纷纷搭建兼具消费者交流和品牌营销功能的企业网站,还在客观上推动了精准营销技术的发展,如搜索引擎优化(search engine optimization,SEO)和搜索引擎营销(search engine marketing)等技术的出现,使跟踪、研究消费者的行为习惯以进行精准营销成为可能,也在客观上促使广告主愈发青睐互联网广告投放。与此同时,广告主更加注意网络口碑,由此出现了"水军"等营销新形式。

例如,2008年汶川大地震期间,王老吉品牌在央视的赈灾晚会上承诺捐款一亿来帮助汶川人民抗灾救灾。此声明一出,引起全国轰动。接着,王老吉又趁热打铁,通过大量网络推手在各大互联网论坛和社区对此进行宣传和话题设置,引导网民参与事件讨论。公众的议程进一步发酵成为媒体议程,各大门户网站开始重点关注此事件,大量的平面媒体也开始转载相关文章,引发了新一波舆论高潮。2008年5月20日,网上出现一篇"封杀王老吉"的帖子,但点进去一看才发现,该帖名为"封杀"实为号召网友买空王老吉货架——"让王老吉的凉茶不够卖!让他们着急去吧!""要捐就捐一个亿,要喝就喝王老吉!"该帖再次引发全民关注,将事件推向新一轮高潮,这背后同样是大量的网络推手。王老吉从扩大企业品牌的影响力这一目的出发对事件进行炒作,并设计出"要捐就捐一个亿,要喝就喝王老吉!"这样朗朗上口的口号来占领消费者的心智,为品牌树立了具有家国情怀和民族责任感的企业形象,不仅促使王老吉短期内销量大增,还让这一品牌的影响力和知名度得到大大提升。

但应该看到,这一时期广告营销模式的变化仍未脱离传统营销模式的框架。互联网新技术如搜索引擎广告、富媒体广告、品牌图形、视频弹窗等形式仍然是网络广告的主流,这和原来的大众媒体广告一样,本质上都是一种广而告之。不管是传统大众媒体还是互联网平台,媒体依旧是营销策略的中枢,而吸引消费者的注意依然是其首要目的,所谓的精准营销并不是全新的概念,只是对消费者重视程度的加深。

三、移动互联时代广告传播的 ISMAS 法则

随着市场经济的发展,社会关系、市场结构、社会观念等一系列事物的整体性都遭到了新媒体技术的冲击,诉求的差异、利益族群的异质、文化部落的间隔等在很大程度上加剧了媒介的碎片化和用户的碎片化,用户的注意力更加难以集中。如何在信息爆炸的环境下将广告信息精准投放给目标群体并说服目标群体,成为广告发展的全新挑战。

同时,随着5G时代的到来,网络和移动支付等技术渐趋成熟,移动互联网开始全面介入消费生活,现实空间与虚拟空间、私人空间和公共空间的日益重叠,也带来消费者行为模式的巨大变革。尤其在2020年疫情肆虐全球后,消费者大规模转向线上消费,刺激了全球电商零售行业的快速发展。2019—2020年,欧美及亚太地区主要国家的电商整体零售额实现了15%以上的高速增长。[①]

---

① 亿邦智库:《2021 跨境电商发展报告》,https://www.sohu.com/a/497394719_121094725,2021-10-26。

以上这些因素都促使广告传播模型产生更新,在这种背景下,2011年北京大学刘德寰教授提出了更符合移动互联网时代新消费趋势的ISMAS法则,即interest(产生兴趣)、search(进行搜集)、mouth(参考口碑)、action(促成行动)和share(扩散分享)(见图6-10)。

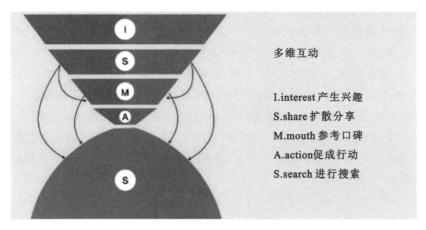

图6-10　ISMAS法则

相比前一时期,移动互联时代ISMAS法则中有两个显著变化。

1. 以吸引注意为首要任务变成以消费者兴趣为出发点

对于移动互联网下习惯了主动使用媒体的消费者来说,兴趣成了一切行为的出发点,因此,这一阶段的广告营销也扭转了思路,开始将消费者感兴趣的、有用的产品置于一切生产、营销活动的最前端。大数据等技术的加持更是保证了这一思路的落地,通过对客户消费数据和市场交易数据的抓取和详细分析,企业不仅能够掌握客户的消费行为特征,制定并不断改进更为符合客户需求的营销策略,还能够了解市场的发展变化。① 网络营销在科学性和精准性方面均有了飞跃式提升。

2. 注重消费者口碑传播

AIDMA法则和AISAS法则重要一环也是最难逾越的一环在ISMAS法则中得到了实现,即消费者的口碑。它认为,社交媒体时代人际关系被重塑,现实情境中口碑的形成过程会进一步延伸到社交网络上,后者在传播广度和传播速度方面都更具优势。因此品牌更应重视消费者的分享行为,即口碑的价值,它在很大程度上影响着消费者决策。大量的研究表明,口碑是最有影响力的沟通渠道之一,消费者一般认为口碑比营销者导向的沟通,如人员推销、广告、公共关系等更有可信力。在多样化的媒介环境下,寻求在消费者中产生积极的口碑已经成为营销者的重要工具。②

于是,以消费者为中心的广告营销模式开始不断更新迭代。相对于原来遍布互联网的弹出式广告、软文,这一时期的广告营销变得更贴近消费者的实际,更紧密地嵌入消费者生活,广告创意、形式也充分结合投放渠道的特点,营销变得"无孔不入"。因为一旦真正从消费者感知、需求角度出发,不仅能够直达有效受众,减少对广

---

① 李静:《基于大数据精准营销的网络营销策略研究》,《商业经济研究》,2017年第11期。
② 李琪:《意见领袖在信息处理过程中对消费者购买意向影响的实证研究》,上海外国语大学,2018年度。

告资源的浪费,还能深度影响目标消费者,同时能获得更好的口碑传播效应及转化效果。

宝洁大中华区创新投资部总裁何亚彬曾说:营销界正在面临"去广告化"的严峻形势,越来越多的人,特别是年轻人正在脱离广告的触达——看电视的人逐渐减少,视频网站可以买会员去广告,信息流广告可以一秒划过。① 人们离手机很近,离手机广告很远,这给品牌营销带来了极大的难题——人群在主动"去广告化",能够有足够触达率的广告媒体越来越少,越来越稀贵。也因此,电梯媒体由于能覆盖人们每天上下班必经的公寓楼、写字楼电梯间,实现每天 4—6 次的高频触达,同时解决时间、媒介两大传播因素,而越来越受品牌追捧,电梯广告成为各大品牌进行广告 PK 的主战场之一。人们在乘坐电梯时往往处于"注意力空闲"的阶段,此时对其进行广告投放往往能产生意想不到的效果。益索普的研究也显示,2020 年 TOP10 热门、高辨识、占据心智的广告语中,47%的消费者认知渠道源于电视广告,56%源于互联网媒体,83%源于电梯媒体,83%流行广告语由"电梯制造"。②

例如,2020 年,山西黄河中药有限公司旗下中成药品牌颐圣堂就在分众电梯上推出一个电梯按键专用纸巾的广告(见图 6-11)。电梯封闭空间是病毒二次传播的高危场所,每个人看到这个广告上的纸巾盒,必然会多看一眼,在感动于品牌人文关怀的同时,也会对其产品产生好感。

很多品牌在投电梯广告时都忽略了一个最根本的问题,那就是大卫·奥格威的那句名言——"令人厌烦的广告是不会让消费者为其买单的"。在疫情长期蔓延、大环境遇冷的时候,人们更需要的是温暖、关爱、走心,而不是贩卖焦虑、吵闹和扎心。更重要的是,随着品牌的觉醒和创意的回归,电梯广告正在实现从"有用无趣"到"有用有趣"的过渡,以分众为代表的电梯媒体,很可能会成为下一个广告营销的创意爆发地,届时,电梯媒体的商

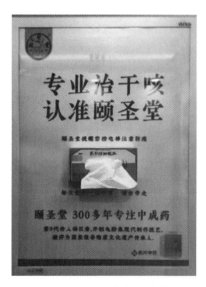

图 6-11 颐圣堂电梯广告

业价值也将进一步攀升。因为对于品牌来说,同时具备高频触达、强制收视、免干扰、创意内容的广告媒介,几乎是没有的。而随着创意的集中爆发,电梯媒体很可能会成为那个"唯一"。

四、总结

需要说明的是,以上兴起于不同时期的广告传播法则模型并没有"过时"一说,它们对于处在不同发展阶段的品牌均有不同的参考价值和意义。例如,最早的

---

① 36 氪官网:《宝洁何亚彬:不能一味追求曝光量、ROI,营销最重要的是触达》,https://www.sohu.com/a/169685326_114778,2017-09-05。

② 砍柴网:《一文读懂 2021 年中国广告媒体发展六大趋势》,https://baijiahao.baidu.com/s?id=1693543505458711365&wfr=spider&for=pc,2021-03-07。

AIDMA法则同样适用于当前的植入广告。美特斯邦威在电视节目《奇葩说》中植入广告后,相关网络调查显示,该品牌在90后消费群体中的品牌认知度、好感度和购买意愿显著提升。拼多多每年用于电视节目冠名的花销巨大,并通过这种方式快速占领消费者心智。拼多多发布的2021年四季度及全年业绩财报显示,拼多多2021年销售和营销费用达到448亿元,同比增长9%,主要用于促销和广告活动。在巨额营销费用带动下,截至2021年底,拼多多年活跃买家数为8.69亿,该数目已远远超过京东等电商平台。

案例

六神的品牌年轻化营销战:做个"逆生长"的国民小清新[①]

一、案例概述

1990年,六神花露水上市,并迅速占领市场。这瓶花露水大有来头,它把从六味天然植物中草药中萃取的"六神原液"加入传统花露水,创新性地将传统中医药文化和现代科技结合起来。多年来,六神在花露水市场上的霸主地位不可撼动。但随着85后、90后,甚至95后消费者的崛起,六神面临形象老化、销量增长趋缓的困境,如何赢得年轻群体的心,成为品牌延续活力所面临的首要问题。于是,六神决心开始品牌年轻化的探索。

伴随着2012年品牌短视频《花露水的前世今生》的一炮走红,六神似乎"一夜回春",并接连发力,乐此不疲地推出《一个关于艾的故事》《中国智慧的正确打开方式》等集科普与趣味于一身的"病毒式"广告。2015年,六神和90后音乐偶像胡夏携手打造了六神品牌单曲——《裸夏》,2016年更是与多位当红新生代"小鲜肉"合作。随后,六神又与RIO鸡尾酒、光明牛奶、INXX、KFC、安踏等众多品牌发布联名款,跨界营销做得风生水起,收获了众多"年轻粉"。从品牌在整合传播中的发力势头来看,六神在数字新媒体传播的资源投放力度不断攀升,其在互联网上的品牌声量早已盖过了传统媒体,这在老字号国货品牌中也算是标新立异了。

传统知名品牌如何年轻化,如何更具活力,是今天传统企业在打造品牌和推广产品中普遍面临的问题。六神坚持立足于传统中医文化,积极发展中医中草药的现代化演绎及应用,在品牌年轻化方面投入的资源呈逐年扩大的态势。在各种围绕主题的强曝光下,六神更加贴近年轻群体,进一步巩固了其在夏天个人护理细分市场上的地位。

二、解析与点评

六神"越活越年轻"的背后,离不开上海广告代理公司Verawom的精心

[①] 广告门:《六神的网红经:做个"逆生长"的国民小清新》,https://www.toutiao.com/article/6311831328955089153/? wid=1689674892508,2016-07-27。

策划与实施。仔细分析,六神在品牌年轻化战略方面的特色与优势值得许多传统品牌学习借鉴。

(一)市场细分及品牌再定位:亲近年轻派,聚焦夏天

六神之前一直强调"全家共享",因为以往家庭主妇是花露水的主力购买者。但六神近年的市场占有率有所下降,市场调研结果显示,80、90后渐渐成为消费主力军,但妈妈一辈购买花露水的习惯并未延续到他们身上,未能及时抓住这批年轻消费者也成为六神品牌营销的痛点,六神不得不承认,自己确实"老了"。与此同时,宝洁、联合利华等跨国巨头开始如法炮制"中药牌",国内隆力奇等竞争者也开始贴身近战,六神可谓面临"内忧外患"。

于是,六神将品牌目标消费者设定为18—35岁的年轻人,旨在彻底唤起80、90后消费者的童年回忆,占领这片蓝海。面对外资疯狂涌入国内市场的冲击,六神反而愈发坚定信念,明确中药文化是品牌的立身之本,同时将自己定位为"有活力的夏天必需品",聚焦夏天个人护理细分市场。

与此同时,六神花露水也在不断挖掘和拓宽新的使用场景和功能,花露水不再仅用于夏天止痒、防蚊虫,它清凉、提神醒脑的功能也被品牌用来大做文章,甚至凭此成为每一年高考前后的热门单品。家庭出行、短途露营、运动前后、开车疲倦时、盛夏高温季……一系列产品使用场景被迅速开发出来,六神在培养市场的道路上越走越顺。

(二)广告创意

1.科普与玩"梗"并重

2012年夏天,一支名为《花露水的前世今生》的动画短片(视频链接:https://v-wb.youku.com/v_show/id_XNDIxNjA5MDIw.html)开始刷屏,短片风趣幽默地讲述了花露水的历史,看似简单的内容是六神数年素材积累的结果。该短片上线三周就获得超过30万次转发评论、1600万次点击浏览量。尝到甜头的六神开始将视频短片作为品牌与年轻群体沟通的特殊方式。后来,六神又先后发布多条"病毒式"视频广告:《玩转花露水》讲的是花露水的多用途,包括驱蚊、花瓶、擀面杖等十余种从消费者那里收集到的奇葩玩法;《中国智慧的正确打开方式》则侧重对中国传统草药艾叶的科普,妙趣横生地突出了中西方文化、古今时代的差异,也更含蓄地表达了本土日化品牌对于中国传统中药文化的尊重与传承。

为了吸引年轻消费群体的关注,六神团队紧贴流行趋势,在短片中频频玩"梗",加入诸多网络语言。为了避免过犹不及,六神的制作团队为广告片设定"朴实无华、厚重、平易近人、幽默、无压力感"的基调,执行细节亦被精心把控——短片基调色彩与六神视觉识别系统色彩颇为接近,对字体亦有所考量。

六神团队坚持内容为王,用简单、明了的手段去表达充满知识性、趣味性的东西。六神在短视频方面的系列操作为品牌奠定了朴实又新潮、厚重又新颖的基调。

2."反差式"产品形象打造

六神不光在视频广告内容风格上有反差,在产品形象塑造方面亦牢牢把

握了反差感,彻底让消费者无法忽视——明明是快速消费品,偏偏拍出了奢侈品的感觉。短片中提及六神某些款式的花露水味道和香奈儿5号、爱马仕尼罗河香水等类似,因为六神所加香精与高档香水相同,亦经过冷冻、过滤等诸多加工环节;而香味类似的原因并非六神的抄袭,而是其每年与国际香精公司合作,紧跟香型趋势。

2020年,恰逢六神30周岁,它隆重推出30周年限量版花露水系列,"平民奢侈品"的氛围感被六神轻松拿捏。与此同时,品牌邀请华晨宇等一众明星为其代言,续写永不褪色的经典味道。

3."怀旧式"情怀唤起

六神的一步步短片投放策略之所以走得如此稳,底气多半源于它是众多80、90后心中的童年记忆。"在滴了几滴六神花露水的木桶里洗澡"、夏天"用花露水擦凉席"……这些素材均来自消费者的亲身经历。六神的中草药创新与生活的亲近感一度成功唤起目标消费者的怀旧情怀,"想回到过去"是多少成年人的奢望,一些"重度消费者"甚至会从国内购买数十瓶花露水带至国外——仅仅是为了怀念儿时的亲切感觉。

(三)品牌传播策略大转变:押宝新媒体,精准输出

以往六神的品牌传播策略是先安排传统媒体如央视、卫视及地方台的电视广告,余下的小部分费用再考虑网络新媒体的投放和公关营销,但传统媒体广告费用已逐渐让六神不堪重负,此外,传统媒体的传播效果单向且难以评估等劣势也很难让品牌真正贴近消费者。

既然要将"年轻化"贯彻到底,当然需要从年轻人的生活方式与场景出发选择传播渠道。从2016年开始,六神摒弃了稳扎稳打的传统媒体投放套路,开始转战网络新媒体营销平台,这一战略思维的调整使得六神终于可以在互联网上大展拳脚。这在大型快消日化品牌中可谓突破之举。六神的网络营销大致分为TV/OTV①、视频媒体IP栏目合作和EPR②三个层级。

TVC方面,《六神在手,一夏无忧》等场景化广告,尽显活力、青春,将年轻人的生活、工作场景与六神产品串联起来,加深消费者的认知度。

视频媒体IP栏目合作方面,六神将发力点落在年轻人喜欢的一些热门影视综艺IP栏目上,让品牌在诸如《跑男》《挑战者联盟》《花样姐姐》《好先生》等节目中进行高频次曝光。

EPR方面,品牌根据数据公司严谨的数据分析与调研结果,选择一批对年轻人最有号召力,并与六神产品的关联性与契合度都十分高的明星、热门网红进行代言,并携手KOL等进行内容深度合作,形成传播矩阵,与年轻消费者形成亲密互动,打造风靡90后朋友圈的网红花露水。

三、案例启示

正如六神在其广告中所说的:"全球化的浪潮正席卷整个世界,我们在学

---

① OTV是ONLINE TV的简称,即线上电视,终端主要是电脑屏幕和移动端屏幕。品牌行业里面说的OTV一般是指贴片广告、插播广告等。

② EPR即electronic public relationsystem,网络公关系统。

习外来文化的过程中,不断获得也在不断失去。我们希望实现民族的伟大复兴,也希望留住那些快速发展中遗失的情怀。"

随着越来越多的年轻消费者成为主流的消费群体,品牌年轻化几乎成了所有拥有历史的品牌的共同挑战。品牌年轻化之战迫在眉睫,要想成功突围,关键在于洞察年轻群体的消费需求,在传统渠道以外,找到年轻人聚集的平台,用他们感兴趣的方式进行沟通,以此取得年轻消费者的好感。

六神的成功转型,关键是对市场的强力洞察,在此基础上深挖需求并与时俱进。六神近年来的品牌整合传播战役打得相当漂亮,强化了消费者对六神品牌夏天属性的认知,更深化了品牌在年轻群体中的影响力,成功实现"逆龄"生长。

【问题】
1. 六神为什么要进行品牌转型?
2. 六神的广告是如何契合品牌的新定位的?
3. 六神为什么可以和年轻人"同频"?关键因素在哪里?

课后思考题

1. 在整合品牌传播中,广告发挥着什么作用?
2. 运用权威转嫁策略进行广告创意时,需要遵循哪些原则?
3. 如何通过广告启发目标消费者进行品牌联想?

第七章　整合品牌传播的公共关系

> **本章学习要点**
>
> 1. 公共关系的内涵及作用。
> 2. 公共关系与新闻、广告的联系与区别。
> 3. 公关关系的基本模式。
> 4. 品牌公益传播的原则与策略。
> 5. 品牌危机公关的原则与策略。

引例

腾讯公益"小红花",传递爱心你我他[①]

腾讯投身公益事业已有十几个春秋,这对于一家成立二十多年的企业来说,实属不易。早在 2006 年,腾讯就开始策划成立慈善基金会。2008 年,腾讯发布的《腾讯企业公民暨社会责任报告》确立了"一个平台、两个互动、三大方向"的公益战略,此后,腾讯一步步将企业的公益事业做成了品牌 IP。多年来,腾讯围绕公益进行的公关活动,为其品牌形象的建立打下了坚实基础。

2015 年 9 月 9 日,腾讯公益联合国内数百家公益组织、知名企业共同发起了中国第一个互联网公益日——"99 公益日"。互联网公益日发起的前几年,因其低门槛、多形式的公益特色,募捐情况可喜。短期内获得热度和流量并不难,但如何鼓励用户、留住用户,让用户将互联网公益作为日常习惯和持久投入,是腾讯公益持续发展所要解决的核心问题,2018 年"小红花"品牌元素的出炉很好地回应了这一问题(见图 7-1)。

"小红花"是国人童年的集体记忆,儿时从老师那里得到一枚小红花是无上的荣誉与肯定。同样,在腾讯公益活动中,小红花是对用户捐赠的莫大肯定,用户每完成一次公益行为,就能收获一枚小红花。

[①] 腾讯 CoDesign:《腾讯公益小红花火爆全网,背后的设计思维是什么?》,https://zhuanlan.zhihu.com/p/420189605,2021-10-11。

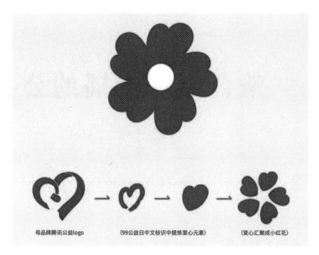

图 7-1　腾讯公益小红花元素设计

在 2018 年"99 公益日"的主视觉上,无数的爱心化为花瓣,汇聚成一朵小红花,这是小红花在腾讯公益平台的初次绽放。为了让品牌有延续性,加深用户对小红花和"99 公益日"的认知,小红花作为核心品牌元素开始贯穿于每一年的"99 公益日"主视觉形象(见图 7-2),并在 2019 年正式成为腾讯公益与"99 公益日"的品牌符号。

图 7-2　2018 年"99 公益日"小红花主视觉

从 2020 年开始,小红花开始在传播端发力,联动外部品牌 IP 如 QQ、微信、B 站、狐妖小红娘等开启推广,在各种不同的场景,诠释"一块儿做好事"的内涵。在线下,小红花也"开"到喜茶等连锁品牌的店里。

2021 年,属于用户的独特的小红花爱心账号(见图 7-3)上线了,用户在腾讯公益平台做好事打卡,向好友发起集小红花的自发传播,从而争取更大的配捐额,还可用积累的小红花兑换周边礼品,这在增强用户捐款积极性的同时,撬动更多用户了解并参与活动。

小红花串联起用户从感知、行动到反馈的全流程,给予用户参与互联网公益的动机和动力。每年的"99 公益日"期间,小红花与腾讯新闻、微博、腾讯视频、腾讯会议等多产品的玩法联动,让小红花开遍"地球村"。在线下,小红花

图 7-3 小红花爱心账号截图

也伴随系列广告、IP 联盟、异业合作①、核心城市灯光投影秀等，绽放在各个角落。

数据显示，截至 2021 年，小红花活动互动人次超 1.25 亿，送小红花、答公益题目等行为公益实现破圈传播，亿万爱心网友共同领取了超 9000 万朵助力小红花，超过 6870 万人次在"99 公益日"期间捐出 35.69 亿元，加上腾讯公益慈善基金会的 6 亿元资金支持，小红花共募得善款 41.69 亿元。

"99 公益日"破圈传播的背后，是腾讯公益在配捐机制、产品体系、企业联动、公益基础建设上的全面升级。腾讯坚持助力公益背后的初心、逻辑和践行方式，散发出的科技温度，已逐渐成为各大品牌学习的样本，不仅向全社会传递了公益的有力声音，更通过持之以恒的运作提升了公益的认可度和公益文化的普及度。

作为社会有机体的企业，其健康运转离不开良好的社会环境，更需要与社会中其他利益相关者保持良好的关系。因此，在整合品牌传播过程中，公共关系的经营是重要的一环，公共关系传播也是整合品牌传播的关键手段之一。品牌通过开展公关活动可以增强公众对品牌的认知，助力企业与社会成员友好相处，还能帮助企业化解危机，在公众心中树立诚恳积极、负责任的正面品牌形象，帮助品牌在市场中站稳脚跟。

---

① 异业合作是指两个或两个以上的不同行业的企业通过分享市场营销中的资源，降低成本、提高效率、增强市场竞争力的一种营销策略。

第一节　公共关系的内涵及在整合品牌传播中的作用

2014年,可口可乐联合扬罗必凯广告公司,在迪拜设立了一批"hello happiness"电话亭装置——用户每投进一个可乐瓶盖,便可以通话3分钟。这一暖心举动是针对迪拜的外来务工人员,对于远离家乡、工资微薄的他们来说,给家人打跨国电话是一件幸福却奢侈的事情。当时他们的人均工资每天只有6美元,电话费却高达每分钟0.91美元,而当时迪拜的可乐一瓶仅售0.5美元。① 可口可乐将建造电话亭的过程以及人们排队使用它的场景用摄像机记录了下来,很快视频被世界各地的网民转发,可口可乐也因此赢得一片赞誉之声,大家认为它是一个有创意、有关怀、能给人传递欢乐的品牌。这也是可口可乐经典的品牌公关活动之一。

那么,什么是公关?公共关系在整合品牌传播中发挥着哪些作用?在本节,我们将带领大家了解品牌公共关系的奥秘。

一、公共关系的内涵

"公共关系"这一概念发端于美国,美国学者普遍认为公共关系几乎与美利坚合众国同时诞生,塞缪尔·亚当斯等革命家为反抗英国殖民统治、争取美国独立而采取的舆论动员和政治宣传活动,被视为公共关系发展的里程碑。后来,在敦促美国国会批准宪法、总统竞选活动、院外游说活动等方面都能看到公共关系的痕迹。由此可见,美国的公共关系起源于政党政治,并为政党政治服务。

1903年美国新闻记者艾维·李在纽约创办了一家宣传顾问事务所,向客户提供新闻咨询并收取劳务费。自此,公共关系开始作为一种职业出现。艾维·李坚持"凡是有益于公众的事业,最终必将有益于企业和组织"的信念,呼吁企业不要唯利是图,应该实现企业人性化,并倡导公共关系进入企业最高管理层。当时,美国电话电报公司、公平人寿保险公司等著名企业都是艾维·李的客户,西方社会也因此尊他为"公共关系之父"。

我国于20世纪80年代初期引入了"公共关系"理念,彼时改革开放的浪潮带来了日趋激烈的市场竞争,企业开始重新审视自己与消费者的关系,公共关系作为一种新的经营管理方法和沟通技巧,受到国内企业和学者的重视。与美国公共关系发源于政治领域不同,公共关系在我国最早应用于商业领域,这背后反映了时代的必然,直到现在,营利性组织也一直是国内公共关系的最广泛用户。

(一)公共关系的概念

虽然公共关系经历了百年发展,国内外学者对其概念仍然莫衷一是。在中国公共关系研究中,先后出现了"形象说""传播说""管理说""协调说"等,人们从不同角度对公共关系进行概念界定。不过放眼国际公共关系界,其学术研究领域经历了一场主流典

---

① 网络广告人社区官网:《迪拜可口可乐营销活动 可乐电话亭》,https://iwebad.com/case/2710.html,2014-05-12。

范的转移,"关系管理"(relationship management)已经成为公共关系领域的新兴理论典范并渐成显学。由此,本书遵从国际范围内公共关系研究的主流趋势,对公共关系的概念进行如下界定:公共关系是指组织-公众-环境系统的关系生态管理,具体地说,就是社会组织通过调查研究和双向传播建立具有公众性、公开性、公共性和公益性的关系生态,以确保社会组织的良性运行和协调发展。①

我们可以将以上对公共关系的界定归于"关系生态说"。"关系生态说"不再将研究对象局限于单一的组织或孤立的公众,而是将两者串联起来,共同置于一种生态环境中,由此,便构成了两种系统:组织-公众系统和组织-环境系统。组织-公众系统是指组织(企事业单位或品牌)与员工、股东、消费者、社区、供应者、竞争者、金融界、新闻界、政府等相关生命体组织构成的系统;组织-环境系统是指政治形势、经济状况、科技发展、文化背景、自然资源等环境因素与组织构成的系统。因此,公共关系的研究对象更为多元且全面,将其放置于不同的场域进行考察,视野也会更加宏观且立体。

"关系生态说"的提出是以和谐理性为基本世界观和理论假设的,它试图将"关系"概念从中国传统的"私人的""血缘自然的""伦理的"狭隘状态下解放出来,赋予它"公开的""陌生人的""社会伦理的"等更为现代的内涵,使之更接近公共关系的本质。从某种意义上说,"关系生态说"不仅意味着公共关系理论典范从"传播"向"关系"的转移,而且是东方古老的关系文化与西方现代的传播文化的一次"构连",是东方哲学思想在现代公共关系中的价值体现和具体运用,是现代公共关系的一种本质回归和理论重构。

(二)公共关系的特性

上述公共关系的概念中提到了公众性、公开性、公共性和公益性,它们构成了公共关系的基本特性:公众性反映了公共关系的对象属性;公开性反映了公共关系的手段属性;公共性反映了公共关系的内容属性;公益性反映了公共关系的伦理属性。

1.公众性

公共关系的传播对象是与公共关系主体利益相关并相互影响和作用的个人、群体和组织,它们既可以是已经与组织建立关系的目标受众,也可以是将来可能与组织建立关系的潜在受众。

公众是公共关系对象的总称。根据不同的分类标准,公众又可以分为不同的层次和类别。根据组织公共关系活动的内外对象分类,公众可以分为内部公众和外部公众。其中,内部公众即组织内部的成员群体,如管理人员、技术人员、销售人员、辅助人员以及股东等;外部公众即组织的外部沟通对象群体,如消费者、协作者、竞争者、记者编辑、政府官员、社区居民等。总体来说,组织的公共关系活动需要辐射的人群范围广、群体区隔大,企业需要根据不同的对象制定相应的公共关系策略,以达到最优传播效果。

2.公开性

公共关系是传播主体以真实为基础,与传播客体之间公开的、双向的互动交流。一方面,传播主体需要及时了解社会公众的意见和看法,关注舆论动态,以便修正或调整传播主体的决策和措施;另一方面,传播主体要向社会公众公布组织的相关信息,以便公众对

---

① 陈先红:《"关系生态说"与公关理论的创新》,《国际关系学院学报》,2004年第3期。

传播主体产生明确的认知,达成彼此的理解。在此基础上,企业要密切与消费者的感情与业务联系,进一步了解消费者需求,推动企业提供更加对路的产品和更优质的服务。

3. 公共性

公共性是公共关系信息的内容性特征,也就是说,公共关系活动的信息交流必须建立在掌握公众信息、了解公众信息需求的基础上,所传递的信息应该是真实的、能够满足消费者需要、能够引起消费者广泛关注并参与讨论的。

因此,企业开展公共关系活动应尽可能使社会各界人士对企业有更全面、更深入的认知,在公共关系过程中,企业不仅要宣传产品,全方位地向受众介绍企业的服务、员工、机构、管理、历史与现状、设备与工艺水平等各个方面,还要向受众宣传自己在行业内的成就,如实地介绍企业的价值观念等道德层面的内容,通过全面的传播活动,使目标受众对企业形成真实、全面、整体、深刻的印象。

4. 公益性

公共关系的艺术强调的是通过构建协调的人际关系,营造良好的社会舆论,最终为组织的生存和发展创造理想的环境,帮助组织树立正面形象。从某种意义上看,组织是一个生命体,追求的是生命的延续、永续经营,而非一个追逐利润最大化的经济体。作为一个生命体,我们应从"家庭隐喻"的视角来看待组织,即组织应该是一个关系和睦的、充满信任的、紧密联系的"家庭",公众就是家庭成员。因此,组织必须以公众的利益为出发点,赢得公众,维持生命的延续。从这个角度来看,公共关系扮演"组织的良心"和"社会的道德卫士"的角色,其任务就是促使组织以公众利益为导向,担负起社会责任,履行"社会好公民"的职责和义务。

二、公关关系在整合品牌传播中的作用

公共关系作为整合品牌传播的关键手段之一,贯穿整合品牌传播活动的始终,发挥着多重作用。

(一)品牌信息传播与沟通

企业或品牌开展公关活动的基础是信息的传播与沟通,通过信息的有效传递,达到增强企业的透明度、消除信息的不对称、提升目标受众对品牌的认知和信赖等一系列目标。

企业与目标受众可以进行直接的面对面交流,也可以进行非面对面的间接交流。直接的面对面交流很多,如新老顾客茶话会、医疗机构在节假日到社区免费开展义诊、酒店利用营业淡季,为老顾客推出优惠活动等。间接交流的形式更多,比如企业定期向消费者邮寄或推送广告、贺卡和意见征询表等资料,一方面将企业的信息及时传递给消费者,另一方面通过参与抽奖、有奖竞猜、获赠免费纪念品等形式提高信息的回复率,及时掌握消费者的信息,以为以后双方进一步沟通创造条件。无论是直接沟通还是间接沟通,企业都需要遵循以下五个基本原则。

1. 真实真诚原则

公共关系传播必须以事实为基础,秉持真诚、真实的原则与目标受众进行沟通,以赢得对方的好感和信任。

2. 目的明确原则

企业向受众传递信息的目的是树立或改善企业形象，形成有利的企业经营环境，获得各界支持，通过传递事实和观点，引导和影响目标消费者的认知、态度和决策。同样，企业传播的目标客户也要明确，每次公共关系活动都需要明确信息接收者的兴趣、特点等，在此基础上制定更具针对性的传播内容和传播策略。

3. 双向沟通原则

公共关系信息的传播具有双向性，这就要求企业做到以下两个方面：一是品牌信息的收集与整理，包括政府信息决策、舆论信息、企业形象信息、竞争对手信息和消费者信息等；二是面向目标受众传播与品牌相关的信息，包括产品服务信息、企业信息、社会评价信息、咨询建议信息等。

4. 平衡原则

认知平衡理论是1958年由心理学家弗里茨·海德提出的，这一理论又被称为"P-O-X"理论，其研究模型包含一个个体P（认知主体）、另一个跟P有关联的个体O和一个物质的客体X（观点或事件）。认知平衡理论的中心思想即当认知主体（P）对一个单元内两对象（O、X）看法一致时，其认知体系呈现平衡状态；当对两对象有相反看法时，就产生不平衡状态。当人们处于平衡状态时，会感到舒服、放松；当人们处于不平衡状态时，会感到紧张、焦虑。人们普遍具有对平衡、和谐的需要，一旦面对不平衡的状态，他们就会调整认知结构向平衡、和谐的方向转化。

在公共关系活动中，企业和公众也有对平衡状态的天然诉求。沟通双方要保持平衡状态，首先企业要保证两者以平等状态参与沟通，并随时注意公众的反应；其次企业要注重展开情感沟通，真正走进对方的内心，了解其真实的思想状态和需求。

5. 有效沟通原则

要取得预期的沟通效果，企业需要在与目标受众展开沟通时注意以下几点：首先，信息必须真实；其次，注意倾听，企业不要急着发表自己的意见，不要把态度和意愿强加在受众身上；再次，注意沟通中的态度和方式。

（二）塑造品牌形象

品牌在进行公关活动时往往想达到知名度和美誉度双向维度的提升。知名度是指一个组织被公众知晓、了解的程度，包括消费者对品牌的认知广度和认知深度两个维度；美誉度是指一个组织获得公众信任、好感、欢迎的程度，是评价组织声誉好坏的社会指标。好的品牌一定是在知名度和美誉度方面齐头并进，而不是顾此失彼。其中，在消费者心中树立良好的品牌形象，提高品牌的美誉度，是公共关系活动的核心目标之一，因此，品牌的公共关系活动应尤其注意以下两个方面。

1. 努力打造企业和品牌特色

一般来说，企业特色越明显，越容易引起受众注意，在目标受众心中留下的印象越深刻，这也是品牌定位理论告诉我们的道理。因此，企业的公关活动需要注重挖掘产品、企业形象和企业宣传等方面的特色，在媒体的选择和宣传内容的设计上要结合企业以及产品的市场定位进行综合选择。

2. 重视品牌和企业给消费者的直接印象

企业的公共关系活动不但要善于开展广告宣传,还要善于督促企业的相关部门给目标受众留下良好的直接印象,让其亲身体验和实地掌握企业在产品和服务方面的可靠品质。

(三)化解品牌危机

市场环境瞬息万变,企业经营充满风险与挑战,危机处处存在且往往难以预知,因此,危机化解也是公共关系活动的关键一环。品牌危机产生的原因十分复杂,企业内部的管理疏漏、企业对产品或服务的把关机制不严或操作不当、品牌对于市场需求的风向不够灵敏等内部因素,以及竞争对手的恶意抹黑、媒体的错误报道甚至自然灾害等外部因素,都可能会造成品牌危机。

由于危机具有突发性、复杂性、极大的破坏性和极强的蔓延性,企业面对危机时必须马上做出相应决策,将危机对品牌形象和品牌价值可能造成的负面影响尽量降到最低。品牌或企业对危机的应对态度和表现综合反映了企业的战略布局、风险应对能力及综合实力等多方面内容。实施有效的危机公关策略,不但可以帮助品牌顺利渡过难关,甚至能帮助品牌真正化"危"为"机",实现品牌的强势发展。

三、公共关系与其他相关活动的关系

新闻、公关、广告本属于不同性质的传播形态,但在当前的传媒生态中,却呈现深刻互动并衍生出传播交叉领域,这些新现象、新问题折射出深深的市场经济印痕,也反映了当代中国特定的社会历史环境。

(一)公共关系与新闻

有关新闻与公共关系之间关系的争论从 20 世纪六七十年代就已出现,且往往呈现出二元对立的思维框架。比如,持"公共关系操纵了新闻"这一观点的研究者普遍认为,消息来源对新闻媒体有绝对的影响力,公共关系作为新闻资讯提供者和其他社会机构的利益代表者,既具有影响新闻公正报道的意图,又具有与新闻共建社会真实的功能[①]。而持相反意见的研究者则肯定了公共关系提供了必要的新闻服务,但新闻记者在新闻活动中依然发挥掌控性的作用,是保持新闻客观、真实的唯一"把关人"。

两方的争论均有合理之处,由此也能看出公共关系与新闻共融共生的关系,无论哪一方处于主导地位,双方仍在互利互赖的基础上进行互动。然而在现实情境中,企业与媒体合谋以挟制舆论、操纵民意的现象屡屡发生,种种"黑公关"行径令大众深恶痛绝。其实,这早已歪曲了公共关系、新闻的本意和专业主义理念。接下来,我们将从专业主义角度出发,对两者的关系进行梳理。

1. 新闻专业主义

新闻专业主义的核心理念体现在对新闻自由的追求和对客观性原则的坚守。新闻

---

① 陈先红、陈欧阳:《公关如何影响新闻报道:2001—2010 年中国大陆报纸消息来源卷入度分析》,《现代传播》,2012 年第 12 期。

自由是新闻反映客观现实、进行舆论监督和推动社会民主的前提和基础;新闻的客观性原则要求新闻从业者在遵守职业伦理规范的前提下,利用专业知识技能进行准确、中立、平衡、公正的新闻报道,承担应有的社会责任。

当前,新媒体打破了新闻生产由专业人士垄断贩售的局面,面对复杂的媒体环境和社会环境的冲击,媒体行为失范现象层出不穷,种种乱象更是迫切需要新闻专业主义的归位。新闻从业者一旦缺失新闻专业主义,铁肩挑的不再是道义,而是私利;妙手著的不再是文章,而是交易。即使是个体化的小媒体,其新闻报道也要求真实、客观、全面、公正。尤其在新时代建立和谐社会的目标引领下,新闻媒体在促进物质文明建设和弘扬社会主义科学发展观等方面更是责无旁贷,担负起应有的社会责任、坚守专业主义是题中应有之义。

2. 公共关系专业主义

公共关系专业主义的核心理念集中体现在两个方面。一是公共性原则,这也是公共关系活动的本质属性。随着社会的不断进步,当前的公共关系理念早已跳出以往单纯追求操纵民意的功利主义阶段,而是强调坚持第三方立场,通过伦理方法、文化影响和制度改造,追求组织利益、公众利益和公共利益的平衡与统一,最终建立信任和谐的关系。二是对职业伦理和行为规范的坚持,公共关系同样要从社会真实出发,正所谓"好事要出门,坏事要讲清",并积极主动承担社会责任,这是公共关系专业主义在实践层面的具体要求。

3. 新闻与公共关系的传播交叉行为

新闻传播者的使命是真实而客观地记录新近发生的事实,公共关系人员的使命则是策划新闻事件与策划宣传活动。在新闻界的传统观念中,新闻报道不能被策划或被制造。但在市场化进程中,最典型的公共关系活动莫过于"制造新闻"。所谓"制造新闻",是指一个社会组织有意地开展某种活动吸引新闻媒体关注,促使新闻媒体把该组织的这种活动作为新闻加以宣传报道。这背后大多有社会组织与新闻媒体的联手操作。然而,"制造新闻"同新闻界的价值取向与行为准则存在巨大的矛盾与冲突,自其出现伊始便面临巨大争议,因此,从20世纪90年代中期开始,公共关系界以"新闻策划"的概念取而代之。

彼时,为了获得受众与广告主的认可,国内的新闻媒体也渐渐将公共关系的"策划"理念运用于新闻实践活动以及传媒经营管理活动,从新闻报道到传媒运作的方方面面均因此迎来革新。但新闻界的"策划"内涵与公共关系界所指的"策划"不尽相同:一方面,新闻媒体的策划指媒体主动围绕某一主题策划一系列事件并加以报道的行为,侧重于记者主动参与设计并促成新闻事件的发生;另一方面,狭义的新闻策划指编采人员为了更好地配置与运用新闻资源,对报道思想、报道程序、报道手段、报道角度、报道时机等内容进行全面、合理的计划和安排,广义的新闻策划则是对整个传媒集团生存发展的战略规划,包括传媒的受众定位、经营方针、产品设计、制作与营销、广告经营、员工构成、内部管理、资产奖金、技术设备等进行全方位布局。①

---

① 董天策:《关于"传播交叉领域"的研究——对新闻、公关、广告之互动的思考》,《新闻与传播研究》,2009年第1期。

4. 新闻与公共关系的竞合

在专业化发展进程中,我们应追求的理想状态是,新闻与公共关系共融共生,同时构建各自的职业价值观和基本伦理操守。

(1) 在专业价值层面

新闻与公共关系应坚持以事实为基础,善尽社会责任,追求公共性,以此同构彼此的职业追求。公共关系业在伦理方法、责任义务、关系质量与社会和谐等方面的公共性追求逐渐在业内形成共识,从而使其与新闻业的社会属性趋于一致,公共关系专业主义与新闻专业主义将结伴而行、共同成长。

(2) 在专业伦理层面

新闻人和公共关系人不仅要各自遵守自身的伦理准则,同时要建构共同的伦理规范,进而相互影响各自专业主义标准的逐渐完善。

(3) 在专业技能层面

新闻与公共关系既有合作又有竞争,并在这种竞合关系中优化各自的业务技巧。比如,新闻业的商业属性依然存在,新闻业不仅离不开公共关系提供的广大商业市场,更离不开公共关系提供的各种"消息来源"和"信息补贴";公共关系业则有赖于新闻媒体的信息传播放大功能,以实现传播效果的优化。

(二) 公共关系与广告

公共关系与广告都属于信息传播的方式,两者同属整合品牌传播的关键手段,在品牌传播过程中协同配合。美国著名营销学者艾·里斯曾说:广告是风,公共关系是太阳。太阳温暖人心,持久永恒;风快捷迅速,影踪无方。① 这一形象的比喻也告诉我们,公共关系与广告在传播活动中存在诸多差异。

1. 广告与公共关系的联系

从某种意义上说,"策划"是公共关系与广告的灵魂,也是公共关系人员与广告人职业活动中最核心、最本质的传播行为。

公共关系可以利用新闻、广告、会展等多种手段进行组织-公众-环境关系的改善与维护。其中,企业可以通过公共关系广告向大众展示企业关心社会、服务社会、回报社会的社会责任意识,以提高企业的信誉,树立企业和品牌的形象。

2. 广告与公共关系的区别

(1) 传播目标不同

在很长一段时间内,学界普遍认为品牌公共关系的目标侧重于通过潜移默化的长期行动树立或强化公众对企事业单位或品牌的好感与信任;广告的目的则是力求引起目标消费者对其宣传品牌产品的注意、产生兴趣并采取购买行为,具有明显和直接的商业属性。不过应该注意的是,当前越来越多品牌并不指望依靠单纯的广告投放促进产品的短期销售产生立竿见影的效果,品牌对于广告的期待更多地转变为帮助其建立一种让目标消费者印象更为深刻的品牌形象,以达到积累品牌资产的目标。从这个角度来看,广告与公共关系的区别慢慢变得不甚明显。

---

① [美]艾·里斯、劳拉·里斯:《公关第一 广告第二》,罗汉、虞琦译,上海人民出版社,2004年版。

(2)传播方式不同

在实际操作中,广告活动为达到好的宣传效果,可以运用文学艺术的表现手法和天马行空的创意对产品及品牌的特性进行呈现;而公关关系的信息内容必须实事求是,以真诚的态度获得社会公众的信任,并通过媒体第三方的持续报道等方式,逐步引起消费者的重视,对消费者产生"润物细无声"的影响。广告可以是单向的信息传播过程,而公共关系则必须是互动的、双向的、信息对称的传播。

(3)服务覆盖范围不同

一般来说,"渠道促销""产品植入"和"包装设计"是广告公司和客户共同认可的服务类别;而"活动赞助""互动营销""包装设计"和"渠道促销",是公共关系公司和客户共同认可的服务类别。广告公司更倾向于向客户提供"公共关系""活动赞助""消费者调查"等服务,公共关系公司则倾向于为客户提供产品植入服务。

(4)传播效果不同

一般来说,广告的效果体现更加直接干脆,公关的效果则"曲径通幽",需要经过长时间的周边环境"攻破"才可以展现成效。

随着社会的发展,两者的界限越来越不明确。广告里面经常含有公共关系性质的广告,公共关系的传播活动也更多地借助广告的力量。实际上,二者经常融合在一起为企业或组织机构服务。

第二节 公共关系传播的基本模式

公共关系活动具有不同的活动模式,根据组织发展的不同时期,我们可以将公关活动分为建设型公关模式、维系型公关模式、预防型公关模式、矫正型公关模式和开拓型公关模式。[①] 不同的公关模式对应不同的目标、策略以及手段,需要组织有选择、有针对性地进行运用。

一、建设型公关模式

建设型公关模式是社会组织,尤其是企业在初创时期为打开新局面所进行的公共关系活动,其重点是主动向公众介绍自己,让公众对自己有初步的认识和印象。

建设型公关模式可以采用的手段包括开业广告、开业庆典、新产品试销、新服务介绍、新产品发布会、免费试用、免费招待参观、开业酬宾、赠送宣传品和主动参加社区活动等。在特殊情况下,企业还可以主动向社会公众介绍情况,举办大型的公关活动,向社会各界征集企业广告语、标志设计,以及招聘人才等。

比如,可口可乐在初期上市时就通过一场声势浩大的招标比赛获得了瓶身设计灵感,也为其如今标志性的专利瓶身设计奠定了基础;同样,它在最初进入中国市场时,也通过公开广告悬赏的方式为品牌征集中文译名,并最终确定了"可口可乐"这一经典翻译。

---

① 程宇宁:《整合营销传播——品牌传播的策划、创意与管理》,中国人民大学出版社,2014年版,第359-360页。

二、维系型公关模式

维系型公关模式指组织在稳定发展期，用以强化公众对组织的正面、积极的印象，巩固组织良好形象的公共关系活动。其运作方式是通过各种传播渠道持续不断地向社会公众传递组织的各种信息，使公众在不知不觉中成为组织的支持者。

该活动模式的特质是在洞察公众心理需求的基础上开展精心设计的活动，以渐进持久的传播方式，潜移默化地对公众产生积极的影响，使组织的形象由浅入深地进入公众的长期记忆，为实现组织的公共关系目标铺平道路。其中，品牌公益传播就是维系型公关模式的典型方式，品牌通过长期不懈地对公益事业的投资，提升自身在消费者心中的好感度，让组织与公众和环境都保持良性互动关系，获得对等的品牌声誉资本的积累，实现品牌可持续发展。我们将在本章第三节展开对这一典型公关活动的深入探讨。

具体来说，维系型公关模式又可分为"硬维系"和"软维系"两种形式。

"硬维系"是指那些维系目的明确、表现形式外显、主客双方都能明确理解活动意图的维系活动。"硬维系"方式灵活多样，企业既可以利用各类媒体资源展开常规宣传活动，例如定期刊发有关组织情况的新闻，定期或不定期发布提醒性广告；也可以展开对新老客户的回馈活动，比如实行会员制、提供累计消费折扣、向 VIP 客户赠送小礼物、邀请客户联谊、经常派发企业小型纪念品或礼品等。"硬维系"一般用于已经建立了购买关系或业务往来的组织和个人。

"软维系"是指那些活动目的虽然明确，但表现形式比较隐蔽的公共关系活动。其通过保持一定的曝光率，让公众在不知不觉中了解组织的情况，加深对组织的印象。这种活动一般面向广泛的公众开展，以低姿态宣传为主，如提供组织的新闻图片、散发印有组织名称的交通旅游图等。

三、预防型公关模式

预防型公关模式是指组织为防止意外事件引发公众舆论危机而采取的一种公关活动。其目的是在组织发现有不利于组织声誉和形象的公众舆论时，及时调整组织在之前所制定的不利于公众或周边环境利益的政策和行为，消除公众对组织相关行为的怀疑，将组织与公众之间的不信任关系控制在预期范围内。

预防型公关模式有三个基本特点：一是居安思危，防患于未然；二是洞察一切，见微知著；三是积极防御，加强引导。因此，开展预防型公关活动，要把握以下原则：具备危机意识，形成预警系统，主动采取措施，增加透明度。

四、矫正型公关模式

矫正型公关是指组织在遇到突发事件和重大危机时，为了扭转公众对组织形成的消极印象或出现的不利局面，开展的应急型公关活动，其目的是消除或减弱因突发状况或危机事件可能造成的损失。其中，危机公关是矫正型公关模式中的典型，我们将在本章第四节对此展开详细说明。

矫正型公关模式的主要手段包括情况说明会、记者招待会、发表事实声明或报道、诚恳道歉、提供补偿、对侵权者诉诸法律等。这类公共关系活动在实施过程中必须遵循明确的思路。

首先，在突发事件来临时，组织必须在最短的时间内尽可能阻止舆论进一步扩散。因此，组织需要迅速查明突发事件的原因和真相，不要仅忙于应对公众的猜疑、指责，还要从各方面反馈的信息分析、研究和判断问题的根源，及时制定应对措施，尽快采取行动。

其次，组织经过调查分析，确定问题的发生与组织的内部管理有直接或间接的关系时，应当勇于承担责任，及时向公众诚恳道歉，争取公众的谅解，并调整相关管理制度，更新组织内部应急预案，杜绝此类事件再度发生。

最后，如果是因为企业外部的不可控因素造成的问题，组织应该尽快去沟通、协调相关利益方，若有恶意诽谤、侵权的事实存在，一方面公布事实真相，澄清事件原委；另一方面诉诸法律，寻求公正裁决，维护自身正当权益，也进一步向公众证明清白。

五、开拓型公关模式

开拓型公关模式又称进攻型公关模式，是指组织采取主动出击的方式来树立和维护自身良好社会形象的公共关系活动模式。其运作特点是抓住一切有利时机，利用一切可以利用的政策、舆论等资源，以主动进攻的姿态来开展公共关系活动。在运用开拓型公关模式时，应注意研究环境变化，把握有利时机；要以理服人，以情服人，不能搞强权公关，与此同时要学会适可而止，把握进攻分寸。

例如，哥鲁伯-亚美拉达公司曾发明一种"安全-轻便 4X"型超钢化玻璃。公司为了把新产品成功推向市场，便找到哈西-洛特曼公共关系公司，向其寻求市场推广策略。于是，该公共关系公司在密尔沃基市为该款超钢化玻璃举行了一次展示鉴定会。展示大厅摆放着一排镶有"安全-轻便 4X"型超钢化玻璃的框架，并在每块超钢化玻璃的背面都贴上一张 1000 美元的支票。每个框架旁放着一根名牌球棒，并贴出告示："凡能打破超钢化玻璃者，可随意取走 1000 美元的支票。"在展览会期间，他们邀请与会者高举球棒猛击超钢化玻璃三次，并承诺，如果谁能用球棒击破一块超钢化玻璃，就可获得 1000 美元支票；如果没有人能击破超钢化玻璃，那么这一张张 1000 美元的支票就无偿赠给密尔沃基市福利院。许多人慕名而来尝试拿到这 1000 美元，但最终都没成功。[①]该活动一时间成为街谈巷议的话题，也引得众多媒体争相报道，最终，该公司成功通过此次公共关系活动将新产品推向市场。

第三节　品牌公益传播

随着公民意识的崛起，大众社会责任感空前高涨，品牌想要抢占消费者的心智，在追求企业的商业价值之余，也要注重社会价值的传递，必须具备振兴社会的责任、愿景和价值观。公益传播作为品牌公共关系活动的重要一环，无疑是承载这种美好理念的

---

① 新浪财经头条：《世界营销绝妙点子 800 例 21》，https://cj.sina.com.cn/articles/view/7437683210/1bb520a0a00100sb31，2021-02-03。

高效载体。很多品牌借助公益传播,大幅提升了品牌自身在消费者心中的好感度,更提升了品牌价值,创造了组织、公众与环境之间的良性互动模式。

一、品牌公益传播理念的嬗变

(一)公益营销理论的初现

公益营销理论(cause-related marketing,CRM)诞生于20世纪80年代,当时关于这一理论的权威界定是由 P. 拉詹·瓦拉达拉詹 和阿尼尔·梅农在1988年提出的:公益营销是一个制定并实施营销活动的过程,企业以消费者采取购买行为并带来收益为前提,对某项公益事业给予一定金额的赞助,最终实现企业组织与被资助个人双方的目标。[①] 不难看出,最初公益营销的内在逻辑是"先营销,后公益",其出发点是企业的促销和获利,并承诺将一定比例的销售收入投资给公益事业。

(二)"公益"与"营销"的悖论

在"先营销,后公益"逻辑指导下的企业公益营销暴露出诸多弊端:企业在营销上的花费远超对公益事业的投资,而且为了保证现金回流的速度,大多数公司在进行公益营销时倾向于投资短期见效项目。这种重营销效果、非持续性的、偶尔为之的所谓"公益"也被大众诟病为"企业的伪善"。尤其是随着买方市场的成熟,公众对企业公益的认知也越来越多元,以盈利主导的企业公益营销不但无法实现预期的盈利目标和提升品牌认同效果,反而会引发人们对产品和品牌的抵触情绪和行为。以农夫山泉为例,其曾凭借"一分钱"捐赠希望工程举措开创了国内知名企业"以公益做促销"的先河,然而该公益项目后期却因募捐资金的金额数和流向不明引起许多消费者对企业的经营活动的怀疑,农夫山泉的品牌形象因此蒙受巨大损失。

"重营销、轻公益""重宣传、轻行动"的公益营销理论的弊端和局限性越来越明显,于是,越来越多的研究者开始探究"公益"与"营销"之间本质的区隔,并得出基本共识:两者之间天然存在的悖论是企业公共关系屡屡陷入尴尬境地的根源。

(三)"公益营销"向"品牌公益传播"的理念转变

公益营销理论的弊端暴露后,一些学者开始借鉴企业公益行为涉及的相关理论,通过引入多重学科维度,改善公益营销的理念。更适应现代商业环境、更为科学的"品牌公益传播"概念开始崭露头角,它结合了管理学的企业社会责任理论、营销学的社会营销理论,以及广告学的品牌传播理论,以此为基础的企业公益行为呈现出如表7-1 所示的逻辑。

[①] Varadarajan P R, Menon A. Cause-related Marketing: A Coalignment of Marketing Strategy and Corporate philanthropy. Journal of Marketing,1988(7).

表 7-1　企业公益行为的逻辑①

动机	目标	结果
企业社会责任	社会营销	品牌传播
不仅要考虑利润,还有道德的驱动	设立具体的公益目标,促成社会完善,找到盈利模式	直接结果:通过传播手段强化品牌在公众心目中的认知度、美誉度与和谐度 后续结果:品牌取得公众认同后的财务回报

二、品牌公益传播的内涵与原则

(一)品牌公益传播的概念与价值

所谓品牌公益传播,是品牌以公益为目标或以公益为内容的传播,同时,公益传播也不能忽略企业树立品牌的商业战略。企业公益行为相关理论揭示了"公益先行、公众评定"的逻辑,因此,品牌的公益传播应以实现公共利益为目标,以自身资源投资社会公益事业,获得对等的企业声誉资本的积累,从而实现企业的可持续发展。

品牌公益传播的内涵突破了"公益营销"的内在悖论,从"公益营销"的功利性本质中走出来,确立了公共利益在企业公益行为中的本位作用,同时强调企业公益传播是通过传播企业公益行为获得公众认可,从而为企业积累声誉资本,提升企业品牌的战略传播。因此,企业通过公益传播活动能更好地实现以下价值。

1. 提升企业社会责任感,树立品牌正面形象

品牌开展公益活动不仅能增进社会福祉,还能帮助企业塑造正面的品牌形象,同时有利于打造品牌文化,扩大自身影响力,诠释品牌背后的意义与责任,有利于积累良好的品牌口碑,提升品牌的知名度、美誉度和忠诚度。

2. 增加品牌社会效益,促进可持续发展

品牌积极落实公益活动的各项环节,能够有效提升品牌的资产价值,建立品牌优势,为企业带来长期稳定的经济回报。一方面,企业通过正面的公益形象传播,有助于扩大品牌的市场份额。这是因为品牌在推广公益理念过程中可以适当植入自己的产品及品牌信息,为产品提供很好的展示机会,彰显企业的价值观,提升品牌的社会形象,形成独具特色的品牌优势,提升品牌的影响力,进而通过扩大销量增加品牌的市场份额。另一方面,公益营销带动了品牌的"价值溢出效应",品牌能通过相对较高的品牌定价,获取超额的经济利润。

3. 与消费者产生情感共鸣,提升品牌忠诚度

公益营销具有公开、公共的特性,因其往往涉及公共议题,关系到公众利益,普遍拥有强大的群众基础,所以自带"破圈"属性,能帮助品牌在公益营销中获得更好的传播效

---

① 舒咏平、谷羽:《企业公益传播:公益营销的超越》,《现代传播》,2012 年第 9 期。

果。同时,公益营销的内核往往是向善向上的力量,非常容易激起大众的情感认同,更有利于品牌赢得消费者的认知与认可。

(二)品牌公益传播的基本原则

1. 淡化商业目的,解决实质问题

品牌要始终记得:公益是目的,而非手段。品牌若只将公益作为一种赢得流量和关注的手段,过度功利,用公益来博"出圈",无异于本末倒置,自然也无法赢得大众认同。最近几年,一种公益广告开始席卷各大广告节:它们是专门为了参加广告大赛而被设计出来,大多没有正式发布,当然广告中所宣传的公益理念或活动也没有真正落地。这类广告稿被大家戏称为"Scam Ad[①]",国人形象地将其译为"飞机稿"。在广告行业中,飞机稿早已不是什么秘密,包括戛纳在内的国际知名广告节也混入了许多飞机稿。这种急功近利的"表面功夫"当然也为大众所诟病。

因此,在公益传播中,品牌需要刻意淡化营销目的,不要急功近利、简单粗暴,而应该以公益为目的,以解决实际的公益问题为最佳结果导向。虽然有些情况下公益是解决商业课题的部分手段,但该手段也是建立在切实解决公益问题的本质上。尤其是在当下,面对瞬息万变的社会环境和层出不穷的热门事件,"蹭热点"式的借势营销固然有效,但在喧嚣之后,如何真正为社会问题发声并提出行之有效的措施才是彰显品牌社会责任感的最优解。

例如,斯里兰卡因气候炎热,人们一直深受登革热病困扰,2013—2016 年有 15 万人感染该疾病,数万人因此丧命。斯里兰卡最大的报社 Mawbima 除了常规报道疫情相关新闻并传播一些疾病预防知识外,更想为民众做一些实事,以帮助他们对抗病魔。于是,报社想到了一个一箭双雕的办法——在报纸印刷油墨中添加可以预防蚊虫的香茅,这样既可以让读者了解信息,又能一定程度上让他们免受蚊虫叮咬的困扰。防蚊报一经发行即遭到哄抢,销售量直接飙涨 30%。同时,Mawbima 还在公交站台、学校等地方免费张贴、派发用香茅油墨印刷的海报、报纸等印刷品。[②] 世界上第一份防蚊报纸承载着媒体人的良知与热血、使命与担当。

2. 持之以恒,细水长流

在现代的信誉世界,品牌要想获得实质性的好处,必须履行更大的责任。把履行责任当成一种偶然的善举是远远不够的,优秀的品牌必须始终把使命感和责任感当作企业中心。正所谓"不积跬步,无以至千里;不积小流,无以成江海",品牌仅进行一段时间或偶尔几次的公益活动很难延长其所带来的价值。

要知道,企业的公益传播不是一场"攻心计",持之以恒才是深化品牌内涵的关键。而且,我们面临的很多社会问题并不能靠单纯的、短期的物质帮扶来解决,比如落后地区的教育、濒危动物的救助、疾病的根除等,这需要品牌整合资源提供新的解决问题的

---

① Scam Ad,"飞机稿",即假广告,通常是广告人作为日常练习,或广告公司参加行内奖项评比时产生。多数常见的"飞机稿"广告以公益广告、企业或产品形象广告为主,许多求职者也将其作为彰显个人专业能力的求职作品。

② 中国网:《斯里兰卡发明"驱蚊报纸"销量剧增 30 万》,https://www.toutiao.com/article/3362264348/,2014-07-02。

策略体系，相较于单纯的赚流量，这样的创意更能面向大众、深入人心。

因此，公益传播应处理好社会责任与商业利润的关系，一方面不能不顾自身利益用企业的钱盲目地回馈社会，另一方面要兼顾社会效益，将营销向公益化贴近。品牌应积极落实公益的各项环节，并努力推动营销方式与"公益"贴合，通过多样化的传播方式将公益的力量传播出去，更好地激发社会正能量。

3. 拒绝贩卖眼泪与焦虑，付诸真心和行动

公益营销大多属于情感营销，关注的是社会中的弱势群体，但这种"情"不应只是同情，品牌不要把自己设定为高高在上的"施恩者"，要避免过度的情感化设计，不要让公益传播成为"苦情""卖惨""贩卖眼泪"的代名词。

以腾讯公益为例，2017年，它联手深圳市爱佑未来慈善基金会和WABC无障碍艺途公益机构联合出品了一项线上线下互动公益项目——"小朋友"画廊，展示了一批患有自闭症、脑瘫、唐氏综合征等精智障碍的特殊群体的画作，旨在消除社会偏见，帮助特殊人群改善生活，使其更好地融入社会。① 线上画廊H5于8月28日上线，36幅作品大部分都配有作者亲自录制的语音，向大家说明画作的心意并表达感谢（见图7-4）。用户通过H5可以一键捐款给WABC无障碍艺途，也可以给这群特殊的"小朋友"文字留言，给予鼓励和支持。9月1日，这些画作在上海南京东路地铁站展出，线下用户同样可以一键捐赠支持该公益项目。项目所有筹款都会用于帮助这批特殊人群更好地生活。腾讯公益在这场活动的一周年纪念宣传片中说道，"所谓距离，其实只是我们和世界对话的方式不同"，活动在聚焦这群特殊的"小朋友"时，并没有俗套地卖惨和煽情，而是挖掘他们的闪光点，并赋予

图7-4 "小朋友"画廊H5截图

他们自我价值实现的可能和机遇，"授人以鱼不如授人以渔"，这或许是这场公益活动更深刻的价值所在。

但很多时候，一些品牌或企业将"公益"简单地等同于一句口号、一种宣传工具，只停留在赚足眼泪、唤起共鸣的层面，空谈责任与公益，并未付诸行动。不真实、不核实、不落实的公益营销会消磨消费者对品牌的好感度，活动信源、资金来源、善款落实的模糊则会让品牌对公益活动前期筹备的努力付之一炬。

这样的例子比比皆是，品牌因为屡屡尝到情感营销的甜头，更是惯于将其作为无往不利的手段。比如，我国60岁及以上老年人中，约有1000万患有阿尔茨海默病，占世

---

① 央广网：《"小朋友画廊"微信朋友圈刷屏 网友捐款传递爱心》，https://news.china.com/news100/11038989/20170829/31222062.html，2017-08-29。

界阿尔茨海默病患者总人数的 1/4,居全球之首。① 正是因为阿尔茨海默病已经成为我国一个无法忽视的社会问题,这一题材也越来越多地出现在品牌相关的公益传播中。但品牌往往将阿尔茨海默病的一些初期典型症状诸如健忘、失忆等作为广告创作的主要素材,并通过一些让人啼笑皆非的生活场景表现出来。但实际上,阿尔茨海默病发展到中后期,患者会心性大变、暴躁易怒,渐渐说话与行动困难,记忆力严重丧失,日常生活不能自理甚至昏迷,最终死于感染等并发症。品牌在进行跟风营销时,将阿尔茨海默病简单等同于"健忘",并对该病症进行"幽默化"处理和"无知化"解读,不仅不尊重患者及其家庭,缺失人文关怀,还向大众传递了错误信号,导致更大范围内的公众未能正确、深刻认识这一疾病的严重性。2022年发布的《中国阿尔茨海默病知晓与需求现状调查报告》显示,调查人群对阿尔茨海默病的总知晓率超九成,但主动就诊率仅有一成多。② 这个目前仍无法根治的病症,常被误认为是正常的老化而被人们忽视。为此,我们应该反思,品牌在进行相关公益营销时,应该何去何从?

4. 调动消费者能动性,引领价值共创

基于价值共创理论,消费者不仅是价值的消费者,也是价值的创造者。目前消费者在品牌传播过程中产生的影响愈发显著,因此公益营销不仅要考虑企业,还要关注消费者的感受,并充分发挥其能动性。在一些品牌的公益传播反面例子中,品牌方大多囿于捐款捐物,未能充分考虑受众的心理需求,仅仅停留在消费与捐物层面上的公益行为无法为消费者带来深层次的精神满足,所产生的公益情感也难以持久。

因此,公益营销要重视消费者的公益体验感、获得感与认可度,在内容上结合时事,在形式上深耕消费者心理并积极拓宽消费者的参与空间,创新消费者的参与方式,最终构建消费者与企业双向互动的公益营销。

三、品牌公益传播的策略

公益传播的核心要义在于把企业和公益的"C 位"摆正,挖掘细微或深刻的消费者洞察来指导公益传播的创意表达。研究显示,消费者-品牌的契合度对消费者的态度和行为影响最大③,因此在公益传播活动中,企业应尽量将自己与消费者的契合度放在首位。与此同时,从营销的角度来讲,企业应该选择符合自身战略要求的公益行为进行营销和传播。对于企业如何挖掘与消费者的契合点,同时使之符合自身战略要求和品牌定位,我们可以从以下几个方面寻找灵感。

(一)聚焦圈层,挖掘社会议题

公益营销只有赢得大众认同,让人产生共情,才能获得口碑传播。但高口碑并不等于高转化率,企业做公益不应该泛泛地谈大爱、慈善、奉献,因为抽象空洞的概念很难打

---

① 中新网:《中国 60 岁及以上老年痴呆患者中约 1000 万人患阿尔茨海默病》,https://www.chinanews.com.cn/gn/2022/09-20/9856431.shtml,2022-09-20。
② 中新网:《我国阿尔茨海默病人群总知晓率超九成》,https://www.chinanews.com.cn/sh/2022/09-21/9857291.shtml,2022-09-21。
③ 曹忠鹏、代祺、赵晓煜:《公益事件营销中企业—消费者契合度和宣传侧重点影响效果研究》,《南开管理评论》,2012 年第 6 期。

动消费者,效果不如具体而微观的对象与场景。因此,公益传播要有明确具体的目标和人群,要有具体的行动。企业可以聚焦圈层,通过圈层的二传形成裂变传播,这样不仅能急大众所急,也能更贴近目标消费者,促使其采取行为。

广告里的温情与担当①

John Lewis(约翰·路易斯)是英国伦敦最大的百货商店,从1864年在伦敦牛津街开办第一家店铺算起,它已走过了将近160年的岁月。"Never knowingly undersold"(从不刻意低价抛售,即在价格、质量和服务上不打折扣)是John Lewis从1925年起坚持至今的品牌承诺,而更为人熟知的,是这家老牌百货连锁店自成一派的经典系列广告。

每年圣诞节,英国人都在等John Lewis的广告。John Lewis的圣诞节广告已成为一种过节仪式,它每年出品的广告总能以温馨、动人的情节引起人们内心的强烈共鸣,因此也被誉为"最会拍广告的百货公司"。与此同时,其背后传递的公益理念和付诸实际的公益行动更是John Lewis赢得公众信赖的根源。

一、收集小人物的小确幸,发掘平凡中的闪光点

John Lewis一直将人们的情感反馈作为衡量广告成功的重要指标,因此挖掘大众的共鸣点成为一切创意的起点。John Lewis每年总能找到恰当的沟通话题,并为广告及后续的公益活动设定一个相应的主题。无论是2015年的主题"Show someone they are loved this Christmas"(这个圣诞让某人知道他是被爱着的),2016年的"Gifts that everyone will love"(人人都爱的礼物),抑或2020年的"Give a little love, together we can make a big difference"(一个小小的善举就能带来大大的改变),不同的主题有共同的对"爱"的呼吁,这背后是John Lewis对各种社会议题的关注和为解决问题付出的努力——动物保护、老人赡养、儿童救助……John Lewis用爱撑起了品牌的责任和担当。

John Lewis的公益广告往往从最平凡的生活场景开始,发掘日常生活中的闪光点,又不失时机地展开奇思妙想,用动画、黏土、特效等技术手段为儿童和成人营造了一个扎根于现实的童话世界,符合人们对于美好的想象和憧憬。2022年,面对英国通货膨胀加剧的现实和大幅削减的广告预算,John Lewis一改往年华丽、天马行空的叙事风格,开始讲述现实故事,在阖家欢乐的时刻表现既符合品牌调性又能传达敏感度的主题,"小而美"的风格再次获得一众好评。

---

① 恒会营销网:《零售巨头John Lewis是怎样获得客户心的?》,http://www.360doc.com/content/15/1112/15/12106243_512588300.shtml,2015-11-12。

收集小人物的小确幸,让人们在广告中找到自己的一些影子、一些共鸣、一些情怀,John Lewis 让顾客对品牌有了更多的好感,品牌忠诚度也因此得到提升。

二、真诚是永远的必杀技

2015 年,John Lewis 携手英国一家为老人服务的公益组织 Age UK 拍摄了一支跨越星球的广告片——"Man On The Moon"(《月亮上的人》)。广告中,一个小女孩在窗边无意间通过望远镜看到一个住在月球的孤单老人,于是通过各种各样的方式与月球老人沟通,但都以失败告终。在圣诞节那天,小女孩终于想到了一个办法——她用气球托着一份圣诞礼物飞向了月球。月球上的老人欣喜地打开了礼物——一副望远镜,他也最终看到了遥远的地球上的小女孩,知道了这世界上还有人在陪伴着他。广告之外,John Lewis 同样让公益落地:在 John Lewis 实体店或者线上商店为老人购买圣诞礼物的销售收入全数捐给 Age UK。

2016 年,John Lewis 与英国野生动物保护组织 The Wildlife Trusts 联袂推出了一支"动物总动员"广告——"Buster the Boxer",萌化了众多观众的心(视频链接:https://www.bilibili.com/video/BV19N411d7DL/)。平安夜里,一位爸爸给喜欢蹦床的小女儿搭建了一个心爱的蹦床作为礼物,没想到好的礼物人人都爱,这个玩具吸引来了狐狸等小动物。John Lewis 将视频里出现在蹦床上的小动物们都制成毛绒玩具出售,并将销售额的 10% 捐给英国野生动物保护组织 The Wildlife Trusts。

2020 年疫情肆虐全球,John Lewis 仅仅在上半年就亏损了 6.35 亿英镑,线下门店多次关闭,只有旗下连锁超市 Waitrose 超市一直在营业,为人们提供送货上门的服务,成为其当年圣诞广告的灵感来源。于是,一场"Give a little love"的圣诞创意出炉了。广告短片通过一系列平淡又充满爱的日常生活的片段,组成了一个首尾完美衔接的传递爱的故事,爱心仿佛触发了多米诺骨牌效应,在城市的各个角落传递。短片最后给小女孩贴上爱心贴纸的好心人其实是 NHS(英国国家医疗服务体系)的医生,借此向疫情期间坚守在第一线的医护人员表示致敬(视频链接:https://www.bilibili.com/video/BV14v411r7Cj/)。与此同时,John Lewis 和 Waitrose 与公益组织 Home-Star 和 Fare-Share 合作,为 10000 个有需要的家庭提供资金以及物质方面的帮助。"Give a little love"系列圣诞限定周边也在官网以及线下门店同步发售,所有周边的利润都将捐赠给慈善机构。此外,背景音乐"A Little Love"也是该项目公益事业的一部分。每当有人在各大音乐平台购买一次该歌曲,唱片公司都会向慈善机构捐款 10 便士。John Lewis 还发起短信献爱心的公益活动,人们可以通过向 70630 发送不同的关键词或向公益组织捐赠不同的金额。

2022 年,John Lewis 公司与慈善伙伴机构 Action for Children 和 Who Cares Scotland 合作,讲述了"The Beginner"(《初学者》)的故事(视频链接:https://t.cj.sina.com.cn/articles/view/1878441521/v6ff6be31019014ucv)。广告片中的故事围绕一个中年男子展开,他努力地自学滑板,即使不停受伤也仍在继续。直到圣诞节时,一个手拿滑板、怯生生的女孩来到他家门口时,一切都变得清晰起来:女孩是这对夫妇新收养的孩子,而他一直在学习滑板,只是为了能够跟养女有共同话题。随后一行主旨文字浮现:英国有超过10.8万儿童在寄养中心中长大。短片呼吁观众给予这类人群更多关爱,用一点点善良和同理心给他们改变人生的机会。该活动强调了 John Lewis 最近推出的"建设更幸福的未来"计划,其中品牌发出长期承诺,将帮助在社会抚养体系中的年轻人。

在公益营销的传播中,公益议题的选择和设置尤为重要。品牌可以根据普遍存在的社会问题和大众的舆论发现热点、痛点,用真实、细节动人的内容唤起受众共情,直达公众的内心。毕竟,生活越是艰难,人们越是需要一点关怀。

(二)从品牌定位出发,提炼共通价值理念

企业应该选择、设计符合自身战略要求的公益行动,通过公益活动的传播,进一步深化消费者对品牌的印象,更好地凸显品牌定位,更多地体现品牌精神的内核。

案 例

乐高,不只是玩具[①]

提到乐高,你首先会想到什么?是五彩斑斓的积木方块,还是造型各异的玩具摆件?是各路手工大神巧夺天工的艺术作品,还是层出不穷的各大 IP 联名手办?……乐高,为小朋友和大朋友们构筑了一个个奇思妙想的世界。

创立于1932年的乐高(LEGO)是全球知名的玩具制造厂商,公司位于丹麦。创始人克里斯蒂森先生认为玩具始终是孩子最重要的伙伴,品牌商标"LEGO"源自两个丹麦语——leg 和 godt,即英语"play well",意为"玩得快乐"。

那么,乐高只是玩具吗?

2022年《乐高玩乐报告》显示,乐高玩乐有助于孩子发展包括创造力、沟通能力、自信等在内的对未来幸福和成功至关重要的技能,并帮助家庭建立更亲密的情感纽带。乐高也一直重视孩子们与生俱来的好奇心和在实践中探索的能力,关注儿童在玩乐中的学习和发展。从2017年开始,集团发起一年一度的全球性公益活动——"Build to Give"(为爱拼搭)(见图7-5),希望通过互联网的传播力为全球百万名需要游戏的孩子带去欢乐。活动十分简单,用户把乐高积木颗粒拼搭成节日装饰品,把作品陈列在乐高品牌零售店,或者用乐高零件创作和新年相关的全新作品,并拍照发布微博话题,每有一件乐高作品

---

① 福布斯中国官网:《乐高集团启动2021年度"为爱拼搭"公益活动,为全球困境儿童带去更多创意玩乐机会》,https://www.forbeschina.com/city/58616,2021-12-07。

诞生，集团都会捐赠一套玩具给需要帮助的儿童。乐高旨在让消费者享受家庭玩乐时光的同时，将玩乐力量化作善意与帮助，将爱心传递给真正需要的人。

图 7-5 乐高"为爱拼搭"宣传海报

迄今，"为爱拼搭"已坚持了 5 年，范围遍及全球 26 个国家。在中国，该项目已覆盖所有省份，还通过与众多公益机构的合作，累计捐赠超过 30 万套乐高玩具套装，为中国乡村留守儿童、城市流动儿童、残疾病患儿童等困境儿童群体带去高质量的玩乐体验，让他们在玩乐中更好地成长和发展。

在乐高的世界里，儿童是永恒的话题，乐高集团也始终将自己定位为儿童的启蒙者和成长过程中的引领者，通过携手各方合作伙伴，助力儿童茁壮成长，启迪和培养儿童成为未来的建设者。

2019 年，乐高集团与救助儿童会建立为期三年的合作项目，捐赠 1500 万丹麦克朗（1 元人民币 ≈ 0.9318 丹麦克朗）用于支持云南地区的乡村儿童早期发展。

2021 年 5 月，乐高集团、乐高基金会和联合国儿童基金会开展合作项目，开启为期三年的合作，捐赠 1650 万丹麦克朗，通过玩乐时的亲子陪伴支持中国欠发达地区儿童获得优质的早期发展；10 月，乐高集团又与中国盲人协会及中国盲文出版社签署合作协议，在未来三年内携手将乐高盲文积木颗粒项目在全国范围内进行推广，帮助视障儿童通过玩乐的方式学习盲文，同时获得未来所需的各项重要技能。

此外，乐高集团还开展"乐乐箱困境儿童关爱计划"，通过向不同公益合作伙伴的社区服务中心及乡村学校捐赠乐高集团开发的公益工具"乐乐箱"，为机构社工和教师提供赋能培训，帮助更多乡村留守儿童和城市流动儿童等困境儿童群体获得综合发展的机会。

乐高集团还始终致力于创造一个可持续发展的未来，为孩子们构建一个更美好的世界。

2021 年，乐高集团宣布与上海辰山植物园携手举办乐高集团"Build The Change（小小创变家）"活动，为超过一万名儿童提供科普和学习可持续发展相关知识的机会。乐高集团制定了可持续目标，宣布在 2025 年前实现所有包装 100% 使用可持续材料,在 2030 年实现用可持续材料生产所有产品,并于 2021 年 6 月推出首个由再生塑料制成的乐高原型积木,从 2022 年初逐步开始采用新的纸质包装。

乐高暖心的公益营销与品牌价值的契合度极高,在给孩子们带来快乐的同时,激发了每一个乐高粉丝帮助他人的热情,也让更多困境中的儿童真正获益。品牌用一次次的实际行动告诉全世界:乐高,不只是玩具!

(三)关注互联网公益,引入社交机制

历数近五年来科技向善的典型案例,互联网公益无疑最具代表性。在美国,大部分捐赠人的年龄在 50 岁以上。而在中国,互联网让公益走出了一条极具本土特色的道路,越来越多的年轻人加入公益的阵营。凤凰网联合尼尔森发布的《2017 青年公益态度调查》数据显示,30 岁以下的年轻人对公益的关注度达到 63.2%,整个年轻群体中 52.1% 的人参与过公益活动。这些年轻力量的涌入,一方面为行业带来了全新活力;另一方面也给企业公益传播提供了新思路,即把握公益传播"年轻化"趋势,在充分了解受众心理和媒介接触习惯的基础上进行传播。

人的心智普遍具有"厌恶繁复"的特性,不难看到,在很多现象级品牌传播活动中,参与的低门槛往往能带来高参与度和高积极性。同时,社交媒体时代,品牌在进行公益活动时更应善于运用各种媒介与平台,以获得传播的裂变效应。"冰桶挑战"之所以能引发全球浇水风潮,是因为它的活动中设有点名机制:每一个被浇水者,都要点名自己认识的三个人参与,如此一来自然形成了病毒式传播;腾讯公益的"一元购画"刷爆朋友圈,不仅因为其参与门槛低,还因为它利用了微信的社交影响力,活动中设计了自动生成海报环节,可供参与者发朋友圈,给予参与者社交激励;支付宝的各种公益项目,如蚂蚁森林、神奇海洋、蚂蚁庄园等同样简单好玩,同时享有社交互动机制……种种成功的品牌公益传播案例告诉我们,社会化媒体时代,公益活动要想调动广大民众的参与热情,在简单易上手的基础上,不妨引入社交机制并提供社交奖励,让用户可从中获得愉悦感、成就感、自我价值的实现等,这样他们在自己的社交媒体上进行分享时会更有动力,而且没有负担和顾虑。

(四)寻求跨界合作,扩大辐射半径

公益事业应是社会各界力量的结合,通过跨国界、跨区域、跨行业的公益尝试,碰撞出更多的火花,扩大公益活动的辐射半径,获得更优的传播效果。

2016 年,为推进公益圈与创意界、明星名人、社会企业的互助合作,凤凰网牵头搭建了公益平台——行动者联盟。自平台创建以来,行动者联盟与企业、公益组织、明星等多方合作,先后推出了一系列公益暖心行动,如"承诺胶带"、"勇敢的娃娃"等聚焦野生动物保护、儿童安全议题的解决方案,落地了"星星点灯"关爱留守儿童计划、"伊利方舟"儿童安全公益项目、"多一克温暖"走进志玲姐姐之家等,推动社会和商业向善理念的传播,促进联合国可持续发展目标在中国乃至世界范围的实践。在 2020 年,行动者联盟又有五个公益项目与明星建立了专属年度合作。目前,行动者联盟成员已遍布全

国 31 个省份。行动者联盟旨在为各方搭建互助合作的公益活动平台,致力于凝聚各方力量,打通各界壁垒,共同推动公益慈善事业发展。①

(五) 总结

品牌公益传播作为公共关系活动的关键一环,不仅能帮助树立品牌形象,提升消费者的品牌忠诚度,还能增加品牌的社会效益,促进企业的可持续发展。企业在公益传播过程中,应以系统化思维和战略性部署为指引,通过不断创新的模式、丰富的体验、有态度的内容,与品牌内涵深度结合;在此基础上,让公益活动真正实现常态化、系统化、规模化,以持续解决社会问题,并最终形成品牌 IP。

品牌的向善之举,不仅展现了自身的格局,还终将转化为品牌向上的力量。

第四节 品牌危机公关

市场环境瞬息万变,企业经营也会处处面临危机。危机常常具有突发性、破坏性大、蔓延性强等特点,企业必须马上做出相应决策,以将危机对品牌形象和品牌价值可能造成的危害降到最低,帮助品牌化"危"为"机",实现品牌的强势发展。

一、品牌危机与危机公关的内涵

(一) 品牌危机及危机公关的概念

1. 品牌危机的概念

目前,关于品牌危机的定义众说纷纭,代表性的观点有以下几种②。

品牌危机是由于企业外部环境的变化或企业品牌运营管理过程中的失误,而对企业品牌形象造成不良影响并在很短的时间内波及社会公众,进而大幅度降低企业品牌价值,甚至危及企业生存的窘困状态。

品牌危机就是企业的名称、术语、标记、符号、设计,或是它们组合运用作为企业优质产品和良好服务辨别功能的丧失,直接的表现就是企业产品获得的认可度下降、市场占有率降低,有时还会直接影响企业后续产品的推出。

品牌危机是指由于企业内部或外部突发性事件造成的无法预料的负面影响,主要体现为品牌形象的破坏、品牌价值的损失、品牌美誉度和信任度的降低,并由此导致企业陷入经营困难的状态。

以上定义分别从危机产生的原因、外在表现、带来的危害等角度为我们界定了品牌危机。由此我们可以看出,品牌危机的产生,不仅是由于企业内部的经营不善,同样也受到诸多外部因素的影响(我们将在后面进一步展开说明)。品牌作为一种标识,代表

---

① 凤凰网:《年度七大公益奖项揭晓,熠熠星光闪耀凤凰网行动者联盟公益盛典》,http://www.techweb.com.cn/news/2020-12-04/2814846.shtml,2020-12-04。

② 郭益盈:《品牌危机分析及其管理研究》,西南交通大学,2006 年度。

了企业对消费者作出的承诺,从消费者选择了某一品牌的那一刻起,就意味着两者之间产生了一种契约关系——公众认可和接受这种承诺,品牌则需履行这一承诺。当品牌出现危机时,公众会认为品牌在违背自己的承诺,进而对品牌的诚信产生怀疑,对品牌的认可度下降,消费者与品牌之间的关系会迅速恶化,由此造成品牌后续的一系列损失。

2. 危机公关的概念

危机公关是指由企业主导的,针对企业经营过程中发生的损害品牌形象、降低品牌美誉度及感知质量从而减弱品牌价值的具体事件制定相应策略,调动相关资源,选取可行路径,消除或减弱因危机事件造成的消极影响的传播行为。

危机公关是公共关系、管理学、新闻学、舆论学、广告学等结合的产物,组织通过调动各种可利用的资源,采取各种可能或可行方式,使潜在或现存的危机得以解决,把危机造成的损失降到最小化。

(二)新媒体时代品牌危机的特征

新媒体时代,面对网络传播中诸多不确定、不可控因素,品牌传播中的风险不断增加,也给品牌危机的化解带来更大的挑战。

1. 突发性

企业危机爆发的具体时间、具体规模和影响深度都有不可预测性,其可控范围和程度也会随着危机公关的方向、力度和策略等因素随时发生变化。有时,企业危机在爆发前会有一些细微征兆,但也很容易被忽略。

2. 破坏性

由于危机具有突发性、不可预测性,其给企业和品牌带来的负面影响很可能是强大且深远的。新媒体传播环境中的传播主体多元,身份复杂且难以核实,信息的源头与节点难以厘清,信息的匿名性也使得各类真假信息并存。即使危机公关及时、迅速且决策正确,也不能保证完全消除危机给品牌造成的伤害。

3. 聚焦性

俗话说"好事不出门,坏事传千里",与企业危机相伴相生的往往还有不可控的舆论、流言等,在社交媒体时代这些负面信息的传播通常产生裂变效应,企业的危机状况容易进一步恶化。很多企业在危机爆发后,由于没有及时掌控舆论走向,不善于与媒体沟通,导致危机不断升级。

4. 紧迫性

心理学的"首因效应"强调交往双方第一次形成的印象对后续的交往有较强影响,也就是俗话所说的"先入为主"。在危机公关事件中,"首因效应"表现得尤为明显,面对热点事件以及网络舆情,首发信息在公众心中形成的第一印象将直接影响他们后期的信息选择和价值判断,公众在第一时间内获得的信息、形成的观念,几乎决定着社会舆论的形成和传播方向。对于企业来说,迅速反应、及时发声、抢占先机才能确保首发定调,夺得舆论主动权。

(三)品牌危机产生的原因

企业要正确地进行品牌危机应对及处理,就要对危机产生的原因有深刻的认识,在此基础上制定及实施有针对性的危机管理策略。品牌出现危机,无外乎两方面原因——内部因素和外部因素。其中,内部因素是品牌自身的素质建设出现缺陷,外部因素则是品牌环境出现突变或异化。

1. 内部因素

企业内部良好的经营管理是品牌得以可持续发展的根基,无论是新产品开发、产品与服务的质量把控,还是品牌管理、品牌营销,每一个环节都要有健全、完备的把控机制,一个小疏忽就可能给品牌带来难以挽回的损失。

(1)新产品开发

从产品开发角度来看,新产品进入市场是风险与机遇并存的事情,企业市场调查和分析的准确程度、企业对产品的市场定位以及对市场未来趋势的预测、产品本身的质量把关、产品技术的成熟度、产品的营销策略等因素都会关系到新产品能否在市场上成功立身。企业若做出错误的产品开发决策,可能会引发品牌危机。

1985年4月,面对百事可乐在美国疯狂抢占市场份额的巨大压力,可口可乐宣布更改其行销99年的经典饮料配方。虽然公司斥巨资进行前期市场调查及新口味测试,在确保万无一失的情况下才放心上架新口味的可乐,但新产品上市后,可口可乐公司却收到全美各地的谴责信、投诉电话甚至法院传票,大量粉丝自发聚集在可口可乐总部大楼前示威游行,要求恢复经典口味的可口可乐。就这样,新口味的可口可乐上市不到10周就彻底夭折,此事也被《纽约时报》称为美国商界百年以来最大的失误之一。[①] 可口可乐虽然进行了大量的口味测试,却忽视了很重要的一点——消费者对原有口味的情感依赖。可口可乐在几代美国人的心中,早已成为一种精神寄托和集体记忆,甚至根植于美国人的文化基因,这种无形的品牌效应也决定了其经典地位,更决定了它不能被随意更改。

(2)产品与服务的质量把控

产品质量、数量、技术或服务等生产性错误,极易造成品牌价值的严重受损,引发品牌信誉危机。以食品安全问题为例,它事关国计民生,且一直是问题出现的重灾区。2008年三鹿的三聚氰胺事件直到现在还让国人心有余悸,该事件影响之大、范围之广,无出其右,也直接促使了我国食品安全法的出台。双汇"瘦肉精"事件、饿了么平台"黑作坊"事件等,每一次问题的出现,都给品牌造成难以估量的负面影响。

(3)品牌管理

从管理层面看,机构设置的不合理、组织文化的败坏、规章制度的不严格、管理人员的低水平或者道德风险等,都容易引发品牌危机;企业主要领导人及关键人才的离职、组织结构与管理模式的重大变动、人际冲突等也是引起品牌危机的重要因素。品牌管理的疏漏,常常会导致以下现象出现:员工贪污腐化、挪用公款、制造假账、泄漏组织机密、产品秘方、特殊工艺等;以次充好、以假乱真、故意减少产品数量,不履行服务承诺;

---

① 搜狐网:《可口可乐、百事可乐哪个更好喝?盲测背后的美国往事》,https://www.sohu.com/a/451668665_114949,2021-02-20。

生产工具设备长期不检修、生产环境卫生不达标；甚至出现员工对企业品牌的恶意报复（如制造流言、故意制造质量事故、纵火）等①。

(4) 品牌营销

品牌营销要素(入产品、价格、销售渠道等)组合不当，品牌传播工具、传播时间、传播对象选择失误，品牌传播策略选择不当等，都可能诱发品牌危机。品牌处于不同的发展阶段，或面对不同的细分市场时，应采取不同的传播策略及手段，指望用同样的产品、同样的宣传手段"通吃"不同的市场，很容易出现品牌冲突。

2. 外部因素

品牌危机的外部因素又可以分为市场类和非市场类。市场类外部因素主要是指企业外部直接关系品牌产品销售以及品牌自身发展的主体，包括消费者、经销商、供应商、竞争对手、投资者等给品牌带来的无心或者有意的危害。非市场类外部因素主要指能够对品牌运转空间产生影响的社会性机构，如媒体、政府、行业协会等给品牌带来的负面影响。

(1) 消费者

消费者的消费习惯、模式的改变，以及消费者受到其他利益相关者的影响改变消费心理，从而降低品牌忠诚度和美誉度，这会给品牌带来巨大打击，若此时品牌没有顺势而动，就很容易被市场淘汰。

比如曾经的内衣神话——"维多利亚的秘密"，依靠"性感营销"的手段一度成为国际内衣市场的风向标，其创办的一年一度的内衣大秀也成为全世界人民翘首以盼的视觉盛宴。品牌打造的"Victoria's Secret Angels"(维密天使)更是定义了众多女性消费者心目中的完美身材。但从2016年开始，维密的业绩急转直下，甚至在2019年直接停办了已坚持了整整20年的内衣秀。维密的陨落，背后当然有种种复杂的原因，但其对消费者的洞察不够细致、未能及时调整品牌的营销方向和策略是其中无可争议的因素之一。越来越多的民众认为，该品牌为女性设定了一种狭隘且不健康的审美标准，也导致许多女性为追求维密模特纤细、凹凸有致的身材而去过度节食和整形。社会上反对维密的呼声此起彼伏，美国大码女装零售商Lane Bryant曾发起一场声势浩大的女权活动，剑指维密，用大码模特的海报喊出口号——"I'm No Angel(我非天使)"。即使维密后来签约了大码模特并推出全新的商业广告，也难以扭转其品牌颓势。2020年，受疫情影响，维密英国公司宣布破产，25家门店全部关闭。

(2) 竞争对手、经销商、投资方等

从竞争对手角度来看，竞争对手、其他组织或个人出于报复、嫉妒等心理，采取不正当竞争手段，会给品牌带来危机。常见的恶性竞争手段有对抗性价格竞争与恶性营销网络争夺。

从经销商角度来看，经销商经营策略、模式的调整以及自有品牌对企业品牌的挑战、市场秩序混乱，导致市场格局被破坏，也会产生品牌危机。

从投资方角度来看，当企业股东之间的利益或股东与企业之间的利益发生冲突时，往往会影响品牌甚至整个企业的生存与发展。

---

① 柳锦铭：《基于利益相关者的品牌危机管理研究》，天津大学，2007年度。

(3)媒体

媒体引发的对品牌不利的舆论,容易引起群众的广泛关注、疑虑,从而产生品牌危机,这种危机往往影响范围大、影响程度深。多数情况下,媒体给品牌造成的危机和带来的伤害是无心只过,比如媒体由于时间紧迫和知识局限,未对报道内容进行反复核实而导致错误报道。但也有一些特殊情况,如一些媒体的从业人员出于一己私利捏造虚假新闻,对品牌进行恶意抹黑,典型事件如国内轰动一时的"陈永洲案"。

2012年3月至7月,《新快报》记者陈永洲相继发表18篇关于中联重科"利润虚增""利益输送""畸形营销"及涉嫌造假等一系列批评性报道,后被证实这些报道全是陈永洲收受贿赂后恶意炮制的虚假新闻。2013年9月17日,长沙市公安局聘请湖南苗扬司法鉴定所,对中联重科因新快报社及其记者陈永洲等人发表的文章所造成的损失情况进行鉴定。经长沙市公安局执法监督支队审核,认定嫌疑人陈永洲捏造并散布虚伪事实,损害中联重科的商业信誉,给中联重科造成重大损失,其行为触犯《中华人民共和国刑法》第二百二十一条之规定,涉嫌损害商业信誉罪。

(4)政府

政府宏观环境的波动以及其他突发性事件的发生,例如国家方针政策的变化、法律变更、社会结构变化、科技变化、战争爆发、恐怖主义等,在某种程度上也会导致品牌危机。这些改变与发生不是针对某个品牌的,也不是只对某个品牌或某些品牌造成伤害,而是会造成社会性变动或伤害,属于社会背景的变化。

二、危机防御体系:危机管理的防火墙

新媒体时代,企业和品牌面临的危机无处不在。很多企业往往将目光聚焦于危机发生后的事后补救,却忽视了危机的事前预防。虽然品牌危机在当前呈现难以预测的特点,但企业若能建立一套科学、完备的危机防御体系,防微杜渐,很多时候都能将危机化解在萌芽状态。

(一)企业内部危机管理

企业内部危机管理一般包括三个部分:危机管理手册的制定,内部协调机制的建立和危机管理的定期演练。

1. 危机管理手册的制定

完备、全面的危机管理手册可以为企业的危机公关提供纲领性指导,是企业防患于未然的关键。手册一般包括企业风险分析、潜在危机领域、危机处理层级划分、危机管理的基本流程及管理机制、危机中的媒体关系管理、危机管理不同领域的主要责任人和职责、危机后的品牌重塑等内容。通过制定危机管理手册,梳理危机管理思路,企业上下对危机有基本的认知,在危机发生前有足够的预警敏感度,在危机发生后有充分的应对机制和科学的应对策略。

2. 内部协调机制的建立

第一,企业内部应指定一名危机管理负责人,统筹、指挥、管理诸如品牌公关、政府关系、市场运营、人力资源等所有职能部门。如果危机公关过程中没有高级领导坐镇,

职能部门的意见很难统一,可能导致企业资源无法有效整合,企业信息传递不准确或延迟,贻误危机公关的时机。

第二,企业要建立一套实时监控的网络系统。企业可以通过该系统设置敏感词汇,有效监控并过滤企业的负面信息,还可以通过系统以工单的形式将负面报道下发到企业内部相关部门,并让专业部门跟进该负面报道。此外,企业通过系统还能对企业相关网络评论、意见等信息进行抓取分析,为及时引导企业的相关舆论奠定数据基础。

第三,企业应配备专门的信息监控人员,全面监控各大门户网站、专业网站、平面媒体乃至论坛、微博、社交媒体等。信息监控人员要有危机敏感意识及责任心,要细心地从海量信息中找到有关企业的信息,还要有较好的信息甄别、整理和分析能力,能够鉴别信息的真伪和紧急程度。

第四,企业要及时启动危机预警。当察觉到网络上的负面新闻或信息有成为危机的苗头或符合相当的危机等级时,企业就要当机立断地启动危机预警和预案。此时,企业可以采取各种方法降低危机发生的可能性,比如,关注热点论坛,发现企业的负面新闻后及时删帖或安排专人在论坛上进行澄清或引导;[①]如果情况比较严重,负面消息无法删除,企业要长期监测该信息,一旦发现该信息有发展为危机的势头,及时升级危机预警等级并采取相应措施。

3. 危机管理的定期演练

大型企业一般会定期召集各部门负责人,模拟危机状况,演习危机应对措施。演练应包括心理训练、危机处理知识培训和危机处理基本功演练等内容。定期演练不仅可以提高危机管理小组的快速反应能力,强化危机管理意识,还可以检测已拟定的危机应变计划是否切实可行。

(二)企业外部资源

企业危机公关能够整合和利用的外部资源包括政府、媒体、行业协会、意见领袖和公关公司等。

1. 政府

企业应架起与政府之间沟通的桥梁,让政府理解并信任企业,甚至可以让其在关键时候出手相助;但若事先没有与政府进行有效沟通,企业的新产品、新举措在落地过程中或许会遭遇很大阻力。例如,2017年共享经济席卷全国,共享单车发展势头迅猛,随后共享电单车也应运而生。但共享电单车的发展并不顺利,先是蜜蜂出行和易佰客两家公司的共享电单车因存在5类安全隐患,不符合国家标准而被政府叫停;后来又有小蜜共享电单车刚开始运营就被叫停。国家对于电单车的严格规定与政府的精准把控,让那些想在共享电单车领域分一杯羹的创业者满盘皆输。这些失败的创业者并没有向政府输出自己的理念,没有让政府理解自己的产品,因此在危机发生时,甚至连整改的机会都没有。[②]

2. 媒体

企业应与各类媒体保持良好的日常沟通与往来,将与媒体的关系维护作为企业公

---

① 林升梁:《整合品牌传播》,中央编译出版社,2017年版,第302-303页。
② 李国威:《品牌公关实战手册》,中信出版集团,2018年版,第178-181页。

关的重要环节之一。除了传统媒体关系,在新媒体时代,如何利用好新媒体这把双刃剑,因势利导,化解危机,也是所有企业与品牌需要钻研的重大课题。比如,当前很多企业建立了内部和外部的自媒体矩阵,保证在危机中能够畅通发声渠道,有效沟通各方意见,积极引导公众对企业和品牌的态度。

3. 公关公司

企业也可以向从事危机管理工作的专业公司求助,在面对重大危机时,有经验的公关公司和策划工作室可以为企业的危机管理提供有效的建议。

三、危机爆发期:有条不紊,迅速应对

很多时候,危机触发要素不一定使企业遇险,而对危机不当的处理可能使企业陷入泥淖。尤其在社会化媒体高度发达的今天,危机的发生原因、传播机制等都发生了巨大变化,这给品牌危机的应对及处理带来更大的难度,也提出了更高的要求。

(一)危机公关的原则

当前,国际上公认较为权威且应用范围较广的两种危机公关原则是3T原则与5S原则。两者都强调在危机发生后,品牌迅速做出反应,且提供的信息要让受众信服。

1. 3T原则

3T原则由英国危机公关专家迈克尔·里杰斯特提出,具体如下:tell your own tale(以我为主提供情况),强调组织必须牢牢掌握信息发布主动权;tell it fast(尽快提供情况),强调危机处理时组织应该尽快发布并不断更新信息;tell it all(提供全部情况),强调信息发布必须全面、真实,信息的透明度与深刻度可以增进彼此的理解,有利于组织赢得信任。

2. 5S原则

5S原则由被誉为"危机公关第一人"、知名危机公关专家游昌乔先生于2005年提出,也被国内行业奉为"危机公关活动的圭臬"。危机公关5S原则具体包括:承担责任原则(shouldering the matter)、真诚沟通原则(sincerity)、速度第一原则(speed)、系统运行原则(system)、权威证实原则(standard)。

承担责任原则是指在危机事件发生后,组织必须勇于承担自己该负的责任,把公众的利益放在第一位,这一处事原则和态度是解决问题、重新赢得公众信任的基础。

真诚沟通原则要求组织在危机发生后,做好与各利益方的沟通。其中,组织与公众的沟通至关重要,必须以真诚为前提,而不是"捂盖子",遮遮掩掩、闪烁其词只会引起公众的反感与更大的不信任;组织与媒体的沟通同样重要,组织应主动向媒体及时提供相关信息,并根据危机事件的性质、规模、影响范围和后果等情况,通过新闻发布会、恳谈会等形式发挥媒体的舆论引导作用。

速度第一原则是指组织应在危机发生的第一时间准确公布事件的真相,掌握处理危机事件的主动权。传统的危机处理有"黄金24小时原则"之说,即危机发生后的24小时内,是企业发布道歉、解释、辟谣等一系列信息的最佳时间段。随着新媒体时代的到来,传统危机公关中的"24小时"原则被压缩为"12小时",甚至"4小时"。

系统运行原则是指在处理整个危机事件的过程中,组织者要按照应对计划,全面、

有序地开展工作。处理危机过程是一个完整的系统,环环相扣,企业不能顾此失彼,要保证及时、准确、有效、全方位地处理危机事件。

权威证实原则强调组织若想保证企业、品牌的信誉,应以权威背书,尽力争取政府主管部门、独立的专家或权威机构、媒体及消费者代表等的支持,以此取得消费者信赖。

(二)危机回应:字字千金,句句金贵

危机回应需要字斟句酌,稍有差池,都可能被揪出来大肆批评。一份快速出炉的、严谨且具体的危机回应声明,可以让企业在危机公关中迅速获得主动权。危机回应声明需要把握以下四大主要元素。

一是事实,即声明要表明企业注意到了媒体报道、舆论舆情等。

二是态度,即声明要表明企业对涉及产品安全、公众利益的事情极为重视,言辞恳切、有担当。

三是原因,即声明要解释企业对于问题原因正在调查。企业如果查出存在不实报道,也可以采用攻击手法,指出有人在恶意操纵。

四是措施,即声明要表明企业正在采取调查措施。对于恶意攻击,企业可以严肃表明态度,对诽谤严惩不贷。

与此同时,危机回应声明中也需要注意以下三点原则。

第一,避免描述过多细节。管理学中经典的"奥卡姆剃刀原则"告诉我们,企业在制定决策时,应该尽量把复杂的事情简单化,剔除干扰,抓住主要矛盾,解决最根本的问题。这个原则同样适用于公关稿件特别是危机公关声明,应保证回应简明扼要,涉及公司内部运营的细节可以不向公众公开。

第二,防止过度承担。在危机处理过程中,公关应以"避免因回应不当引发更大危机"为基本目标,防止过度承担。比如,2018年"空姐遇害事件"发生后,滴滴曾发布了一则悬赏百万元缉拿凶手的声明,声明中还公布了犯罪嫌疑人的身份信息。这则悬赏声明显然不够成熟,向公众发布一个未经证实的犯罪嫌疑人的照片和个人信息,给滴滴带来了诸如"矫枉过正""哗众取宠"等争议,声明发布不久便被滴滴删除了。

第三,考虑行业影响。危机回应声明还需要跳出企业思维,站在大局上考虑对整个行业的影响。

(三)企业新闻发言人

当企业面临危机时,企业新闻发言人作为被推到前台的人,其一举一动都备受瞩目。因此,企业新闻发言人不仅需要具备清晰的口语表达能力、持重亲和的外表形象,还要有广博的学识,对企业的相关产品、技术以及相关政策法规有深度的认识,如此才能在面对各方提问时有条不紊、清楚地说明事实,表明企业态度,解释问题背后的深层原因,并公布后续解决问题的措施,同时对公众疑虑进行一一回应。

(四)危机公关的具体策略

一般来说,危机公关的具体策略包括澄清策略、沉默策略、否认策略、道歉和承担策略、承诺策略、转移注意力策略等。企业应灵活组合、运用不同策略来达到最佳的公关效果。我们重点看以下两种策略。

1. 道歉和承担策略

完整的道歉和承担策略的危机公关内容应该包含承认错误、分析错误、承担责任、承诺不再犯错、请求原谅等环节,必要情况下还要有做出补偿环节。缺失了任何一环,都有可能让公众质疑企业的认错态度不诚恳,导致品牌危机公关的失败。

2018年11月17日,意大利奢侈品品牌D&G(杜嘉班纳)放出一段品牌大秀的暖场视频,视频中一位眯眼女士用筷子吃披萨的视频持续在网络上发酵,被质疑有辱华嫌疑。有网友在网上向D&G的品牌创始人兼创意总监斯特凡诺·嘉班纳本人账号留言,却招来该账号的谩骂,言辞内容公然辱华并称不怕被曝光。网友将相关截图曝光之后,迅速引发舆论狂潮。一时间D&G遭万夫所指,众多中国明星纷纷表态终止与D&G的所有合作,其大秀也被迫取消,各大电商也将该品牌商品全部下架。11月21日,涉嫌辱华设计师斯特凡诺·嘉班纳回应称,自己的个人社交账号被黑,他并没有发表以上言论。11月22日,品牌官方在Instagram上发表声明,宣称对中国"怀有爱与热情",大秀的取消对品牌和所有工作人员来说"都很不幸"。11月23日,D&G官方发布两位设计师的道歉视频(视频链接:https://www.163.com/ent/article/E1A4MMF100038FO9.html)。但网友认为其道歉根本没有诚意,于是自发形成抵制风潮,D&G的大中华市场应声崩塌。①

梳理此次品牌危机事件的发酵过程,我们可以总结出危机公关的一个关键点,即危机公关策略要保持前后一致、环环相扣、层层递进,前后矛盾、自我冲突会使企业迅速丧失信誉。在此次事件中,D&G最开始采用的是否认策略,声称Instagram的不当言论是因为账号被黑,而非设计师本人发布;而在道歉视频中当事人又承担责任,这明显是一种前后矛盾。此外,我们仔细分析杜嘉班纳两位创始人的道歉视频可以发现,里面提到"认真地反省""十分悲伤""对世界上不同的文化必须报以尊敬""希望得到你们的原谅""向所有全球华人致上最深的歉意""对中国的热爱一如既往""必须表达歉意""这样的事件也绝对不会再次发生""竭尽全力更加理解及尊重中国文化""对不起"等内容,涵盖了承担责任、承诺不再犯错、请求原谅等环节。然而,关键环节——承认错误却是模糊的。此事件之后,中国民众对D&G的抵制从未停止,该品牌在北京、上海的多家门店已经关门停业,有些勉强维持的店面也是门可罗雀。

2. 转移注意力策略

新媒体时代众声喧哗,当企业的危机事件涉及公众利益时,很容易引发全民关注,而且负面信息在飞速扩散的同时还会产生变异、延伸等效应,导致舆论更难被引导,公众的负面情绪更难平息,企业的危机更容易进一步扩散。这时,企业需要避免危机的话题点过度延伸,同时还要尽快让大众的目光从负面事件本身转移开,以避免信息在传播中"变形"和"恶化"。

---

① 观察者网:《几十家外媒报道D&G事件 一笔带过创始人辱华》,https://news.sina.com.cn/c/2018-11-22/doc-ihpevhck1713466.shtml,2018-11-22。

2020年,受疫情影响,各大企业损失严重,步履维艰,餐饮业更是首当其冲。4月初,有网友在微博等社交媒体爆料称,海底捞恢复堂食之后涨价了,此次涨价涉及上海、北京等多个城市。该消息瞬间将品牌推向了舆论的风口浪尖,公众纷纷指责其不应在疫情期间涨价,伤害了消费者的感情。"海底捞涨价"的词条被推上热搜4天后,情况突然发生了反转。4月10日下午,海底捞对外发布致歉信,称公司认为此次涨价出于管理层的错误决策,决定调回价格,保证消费者的利益。与此同时,面对公众呼声较大的几点质疑,海底捞也进行了一一回应。比如,许多消费者质疑菜价恢复是不是权宜之计,菜的分量是否会减少,海底捞明确回复,此前涨价和此次调价都不会影响菜的分量。[①] 为了挽回公众,海底捞还采取了一系列补救措施:它结合自身的服务及产品(火锅堂食)特点,发动UGC内容生产及传播,并借助抖音平台,让海底捞的"抖音套餐"成为时尚,成功转移了公众的注意力,获得了自救。

在社会化媒体时代,KOL和普通用户挑起了引导舆论的大梁,企业也应转变思维,将传统公关的单向发布与自上而下的处事模式,转变为与公众自下而上的对话模式。企业只有从公众的角度出发,设身处地为他们着想,融入与他们的对话,才能真正得到他们的信赖。因此,当面对危机时,企业可以借助各类自媒体平台,提高公众的知晓度和参与度,借力打力,调动消费者的力量为企业应援,才能更快速地化解企业危机。

四、危机恢复期:及时总结经验,重塑品牌形象

危机过后,企业仍不能掉以轻心,应在企业内部采取一系列恢复措施:第一,继续对各路媒体实行重点监控,防止危机死灰复燃;第二,总结危机处理过程中做得不够好的地方,完善危机公关计划,制定更有效的措施;第三,总结经验,吸取教训,寻找危机发生的深层原因,彻底解决危机发生的源头问题,防止危机再次发生。此外,企业还应将整个危机从发生到结束的过程汇编成案例集,在企业内部共享,树立危机处理典范。

此外,企业还需要在更大范围内进行公众的情绪疏导,以重塑品牌形象。企业危机事件往往涉及公众利益,影响范围大,影响程度深,短期之内难以完全消失。"互联网有记忆",危机事件即使过去一段时间,也可能因各种原因被网友拿来在论坛、贴吧、微博等平台继续讨论,其中难免会掺杂一些非理性言论或没有根据的谣言。因此,危机后的品牌形象重塑工作任重而道远,企业应在配合各种营销手段的基础上,充分利用新媒体的互动性,积极走近公众,开展正面的情感引导,重建人们对企业的信任。

---

① 新京报:《从涨价到道歉,海底捞4天内经历了怎样的反转?》,http://hainan.ifeng.com/a/20200411/14158444_0.shtml,2022-04-11。

案例

坠车事故之外,蔚来公关"惨案"复盘①

一、蔚来"坠车"事件经过

2022年6月22日17时20分左右,安亭镇安拓路56弄上海汽车创新港8号楼3楼,一辆蔚来测试车从高处坠下,致使杜某和张某某两名试车员受伤,随后120将两人送往医院救治。杜某抢救无效身亡,张某某经医院手术后效果不佳,于23日凌晨宣布死亡。

如此惨剧,让蔚来瞬间登上热搜。蔚来官方先后两次发布声明,但无一例外取得反向效果。

6月23日20点33分,蔚来通过官微发布第一次声明(见图7-6),对坠楼事件进行回应,在声明最后表示"初步确认,这是一起意外事故,与车辆本身没有关系"。该回应瞬间引发舆论强烈反应。

迫于舆论压力,蔚来汽车很快删除了上述回应,于23日21时02分重新发布了修改过措辞的新回应(见图7-7),并对该条微博开启了精选评论功能。

图7-6 蔚来"坠车"事故后第一次官方回应　　图7-7 蔚来"坠车"事故后第二次官方回应

二、蔚来"坠车"事件后的舆情危机

在"坠车"事件发生后,相关舆情的走向也呈现明显的阶段性变化,而这种变化以蔚来的两次回应为明显的分水岭。

蔚来"坠车"事件由小红书账号率先爆料,随后虽有大V加入传播,但未引起过多关注;在地方媒体主动联系企业跟进事情进展后,央媒发文进一步聚焦并扩大了舆论影响,蔚来测试车坠楼事件热度迅速提升。在蔚来发布官方回应前,网络相关舆情的主要内容集中于事件自身、后续进展,以及事故原因

---

① 知微数据官网:《危机复盘丨蔚来公关后,最该做的是什么?》,https://zhuanlan.zhihu.com/p/540046796,2022-07-11。

了解等方面。相关媒体报道主要以发布事件基本情况及事件后续跟进为主，少量媒体围绕品牌影响给出多方猜测。

但在蔚来两次声明发布后，舆情危机迅速产生，经知微数据调查，舆论情绪以负面为主，占比63％。尤其在事故发生28小时之后，蔚来官方声明才姗姗来迟，虽然前后修改了两版，但能让广大网友记住的，只有那句"与车辆本身没有关系"。相关舆情的主要内容集中于蔚来回应声明、测试员的安全防护、事故原因分析、公关总监马麟言论等方面。主流媒体及时跟进事件进展，并对信息进行有效整合后从多角度传播事件相关信息。除事件信息外，部分媒体重点关注测试员的安全防护问题，以及事故原因分析。

三、蔚来危机公关事故剖析

复盘蔚来此次危机公关"事故"，不难发现，它几乎违背了危机公关5S原则中的所有原则。

1. 速度滞后，错失良机

在危机发生后，企业尽快做出回应才能及时占领舆论高地。然而，此次事件中，蔚来危机公关做出回应的时机很不"黄金"——超过了24小时。

社交媒体的碎片化特征导致了信息的速生速灭，有时企业在面对负面信息的时候也会选择适时避让策略，用"沉默"或者"围魏救赵"的方式来降低影响。或许蔚来是想等事件热度稍降时再进行信息公布，但此举恰恰适得其反。为什么？关键在于此次事件的性质——人命关天。在生命面前，任何危机公关的策略都行不通，唯有迅速、真诚、恳切地出面回应才是良策。

2. 推卸责任，毫无担当

可以看出，在前后两次声明中，蔚来的遣词造句有了些许变化，新声明中针对事故描写并无改动，只是将原声明中引发热议的"与车辆本身没有关系"字眼删除，转而用更委婉的话语表达相同之意："根据对现场情况的分析可以初步确认，这是一起（非车辆原因导致的）意外事故。"蔚来前后两次声明都暴露了一个问题，作为当事方企业，最痛心的不是人命，而是首先撇清责任，被公众诟病"资本的冷血"也就不稀奇了。此外，蔚来还自作聪明进行控评，自己给自己带起了节奏，这引起了公众更大的反感。漠视生命、缺失人文关怀、忽略公众情绪，所有这些因素加在一起引发的次生灾害甚至超过坠车事件本身。

3. 事实模糊，无法服众

进行危机公关的基础是搞清事实的前因后果，以给公众最合理和客观的交代。尤其当事故存在争议、事故原因还未查明时，企业应遵循的一个原则是：事故情况应该频报，但原因应该慎报。需要调查的事实可以表示正在调查，绝不能轻易下结论，更不能轻易由不该下结论的利益方下结论，这也违反了危机公关中"权威证实"的原则。在此次事件中，当嘉定公安和上海公安都未发布官方通报对事故原因进行定性时，蔚来先后两次在声明里撇清自己，不但显得没有担当，声明内容也丝毫没有信服力。

四、总结

蔚来此次危机公关演变成一场"公关事故"，看似只是一次公关团队的技术性失误,实则反映出根植于企业已久的固定式思维,一种商品市场过热带来的目的性过剩和长期缺乏人文精神管理的体质所导致的必然现象。

2021年至今,蔚来品牌已数度曝出负面事件,连锁品牌创始人林文钦驾驶蔚来ES8车祸逝世、蔚来汽车被曝遭灰熊机构做空、上海一蔚来汽车碰撞起火车主遇难……众多舆情事件中,蔚来都无法交出让公众满意的危机公关答卷,这是否值得蔚来反思:缺失真诚与担当的企业文化,又如何造就高尚的公关形象?

课后思考题

1. 与传统的公益营销理念相比,品牌公益传播理念有什么不同?
2. 危机公关的5S原则是指什么?
3. 品牌公益传播应遵循哪些原则?

本章数字资源

第八章 整合品牌传播的媒体选择与投放

本章学习要点

1. 媒介与媒体的内涵区别。
2. 传统媒体与新媒体的内涵界定。
3. 品牌在媒体选择及投放上的考量因素。
4. 当前品牌在媒体投放方面的发展趋势。

引例

丝巾上的敦煌故事——腾讯×敦煌研究院"敦煌诗巾"项目[①]

敦煌研究院自20世纪80年代提出了"数字敦煌"构想,利用计算机技术和数字图像技术,在一定程度上实现了敦煌石窟文物的永久保存、永续利用。这些年来,敦煌研究院也从未停止过探寻更好地保存并传播敦煌文化的脚步。如今大众对传统文化有了更多的兴趣,更倾向于以互动体验的方式去了解传统文化,也乐于借助多样化的手段参与中华民族文化的传承。

2017年12月29日,敦煌研究院与腾讯达成战略合作,携手发起"敦煌数字供养人"计划。"供养人"的概念源自敦煌石窟中的供养人历史。早在1600多年前,丝绸之路上的古人为寻求护佑与指引,在敦煌出资开窟,经年累月造就了一个文化璀璨的敦煌。这些出资开窟者,也被称为敦煌莫高窟的"供养人"。敦煌的"数字供养人"计划旨在让大众通过提供多元数字创意,参与到敦煌文化的保护和传承事业中。

2019年伊始,恰逢"敦煌数字供养人"计划一周年,腾讯文创与敦煌研究院携手,推出"敦煌诗巾"项目,并联合洛可可·洛客文创设计中心、罿唐丝绸,持续孵化敦煌文创丝巾产品项目。该项目获得不俗反响的同时,斩获多项业内大奖——2019大中华区艾菲奖品牌内容类金奖,2019伦敦国际奖华文创意

[①] 谷虹:《智慧的品牌:数字营销传播金奖案例2019/2020》,暨南大学出版社,2022年版,第41—44页。

单元设计创新应用金奖,2019中国千山金峰奖最佳文旅科技创新示范奖,2019腾讯营销突破奖之年度最佳用户触动奖。

一、目标与洞察

敦煌研究院希望通过此次活动达成以下目标。

商业目标:提升品牌关注度与好感度,开发跨界衍生品,提高文创产品销量,赋予传统文化新的价值。

行为目标:吸引人们关注、参与并自发推广活动。

态度目标:提升人们对敦煌文化的了解,引导人们传承和保护千年敦煌文化。

此次活动源自市场数字化、创意化的机遇以及对年轻消费者审美和文化自信的洞察。"敦煌诗巾"项目通过传统文化元素的再创作推出跨界衍生品,化传统为时尚,强化了年轻人的价值认同和情感连接。在同根同源的民族文化环境中,这样的活动也能更广泛地获得市场认可,从而更好地引发中国消费者共鸣。

二、策略与创意

该活动运用H5设计(见图8-1),以线上线下展览的形式,整合了后续生产、发售、物流、售后等完整的文创产业链条服务,为用户定制实体丝巾,最大限度地满足消费者的自主创新,提升消费体验,扩大影响范围。在交互设计、亲手定制过程中,活动方将敦煌内容被忽略的美——藻井①延续到实用、易搭配的丝巾上,充分满足了消费者的自主审美需求和互动体验感,吸引了大众的讨论传播以及媒体的关注。

图8-1 "敦煌诗巾"项目H5页面截图

---

① 天花是遮蔽建筑内顶部的构件,而建筑内呈穹窿状的天花则被称作"藻井",这种天花的每一方格为一井,饰以花纹、雕刻、彩画。敦煌藻井高踞石窟顶部,受风沙及恶劣自然环境的损坏较少,同时也免除了许多人为的损坏,因此保存较完好。敦煌藻井多达四百余顶,绘制十分精致,是敦煌图案中的精华。

为了将敦煌文化的精髓传递出去,腾讯与洛可可·洛客文创设计中心在对敦煌壁画历时122天进行深入研究与调研后,决定以莫高窟辨识度最高的九色鹿形象作为设计灵感的原始点,再将创意延展至丝绸之路景象与飘逸的飞天。它们最终从莫高窟735个洞窟中,提取8款主题图案,近200组装饰元素,包含植物、动物、建筑、人物、佛像等元素和壁画细节,经由设计师再创作,让它们既保留了原味,又符合当代审美。

三、媒体选择与投放的执行表现

1. 线上海报预热及视频宣传

活动发布了线上海报,并通过视频网站、微博等媒体资源播放视频广告。

2. H5进行DIY设计、购买

腾讯与洛可可·洛客文创设计中心为这次活动专门定制的DIY合成算法可以让用户根据每个图案元素的不同特性进行交互设计,用户可以通过对八大主题元素中的任意一个进行缩放、旋转、位置调整,以自己的想象和审美创造出无穷可能性(见图8-2)。在DIY过程中,用户移动自己的手指还会触发流畅的动态效果。丝巾图案生成后,系统会根据图案的寓意生成三行诗,把新一年的美好愿望寄予这方敦煌诗巾。用户还可以一键定制自己创作的丝巾,每一条都独一无二,每个人都可以做设计师。

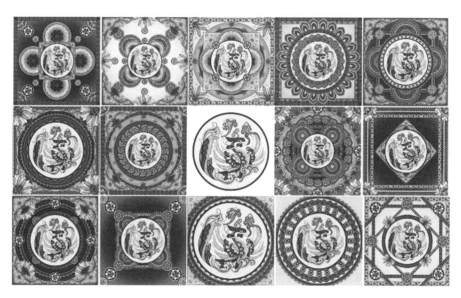

图8-2 每个主题的无数种组合变化方式

线上运行需要尽可能运用轻量型的元素,而传统印刷则需要高精度大图,看似矛盾的需求在项目如何实现?答案是特别为它开发一个程序,读取用户DIY设计的数据,再数字解析为高清大图。在线下工厂,工作人员只需要输入编号就可以下载指定图案完成印刷,打通了线上到线下的供应链。

3. 发行限量设计款丝巾

两款丝巾"数字丝鹿""飞天与神鹿",作为本次"敦煌诗巾"的新年特别献礼在腾讯文创小程序、腾讯视频草场地限量发售2019条。

4. 开设线上丝巾展览馆

用户DIY设计完成后,点击"完成"按钮,丝巾创意就会被收录进数字展览馆,展示给所有喜欢"敦煌诗巾"的人。

5. 线上平台页面互动

活动方在新浪微博发布了话题讨论和线上分享,用户可观看广告或在微博、小红书、朋友圈等社交平台分享自己DIY的丝巾图片及获得的诗句等。

6. 联合主流媒体进行宣传

该项目还获得具有影响力的媒体的充分关注支持。中国日报网、央广网等50多家网络媒体和《光明日报》《解放日报》等主流传统媒体对此进行了关注和报道。

四、效果与评价

1. 执行效果

小程序上线2天后即产生了超过15万件DIY丝巾作品;上线不到一个月,就吸引了280万用户参与互动,DIY作品超过20万,上万名用户下单购买。用户受丝巾的文化元素吸引,产生实地了解敦煌文化的意向,2019年敦煌全年游客接待量达到1337.33万人次,旅游收入超过149亿元,再创新高。

2. 市场评价

《光明日报》对此如此评价:"敦煌研究院持续'讲好敦煌故事'的新姿态……在传承、活化敦煌文化,增加公众的认知度上有所作为……通过数字化的产品,可以让更多普通人接触、感受敦煌文化。"清华大学文化经济研究院和天猫联合发布的《2019博物馆文创产品市场数据报告》显示,敦煌旗舰店累计访问量翻倍,消费者数量倍增。

五、总结

1. 项目优点

(1)提升了用户体验,操作门槛低,通过互动促进了用户的参与积极性。活动利用数字化技术,通过轻快便捷的交互,让用户能任意选择、组合,亲手设计专属丝巾。用户只需考虑搭配、角度、大小等问题,简单的操作也吸引更多人参与其中。

(2)融合了艺术高峰敦煌壁画,传承了经典文化。丝巾融入石窟藻井层次丰富、富丽庄严的结构及图像特点,确保了较高品位的视觉效果,化传统为时尚。八大主题元素蕴含中国传统文化中美好祥和的寓意,拥有国际艺术价值。

(3)整合产业链,为用户提供优质服务。活动方借助数字化技术,整合了苏州艺唐丝绸、腾讯视频草场地、京东物流等提供后续生产、发售、物流、售后等完整的文创产业链条服务,为用户"孵化"实体丝巾,最大限度地满足了用户自主创新的需求。

2. 缺点

(1)活动缺少互动预热。活动方仅提供创建微博话题和少量视频进行宣传,未充分借助大V、微博名人进行宣传,缺少线下宣传,微博话题参与热度不够,影响不够广阔。

(2)活动理念延展性不够。图案设计后仅用于丝巾制作和景区周围部分咖啡厅装饰,没有将设计延展至更多线下场所,错失线上线下更紧密连接的机会。

当下,文创产品面临品类单一、供应链薄弱的难题,在数字化时代,如何使文创产品破圈,进一步激活文物的持久生命力、融入时代发展,既是挑战也是机遇。品牌需要积极应用数字化技术手段连接现代生活与敦煌文化,通过互动提升用户积极性,借助跨界进行创新。

在整合品牌传播活动中,媒体作为品牌、公众、环境等多方有效沟通、建立及维系关系的关键桥梁及载体,担负着多重职责。品牌传播管理人员对各类媒体特性的充分了解,以及在此基础上对媒体资源的综合评估与合理运用,是充分发挥品牌传播效果的前提与保障。随着新媒体时代的到来,媒体的形态、功能、传播机制及作用效果都发生了巨变,这也对我们把握与驾驭各类媒体资源的能力提出了更高要求。本章将从媒体的特点、媒体选择的考量因素、媒体的组合及投放策略、媒体投放的发展趋势等方面出发,研究整合品牌传播过程中对媒体资源的科学运用。

第一节 传播媒体概述

国内在引入西方传播学中的"medium/media(复数)"这一名词时,将其翻译成"媒体""媒介"等多个版本。Web2.0时代带来了传播技术和传播形态的日新月异,"多媒体""流媒体""全媒体""自媒体""媒体融合/媒介融合"等新概念也在不断涌现。然而,长期以来,学界与业界对于"媒体""媒介"等核心、基础名词的界定并不清晰,甚至有学者认为它们只是在使用习惯上有细微差别,并未对其进行区分,以至于这些相似的概念长期被混用。实际上,在长期实践过程中,几个名词已衍生不同的内涵与外延。而概念是研究的起点,为了便于交流沟通和学科发展,我们有必要先对它们进行厘清,在此基础上,再了解不同传播形态之间的特点。

一、媒介与媒体的内涵辨析

从词源学上说,"媒"最早是作"媒人"的用法,出现于周朝,《诗经·卫风·氓》有云:"匪我愆期,子无良媒。"后来,"媒"的内涵延伸至"使双方发生联系的人或事物"。

"介"即"处在两者之间的""在中间起着联系作用的"人或事物,因而其常有"中介""介绍""介入""介质"等组词和用法。其中,"一种物质存在于另一种物质内部时,后者就是前者存在的介质;某些波状运动(如声波、光波等)借以传播的物质叫作这些波状运动的介质,也叫媒质"[①]。因此,"媒介",强调的是传播过程中的物质、载体、手段、工具。

---

① 中国社会科学院语言研究所词典编辑室:《现代汉语词典:第4版增补本》,商务印书馆,2002年版,第650页。

"体"最早见于战国金文,其本义为身体,是"全身"的总称,又可引申为本质、法式、准则、规矩,常有"本体""主体""个体""整体""体制""体系"等搭配。由此可见,"体"不仅包括具象意义的"身体",还包括抽象意义的"机体",因而"媒体"也更多地带有具体的传播者、传播机构、传播制度等社会机体方面的意思。

在实际应用中,"媒介"概念的出现早于"媒体"。西方的"媒介"(medium)一词出现于19世纪末20世纪初,意指"事物之间发生关系的介质和工具"。而"媒体"概念产生于20世纪中叶,该词作为术语被首次使用是在1943年美国图书馆协会的《战后公共图书馆的准则》一书中。两个概念出现的前后次序,也深刻反映出日益复杂的传媒生态,以及人们思考问题的角度向更加宏观的方向发展的轨迹;在前大众传播时代,人们只关注信息传播过程中的传播物质载体与形态,而"媒介"一词涵盖发挥着中间介质作用的人或事物。随着大众传播时代的到来,传播技术、传播形态、传播制度不断更迭,新型传播机构也不断出现,这促使人们以更为宏观、立体的视野看待传媒生态,开始思索传播者、传播机构及传播制度等主体性及社会性因素对传播效果所存在的巨大影响,由此,能概括这些复杂情境的"媒体"概念应运而生。①

综上所述,大众传播学视野下的"媒介"一方面可指传递信息的手段、方式,如语言、文字、声音、图像等;另一方面可指传递信息的载体和样式,如杂志、广播、电视、互联网络、手机等载体,以及博客、QQ、微博、微信等样式。"媒体"应侧重于指专门从事信息采集、加工、制作等的社会组织和机构,如电视台、广播台、报社、出版社、杂志社等。

本章将品牌置于复杂的市场环境及传播情境中进行考察,分析品牌在媒体选择及投放过程中的受制因素,在此基础上总结品牌信息传播的规律与趋势,而这一分析角度更倾向于"媒体"的概念,因此本章的论述统一为"传播媒体"。

二、传播媒体的分类及特征

(一)传播媒体的分类

对传播媒体的分类有诸多方法,常见的有从表现形式、实现功能、影响范围、所属主体、时间发展等角度进行分类,我们将对这些分类方法进行逐一讲解。

1. 表现形式角度

从表现形式角度来看,媒体可大致分为印刷媒体、电子媒体和数字媒体。其中,印刷媒体是以印刷技术和印刷物为载体的媒体,如报纸、杂志、海报、说明书等;电子媒体是以电子通信技术为载体的媒体,如电视、广播等;数字媒体是以互联网技术为支撑的媒体,如PC互联网、移动互联网等。

2. 实现功能角度

从实现功能角度来划分,媒体可分为视觉媒体、听觉媒体和视听两用媒体。其中,视觉媒体包括报纸、杂志、海报、传单、日历、橱窗展示等,听觉媒体包括广播、录音等,视听两用媒体包括电视、互联网媒体等。

---

① 李玮、谢娟:《"媒介"、"媒体"及其延伸概念的辨析与规范》,《武汉理工大学学报(社会科学版)》,2011年第5期。

3. 影响范围角度

从影响范围角度来划分,媒体可分为国际性媒体、全国性媒体和区域性媒体。这种分类方式多见于传统媒体,例如人民日报、新华社这类在国际上具有一定的影响力,且辐射范围覆盖全球的媒体属于国际性媒体;其他中央媒体与一部分省级媒体,如湖南卫视、浙江卫视等,被称为全国性媒体;地方媒体是指在地方区域内有一定影响力的区域性媒体,如北京晚报、长江商报等。

4. 所属主体角度

从所属主体(这里的主体是指广告主本身)角度来看,媒体可分为自有媒体和公共媒体两种。自有媒体是广告主在企业内部设立的、自己掌控的媒体组织,如今许多企业内部都建立了"两微一端一抖一平台"的传播矩阵,其中"两微"是企业创立的官方微博和官方微信公众号,"一端"是企业自己的官方APP,"一抖"是企业的官方抖音,"一平台"则是企业的官方网站、企业主导的行业论坛等。在企业之外,还存在着公共媒体资源,广告主同样可以借助第三方力量进行品牌信息的传播与沟通。

5. 时间发展角度

从时间发展角度进行分类是目前应用最广、最常见的分类方法,本章也将以这一分类标准为基础,分析不同的媒体形态具备的特征。根据时间发展和出现的前后顺序,媒体可分为传统媒体和新媒体。许多时候,我们将报纸、广播、电视、杂志划作传统媒体的范畴,将互联网技术加持下发展起来的媒体界定为新媒体。但"新""旧"往往是相对的概念,广播、电视等媒体出现伊始也属"新媒体"的范畴,只是随着时代的发展和科技的进步,它们被更新型的媒体形态所取代。对传统媒体和新媒体的讨论与争议也从未停止过。一些学者提出,仅从特定的媒介或技术特征角度出发来区隔传统媒体与新媒体是以偏概全。因此,出于严谨研究与规范使用的需要,我们有必要专门对传统媒体与新媒体之争进行梳理,从学理性、科学性的角度寻找界定新媒体的线索。

(二)传统媒体与新媒体的内涵界定

最早关于"新媒体"的提法至少可以追溯到20世纪50年代。1959年,马歇尔·麦克卢汉在全美高等教育学会会议上发表题为"电子革命:新媒体的革命影响"的主题演讲,他提出:"从长远的观点来看问题,媒介即是讯息。所以社会靠集体行动开发出一种新媒介(比如印刷术、电报、照片和广播)时,它就赢得了表达新讯息的权利……今天,印刷术的君王统治结束了,新媒介的寡头政治篡夺了印刷术长达500年的君王统治。寡头政治中,每一种新媒介都具有印刷术一样的实力,传递着一样的讯息……我们的时代所得到的信息不是新旧媒介的前后相继的媒介和教育的程序,不是一连串的拳击比赛,而是新旧媒介的共存,共存的基础是了解每一种媒介独特的外形所固有的力量和讯息。"[1]

当然,麦克卢汉口中的"新",只是相对"旧"而言的,与我们今天所说的新媒体存在巨大的差异,毕竟他生活在一个以报纸、广播、电视为主导媒体的时代。但是,他以历史和发展的眼光来看待媒体的更迭,无疑是有前瞻意义的。

---

[1] [加]马歇尔·麦克卢汉:《麦克卢汉如是说》,何道宽译,中国人民大学出版社,2006年版,第3页。

我们现在所说的新媒体的概念源于1967年,当时的CBS(Columbia Broadcasting System,哥伦比亚广播公司)技术研究所所长P·戈德马克在一份商品开发计划书里提出了"New Media"这一概念。1969年,美国传播政策总统特别委员会主席E·罗斯托在向尼克松总统提交的报告中,也数次用到了"New Media"一词。彼时,新媒体更多的是指电子媒体。由此,"新媒体"概念迅速在美国扩展开来。随着20世纪80年代计算机技术的发展,"新媒体"的提法和相关研究开始蔓延至全球,我国也是在这一时期引进了"新媒体"的概念。

"新媒体"不同于"新出现的媒体","新""旧"不能仅仅从时间上加以界定。潘忠党等人提出,要真正界定新媒体,需要考虑媒介理论(medium theory)取向、人与技术之间的界面(interface)取向以及行动场所的界面取向,对于媒体的"新""旧"界定可以从信息的生产可供性(production affordances)、社交可供性(social affordances)和移动可供性(mobile affordances)三方面来衡量,这三种可供性水平越高的媒体,往往就是越新的媒体。① 这一解释也界定了衡量新媒体特征的三种维度。

在此基础上,彭兰教授进一步分析了新媒体的特征及"新媒体"一词的使用情境和指向,并提出了新媒体的概念,这一概念也是目前学界较为权威的版本:"新媒体主要指基于数字技术、网络技术及其他现代信息技术或通信技术的,具有互动性、融合性的媒介形态和平台。在现阶段,新媒体主要包括网络媒体、手机媒体及其两者融合形成的移动互联网,以及其他具有互动性的数字媒体形式。同时,'新媒体'也常常指主要基于上述媒介从事新闻与其他信息服务的机构。"②

从传播形式与传播手段来看,从早期的新闻组、BBS到后来的WWW(万维网)、电子邮件、搜索引擎等,再到博客、SNS、微博、微信、APP,都属于新媒体的范畴。

从传播机构来看,在中国,"新媒体机构"这个概念还隐含了对媒体的一定的资质限制与要求。我国关于互联网新闻业务管理的法律法规及规范性文件主要是《互联网新闻信息服务管理规定》(以下简称《规定》),对互联网新闻信息服务许可管理、网信管理体制、互联网新闻信息服务提供者主体责任等作出了规定,旨在进一步加强网络空间法治建设,促进互联网新闻信息服务健康有序发展。③《规定》由国家互联网信息办公室于5月2日公布,自2017年6月1日起施行。该规定明确指出,申请互联网新闻信息采编发布服务许可的,应当是新闻单位(含其控股的单位)或新闻宣传部门主管的单位;任何组织不得设立中外合资经营、中外合作经营和外资经营的互联网新闻信息服务单位;互联网新闻信息服务提供者的采编业务和经营业务应当分开,非公有资本不得介入互联网新闻信息采编业务。④

---

① 潘忠党、刘于思:《以何为"新"?"新媒体"话语中的权力陷阱与研究者的理论自省:潘忠党教授访谈录》,《新闻与传播评论》,2017年第1期。
② 彭兰:《"新媒体"概念界定的三条线索》,《新闻与传播研究》,2016年第3期。
③ 中国网信网:《国家网信办公布〈互联网新闻信息服务管理规定〉》,http://www.cac.gov.cn/2017-05/03/c_1120907226.htm,2017-05-03。
④ 中国网信网:《互联网新闻信息服务管理规定》,http://www.cac.gov.cn/2017-05/02/c_1120902760.htm,2017-05-02。

(三)新媒体的特征

1. 数字化

计算机技术实现了信息的数字化存储、加工、传播与呈现,而数字化信息的传播介质就是新媒体。今天的数字技术也渗透到传统媒体的生产环节,例如报纸出版中的激光照排技术、电视编辑中的非线性编辑技术等,这些技术是传统媒体向新媒体延伸或转型的前提。但仅有这些技术并不意味着传统媒体就变成了新媒体。我们所说的数字化,更多的是指最终传播介质的数字化。

2. 网络化

在新媒体语境中,网络化指的是信息终端之间的联网。尽管在新媒体早期网络化还没实现,但网络化仍是推动新媒体普及与发展的重要因素。如今,网络化已经成为新媒体的基本特质。

3. 互动性

在新媒体时代,媒介信息传播呈现双向性、互动性特征,而这种互动早已超越传统媒体时代的来信、来电等受众反馈形式,信息的接收者也可以成为信息的生产者和加工者。因此,有学者提出,在新媒体时代,"受众"一词的概念急需被"用户"取代,后者更能体现当前信息传播的互动性及信息需求的个性化。

4. 融合性

新媒体时代,传播渠道与功能的融合是大势所趋,过去媒介与它所提供的服务之间的一对一的关系已不复存在。这种融合不仅体现在媒介形态上,还体现在媒介手段上。传播介质的新媒体化以及多媒体传播手段的普及,进一步促使大众传播、人际传播、群体传播、组织传播等传播形态之间的边界趋于模糊。

第二节 品牌在媒体选择及投放上的考量因素

媒体选择与投放是品牌传播活动中的重要环节,其终极意义是协助品牌达成营销目标与品牌建设目标。品牌在媒体选择与投放上的表现,直接影响自身在市场中的发声与地位树立,是影响目标受众建立品牌认知的决定因素之一。因此,在进行媒体选择之前,品牌必须明确自身在媒体选择及投放方面的关键影响因素,在此基础上进行综合考量及评判,选择于自身最有利的媒体组合形式,以达到最优的传播效果。

接下来,我们主要从企业因素和媒体因素两个角度出发,探讨影响品牌进行媒体选择和投放的因素。

一、企业因素

从企业角度来看,品牌在进行媒体选择投放时,应综合考虑企业的整体市场战略、竞争环境以及媒体预算这三大因素。

(一)整体市场战略

品牌方的媒体战略,从投放的区域到投放的形式,从媒体选择到媒体组合,均反映了品牌方对品牌、产品、市场的理解以及品牌战略、市场战略、目标客户等重要信息,是充分发挥媒体资源整合作用的前提和基础。

品牌方需要结合企业品牌发展的短期和长期战略目标,在综合衡量自身所处的发展阶段以及进行充分的市场调研的基础上,制定详细的媒体投放计划和目标,并选择合适的媒体载具。

以东阿阿胶为例,许多人对该品牌的印象是传统的滋补上品。正因为如此,东阿阿胶的目标人群相对来说较为小众,且销售情况受季节性限制较大,品牌销售增长艰难;同时,阿胶产品定位为高价值、高价格,做跨界产品又容易拉低阿胶档次,把阿胶主业带入困境。但东阿阿胶旗下品牌桃花姬阿胶糕却成功破局。它将市场版图框定在休闲零食、健康零食、中高端零食三者的交集处,明确自己作为零食的独特竞争优势——吃出健康和美丽的"养颜健康零食",并将目光锁定在20～45岁具有品质需求和时尚品位的办公室女性白领身上。于是,桃花姬在更新产品线的基础上,开始重塑传播定位体系:在传播理念上,强调产品两大价值——健康养颜和伴手好礼,建立品牌认知,强化健康价值;在传播架构上,进行以新文化运动、新生活圈运动、新消费场景运动为核心的"三新运动"市场运作,形成办公楼、电影院、健身房的传播营销"金三角",实现和年轻办公白领人群的有效对接,培养目标消费者的食用习惯;在传播渠道上,通过重磅软文推广、伴手礼产品开发、借力活动造势传播、伴手礼渠道创新、传播物料全武装、借力政府公共传播平台六大战术,塑造产品伴手礼的价值。①

(二)竞争环境

品牌在进行媒体选择及投放策略制定时,还应该"知己知彼",了解竞争对手的动作,以便进行针对性营销。中国传媒大学广告主生态调研结果显示,同行业竞争对手的媒体投放策略对企业媒体选择决策的影响,在所有广告主媒体广告投放的影响因素中一直排名较为靠前。针对竞争对手的防御和反击,是广告主制定自身媒体广告投放策略的重要影响因素。②

因此,品牌需要整体把握所属行业特征和行业发展趋势,可通过市场调研或第三方调研机构的资源支持等渠道,了解同类产品的销售状况及竞争对手的媒体投放策略,在此基础上制定更有针对性的媒体组合进行投放。

以妇炎洁品牌为例,它在 21 世纪初一度是国内洗液市场的领导者,如今却逐渐退出了城市主流终端的消费视野。品牌在委托凯纳咨询进行深入的市场调查后发现,妇炎洁如今的营销痛点突出:国内洗液品牌增长速度强劲,新兴商超洗液发展迅猛,药店内洗液"野蛮生长"、杂牌众多,而且杂牌洗液往往是高毛利产品,而妇炎洁由于利润空间与药店运营成本不相匹配,被很多终端藏起来卖,更是无人推销。与此同时,妇炎洁

---

① 凯纳咨询:《东阿阿胶:千年传统滋补,现代食尚跨界》,https://www.cannor.cn/kehuanli/2536.html。
② 杜国清、陈怡等:《品牌传播理论与实务》,中国传媒大学出版社,2018年版,第 172 页。

品牌知名度高,但美誉度低,现实生活中,广告语"洗洗更健康"经常被当作戏谑语。以上种种情况强力挤压了妇炎洁的生存空间,由此,凯纳咨询为妇炎洁品牌明确了一个方向——妇炎洁所需的增量要从众多的杂牌洗液中去抢占。于是,凯纳咨询将目光瞄向了80后女性消费群体,因为她们在青春期时普遍接触过妇炎洁的广告,有一定的品牌认知,而且她们目前已经成为消费主力军,同时是对洗液有迫切需求的人群。

以此为基础,妇炎洁在品牌、传播、产品上进行了全方位的系统突破,尤其在媒体投放上,为了将与杂牌洗液进行区隔,妇炎洁将营销重点放在了电视媒体上,因为传统的电视媒体在许多消费者心中依然是权威、可信的代表。凯纳咨询根据妇炎洁蜕变的不同时期,以代言人林心如和消费者为核心,将妇炎洁的电视广告片的传播分为品牌重塑、功能深度教育、消费者证言口碑传播三个阶段。在最后一个阶段,凯纳咨询给妇炎洁广告片定下的目标是:把消费者的口碑传递下去。凯纳咨询将老消费者对新消费者的口碑传承,分成了三种关系之间的传递——两代人的健康传递(妈妈对女儿),闺蜜之间的健康传递,两性之间的健康传递,并分别针对这三种关系做电视广告创意,借助消费者证言式广告的口碑宣传,营造品牌话题点,形成话题性关注,引发持续的品牌关注,强化品牌和产品口碑。[1] 在新的战略布局下,妇炎洁逐渐展现出新气象。

(三)媒体预算

媒体预算是指广告主根据传播活动所需,预计在一定时间内(通常为一年)支付的在各个媒体上进行传播活动的费用总计。对于许多企业来说,预计下一年在媒体上的花费是企业在品牌传播中最为重要也最具挑战性的工作,也是整个媒体广告市场最为关注的事项。企业的媒体投入太少,可能收不到预期效果;投入太多,又会减少利润。媒体预算应以企业销售利润最大时为最佳。由此,结合销售增长确定媒体预算,成为品牌方媒体投放决策中很重要的一个环节。

1. 媒体预算制定方法

这里,我们主要介绍销售百分比法和竞争对抗法,它们是业界常用的媒体预算制定方法。

(1)销售百分比法[2]

这是一种适用范围最为广泛的广告预算方法,依其内容和形式的不同可分为两种。

① 上年销售百分比法:企业依照上一年度产品销量状况,确定一定百分比数额的费用做现年度的广告预算。这种方法可行度较高,但对其中百分比的确定是关键。企业一般采用两个方法来确定百分比:一是按照行业的平均数,二是根据企业过去的经验。百分比一般较为固定,企业每年会具体根据销售额、企业整体经营状况、市场的竞争状况以及品牌下一阶段的传播目标等要素进行调整设定。

② 下年销售百分比法:企业依据下一年度预定要达到的产品销量确定一定的百分比数额的费用做现年度的广告预算。这种预算方法具备以下一些显著优势:首先,广告

---

[1] 凯纳咨询:《因蜕变而飞跃:一个新妇炎洁的品牌再造工程》,https://www.cannor.cn/kehuanli/info_2537.html。
[2] 周问星、王亚超:《广告预算方法研究》,《商场现代化》,2006年第6期。

支出灵活,基本上随公司可支付资金的多少而变化;其次,能较好地平衡媒体投放成本、产品售价与单位利润之间的关系;第三,如果竞争对手也花费大致相同比例的广告费,有利于保持竞争的稳定。

(2)竞争对抗法

竞争对抗法是按照竞争企业的广告费来确定本企业的广告预算。整个行业的广告数额愈大,本企业的广告费也越大;反之则越小。竞争对抗法有两种计算办法。

① 市场占有率法,其公式为:

$$广告预算 = \frac{对手广告费总额}{对手市场占有率} \times 本企业预计市场占有率$$

② 增减百分法,其公式为:

$$广告预算 = (1 \pm 竞争对手企业广告费增减率 \times 上年广告费)$$

预算方法仅是决策的工具,都不是十全十美的,它们决不能代替决策者。在实际工作中,可以以一种方式估算,然后结合管理者的经验,最终确认合理的媒体投放预算。或者可以尝试根据情况自己研制一套决策支持系统,通过数据输入,结合管理者的实际经验帮助品牌管理人员作出明智的媒体投放决策。

2.分配媒体费用

在确定年度媒体总投入后,企业就要进行预算的分配,即品牌方如何在不同时间、不同地点、不同媒体间分配预算。

常见的分配思路有以下几种。

一是按照广告媒体发布时间进行分配,比如季度媒体预算、月度媒体预算或者淡旺季媒体预算分配。

二是按照业务市场区域分配,比如华中地区媒体花费、华北地区媒体花费。

三是按照媒体类型分配,比如电视媒体费用、广播媒体费用、互联网媒体费用。

四是按照媒体流量分配,比如上亿级流量资源、千万级流量资源与百万级流量资源。

以上的分配思路并不是单独进行的,品牌传播管理人员往往需要从多角度出发,统筹分配媒体费用。品牌方的媒体投放分配的宗旨,是如何让有限的媒体费用发挥最大的价值,为品牌创造最大的收益。

二、媒体因素

对不同媒体资源特性及优势的综合考量,可以帮助企业在选择信息投放渠道时做出最优判断。评估媒体可从量化和质化两个角度出发,其中,量化评估计算的是信息传播的广度和成本效率,而质化评估看重的是媒体对受众的说服深度和效果。

(一)媒体评估量化指标

媒体量化指标是衡量一个媒体影响力的基本内容,反映媒体发布的信息实际能触达的区域范围和受众群体。对于广告主来说,量化指标是传播内容到达率的决定性因素,决定了内容传播范围的大小,包括媒体的覆盖范围、发行量、收视率、浏览量、点击率等内容。因量化指标的可监测性强,对媒体传播效果的衡量较为直观,所以成为评估传播媒体的重要标准。很长一段时间内,量化指标都是我国大部分企业进行媒体选择的首要参考依据。

接下来,我们分别从传统媒体和新媒体两个方面来阐述媒体评估量化指标进行考察,其中,传统媒体又以印刷媒体和电视媒体为代表。此处未专门讲述广播媒体是因为,一般而言,企业在广播媒体上投放广告的规模和成本都远远低于电视媒体,也导致市场上的调研机构对广播媒体的受众信息收集不是那么全面和完整;而在媒体评估与计算方式上,广播媒体与电视媒体也并没有太大区别。

1. 印刷媒体评估

印刷媒体评估基于发行量与阅读人口的调查。发行量是广告传播取得效果的基础,其可细分为付费发行量(包括订阅发行量、零售发行量)和赠阅发行量。不同类型的发行量在评估上有着不同的价值。订阅发行量的读者对刊物有较强的兴趣与信心,对刊物的投入程度也较高,具有较高价值;零售发行量次之,赠阅发行量的市场价值最低。

阅读人口是指实际阅读印刷媒体的人数,相应地,阅读率是指固定时间段内阅读某一印刷媒体的人数占某一特定区域内总人数的比重。在印刷媒体评估过程中,广告主一般还会调查阅读人口特性,即印刷媒体实际受众的基本构成情况,包括性别、年龄、受教育程度、职业、收入等。

由于印刷物的实体性,印刷媒体存在一定的传阅率,即一份刊物被受众传阅的比率,它的计算公式为:传阅人口=发行量×传阅率。

2. 电视媒体评估

电视媒体的量化评估主要是根据对电视受众的收视行为的调查所得。收视行为调查包括开机率、收视人口、收视率等指标,调查方通过抽样取得足够的样本数及合理的样本分布,以估测整体收视状况。调查方法主要有日记法、个人收视记录器法和被动式记录器法。

(1) 评估指标

开机率是指在特定的时间段,所有拥有电视机的家庭或人口中,暴露于任何频道的家庭或人口所占的比率。根据不同的计算单位,开机率又可划分为家庭开机率和个人开机率,但无论哪种计算方法,所得数据都只能区分出某一时间段受众接触电视媒体的大致情况,而无法区分具体的电视频道被接触的情况。

企业通过开机率可以了解家庭或个人收看电视节目的总体情况,了解不同市场、不同时期的收视状况。如分析某一城市居民的全年开机率,可以发现该城市居民在冬季和夏季的收视习惯有较大区别;在世界杯或奥运会期间,收视率在时间段上也会出现明显变化。

收视人口是指在特定时间段内暴露于一个特定电视节目的人口数,收视率则是指该人口数占拥有电视机的总家庭或人口的比率。收视率也可以分为家庭收视率和个人收视率。

传播管理人员在对开机率、收视人口和收视率等指标进行计算之前,必须首先界定该电视节目的所在地区与时间段,因为即使同一个电视节目,在不同的地区或不同的时间段播放也会出现不一样的收视状况。

在电视媒体评估过程中,广告主也可以将一个电视节目的总收视人群按性别、年龄、职业、收入等统计指标进行分类,对不同指标受众各自所占的比率进行统计、分析。某一类受众与企业的目标消费者重合率越高,就证明该节目广告投放的效果越好。

(2)评估方法

日记法是指调查机构事先在调查样本家庭中留置收视日记簿,让该样本户以人工填写的方式,记录该家庭成员每天的收视情况,以15分钟或30分钟作为一个记录时间段单位。

个人收视记录器法是指调查机构事先在调查样本家庭中安装收视记录器,记录器上设有代表各收视者的按键,收视者在收看及离开时即可按下代表个人按键的开关,以准确地记录该家庭成员每天的收视情况。

被动式记录器法即调查机构事先在调查样本家庭中装置收视记录器,先将样本户中各个家庭成员的容貌扫描储存,当家庭成员在电视机前出现时,记录器即可自动根据事先扫描的记忆信息辨认并记录其收视情况,而电视受众不必再按任何按键。

3.新媒体评估

对于新媒体来说,其覆盖范围基本是所有网络用户,行业中多用点击量、点击率、页面浏览量、转化率、平均访问时长、平均访问页数、跳出率、用户量等数据衡量某种新媒体平台所拥有的目标群体大小。

点击量指某一段时间内某个或某些关键词广告或网页被点击的次数,是用来衡量网站流量的基本标准。

用户在搜索查询时,账户内符合网民搜索需求的关键词被触发,该关键词所对应的内容将出现在搜索结果页,就是关键词或创意的一次关联展现。媒体传播内容在一段时间内获得的展现次数则被称为"展现量"。展现量体现了关键词质量度和创意的好坏。

点击率是指网站页面上某一内容被点击的次数与被显示次数之比,点击率=点击量/展现量。它反映了网页上某一内容的受关注程度,经常用来衡量广告的吸引程度。

页面浏览量即页面访问量或点击量,用户访问网站时每打开一个页面,就记为1个浏览量。同一个页面被访问多次,浏览量也会累积。一般来说,一个网站的浏览量越高,说明这个网站的知名度越高,内容越受用户喜欢。

访客数是指一天之内访问网站的电脑的个数。比如有三个人在一天时间内用三台电脑访问了网站100次,那么该网站今天的访客数是3。中间即使IP换了,只要用的还是那台电脑就算一个访客数。访客数比IP数更能真实准确地反映用户数量。比如百度统计就放弃了IP指标,而启用了访客数指标,是因为IP往往不能反映真实的用户数量。尤其对于一些流量较少的企业站来说,IP数和访客数会有一定的差别。

潜在用户在某一网站上完成一次网站期望的行为,就叫作一次转化。比如,百度统计的后台设置了相应的转化页面,用户访问这个页面1次,就记为1次转化。转化率=转化次数/访问次数。转化率可以用来衡量网络营销的效果。如果我们在A、B两个网站同时投放了广告,A网站每天能带来100次用户访问,但是只有1个转化,B网站每天能带来10次用户访问,但是却有5个转化。这就说明B网站带来的转化率更高,用户更加精准,网络营销效果更好。

平均访问时长指用户访问网站的平均停留时间。平均访问时长=总访问时长/访问次数。平均访问时长是衡量网站用户体验的一个重要指标。如果用户不喜欢网站的内容,可能扫一眼就关闭网页了,那么该网站的平均访问时长就很短;如果用户对网站的内容很感兴趣,一连看了很多内容,或者在网站停留了很长时间,平均访问时长就很长。

平均访问页数是用户平均每次访问浏览的页面数量。平均访问页数＝浏览量/访问次数。平均访问页数也是衡量网站的用户体验的重要指标,平均访问页数越高,说明访客进入网站后访问的页面越多,证明访客对网站的内容越感兴趣。

跳出率指访客来到网站后,只访问了一个页面就离开网站的访问次数占总访问次数的百分比。跳出率是反映网站流量质量的重要指标,跳出率越低说明流量质量越好,用户对网站的内容越感兴趣。

用户量指某网站或应用程序的使用用户数量,又可细分为注册用户量、活跃用户量和并发用户量。用户量是衡量网络媒体站点或应用价值的一个重要且基本的指标,直接决定了企业广告曝光的量与范围,也直接决定了媒体资源的费用,是广告主在互联网媒体的选择与投放时重点考量的一个指标。其中,注册用户量是指某款软件系统截至某一时刻所拥有的已注册的用户总量;活跃用户量也叫在线用户量,指某款软件系统在某一时间段所拥有的正在使用此系统的注册用户量,对于广告主来说,其活跃用户量的数值价值往往比注册用户量更高,也成为衡量媒体广告价格的重要影响指标;并发用户量是指在同一时刻与服务器进行交互的在线用户量。这些用户的最大特征是和服务器产生了交互,这种交互既可以是单向的传输数据,也可以是双向的传输数据。

4. 广告媒体投资效率评估

媒体因对大众具有影响力而产生商业价值,基于此,广告媒体的价值大小自然也要根据其对大众的影响力予以判断。千人成本(cost per mille,简称 CPM)是对广告媒体进行投资效率评估的重要量化标准之一,指的是广告投放过程中,平均每一千人分别听到或者看到某广告一次一共需要多少广告成本。其计算方法为:千人成本＝(广告费用/到达人数)×1000。其中"广告费用/到达人数"通常以一个百分比的形式表示,在估算这个百分比时要考虑其广告投入是全国性的还是地域性的,这两者有较大的差别。千人成本并非广告主衡量媒体投资效率的唯一标准,只是为了对不同媒体进行衡量不得已而制定的一个相对指标。

(二)媒体评估的质化指标

实际上,影响品牌信息传播效果的许多因素不能仅仅根据统计加以量化,还要辅以质化评估。质化评估看重的是媒体针对个别品牌及活动所提供的价值,常用的评估指标主要有接触关注度、编辑环境和广告环境。[1]

1. 接触关注度

接触关注度是指当受众接触媒体信息时,对其关注程度的高低。奥美公司的研究报告曾指出,关注度较高的节目相较于一般节目,受众收看广告的意愿可以提高49%,而广告的记忆程度则可以提高30%。由此可见,当受众对媒体的关注程度较高时,投放在该媒体上的广告效果也会较高,反之亦然。

---

[1] 程宇宁:《整合营销传播——品牌传播的策划、创意与管理》,中国人民大学出版社,2014年版,第231-234页。

若某城市或地区的相关媒体调研机构不能提供各媒体的关注度指数,广告主就只能根据相关资料进行主观判断,比如可以通过该城市或地区媒体收视率资料分析各电视节目的收视连续性,也就是分析评估单一电视节目在连续的时间段里的收视变化以及在一定时期受众的重叠性。

2. 编辑环境

编辑环境时指媒体本身的编辑内容与广告主的品牌及广告创意的适合性。这种适合性可以从三个角度来综合衡量。

(1) 产品类别、创意内容与媒体定位、媒体形象的相关性

一般而言,若目标受众群体对于某类传播媒体(如某平台、APP)的兴趣较强、黏性较大,那么他们选择接触该媒体并受到该媒体所投放的广告影响也会更大。尤其对于与媒体定位吻合、媒体形象类似的品牌产品而言,其在这一媒体投放的相关广告也更容易被媒体的目标受众认知和理解,甚至转化为实际的消费者。

以小红书为例,2021年调查数据显示,小红书月活用户1.58亿,64.3%的用户为女性,核心年龄段分布在24~35岁。小红书用户核心关注的四大焦点话题为彩妆、护肤、穿搭和美食教程。2021年1—10月小红书种草榜TOP1000中,护肤、彩妆、身体护理占比分别为50.56%、16.99%、2.83%,三者综合占比高达70.38%。从中可看出,小红书平台的主流用户画像特色鲜明,因此在女性群体集中的小红书上,护肤及彩妆品牌主是笔记投放的主力军。①

(2) 媒体地位

一般来说,若媒体在所属类别中拥有较高地位,那么它对自己的目标用户往往有更大的影响力,相应地,品牌在这类媒体上投放的广告的劝服效果也更好。

3. 广告环境

广告环境是指选择投放广告的媒体平台内的整体环境。一般而言,若该平台的广告及所属品牌、品类的质量较高,形象较好,久而久之,这些优质内容就可以为平台营造良好的传播环境,也可以吸引更多优质品牌方或广告主入驻该平台进行广告投放,反之亦然。当然,不同的环境生态也会促使媒体的定位更加鲜明,进一步吸引与其相匹配的品牌入驻进行广告投放。

仍以小红书为例,在长时间的平台运营过程中,它吸引并留住了一批具有以下特点的品牌在小红书上投放广告:不急于转化的品牌;高颜值或新奇的产品;跟小红书用户画像匹配的产品(女性、年轻、高消费);客单价高于30元的产品;自有品牌;有完备基础的一类电商运营团队;想做品牌沉淀的品牌。②

---

① 千瓜数据×解数咨询:《2021小红书内容营销数据洞察白皮书》,http://www.199it.com/archives/1349892.html,2021-12-27。

② 千瓜数据×解数咨询:《2021小红书内容营销数据洞察白皮书》,http://www.199it.com/archives/1349892.html,2021-12-27。

案例

"双11"25分钟预售近5亿——看雅诗兰黛如何打媒体投放"组合拳"①

2019年10月21日,是天猫当年"双11"预售首日,雅诗兰黛预售开启仅25分钟时就实现交易额近5亿,超过2018年"双11"全天的成交额(见图8-3),把兰蔻、欧莱雅、SK-Ⅱ等一众竞争对手远远甩在身后。这一傲人业绩,充分显示了雅诗兰黛的媒体投放"组合拳"打法的科学和成功。

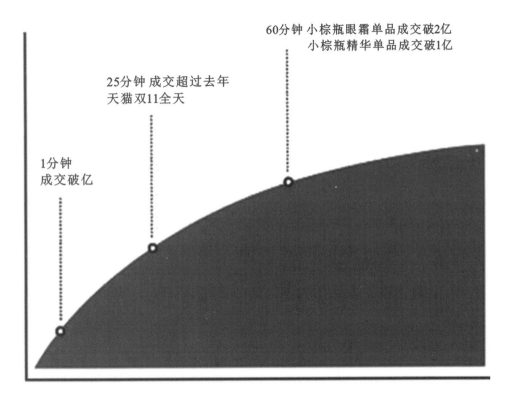

图8-3　2019年"双11"成交量

雅诗兰黛总裁兼首席执行官法布里奇奥·弗雷达在2021年公司年度财报电话会议上公布的数据显示,雅诗兰黛集团的营销预算中,有75%都流向了数字营销、社交媒体网红领域②,用来巩固品牌资产和提升复购率。这也是近年来美妆及护肤类品牌的媒体投放转向的趋势。仔细研究雅诗兰黛的媒体投放规律,发现它呈现如下特点。

---

① 人人都是产品经理:《25分钟预售破5亿,雅诗兰黛如何书写双11营销策略?》,https://baijiahao.baidu.com/s?id=1649234876343096973,2019-11-04。

② 界面新闻:《雅诗兰黛现在将75%的营销预算放在"红人"上》,https://www.jiemian.com/article/3443878.html,2019-08-26。

一、顶流明星预先造势,营造强社交互动氛围

品牌与明星合作的主要目的是造势,利用明星的流量及高声浪来提升品牌知名度和品牌形象,并为接下来的品牌传播动作做铺垫。

根据腾讯指数数据,头部美妆品牌网络声量超过 90% 都来自社交媒体,与社交媒体共同成长起来的年轻消费者更希望在其熟悉的场景中接触品牌。雅诗兰黛也非常清楚这一点,它在与明星的互动过程中,也呈现出社交化的一面。雅诗兰黛选择月度活跃用户超过 11 亿的微信作为品牌营销的主战场之一,仅在 2017 年就投放了超过 18 次的朋友圈广告,在之后几年,它保持在微信这一投放渠道发力。

2019 年春节期间,雅诗兰黛开启"明星送祝福"活动,一条以品牌亚太区代言人陈坤为朋友圈发布主体的推送出现在大家的朋友圈,推送以"陈坤的 2019 关键词"为线索引发用户好奇心,引导用户步步点击、找寻答案,最终页面落在了雅诗兰黛明星产品"小棕瓶"的产品介绍页;同年 7 月,杨幂也以朋友圈"好友"的形式出现在许多人的朋友圈界面,广告采用视频互动形式,通过"给幂幂擦眼泪"邀请用户点击进入 H5 页面。在滚动页面最后,用户可填写手机号码和所在城市,申领 DW 持妆粉底液体验装。明星走进朋友圈的惊喜,加上"擦眼泪"的互动创意,让这条广告成为近年来的现象级营销(见图 8-4)。

在顶流明星和情感互动的加持下,雅诗兰黛不仅实现了对经典产品的推广,增进消费者对全球品牌代言人的认知,拉近了和用户的距离,还进一步积累了用户的线上行为数据。从创意吸引、社交互动到线索收集、引导到店,一条朋友圈广告构建起完整的品牌营销闭环。

图 8-4 雅诗兰黛创意朋友圈广告截图

你以为雅诗兰黛的"明星牌"只打了这些吗?远远不止。2019 年 9 月,雅诗兰黛签约李现为品牌亚太区护肤及彩妆代言人。"双 11"预售开启前一天,雅诗兰黛官宣肖战为品牌亚太区彩妆及香氛代言人,并推出肖战口红反转微电影(见图 8-5),直指"双 11"的预售现场。"男色经济"时代,雅诗兰黛包揽了 2019 年夏天最炙手可热的两位顶级流量男明星,这一系列动作光是在新浪微博上就笼络了 1.4 亿粉丝,品牌还顺势推出肖战亲选限定礼盒,一小时内便获得 852 万销售额、4000 万预售额的喜人业绩。

图 8-5　雅诗兰黛微博热门话题页面截图

牵手顶流明星的同时，雅诗兰黛还承包了微信朋友圈广告，微博、抖音、小红书、腾讯视频、高德地图等 APP 开屏广告，代言人的流量效应在"双 11"预售的时间节点被发挥得淋漓尽致。

二、头部博主与中腰部 KOL 分享产品体验，输出产品口碑影响力

除了顶流明星造势外，雅诗兰黛还选择了一批头部博主达人带动流量，再将传播声量渗透到大批中腰部博主的"双 11"攻略中，在实现规模圈层效应的基础上持续输出产品的口碑影响力。数据发现，在雅诗兰黛的投放中，部分有 5~30 万粉丝量博主进行相关分享，以维持产品的讨论热，也会出现有 1000 万~5000 万粉丝量博主的大量产品反馈帖，用来塑造一种良好口碑。

以年轻群体聚集的小红书为例，小红书的品牌营销负责人叶珊杉在 2019 年 Morketing Summit 全球营销商业峰会上说："小红书是当代年轻人生活方式和消费决策的入口，他们在小红书上了解不同的生活方式，然后做消费决策。"这样的平台特质造就了小红书在时尚、美妆、护肤等品类的主导地位，这三类品牌所产生的曝光量最多，覆盖粉丝数最多。而雅诗兰黛早早地抓住了这一媒体投放的新风口，在 2019 年度小红书美妆品牌投放榜排行中，雅诗兰黛名列第一，品牌投放笔记数量超过 2000 篇，总曝光量突破 10 亿。为给"双 11"预热，雅诗兰黛于 9 月、10 月期间在小红书上投放的 KOL 都深度捆绑"双 11""雅诗兰黛购物攻略"等标签，光是搜索＃雅诗兰黛双 11＃就能弹出 6000 多篇笔记，力度之大可见一斑。小红书达人在进行产品推广的同时，还会在笔记页附上限时购买链接，将消费者一步引导到店。

三、知名网红主播坐镇，直播间内收割顶级流量

所有前期的铺垫，都是为了在"双 11"预售当天将流量转化成消费者的实际购买力，而这一转化的实现，还需要一种催化剂——头部主播的强大带货能力。"双 11"预售期间，雅诗兰黛以淘宝直播间为战场，联手李佳琦，并推出前所未有的限时限量优惠，吸引用户下单。在李佳琦直播间的力推下，41 万套"买一送一"小棕瓶眼霜瞬间被用户扫空。

四、金字塔式内容投放，实现规模圈层效应

通过梳理雅诗兰黛媒的体投放策略，我们不难发现，其品牌投放呈现典

型的"金字塔"模式:品牌传播金字塔顶端的明星引爆话题流量并进行"带货",为品牌造势的同时,彰显品牌的品位,塑造品牌的形象,带来丰厚的投资回报率;在明星效应的影响下,头部达人更愿意跟这些"自带流量"的品牌合作;明星与头部达人造势后,品牌传播"金字塔"中腰部的博主也会更倾向于与品牌进行合作,通过产出更为贴近用户的使用感受来输出产品口碑;最后,自上而下地营造"所有人都在用雅诗兰黛"的盛况,引导更多素人跟风晒出自己的使用心得,UGC 的内容顺势而来。在这一传播"金字塔"中,不同身份和角色的传播主体各显神通,从声量到口碑,多维度纵深推广,形成了不断高涨的传播节奏。

第三节　整合品牌传播中媒体投放的发展趋势

从 2020 年起,疫情给市场带来了巨大的冲击和改变。CTR 的调查数据显示,疫情期间人们更多地选择回归家庭,"宅"成为一种生活常态。同时,越来越多的活动被转移到线上,新的购物习惯催生了新的 O2O 形态,银发一族开始成为新的"网生代"。在疫情初期,广告市场应激性下滑。① 之后随着疫情的逐步稳定,市场也在慢慢出现转机。本节主要将视野聚焦于疫情后的国内广告市场,分析近三年整合品牌传播中媒体投放的发展趋势。

自国内疫情出现以来,广告主的信心指数(即广告主对国内整体经济形势、行业发展前景、公司经营情况的信心的打分)几度波动(见图 8-6),这直接影响他们在媒体营销预算的投入。在 2020 年初市场普遍低迷时,广告主整体营销投放动力不足,计划减少投入的广告主占比在近十年来首次超过了计划增加预算的广告主比例,市场整体呈现负增长。2021 年中国广告市场呈现恢复性增长趋势,广告主对国内整体经济形势的信心呈强劲反弹趋势。但在 2022 年,受疫情反复、行业变革等国内外复杂环境的影响,广告主信心指数又有所回落。

在不同预算规模的企业中,小微企业对外部风险的应对能力较弱,信心指数低于总体水平。相比之下,新锐品牌(成立不足十年的品牌)对行业发展和公司经营的信心则显著高于总体。

与此同时,广告主在品牌目标(强化品牌形象及提升品牌认知)及效果目标(提升销量)方面的权衡也有所变化。在疫情之初,国内企业遭受重大冲击,因此以日化类、家用电器类、食品饮料类为代表的广告主大多在内容投放时更加注重效率和规模,增加分配给直播和短视频的预算。随着社会经济的渐渐复苏,面对互联网的存量博弈,越来越多的广告主开始意识到,效果广告流量见顶、成本居高,将促进品牌价值回归。相对于一味侧重效果广告而导致用户心智的临时性、不完整性,品效协同、着眼品牌的长期建设,

---

① CTR:《2020 年中国广告市场及广告主营销趋势》,https://zhuanlan.zhihu.com/p/165660757,2020-07-30。

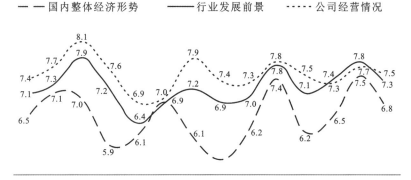

图 8-6　广告主市场信心打分（10 分制）

数据来源：CTR《2022 中国广告主营销趋势调查》

才是风险小、收益确定的方式。高预算广告主更加注重品牌目标，特别是品牌形象的建设，品牌目标类的营销投放比重明显增大。[①]

下面，我们将从传统媒体（以电视媒体为代表）与互联网媒体两个板块出发，研究近三年广告主的媒体投放特征。

一、广告主在传统媒体的投放特征

相比互联网媒体，传统媒体虽在传播互动性、精准性、效果衡量的有效性方面有一定的劣势，但其公信力强、品牌背书效果好、内容精良、覆盖面广、影响力大、社会动员力强的优势也同样明显。尤其疫情期间，面对复杂的网络环境和出于对权威信息的迫切需求，用户对传统媒体的关注度呈现回归态势。因此，传统媒体依旧是广告主进行媒体选择与投放时的重要考量对象。当前传统媒体在媒体融合方面的实践蔚为大观，这也为传统媒体吸引广告主进行媒体投放提供了更充分的理由。

（一）电视媒体的头部效应依旧明显

总体来看，电视媒体依然是广告主最倚重的传统媒体。CTR 在 2022 年的调查结果显示，电视的权威性和正向价值依旧为广告主所看重，其媒体公信力是广告主投放广电新媒体的首要依据（见图 8-7），这是目前互联网平台难以带来的价值，也是广电新媒体的独特优势所在。

随着 5G 时代的来临，以电视为代表的家庭大屏也渐渐呈现不一样的光景。电视广告依旧有明显的头部效应，广告主对央视和省级卫视的广告投放合计占电视营销推广费用的六成以上。其中，作为电视价值体现的集中代表，广告主的投放选择更多地集中在央视，调查数据显示，广告主对于央视的投放需求仍然在上升。而省级卫视的营销推广费用则从 2019 年开始持续递减。在 2022 年，央视的电视媒体营销推广费用的占比达到 34%，超过省级卫视的 29%（见图 8-8）。

---

① CTR 洞察：《2022 中国广告主营销趋势调查》，https://36kr.com/p/1858064798930822，2022-08-05。

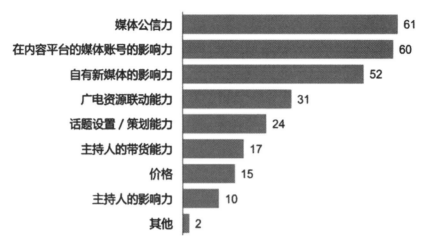

图 8-7 2022 年广告主投放广电新媒体的主要依据

数据来源：CTR《2022 中国广告主营销趋势调查》

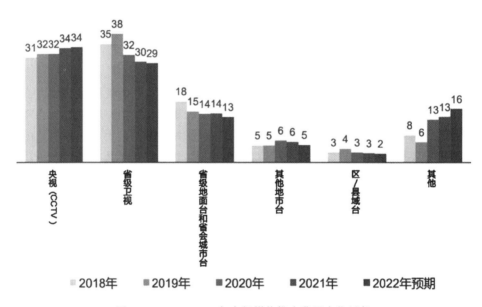

图 8-8 2018—2022 年电视媒体推广费用变化（%）

数据来源：CTR《2022 中国广告主营销趋势调查》

（二）OTT[①] 大屏广告占据家庭场景"C 位"

随着智能大屏时代的来临，智能投放会带给广告主更多的广告创意、广告形式，以及更多可能的传播机会。疫情期间，家庭场景的传播价值也受到广告主的关注，OTT 广告投放占比提升。QuestMobile 数据显示，截至 2022 年 8 月，国内智能设备行业月活用户规模已经达到 3.62 亿，同比增长 33.6%；而早在 2021 年 12 月，中国互联网电视

---

① OTT（over-the-top）是指任何用于将数字内容传到电视或类似设备上的设备或者服务。通常归类为 OTT 的设备包括：流媒体盒子（如 Apple TV，Android TV），HDMI 电视棒（如 Amazon Fire TV Stick）智能 TV、游戏机、VR 机顶盒、支持互联网的智能蓝光/DVD 播放器。

用户规模已经达到10.83亿,同比增长13.4%。① 这两部分用户的持续高速增长,带动了品牌广告投放的迁移,截至2022年8月,OTT＋智能设备的广告份额,已经达到7.5%,远超过PC端的4.2%。

凯度发布的《2022智能大屏营销价值报告》显示,智能电视受众日均有效观看时长达3.4小时。这意味着OTT大屏仍然处于红利期,其作为占据家庭场景"C位"媒介触点的价值将进一步凸显。OTT大屏内容及使用场景更丰富,适配用户的多元需求,用户接受的主动性更高,种种优势使其成为广告主投放的新聚焦点。《2022家庭智慧大屏营销白皮书》显示,2021年OTT广告营收达153亿,预计2022年将达到204亿,增速达到33%。②

2022年全球用户迎来了四年一度的世界杯,通过电视观看世界杯比赛是很多用户的惯性选择,高清、大屏的OTT会给用户带来更好的观赛体验。秒针系统联合优酷发布的《投屏互动广告营销价值研究报告》显示,2022年世界杯期间,58%的用户选择用智能电视观看比赛;在观赛场景中,基于智能家庭大屏、大小屏联动呈现的媒体形式——投屏也受到用户广泛关注。数据显示,2022年超五成用户增加了投屏时长,且投屏用户日均收看时长已达1.82小时。用户在使用投屏观看内容时会同步进行线上互动、边看边买等行为,有68%的用户曾被投屏广告"种草"。当投屏成为用户大屏内容消费的主流"习惯"时,基于大小屏互动的创新商业模式也得到深度开发,投屏互动广告自带的双端跨屏、受众注意力聚焦、时长友好、覆盖域更广等优势特征备受广告主的关注和青睐。③

二、广告主在互联网媒体的投放特征

相较于传统媒体,互联网媒体在信息推广方面拥有更多的自主权,在收费方面更加灵活,在效果评定方面更加客观,且能根据市场环境变化迅速改进调整推广形式或推广内容(见表8-1),种种优势使其成为广告主的优先选择。《传媒蓝皮书》等相关调研数据显示,2016—2020年中国五大媒体广告收入规模持续提升,其增长主要来自互联网广告收入规模的扩大。

表8-1 互联网广告与传统媒体广告效果对比

效果指标	传统媒体	互联网
广告发布	传统广告发布主要是通过广告代理制实现,即由广告主委托广告公司实施广告计划,广告媒介通过广告公司来承揽广告业务。广告公司同时作为广告客户的代理人和广告媒介的代理人提供双向服务	广告主在互联网发布广告有更大的自主权,既可以自行发布,也可以通过广告代理商发布

---

① QuestMobile研究院:《QuestMobile2022全景生态秋季报告:互联网电视用户规模超10亿,同比增长13%》,https://finance.sina.com.cn/tech/internet/2022-09-27/doc-imqmmtha8896615.shtml?cref=cj,2022-09-27。

② 新浪财经头条:《2022年1-9月广告市场下滑10.7%,OTT是否值得进一步关注?》,https://t.cj.sina.com.cn/articles/view/5650798041/150d055d9019014azf,2022-11-25。

③ 中国日报网:《大小屏出战卡塔尔世界杯,优酷OTT「投屏互动广告」累计服务超50家品牌》,https://news.tom.com/202212/4905190000.html,2022-12-09。

续表

效果指标	传统媒体	互联网
媒体收费	电视、广播、报纸等传统媒体广告的计费方式是建立在收视率、收听率或发行量阅读量的基础之上,以CPM(即千人成本)为单位计算的： 广告费用＝CPM×媒体接触人数(收视率或发行量)/1000	受传统媒体计费方式的影响,大部分网络媒体服务商沿用这种模式,以广告图形在用户端计算机上被显示1000次为基准计费。CPM计费方式虽然是由传统媒体移植到网络上的,但在网络上它发挥了比在传统媒体上更大的作用和效力。网络媒体可以精确地计算广告被读者看到的次数,并发展出更多适合客户的收费方式
效果评定	传统媒体广告效果的测评一般是通过邀请部分消费者和专家座谈评价,或调查视听率、发行量,或同级销售业绩分析销售效果。在实施过程中,由于时间性不强(往往需要一个月以上的时间)、主观性影响(调查者和被调查者主观感受的差异及相互影响)、技术失误可能造成误差、人力物力所限样本少等,广告效果评定结果往往和真实情况相差很远	互联网广告效果测评由于技术上的优势,有效克服了传统媒体的不足。 (1)更及时 网络的交互性使消费者可以在浏览访问广告点时直接在线反馈信息,广告主可立即了解到广告信息的传播效果和消费者的看法。 (2)更客观 互联网广告效果测评不需要邀请专业人员参与访问,避免了调查者个人主观意向对被调查者产生影响,因而得到的反馈结果更符合消费者自身的感受,信息更可靠直观。 (3)更广泛 互联网广告效果测评成本低,耗费人力物力少,能够在网上大面积展开,参与调查的样本数量多,测评结果的准确率大大提高

　　疫情期间,大众的户外活动场景受限,居家和室内活动时段变多,媒介接触习惯进一步发生改变;同时,互联网技术的升级带来了数字营销玩法的创新,进而帮助广告达到更优质的传播效果,推动广告主将更多的营销预算向互联网倾斜,使得数字营销成为疫情期间收入规模增长最为可观的传播形式(见图8-9)。

　　目前,移动端仍是广告主营销投资的主要选择。CTR近三年来发布的调查数据显示,移动互联网是广告主最愿意增加投资的营销资源类型。《数字2021：全球概览报告》发布内容显示,移动互联网时代用户注意力已经集中流向手机端。因此,广告主更倾向于在流量汇集地,以更精准、直接的广告形式,实现传播与销售。平台流量成为广告主预算分配核心考虑要素,且投放规模越大的企业对平台流量的重视程度越高。该

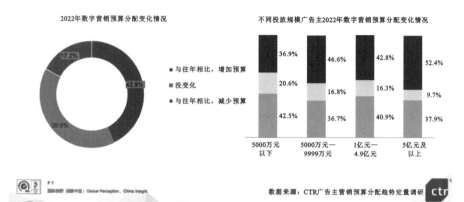

图 8-9　2022 年广告主数字营销预算分配变化情况

报告还显示 91.7%的广告注重媒体/平台价值组合,致力于在庞大且丰富立体的生态里,整合多种资源、广告形式、技术能力等,实现整合营销。①

(一)短视频、直播、社交媒体依旧最受广告主青睐

中国互联网络信息中心(CNNIC)发布的第 50 次《中国互联网络发展状况统计报告》显示,截至 2022 年 6 月,我国短视频的用户规模增长最为明显,达 9.62 亿,占网民整体的 91.5%;即时通信用户规模达 10.27 亿,占网民整体的 97.7%。②"全员短视频""全民社交"的态势不仅体现在用户侧,同样表现在品牌营销侧,短视频、社交媒体也是近三年来广告主在移动端进行广告投放的主阵地。《2022 中国广告主营销趋势调查》显示,2022 年短视频营销的渗透率预计将达到九成;其中,小微企业的短视频渗透率在近三年实现大幅提升。③

短视频受到广告主青睐的主要原因有三点。首先,短视频平台的用户规模大,使用时间长,流量巨大。其次,抖音、快手等短视频平台,建成了从品牌曝光到"种草"转化的交易闭环,可以让广告主迅速收获下单转化。第三,活跃在短视频平台上的内容创作者越来越多,其原创内容层出不穷,可以满足不同行业广告主的投放需求。

近些年,直播成为广告主进行营销投放的新风口之一。截至 2022 年 6 月,我国网络直播用户规模达 7.16 亿,占网民整体的 68.1%。④ 直播带货在拓展下沉用户、体验提升、主播粉丝效应、私域流量等方面具有很强的优势,尤其在疫情初期,直播曾帮助很

---

① 甲方财经:《2022 营销新变局:51%的广告主加码巨量引擎搜索广告》,https://www.163.com/dy/article/H0G2CGKT05319SNO.html,2022-02-18。
② 中国政府网:《第 50 次〈中国互联网络发展状况统计报告〉发布》,https://www.gov.cn/xinwen/2022-09/01/content_5707695.htm,2022-09-01。
③ 澎湃新闻:《〈2022 中国广告主营销趋势调查〉报告》,https://www.thepaper.cn/newsDetail_forward_19329524,2022-08-05。
④ 中国政府网:《第 50 次〈中国互联网络发展状况统计报告〉发布》,https://www.gov.cn/xinwen/2022-09/01/content_5707695.htm,2022-09-01。

多企业脱困。但与此同时,直播并不能建立品牌认知,也没有办法看到消费者的产品评价,直播用户品牌忠诚度不强、品牌资产积累不够等问题突出,比如直播带货高度依赖低价,有可能导致企业陷入激烈的价格战,无法实现连续性的购买。总体而言,直播带货等促销行为是单次行为,若产品本身没有品牌力,很难实现真正的销售转化,品牌是长期价值的持续累积,而流量和直播是品牌价值的短期变现和收割。因此,在直播之外,广告主也要开启对如何提升品牌力的思考。

(二)搜索广告成为全媒体广告的重要驱动力

"搜索"已成为互联网用户的一种行为新常态。用户在日常互联网使用过程中,往往在兴趣内容的激发下产生搜索行为,并慢慢形成了边刷边搜的习惯。用户行为的变迁,往往意味着新的生意窗口和价值空间的产生,"接受推荐"和"主动搜索"成为信息消费的一体两面,两者搭配才能满足用户的内容需求。

字节公司旗下巨量引擎在"引擎大会2021"公布的一组数据显示:在巨量引擎,每天有5亿+搜索动作发生,仅抖音一端的视频搜索请求量每天就能达到3亿;视频搜索相比于单纯的图文搜索,具有更高的信息传递效率;在巨量引擎搜索的用户,有57%的用户比例在搜索之前的行为是浏览,'看后搜'成为新现象。①

搜索的本质就是信息提纯。对个人而言,搜索是一种获取精准化、有价值信息的高效方式。对平台而言,每一个搜索动作的背后,都潜藏着精准的用户需求,是接近用户真实需求的第一道关口。在这种互联网行为常态的驱使下,搜索广告应运而生。

搜索广告是根据用户在搜索引擎中的搜索词来预测用户的搜索目的并进行广告投放的在线广告,"用户在搜,品牌在投"即是搜索广告的本质逻辑,用户、广告主与广告系统三方共赢是搜索广告的核心目标。目前国内的互联网大型企业均有布局不同的生态搜索广告,并且其模式跳脱出搜索引擎的固有范式,社交生态搜索、电商生态搜索、内容生态搜索等应运而生。

字节旗下的巨量引擎就是内容生态搜索广告平台的代表。它依托于平台资源,整合平台包括图文、短视频等在内的多媒体搜索场景,不仅满足了用户的多样性搜索需求,也可以使各大品牌实现广告的自动化投放,广告主通过图文+视频的多类型投放方式、独特场景组合的多类型玩法,以及强内容联动的组合拳,得到品牌的高效曝光,达成内容联动的爆款打造,获得高效的获客转化。例如2022年冬奥会期间,作为北京冬奥会官方合作伙伴的伊利,以"耀出冬奥新姿势"为话题通过巨量引擎进行搜索广告组合投放,单日曝光超过4000万。

由此可见,搜索广告是信息繁杂时代中品牌与用户对话、用户完成需求的一种高效链接方式。CTR发布的《2022年搜索营销预算趋势报告》显示,2021年全球广告花费同比增长达19.9%,其中增长极为显著的部分是数字广告,增速接近3成,而数字营销中又以搜索广告29.3%的增速最为亮眼,成为媒体广告费用增长的重要驱动力(见图8-10)。

---

① 数英网:《"量效合一"背后,巨量引擎搜索广告的业务逻辑是什么?》,https://www.digitaling.com/articles/399637.html,2021-01-20。

第八章　整合品牌传播的媒体选择与投放

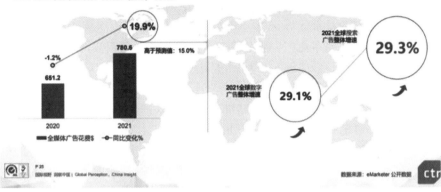

图 8-10　2021 年全球全媒体广告花费变化趋势

此外，2022 年广告主预期预算增加的选择中，巨量引擎搜索广告、小红书搜索广告、知乎搜索广告占据前三，预算总量超过 80%，其中巨量引擎方面的取向最高，达 42.1%（见图 8-11）。这表明广告主对于内容生态搜索广告的投入意愿十分强烈。同时，搜索也是整合营销的重要枢纽：既是多渠道流量汇总的品牌端口，又是目标人群覆盖的复数承接，更是不同场景用户的协同触点，以此成为线上营销链路的重要收口。

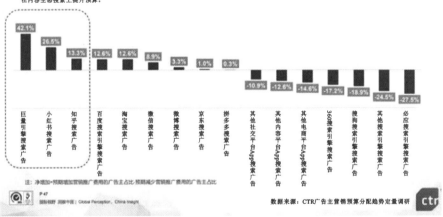

图 8-11　2022 年广告主搜索广告营销预算变化净增加情况

（三）精准营销地位受到挑战

在开展品牌传播活动的过程中，有效提升 ROI（return on investment，投资回报率）是广告主的不懈追求。从 2013 年开始，RTB（real time bidding，实时竞价）、程序化广告等迅速崛起，大数据等互联网技术加持下的精准营销让广告投资回报率显著提升，受到越来越多广告主的青睐。

当前,程序化购买成为我国网络媒体最流行的广告购买方式之一。程序化购买是指数字平台代表广告主自动执行广告媒体购买的流程,广告的购买、投放、效果监测与优化等全环节,都可以通过程序化广告平台自动完成。它可以很大程度上节约人力成本,且相对高效、精准。随着程序化购买理念和技术的不断革新,它已不仅仅是网络平台的专利,还成为传统媒体积极转型以吸引广告主的新风口。越来越多的互联网企业开始利用自身的数据和技术优势,自建程序化广告服务平台。上文提到的巨量引擎就是字节跳动公司旗下的程序化广告服务平台。互联网企业利用数据与技术优势自建程序化广告平台,于自身而言,能够充分利用其剩余流量、提高经营收益;于广告主而言,能够使广告投放更精准、节省成本。

虽然从行业发展实践来看,互联网精准营销是互联网广告行业未来的发展趋势,尤其精准营销过程中对消费者精准定位、海量数据挖掘技术及消费者数据洞察能力的要求将促进全行业的优胜劣汰,但与此同时,随着《数据安全法》和《个人信息保护法》等安全法规相继施行,用户个人信息难以继续通过互联网平台或数据服务企业直接获取。同时,用户也具备了选择是否接受个性化广告的权利,这使得企业可获得精细化数据的途径大幅减少,精准投放广告的难度上升。《2022广告主营销趋势调查》显示,近八成广告主表示营销活动因此受到了影响。① 广告主也意识到,数字化营销曾经惯用的捷径已走不通,必须遵守监管政策,在避免触碰法律红线的同时,需要积极寻找替代的解决方案。

拓展阅读

程序化广告服务平台"巨量引擎"的运作机制

数字媒体时代,市场环境、媒体生态与营销规则正在加速变革。以头部互联网集团为母体的营销服务平台快速崛起,给新媒体环境下的广告营销生态注入了新的活力,也成为当下广告主营销活动当中重要的工具。巨量引擎就是众多营销服务品牌中的典型代表。② 巨量引擎是抖音集团旗下综合的数字化营销服务平台,致力于让不分体量、地域的企业及个体,都能通过数字化技术激发创造、驱动生意,实现商业的可持续增长。QuestMobile数据显示,巨量引擎凭借"短视频+直播"产品形态抢占用户效果明显,截至2021年12月,字节系APP用户使用时长已位居全网第二,占比达到整体21.0%,相比2020年的15.8%上涨了5.2%。

巨量引擎掀起了近年来的营销新变局,本文将从以下五个角度对其运作机制进行解读。

一、媒体资源

互联网企业的媒体资源和受众黏性在一定程度上决定了企业自建程序化

---

① 澎湃新闻:《〈2022中国广告主营销趋势调查〉报告》,https://www.thepaper.cn/newsDetail_forward_19329524,2022-08-05。
② 李红妮:《新媒体广告生态下互联网营销服务平台的赋能逻辑——以巨量引擎为例》,《传媒》,2021年第10期。

广告平台的价值。巨量引擎背靠大树,其媒体资源包括抖音、今日头条、西瓜视频、懂车帝等字节系 APP,以及字节自己打造的类似阿里妈妈、百度联盟的穿山甲(覆盖 10 万 APP,DAU 超过 8 亿,日请求突破 630 亿),巨量引擎背靠的是一个巨大的流量阵地,几乎覆盖国内移动互联网全量用户。除此以外,巨量引擎还与众多移动媒体开展广泛合作,聚合了 OPPO、VIVO、华为、小米等移动厂商的原生浏览器、视频 APP、开屏等媒体资源。这些移动媒体不仅有足够的覆盖密度,而且用户使用时间也占到 2 成左右,巨大的流量基础,给巨量引擎带来足够的投放价值。

二、创意生产

目前程序化广告服务平台的广告生产主要通过数据和算法驱动,实现海量创意的快速批量生产。巨量引擎的程序化创意主要分为图片制作和视频制作两大板块。

其中,图片广告的程序化生产已经发展得较为成熟,广告主在输入素材要求和创意分类关键词后,后台可以用算法快速完成广告模板、尺寸、素材、颜色等元素的排列组合,产生多样的图片广告创意。

在视频广告生产上,平台能够根据广告主产品的卖点和营销目标,通过模板视频、微电影、视频编辑器等组件的运用,加上官方的商业版权曲库,在多种服务场景下帮助客户实现原生化创意生产。

三、交易模式

目前多数平台的程序化广告都以 RTB 交易模式为主。RTB 交易模式虽然能够精准筛选目标受众,但是其广告位置和价格变得随机、不确定。尤其是品牌广告主更看重品牌安全,偏向于有排期计划的高级广告位,对 RTB 模式持谨慎态度。巨量引擎针对此需求推出了 PMP(private market place,私有交易市场)模式。与 RTB 的集市型交易不同,PMP 交易模式结合了优质广告位与自动化购买的特点,既继承了 RTB 交易快速的优势,又使得广告位的质量有所保证。

四、出价方式

巨量引擎目前有 3 种出价方式,分别是 CPC(cost per click)、CPA(cost per action)和 OCPM(optimization cost per mille)。CPC 指按单次点击付费;CPA 指按用户行为收费,只有在完成某些特定行为,如注册信息、拨打电话等才付费;传统的 CPM 以曝光量为目标,用户每看过一次广告,广告主就要付一份广告费,而 OCPM 是升级版的目标转化出价,拥有更加准确的预估机制,广告主可以根据自身需求先设立优化目标,但是平台仍然按曝光数收费。

五、效果监测与优化

基于大数据分析技术的程序化广告解决了广告效果无法测量的痛点。在效果监测方面,巨量引擎基本可以做到实时监测,加强了广告营销预判。在效果优化方面,巨量引擎主要集中在定向方式优化、出价优化、素材优化这 3 项。在定向方式优化上,广告主可以根据自己的营销目标自主设定受众标签,之后可以在后台根据实时反馈的数据进行调整;在出价优化上,一般遵循"如果数据走势上扬或者稳定,可尝试逐步降价;如果低于正常水平,可再提价重新观察,若提价后数据依旧没有起色,建议放弃调价转为更新素材"的优化路径;素材优化指在广告投放过程中,通过元素的快速试错和用户反馈,准确分析用户的兴趣和需求。

但是,数据孤岛、算法黑箱、缺乏监管和创意不足等问题也不容忽视。外部加强法律监管与第三方评估,内部提升广告智能化水平、遵守行业规范,将是促进程序化广告服务平台进一步发展的努力方向。①

三、总结

对广告主而言,所谓的大众媒体和数字媒体之争并无意义,媒体真正的价值体现在品牌传播活动中结合广告主需求,发挥各自所长。另外,无论是大众媒体领域还是数字媒体领域,广告主对优势资源的争夺都很激烈。即使是在近年来发展迅猛的数字媒体内部,也并不是所有媒体都同步快速发展,强弱分化亦在加剧。当前,随着数字化进程的不断深入,广告主在媒体评估、平台的整合传播能力方面衍生三条核心标准。

(一)生态标准

广告主认为流量越大、生态资源越丰富的平台,整合营销能力越强,在实际投放中,他们越来越看重平台流量与生态资源的整合。

(二)广告形态标准

在实际的投放中,更多的广告主会选择在不同平台上进行不同广告产品的组合投放,以实现提升曝光量与转化效率的增益价值。

(三)技术标准

媒体平台是否有高效、准确的数据处理分析技术以及精准触达用户的技术能力,也是广告主的重要评估维度。

案例

"要消费,不要消费主义":网易严选逆向营销玩转"反套路"②

一、案例概述

每年的双十一都是一场购物狂欢盛宴,各大电商平台也都铆足了劲,促销

---

① 郑雯静:《互联网企业的程序化广告服务平台研究——以巨量引擎为例》,《新闻研究导刊》,2020年第13期。
② 国际品牌观察网:《网易严选退出2020年"双十一"是为理性发声还是逆向营销?》,http://www.c-gbi.com/v6/9356.html,2021-02-01。

方式层出不穷。而就在2020年“双十一”活动如火如荼进行之时，网易严选却在11月4日宣布正式退出“双十一”大促，并且发表公告称，“双十一”太过吹捧过度消费并且无法给消费者真正的优惠，因此网易严选将不做复杂促销组合和优惠联合等，但会实施全年力度最大的补贴(见图8-12)。网易严选这一做法迅速登上网络热搜，短时间即在微博平台获赞9.7万。有网友称赞“网易严选是电商中的一股清流”；但也有人表示“说退出其实没有真退出，另类营销还顺便踩了一脚敌方电商”。

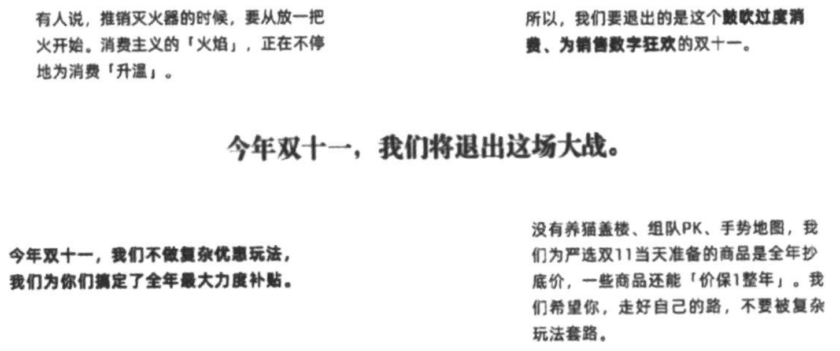
有人说，推销灭火器的时候，要从放一把火开始。消费主义的「火焰」，正在不停地为消费「升温」。

所以，我们要退出的是这个鼓吹过度消费、为销售数字狂欢的双十一。

今年双十一，我们将退出这场大战。

今年双十一，我们不做复杂优惠玩法，我们为你们搞定了全年最大力度补贴。

没有养猫盖楼、组队PK、手势地图，我们为严选双11当天准备的商品是全年抄底价，一些商品还能「价保1整年」。我们希望你，走好自己的路，不要被复杂玩法套路。

图8-12 网易严选“退出双十一”公告截图

随后，网易严选还发布了主题为“要消费，不要消费主义”的广告短片(见图8-13)，表达了理性消费观念。这支短片中，网易严选大胆地“内涵”了不少品牌后，再话锋一转，提出网易自身的态度：一个人的热爱、不屈从、不随波逐流才是价值所在。靠商品建立的自信，不是真正的自信。我们的价值要自己掌握，不由消费主义定义(视频来源：https://www.bilibili.com/video/BV15p4y1k7Xp/)。

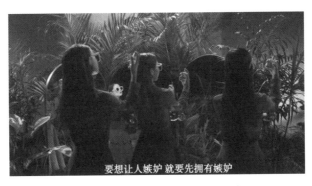

图8-13 《要消费，不要消费主义》广告截图

不仅如此，网易严选还在线下投放了一组户外广告(见图8-14)，每一张海报中都用红色字样醒目地标出了品牌成本(包括广告费、代言费、租金费等)，再用删除线把这些费用划掉，意在告诉消费者：在网易严选，您能省去大量的中间费用，用更少的钱享受相同的品质。

另外，网易严选还制作了一本《生活哲学手册》(见图8-15)，附在快递箱里。其中的文案进一步展现了网易严选的理性消费态度。

2020年的“双十一”，网易再次让大家牢牢记住了“网易严选”这个叛逆的名字。网易严选一路从品牌导入期被讽刺的“山寨”逐渐进化为成长期“优质低价”的电商黑马，背后是诸多因素共同作用的结果。

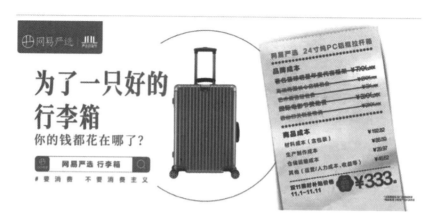

图 8-14　网易严选"双十一"广告页面

图 8-15　网易严选《生活哲学手册》页面

二、解析与点评

1. 时机：第四消费时代的市场转变

随着中国逐步实现从"制造业大国"到"质造业大国"的转变，我国也在不断经历着"消费"换代：从改革开放初期物资匮乏的第一消费时代，到商品种类过剩、需要货比三家的第二消费时代，再到删繁就简、更注重商品质感和品牌理念的第三消费时代，最后来到了反思过度消费主义、去品牌化、追求理性以及利他消费的第四消费时代。

经济发展到一定阶段，品牌所能赋予产品的意义开始逐渐淡化，人们回归商品品质本身，而非品牌的属性。[①] 对国信证券的研报分析，从欧美及日本的发展经验看，"无品牌化"趋势往往出现在人均 GDP 达到 2.5 万美元的阶段。对应我国当前情况，北上广深等一二线城市的人均 GDP 正逐步达到 2.5 万美元的水平，网易严选的走红恰恰赶上了这一时代。

2. 目标客户："精致穷"的一二线新中产

对消费时代特色的精准把握也让网易严选瞄准了它的目标客户：全国一二线城市、沿海地区的年轻群体，这也是百度指数的网易严选用户画像数据明确显示出的结果。这些年龄集中于 25～40 岁的新中产，受过良好的教育，具

---

① 陈任绯：《基于新消费时代的网易严选模式探析》，《商场现代化》，2018 年第 15 期。

备一定的经济能力,对生活品质有着较高追求,但同时承受着一定的经济压力,追求品质生活的同时还要讲究性价比。而网易严选提倡的"好的生活,其实没有那么贵"正好可以帮他们平衡这两者的关系。

在网易严选良性用户的比例中,男性用户远高于女性,这与男性的购物习惯有一定关联。不像女性的精打细算、货比三家,男性并不愿意花费太多时间挑选日常生活用品,而严选的"已经为你精挑细选好"的策略也更加受到大部分男性的喜爱。

3. 品牌定位:用"理性生活"的旗号划清与对手的界限

网易严选喊出"以严谨的态度,为中国消费者甄选天下优品"的口号,利用广告等一系列营销手段彰显自身"要为理性生活的理念发声""只为每一个用户好评而庆祝"的理念,用"理性生活"划清了自己与天猫"理想生活"及京东"品质生活"的界限。与此同时,网易严选声称自己是从源头、品质到服务的"全流程把控的严选模式","为理性生活的理念发声"也正是这一模式的一种体现,而"严选"与"严谨"及"理性消费"之间似乎有一种天然的血脉联系。

与此同时,网易严选一直在走自营家居品牌的路线。根据艾瑞咨询发布的《2018年中国正品电商白皮书》对中国网络购物用户行为的分析,发现自营类商品更受消费者青睐,相较于第三方商品,近半数用户认为自营商品价格稳定、质量标准、服务更有保障,他们更愿意购买自营有保障的商品。[1] 事实证明,网易严选对于自营生活家居电商品牌的定位也符合市场的发展。

4. 品牌形象:质优价低颜值高

网易严选一直以大牌制造商代工来进行产品宣传,国际大牌制造商的身影出现在网易严选的每个产品生产领域,这些具有影响力、号召力的品牌制造商再加上极其优惠的价格,无疑能带给消费者大牌又具有高性价比的品牌印象。

再细看网易严选的产品,无 logo 的外观和莫兰迪系的配色,杂糅了日式风和北欧风,在视觉上打造了一种干净极简的包装效果。对品牌形象统一性的追求也是网易严选的对外传播策略之一,风格一致的外包装不仅能从整体上提升严选产品的颜值,还能给消费者极其舒适的质感体验。[2] 这种风格也十分契合其目标消费群体的审美倾向。

5. 品牌营销:差异化+逆向思维,走情感路线

网易严选在市场占有率、用户数量等方面与天猫、京东等电商巨头依然存在很大的差距。尤其是受其运营模式和商品种类的限制,网易严选无论是在价格的优惠力度还是在产品的丰富程度上都无法和头部电商平台竞争。如果一味"硬碰硬",比如在"双十一"期间加入"价格战",只会被其他电商平台淹没。如何在营销中寻找"差异化"路径,网易严选的逆向营销思维可谓"双十一"大战中弱者的奇招。

---

[1] 艾瑞咨询:《中国正品电商白皮书》,2018。
[2] 吴颖卓:《网易严选品牌传播研究》,湘潭大学,2019年度。

自 2019 年以来,网易严选提出了从平台向品牌化转型,同时开始了自己的"双十一"探索之路。2019 年,网易严选在其官方微博推出独具匠心的短视频广告《对不起,网易严选向你道歉了》,借势"双十一"话题,以大家吐槽的各种营销套路为切入点,名为道歉,实为促销预热,引发众多点赞。2019 年,网易严选公布的数据显示:从 11 月 10 日 22 时至 11 月 11 日 24 时,其订单总量同比增长 53%,支付用户数增长 46%,助力中国制造卖出超 260 万件货品。通过环比增长数据可以看出,其营业额有了明显的提高,也在属于自己的"双十一"道路上正式迈出了第一步。

相较于 2019 年低调的短视频营销,2020 年网易严选高调宣布退出"双十一"及后续一系列"反消费主义"的策略,更是将逆向营销发挥到了极致。为了应对愈理性的目标客户,同时为了响应"厉行勤俭节约、反对铺张浪费"的国家号召,网易严选打起"情感牌",与消费者推心置腹,从而跟那些追求物美价廉、不为商品附属符号买单、具备理性消费思维的群体建立共识:要消费,不要消费主义。同时,它提出了大家非常关注的一个问题:价保。消费者早已深谙"双十一"的套路,网易严选的"价保 1 整年"直击消费者痛点,该做法也更能让人信服。网易严选选择在"双十一"之前"叫醒"大家,这种做法虽然并不能真正遏制大家的购物欲望和行动,却能赢得大家的共情和好评。①

此后每年,网易严选一直贯彻"理性消费"的反套路营销,并摸索出更多全新的模式。从 2021 年开始,网易严选连续两年以"啥是好东西"作为"双十一"的宣传主题,比如 2021 年的反广告套路,2022 年的反直播带货套路,网易始终在手把手教消费者如何变得更聪明、更理性。"啥是好东西"这一主题是基于网易严选的品牌基因提出来的,网易严选这几年一直践行品类聚焦和爆品策略,在这个过程中提炼出好产品的三个标准——一个突出的设计,一套务实的功能,一个良心的定价,顺便提出"来网易严选,买真正的好东西"的广告。与此同时,网易严选还连续两年邀请罗永浩进行广告代言。罗永浩本身的创业经历和较真、追求极致的精神和网易严选十分契合,二者的粉丝群体重合度也很高,引发了强烈关注,"罗永浩式直球"也成为 2022 年"双十一"的一个热词,相关话题在微博上的曝光量超过 3 亿。

伴随着信息过载,简单的展示类创意已经很难让消费者形成记忆点,而逆向营销通过制造超出大众意料的惊喜,将品牌曝光在有限的空间中无限放大,反而让人印象深刻。

6. 投放渠道:集中火力在目标群体常使用的媒介平台

网易严选针对现有目标客户和潜在客户群体,选择可以最大限度触及目标用户的广告发放渠道和平台,并通过不同的媒介组合来实现传播力度最大化。

网易严选最初的推广策略是依托网易邮箱向用户高频推送广告,这是网易严选得天独厚的便利条件。邮箱到严选界面的转化率极大地增加了网易严

---

① 国际品牌观察网:《网易严选退出 2020 年"双十一"是为理性发声还是逆向营销?》,http://www.c-gbi.com/v6/9356.html,2021-02-01。

选的交易量和用户认知度,许多人都是通过最初那张19.9的严选毛巾的海报认识网易严选的。广告页面极简,不会让客户觉得过于腻烦。

后来网易严选继续在网易考拉、网易云音乐等平台上开拓新的广告投放渠道。邮箱、云音乐、考拉等平台上都聚集着网易严选的目标消费者和正在培养的潜在消费者,网易严选的推广营销渐渐渗透到目标群体中,极大地提高了商品转化率和交易量。

三、案例启示

面对新的消费时代,网易严选对中国市场及消费者心理和行为特点进行了深刻洞察,其看似"去品牌化"的宣传,恰好反映出独特的品牌化思维和品牌定位:用"严选""严谨"的态度选品,倡导"理性生活"的自营家居品牌。网易严选在对目标客户精准定位和对消费者心理和审美趋向进行精准把握的基础上,寻求目标群体的利益结合点,从而借助新媒体平台实现品牌形象的树立。

作为新消费时代下的国产品牌探路者,网易严选还有很长的路要走,这家电商品牌未来将何去何从,我们拭目以待。

课后思考题

1. 媒体与媒介的概念有什么区别?
2. 广告主在评估媒体、平台整合传播能力方面有哪些核心标准?
3. 互联网广告相比传统媒体广告有哪些优势?
4. 品牌在媒体选择及投放上的考量因素有哪些?

本章数字资源

第九章　整合品牌传播的视觉识别传播

本章学习要点

1. 品牌命名的基本原则及策略。
2. 品牌标志设计的原则与方法。
3. 产品包装设计的功能、原则及策略。

引例

可口可乐视觉锤：如何"锤"出个百年经典？[①]

你知道被大家称为"肥宅快乐水"的可口可乐有多少年的历史吗？1886年5月8日，可口可乐在美国乔治亚州亚特兰大市诞生，创始人约翰·彭伯顿在配制一种医治头疼的药物时，无意中将古柯和可乐果混合蔗糖进行调制，得到了一种焦糖色的液体，他把这种液体送到邻近的药剂房，加上苏打水后，就制出了如今闻名世界的可口可乐。时至今日，可口可乐已是当之无愧的"百岁老人"，历经风雨却始终受到全球消费者的热捧，成为一代又一代人心中的经典。

可口可乐成功的背后有诸多因素，品牌的视觉识别打造无疑是其中的关键一环，也是全球企业争相研究和学习的范本。

一、视觉锤之一——红白配色＋飘带字标识

可口可乐经典的红白配色和飘带字标识由弗兰克·梅森·罗宾森（Frank Mason Robinson）设计，并于1923年被可口可乐公司正式确定为品牌标志（见图9-1）。

可口可乐品牌标志选择正红色为主色调，红色在许多地区的文化中，都代表着喜悦、激情与活力，明亮的色彩还易于吸引视线、唤起食欲，可口可乐饮料本身的刺激口感与鲜艳醒目的正红色在意向上也十分契合，冲击着大众的视觉和情绪。品牌标准字则选用简单纯粹的白色，在给人舒适、轻盈之感的同时

[①] 品牌美学馆官网：《可口可乐弧线瓶营销策划诞生100年了，它是如何改变了我们所处的世界？》，https://www.tooopen.com/copy/view/40078.html,2015-12-09。

图 9-1　可口可乐的品牌标志

与红色形成巧妙的平衡与和谐,简洁、高对比度的色彩搭配造就了可口可乐经典的视觉锤。

与此同时,如同飘带般柔软、飘逸的标准字也令人印象深刻。罗宾森独具慧眼地使用了当时流行于会计行业的斯宾塞字体①进行品牌标准字创作,也与竞争对手形成了显著区隔。根据其标准字风格特征延续出的辅助图形——白色飘带,配合独特的"可口可乐红",在包装上形成了强烈的品牌识别。它突破了空间的局限性,大面积地延伸到海报、路标、日历、餐厅碗碟、温度计、闹钟、铅笔、学生书签、运输汽车、超市冰柜等品牌触点,让消费者在反复接触品牌标志的过程中铭记可口可乐。

二、视觉锤之二——弧形瓶身

可口可乐的瓶身设计,同样历经了百年变迁(见图 9-2),成为该公司的经典品牌标志之一并获得专利保护。

图 9-2　百年以来可口可乐瓶身的变化

最初,可口可乐因有提神醒脑功效,其原液被当作药品在药店出售,因此包装瓶也是当时的药剂瓶(图 9-2 中"1899—1902 年"版)。随着可口可乐面世后获得巨大成功、蓬勃发展,越来越多的竞争对手纷纷效仿其产品外观,一时间,市场上鱼龙混杂,让可口可乐不胜其扰。

---

① 斯宾塞体(Spencerian penmanship)是美国 19 世纪后期产生并流行的一种书写字体。

1915年,可口可乐公司面向全美的玻璃装瓶厂发起了一场声势浩大的招标比赛,希望能够设计出一种具备以下要求的瓶子:必须独一无二,哪怕在黑暗中仅凭触觉也能辨别出是可口可乐,甚至仅凭打碎在地的碎片,也能够一眼识别出来。最终,来自印第安纳州的 Root Glass Company 胜出,公司设计师厄尔·R.迪恩和他的团队以可口可乐的两种成分——古柯叶或可乐果为基础,并从《大英百科全书》里的可可豆荚外形获得灵感设计了这个瓶子(见图9-3)。

图 9-3　Root Glass Company 获胜的瓶身设计

可口可乐公司负责人这样评价该瓶身设计:"外型美观,又不容易从手中滑下去;看起来很粗大,好像容量很多,底部宽大,令人有一种安全感。"瓶身投入试用后,可乐大卖。于是,可口可乐在1915年11月为该瓶身设计申请了专利。

但该设计也有一些问题:瓶身太沉,重心不稳,几乎不能站立,在传送带上不稳定。可口可乐公司随即又对瓶身进行了微调,将瓶肚改小,这样既解决了以上问题又仍可保留其亮眼的弧线形状。新的弧形瓶在1916年正式投入使用,可口可乐公司也于1923年12月25日重新为其弧形瓶设计申请了专利。

在这之后近40年间,弧形瓶是可口可乐公司唯一的包装用瓶,直到1955年才引入特大容量的包装瓶。1950年,可口可乐弧形瓶成为首个登上《时代周刊》封面的商业产品;1960年,可口可乐弧形瓶被美国专利局批准为注册商标;2008年可口可乐凭着自己的瓶身设计在戛纳国际创意节上获得了第一个设计类全场大奖。如今,它依然是世界上认知度最高的包装之一。

三、视觉锤之三——瓶身上的传情达意

面对日新月异的时代发展和市场环境,可口可乐在包装上不断推陈出新、与时俱进。早在2009年,可口可乐就制定了全球"2020战略","流动性传播和策略性连接"(Liquid and Linked)的营销理念随之而生。瓶子,无疑就是最好的流动传播媒介。

2013年可口可乐在中国市场推出"昵称瓶"(见图9-4),开启了一场线上线下的夏日昵称狂欢,直接促使当季可口可乐独享装(300ml、500ml、600ml PET 包装)的销量较上年增长20%,并且此次设计在当年艾菲奖(EFFIE AWARDS,大中华区)中摘得全场大奖。

2014年,可口可乐乘胜追击,又推出"歌词瓶"(见图9-5)。可口可乐公司提供的数据显示,仅在六月份,"歌词瓶"可口可乐整个汽水饮料销量的增长高达10%。

图9-4 可口可乐"昵称瓶"设计

图9-5 可口可乐"歌词瓶"设计

此外,可口可乐还曾推出30多个城市"摩登瓶"(见图9-6),上海潮、北京范、青岛浪、长沙辣、成都闲……当消费者打开大众点评或美团App的AR扫描功能,对准手里的城市罐进行扫描时,还可解锁不同城市背后的故事。可口可乐用一个字精准概括了一个城市的独特亮点,用30款"城市美食罐"唤醒消费者独特的舌尖记忆,用瓶身文化串联起中国各大城市的人文情怀。

图9-6 可口可乐城市"摩登瓶"

"昵称瓶""歌词瓶""摩登瓶"等系列创意瓶身,向我们展示了可口可乐依托产品包装打持久营销战的决心和部署。如今,消费者的心理是品牌传播的最大战场,在这方面,产品的包装设计依然大有可为。

可口可乐品牌视觉符号的塑造是教科书级的典范,其品牌的成功很大程度上得益于品牌符号多维度的统一打造——从品牌标志、瓶身、品牌色到辅助图形都给人高度统一的视觉印象,其不同形式的产品也将这种品牌感知一以贯之,形成了具有延续性的品牌符号系统。

实验心理学家赤瑞特拉(Treicher)的心理实验结果显示,人类获取的信息83%来自视觉。① 视觉识别对品牌形象的塑造与传播影响深远,并会直接或间接影响消费者行为。视觉识别系统(visual identity,VI)是指将企业的一切可视事物进行统一的视觉识别表现和标准化、专有化,以将企业形象传达给社会公众。它主要分为两部分:一是基础系统,包括品牌名称、品牌标志、标准色彩、宣传口号、经营报告书和产品说明书等;二是应用系统,包括产品及包装、生产环境和设备、展示场所和器具、办公设备和用品、交通运输工具、工作服及其饰物、广告设施和视听资料、公关用品和礼物、厂旗和厂徽、指示标识和路牌等。

企业的品牌视觉形象往往伴随企业几十年,甚至上百年。经典、简约、高级的品牌视觉元素是品牌的点睛之笔,能帮助品牌更好地传递理念,占领消费者心智。在本章,我们将分别从品牌视觉识别的基础系统和应用系统角度出发,重点讲解品牌名称、品牌标志、产品包装三个环节,为大家解读整合品牌传播过程中的视觉识别系统建设。

第一节　品牌名称设计

在品牌的诸多要素中,品牌名称是品牌的核心要素,是形成品牌概念和实现品牌价值的基础。定位之父艾·里斯认为,从长远观点来看,对一个品牌来说,最重要的就是名字。② 好的品牌名称是品牌创立的基石,是企业迅速打开市场的手段,并在很大程度上影响着消费者的品牌联想,甚至会影响一个品牌的兴衰。

一、品牌命名的基本原则

子曰:"名不正,则言不顺;言不顺,则事不成。"这里的"名",是指正当合理的名义、理由,反映到品牌视觉设计中,则集中体现为品牌命名。品牌名称作为品牌形象的实体元素之一,是构建品牌的基础环节和步骤。为品牌命名,就是选择恰当的语言文字,概括地反映产品的外观、用途、性能、形象等特征,使消费者能够未接触产品就对其性质、品质等特质有基本的印象和判断。一个引人注目、富有感染力和联想力的品牌名称,不仅可以增加消费者的记忆点,还会给人带来美好的感受,从而刺激消费者的购买欲望,让品牌宣传达到事半功倍的效果。

品牌命名不是简单创意,更不是凭空想象,为品牌命名一般要遵循以下原则。

(一)易读易记

德国品牌专家海因里赫·赖夫认为,评价品牌名称好坏的第一项标准就是简明性。品牌的名称主要用来吸引消费者,加深消费者对品牌的印象。好的品牌名称可以节省

---

① 站长之家:《资讯平台纷纷试水有声版,语音内容将成阅读新爆点?》,https://baijiahao.baidu.com/s?id=1554937666618026&wfr=spider&for=pc,2016-12-28。

② 搜狐财经:《"定位之父"艾·里斯:中国品牌应更加聚焦》,https://business.sohu.com/20080627/n257771952.shtml,2008-06-07。

广告营销的投入,降低大众记忆成本。易读易记的品牌名称也是低传播成本的象征。品牌名称应当简洁明快,个性独特,便于消费者识别和记忆。

1. 易于发音

易于发音是品牌名称得以口口相传的关键,在为品牌命名时,一定要注意语言文字的大众化,不能为了追求高深的名称而弄巧成拙。有时,品牌为了营造自身"阳春白雪"的风格或为了吸引消费者注意而故意用生僻字、多笔画字或异体字命名,结果却适得其反。比如,某豆制品加工厂为自己的品牌命名"罡凤",名称中的"罡"字在生活中并不常见,很多人既不知道怎么读,也不知道是什么意思,更会纳闷这一名字到底跟豆制品有什么关联。相反,有一些豆制品品牌的名称就很不错,如"豆之道",不仅让消费者一眼就能看出它的主打产品,名称还有谐音——"都知道",寓意品牌美名远扬,读起来也是朗朗上口。还有诸如"豆师傅""五谷磨坊""豆食府"等名字也都具备易于发音的特点,让人印象深刻。

餐饮品牌西贝莜面村在这方面也吸取了深刻的教训,"莜"字并不为大众熟知,普通消费者要么不会念,要么念错,品牌最初也确实因为名字错失了一些良机。为了解决这个问题,西贝的贾老板想了很多办法,直到请策划公司重新设计了品牌的商标——"I ♥ 莜"加拼音(见图9-7),才终于起到了教育消费者并使品牌得以传播的效果。①

图 9-7　西贝莜面村品牌商标

2. 字数适中

心理学研究表明,人们记忆的容量只有 5～9 个单位,但这种记忆的局限性会因组块而有所改善。少于 6 个字的词组,读者的记忆率为 34%,多于 6 个字的词组,读者的记忆率只有 13%。② 因此,品牌名称过长或过短都不好,过短可能无法明确、完整地表达品牌想要涵盖和传递的含义,过长则会让人难以记忆。

3. 谨慎使用缩略语

在国际著名品牌中,确有一些以缩略语命名的品牌让大众记忆深刻,如 IBM、BMW、LG 等。但是对于一个新品牌来说,这种命名方式不太具备效仿的价值和意义,因为缩略语蕴藏的含义往往比较隐蔽和晦涩,这也意味着使用缩略语给品牌命名的话,需要花费更多的广告费用去普及其含义,有时也不见得能取得很好的传播效果。

---

① 今日头条:《什么! 西贝莜面村不是一个好名字?》,https://www.toutiao.com/article/6739141485419069956/,2019-09-21。

② 黄合水:《广告心理学》,高等教育出版社,2005年版,第211页。

(二)名实相符

品牌名称要与其产品的实体特征相适应,使消费者能够通过名称迅速了解企业的信息、产品的基本效用及主要特征。

对于消费者来说,品牌的命名应该是熟悉的、有意义的,品牌名称如果可以巧妙含蓄地传达产品的性能和特点、品牌的具体服务对象、品牌经营理念、对社会公众的良好祝愿、对优秀文化的传承等信息,无疑能够加强消费者对品牌的记忆,收割消费者的一波好感,从而使消费者与品牌、产品和企业之间建立联系。

如果品牌名称与产品本身不匹配,就容易在消费者心中造成品牌的"错位感",为消费者建立品牌认知设置人为障碍,如已经倒闭的餐饮企业"俏江南",很容易让人联想到口味清淡的江浙菜,但品牌实际主打的是火辣辣的川菜,品牌名称与品类之间形成了冲突与错位。

(三)激发联想

激发联想是品牌名称的一项潜在功能。品牌名称的文字和发音使消费者对品牌和产品产生正面的联想,进而激发消费者的购买欲望。以"滴滴打车"为例,"滴滴"在好记的同时,也关联了交通工具的音效,让人听到"滴滴"时自然联想到出行。

1. 意向正向美好

在印度政府推广安全套之前,印度人民对这种计生用品一直印象不佳,甚至普遍觉得这种产品是跟性病挂钩的,是防治性病的工具。印度政府推广安全套时也想了很多名字,经过再三考证和调查,最后选中了"Nirodh",意为"freedom from fear",中文直译为"免于恐惧的自由"。他们把该名字印在广告语中,大力推广。结果,Nirodh牌安全套的销量大增。

由此可见,品牌名称要有美好的意向,才能激起人们正面的联想,比如中华、康佳等品牌名,都传递了美好的祝愿和向往。化妆品品牌兰蔻和雅诗兰黛,名称中的"蔻"和"黛"都是中国古代常见的香料与画眉颜料,寥寥几字就为我们营造一种"当窗理云鬓"的意境;资生堂让人联想到《易经》中的"至哉坤元,万物资生";娇韵诗则让人联想到辛弃疾《念奴娇·赋白牡丹和范廓之韵》中的"欲笑还愁羞不语,惟有倾城娇韵"。

2. 符合品牌定位

受中国传统文化的影响,品牌名中如果蕴含吉祥、富贵、和谐、健康等美好寓意,很容易赢得消费者的好感,如乐百氏、喜盈门、红双喜、周大福、金六福等。但也要注意,有的行业或产品不宜直接采用表吉利、喜庆的意象,因为这样做会拉低格调,消减品牌的艺术气息和精致感。

(四)规避禁忌

在为品牌命名的过程中,相关人员应对《商标法》及相关法律法规进行深入研究,保证不踩红线。与此同时,语言符号具有多义性和不确定性,会因地域、文化、发音等解码方式的不同而产生不一样的含义,因此,为品牌命名还要考虑主消费区的语言特点,注意规避歧义。

1. 忌踩法律红线

品牌名称的合法性是品牌得到保护的根本。品牌在命名时应考虑该名称是否有侵权行为,还要注意名称是否在允许注册的范围之内。

许多品牌都曾经面临商标纠纷,也积累了不少惨痛的经验教训。比如贵州辣椒酱品牌"老干爹"被众多网友戏称是国民女神"老干妈"的山寨版,但细查之下才发现,"老干爹"比"老干妈"出现的时间还早,两个品牌不仅曾有业务往来,还一度分庭抗礼,平分市场。但老干妈创始人陶华碧的商标意识较强,她投入大量时间和资金专门打击各种"高仿",最终不仅抢先注册了"老干妈"的品牌商标,还把很多相似商标品牌都"收拾"了,其中就包括"老干爹"。"老干爹"品牌因为之前没有注册商标,于 2007 年被迫退出市场。后来,"老干爹"品牌整合多方资源进行绝地反击,虽然终于在 2011 年正式拥有了"老干爹"商标的使用权,但经历几年波折后,辣椒酱市场早已变天。① 正所谓"市场未动,商标先行",企业要第一时间提出商标注册申请,最大限度地保护自身知识产权,防止"为他人作嫁衣裳"。

品牌在命名时可适当参考同行情况,但参考并不意味着抄袭。一些品牌喜欢打"重名"擦边球,实为"山寨",比如撞脸"康师傅"的"康帅博",碰瓷"洽洽香瓜子"的"治治香瓜子"……这些山寨品牌让人哭笑不得的同时,还给人以难登大雅之堂的品牌印象,看似成功蹭了流量,实则损害了品牌的长远发展,得不偿失。

2. 忌混淆视听

有时候一些品牌命名看上去易读易记,却总让消费者记错。比如很多人觉得"罗辑思维"是个绝妙的名字(见图 9-8),既点明了产品的特性,也将创始人罗振宇的姓氏融入进去,个人 IP 特色鲜明。但在实际传播中,很多用户却将"罗辑思维"记成了"逻辑思维",因此在搜索匹配时的成功概率大大降低。罗振宇曾在节目中反复强调品牌名称是"没有走之底那个罗",也在节目音频中亲口承认,这个名字造成了极大的传播障碍。

图 9-8　罗辑思维品牌宣传海报

---

①　快资讯:《老干妈背后的老干爹,曾被误解是山寨货,从市场消失,如今怎样了!》,https://www.360kuai.com/pc/975ac687074a3ab88? cota = 3&kuai_so = 1&sign = 360_57c3bbd1&refer_scene = so_1,2021-12-27。

3.忌歧义误判

中华文字博大精深,我们在遣词造句时可以综合运用多种艺术手法来表词达意。但是在使用中文的多音字、多意字为品牌命名时也要注意是否会带来歧义,应谨防寓意不明、弄巧成拙。以金利来为例,起初它在香港名叫"金狮",普通话听起来吉利又霸气,但在粤语发音中,却成了"尽输",这让广府人非常忌讳,业绩可想而知,直到改成"金利来"这个大吉大利的名字,品牌才开始腾飞。不少消费者因忌讳名字的谐音寓意而放弃购买该品牌产品,品牌命名可谓大有学问。

(五)富有远见

从时间维度看,品牌名称应为品牌的长远发展预留空间。品牌名称应适应未来新产品的开发,适应社会经济的发展潮流,适应时代的变化。因此,为品牌的命名要有前瞻性,要全盘规划、整体把握。

从空间维度看,品牌名称应考虑适应不同地域、不同国度和不同民族的需求,适应品牌全球化的趋势。因此,品牌在命名时,既要考虑本国语言的特质,也要充分考虑行销国家的语言特质,译名更要防止生搬硬套、词不达意。

中国一些品牌的外文翻译名响亮且有特色,在"走出去"的道路上对品牌助益良多。联想品牌最初的英文名是legend,意为"传说",但是这个名字跟不少公司重名,且无甚特色,于是联想于2003年将外文名称改为Lenovo,该名由legend的le和一个拉丁单词novo(意为"新的"或者"创新")组合而成,在寓意品牌这一传奇身份的同时强调了品牌的创新内核,层次瞬间丰富起来。

此外,品牌命名的国际化也要考虑行销国的风俗文化,避免产生文化冲突。比如,菊花在中国文化中象征着高洁、典雅,而且菊花有散风清热、清肝明目等功效,因此我国有不少以菊花命名的产品,但是这一命名的产品如果出口到法国或拉美等国家就未必行得通,因为拉美很多国家视菊花为妖花,而法国人视菊花为不祥之物。

二、品牌命名的基础策略

一般而言,品牌名称采用品牌所在行业的主流风格是最保险的选择。即使要标新立异,也必须结合产品特点、行业特点、客户群体特征、品牌定位等因素进行综合考虑,既要符合产品特色,迎合指定消费群体的审美偏好,又要巧妙避开所在行业的起名忌讳。具体来说,给品牌命名一般有以下几种常见策略。

(一)目标市场命名策略

目标市场命名策略即企业根据品牌的目标消费者的特征为品牌命名的策略。运用这一策略时,应尽可能使品牌名称暗示或明示目标消费者的性别、身份、所处年龄段等特征,或者是特定文化背景、心理诉求等要素,以快速建立品牌认知,并唤起这一目标群体的消费欲望。像针对女性市场的太太乐口服液、清妃化妆品、都市丽人内衣,针对儿童市场的孩儿面面霜、娃哈哈饮料等品牌,都是以产品的目标消费者为灵感进行品牌命名。这些名字不仅受众一目了然,也容易让人形成深刻的记忆。

将目标消费者的心理和文化因素等较为抽象的元素融入品牌名称一般难度较高,但如果运用得好,这种策略将产生意想不到的效果。这种命名策略也更多地应用于承载、传递精神象征的产品,比如香水,一些广受追捧的名香都有非常玄妙且耐人寻味的名字,Gucci 的 Envy(嫉妒)香水、YSL 的 Opium(鸦片)香水、Dior 的 Poison(毒药)香水都是典型代表。品牌用极具煽动魅惑性的名字唤醒消费者潜藏的心理需求,用神秘优雅的品牌调性为消费者打开一扇奇思妙想的窗户。

(二)产品特性命名策略

产品特性命名策略是指企业将产品的物理特性反映在名字中,这样能让消费者对产品的功效、类别、成分、产地等信息一目了然,能在匹配消费者认知的基础上加深其记忆。

1. 以产品的类别命名

如果品牌名可以直接或间接展示、表明产品的类别,就大大方便了消费者对品牌的识别与记忆,也更容易在消费者心中形成与其他品牌的显著区隔。比如,奔驰汽车、宝马汽车等,都是通过品牌名称将产品的类别特征形象生动地告知目标消费者,从而使消费者在记住品牌名称的同时,加深对品牌产品物理属性的认知和理解。

2. 以产品的利益命名

品牌在向消费者推销自己的时候,若能明确解答消费者的核心疑问,比如购买或使用这个产品能够解决消费者的什么问题,就能更容易地触发消费者的购买行为。如果品牌名本身包含了这一问题的答案,无疑能更好地唤起消费者的消费动机。如,郁美净护肤霜、永久自行车、帮宝适纸尿裤、宜家家居、金嗓子喉宝、"饿了么"外卖、好记星学习机、背背佳矫姿带等品牌名称,都是遵循了这一创作原则。

3. 以产品的主要成分命名

这类命名方法是为了突出产品的成分和原材料,这些材料的功效往往为大众所熟知,以此命名可以使消费者对产品的原料、功效等内容更加明确,从而减少品牌的宣传难度。以护肤品品牌为例,片仔癀珍珠膏、悦木之源灵芝水等产品,都是以独特的成分为卖点吸引目标人群,因此其命名策略就是简单直接地凸显核心成分。

4. 以产品的历史命名

品牌历史往往是一个品牌珍贵的、不可复制的无形资产,也是反映品牌内核、沉淀品牌调性的源动力。将产品相关的历史渊源作为品牌命名的要素,不仅可以凸显品牌历经岁月洗礼依然璀璨,还能使消费者对该品牌产生信任感和认同感。例如"道光廿五"酒名,源于 1996 年 6 月其位于凌川的老厂在搬迁时,偶然发掘出穴藏于地下 152 年的清道光乙巳年(公元 1845 年)的四个木酒海。[①] 荷兰著名的百年乳制品品牌海普诺凯 1897,其前身就是诞生于 1897 年荷兰风景如画的 Ommen 小镇上的、依靠蒸汽动力生产乳制品的工厂。

5. 以产地命名

企业将品牌名称与产品的产地联系起来,可以借助地域积淀,让一个城市、一个区域为品牌的形象背书,使消费者将对地域的信任转移至对产品的信任。比如宁夏红这

---

① 酒海是白酒酿造过程中所需的大型储存容器,因盛酒量多,故称"海"。

一酒品牌,就是以宁夏特产枸杞为原料酿制的滋补酒,品牌名称通过强调原料产地来证实这种酒的取材有保障。类似的例子有很多,云南白药、金华火腿、青岛啤酒、蒙牛乳业等,都是成功运用这种策略命名的代表品牌。

6. 以创始人或名人名字命名策略

该策略是指企业将名人、明星或企业首创人的名字作为产品品牌,充分利用人名的价值,促进消费者认同产品。如运动品牌李宁、电脑品牌戴尔、腐乳品牌王致和、剪刀品牌张小泉、汽车品牌本田、电器品牌松下等,类似例子不胜枚举。用人名来命名品牌,同样也可以提高消费者的认知率。

(三)联想命名策略

1. 形象法

该策略是指企业运用动物、植物和自然景观等元素为品牌命名,将这些元素具备的自然、灵动等特质转移到品牌本身。如"七匹狼"男装,给人以勇敢、无畏的印象;"凤凰"自行车,让人联想到身姿轻盈,代步轻便;"熊猫"香烟之所以以我国的国宝命名,因其是1956年推出的献礼"八大"的特制卷烟,在1997年以前只能特供,不面向社会公开销售。企业运用形象法命名品牌,借助动植物的形象,可以使人产生美好的联想与感受,提升品牌认知度。

2. 价值法

价值法是以企业的追求、希冀、宗旨等内容为品牌命名,使消费者在看到产品品牌时能了解企业的价值理念。如"三九药业"的"999"意指健康长久、事业恒久、友谊永久;上海"盛大"网络发展有限公司、湖南"远大"企业,突出了企业志存高远的价值追求。福建"兴业"银行体现了"兴盛事业"的价值追求;武汉"健民"品牌突出了为民众健康服务的企业追求;北京"同仁堂"、四川"德仁堂"品牌,突出了"同修仁德、济世养生"的药商追求。运用价值法为品牌命名,对消费者迅速了解企业价值观具有重要的意义。

3. 拟声法

国外社交软件推特(Twitter)的命名灵感是想象信息流如"小鸟啾鸣"一般,tweet[①]不断;国内共享单车品牌"哈啰"则可让人联想到"Hello"这一打招呼、意在示好的说法;胶卷大王柯达的品牌创始人乔治·伊士曼以相机按下快门的声响,命名自己的品牌为"Kodak"。

(四)总结

综上所述,企业以目标市场为本进行品牌命名,可迎合特定消费群体的审美偏好,辨识度高,针对性强;企业以产品为本进行品牌命名,可直接反映产品的功能或特色,直抒胸臆,适用性广;企业以联想为本进行品牌命名,可映衬产品的使用环境或使用状态,张弛有度,画面感强,有利于打造格调。不同的命名策略各具特色,品牌可根据自身需求有选择地使用。

---

① tweet,中文意思为小鸟的啾啾。

拓展阅读

那些年让人拍案叫绝的品牌中文译名①

提到国外品牌的中文译名,首先浮现在你脑海的会是哪个?

家喻户晓的 Coca Cola(可口可乐)或许是众多国人心中的不二答案。可有谁知道它在 20 世纪 20 年代刚进入中国市场的曾用名竟是"蝌蚪啃蜡"? 其棕褐色的液体颜色、甜中带苦的味道已让不少人望而却步,再加上这古怪的名字,坐实了它"黑暗料理"的形象。第一年,可口可乐在中国市场销量惨淡。于是,隔年这家饮料公司便公开登报,用 350 英镑的奖金悬赏征求译名。最终,一位身在英国的上海教授蒋彝以"可口可乐"这一译名击败了所有对手,而 Coca Cola 公司也获得了迄今为止被广告界公认的翻译得最好的中文品牌名。它不但完全遵循了英文的音译,还比英文更有寓意,在保证产品"可口"特性一目了然的基础上,传递了品牌能带给消费者的情感体验——欢乐。更关键的一点是,这个译名朗朗上口,易于传诵。这则"神之翻译"真正为可口可乐打开了中国商业之门,这个名字一炮而响并沿用至今。

还有很多国外品牌在初入中国市场时,也因名字"水土不服"而销量不佳。比如豪车代表 BMW,最早它的中文译名叫"巴依尔",虽是音译却毫无特色,因而反响平平。后来,它更名为"宝马",一举赢得中国消费者的心,因为自古中国就有"宝马香车"之说,辛弃疾的《青玉·案元夕》有云:"宝马雕车香满路。凤箫声动,玉壶光转,一夜鱼龙舞。"无独有偶,宝马的竞争对手奔驰也有类似的经历,它最早的中文译名是"奔茨",听起来像"笨死"又像"奔死",实在让中国消费者爱不起来;而后其译名摇身一变为"奔驰",这一名字瞬间赋予了品牌奔腾万里、驰骋沙场、"苍茫大地谁主沉浮"的壮阔豪迈之感。

类似的例子还有很多。美妆品牌雅诗兰黛(Estee Lauder)在挑选中文名字中的每个用字时,都参考了中国文化中女性美的意象。另一美妆品牌露华浓(Revlon)也是以古风入名,引用了李白《清平调》中的名句"云想衣裳花想容,春风拂槛露华浓"。瑞典家居品牌宜家(IKEA)则取灵感于《诗经·桃夭》的"桃之夭夭,灼灼其华。之子于归,宜其室家",既点明了品牌定位,又为名字赋予美好的品牌联想。

钱钟书曾说,文学翻译的最高理想是"化"。把作品从一国文字转变成另一国文字,既能不因语文习惯的差异而露出生硬牵强的痕迹,又能完全保存原作的风味,那就算得入于"化境"。17 世纪一个英国人赞美这种造诣高的翻译时,将其比为原作的"投胎转世"(the transmigration of souls),躯体换了一个,而精魂依然故我。

你心目中还有哪些好的品牌中文译名?

---

① 搜狐网:《可口可乐发展史 是什么成就了"饮品界"王者》,https://www.sohu.com/a/102046988_196394,2016-07-07。

【思考】
1.给品牌起名字有哪些原则可以遵循？
2.给国外品牌取译名可以遵循哪些原则？

三、品牌命名的程序

品牌名称是企业识别系统中的关键要素，企业为品牌命名要遵循科学、严谨的程序，不仅要保证名称符合品牌自身的定位，独一无二且能呈现品牌鲜明的性格，让消费者有记忆点，还要注意规避法律风险，保护自身知识产权。

(一)战略思考阶段

在战略思考阶段，品牌首先需要综合思考与衡量产品、市场、消费者、竞争对手、公司战略、所属品类等各种影响品牌命名的要素，在此基础上从整合品牌传播的角度出发，为品牌命名。这一阶段要论证的核心问题包括但不限于以下几点：第一，本品牌产品的性能和独特卖点是什么；第二，本品牌产品的目标消费者是谁；第三，什么类别的品牌名称更适合本品牌战略；第四，本品牌产品与本公司的其他产品是否同属一个大类；第五，目前同类产品的品牌名称是怎么样的；第六，本品牌产品是否适合公司未来发展战略和现有的公司文化；第七，本品牌希望在市场竞争中占据什么样的地位。

企业在完成对品牌命名的分析之后，下一步则需考虑通过哪些途径予以命名，可参考上述品牌命名的基本策略，从目标市场、产品特性或联想等角度出发，为品牌选择恰当的名字。

(二)提出备选方案阶段

这一阶段是企业集思广益，尽可能多地征集品牌名称备选方案的过程，具体的征集方法可参考以下几种：第一，发动企业的所有员工参与命名；第二，邀请企业专业领域的人士进行头脑风暴；第三，邀请消费者代表参与命名；第四，搜寻电脑名称库。

(三)测试与评估阶段

测试与评估阶段又可细分为初筛和复选两步。在初筛阶段，公司内部营销、传播、产品开发等方面的专业人士将组团对所有备选方案进行审核，初步排除有明显法律纠纷、有语义问题、与品牌要素有明显冲突的名称，筛选原则可参照上文所述品牌命名的基本原则。

在复选阶段，企业对初筛出的备选名称进行打分、评价，可从专家角度和消费者角度综合考量，以期得到最中肯、权威的反馈。

从专家角度，评价标准可采用 SOCKIT 判断标准[①]。其中，S 为合适性(suitability)，即本品牌名称对产品功能、特性、优点的描述是否恰如其分；O 为独创性

---

① 程宇宁：《品牌策划与推广——策略规划与整合传播的流程、工具与方法》，中国人民大学出版社，2016年版，第114-115页。

(originality),即本品牌名称是否与众不同、独一无二;C 为创造力(creativity),即本品牌名称能否吸引人并令人产生愉快的感受;K 是能动价值(kinetic value),即本品牌名称能否引起消费者丰富的联想,具有营销说服力;I 是识别力(identity),即本品牌名称是否有助于消费者记忆;T 是发展力(tempo),即本品牌名称是否适合目标市场以及未来的发展。

从消费者角度,可采用问卷调查、焦点小组等方法,考察消费者对备选名称的反馈。具体内容应包括:词语联想,即询问消费者认为该名字有什么含义,以及该名字能让消费者想到哪类产品等;记忆测试,即测试消费者在接触备选名称之后,经过一段转移精力的时间,还能回想起哪些名称;偏好测试,即调查品牌名称引发的情感反应,看是否足以引发偏好和行为的产生。

(四)法律检索阶段

经过上述阶段后,品牌可将留下来的备选名称进行法律检索。该阶段虽然耗钱耗时,但十分必要且关键,可帮助品牌避免商标方面的法律纠纷,确保自己品牌名称的专有性。

第二节　品牌标志设计

品牌标志作为企业特征和品牌形象的集中体现,是快速记忆、辨认、区分品牌的识别符号,可以迅速地引发消费者对品牌相关属性的联想,使消费者更快地理解企业形象。它不仅具备发动所有视觉设计要素的主导力量,也是统一所有视觉设计要素的核心。

作为高度概括的传达识别信息的符号,品牌标志设计涉及图形心理学、设计美学、色彩学等诸多领域的内容,通过富有含义的设计语言表达品牌特征、品牌性格、行业属性等内容。

一、品牌标志的构成与类型

标志的英文为 logo,是企业识别系统里的视觉设计中应用最广泛、出现频率最高的元素。logo 一词源于希腊文"logos",本意为"词语",后来引申为 logotype(标准字)。如今,该词的内涵变得更为丰富,包括图形标志、文字符号等内容。

(一)品牌标志的构成

通常,完整版的标志是由图形符号(mark/symbol)、标准字(logotype)、标语(slogan)、色彩(color)四者组成的综合识别结构(见图 9-9)。四大要素在发挥各自作用的同时相互配合,共同完成品牌标志符号化的视觉信息传播。品牌根据自身实际情况选择这四种构成元素的组合方式,可以只选择其中一种或几种进行组合。

图形符号是由平面图形构成的具有识别性的符号。

标准字是经过字形设计,用于表现企业名称或品牌名的字形。

标语是品牌重复表达核心主张的座右铭或短语。在有些情况下,该部分也会呈现其他一些补充性内容,如互联网企业可能会在这部分使用网址或企业机构名称等。

色彩是标志的颜色呈现,也是人们在接触标志时最先感知到的元素。色彩会引发人的情绪,不同的颜色在不同人群身上引发的情绪会有所不同。

图 9-9　标志的四大要素

(二)品牌标志的类型

品牌标志主要分为两种较为常见的类型,即以图形符号为主的图形标和以标准字为主的字标。两种类型的标志没有明确的界限,也不存在孰优孰劣的问题,设计者往往根据品牌的市场行业状况、目标消费者群体认知、功能性价值权衡等,为品牌提供最合理的品牌标志呈现方案。①

1. 图形标

图形标(graphic mark)是以图形符号为主体的标志,一般辅以标准字(见图 9-10②)。

相比于字标,图形标中的标准字不需要过度设计,因为其视觉焦点应该在图形符号部分,标准字是作为辅助性信息而存在的,不应喧宾夺主。

有时,一些图形标中甚至连标准字都没有,比如耐克有时省略了"Nike",只保留了其对勾图形;麦当劳省略了"McDonald's",只保留金拱门标志;可口可乐省略了"Coca-Cola",只展示其弧形瓶轮廓……这是因为这些品牌标志早已被广泛熟知并深入人心,有无标准字并不影响消费者的品牌认知,为了更突出图形符号,让传播变得更加简明高效,也为了迎合产品外观设计更简洁大方的需要,品牌会顺势而为,推出纯图形符号版本的品牌标志。

2. 字标

字标(word mark)是以标准字为主体的标志,由企业名、品牌名、产品名或其缩写构成(见图 9-11③)。

---

①　徐适:《品牌设计法则》,北京:人民邮电出版社,2019 年版,第 100 页。

②　这部分展示了一些著名品牌的图形标,从左至右依次是塔吉特(Target)、李宁(LI-NING)、华为(Huawei)、阿迪达斯(Adidas)、特斯拉(Tesla)、玛莎拉蒂(Maserati)、宝马(BMW)、香奈儿(Chanel)、海底捞(HaiDiLao)。

③　这部分展示了一些著名品牌的字标,从左至右依次是蒂凡尼(Tiffany)、路易威登(Louis Vuitton)、迪奥(Dior)、卡地亚(Cartier)、谷歌(Google)、亚马逊(Amazon)、淘宝(Taobao)、联想(Lenovo)、宝格丽(Bulgari)。

图 9-10　以图形符号为主体的标志

相较于图形标,字标通过突出文字,确切、醒目地表达品牌的名称、风格等信息,其表意直观,内容明确,易认易记,可以有效提升品牌标志的传播效果。

图 9-11　标准字为主体的标志

二、品牌标志设计的原则

当前,世界范围内关于品牌标志的设计原则众说纷纭,其中不乏一些主流评价标准,业界尤其推崇品牌设计大师保罗·兰德(见图 9-12)提出的评判优秀标志的七个基本原则。保罗·兰德认为,标志的主要作用是识别,简洁是其手段,标志的作用是否有效取决于独特性、辨识度、延展性、记忆度、普适性、前瞻性和简洁性。这一标准对品牌设计界的颠覆性价值与启发意义十分深远且历久弥新。

图 9-12　保罗·兰德

（一）独特性

卓尔不群才能体现品牌气质,人们往往对特别的东西记忆深刻,心理学中的"孤立效应(isolation effect)"也揭示了人们记住独特事物的可能性明显高于记住普通事物。独特的标志是品牌区别于竞争对手、形成区隔的重要手段。企业通过独特的品牌符号可以激活消费者的记忆,从而占据目标群体的心智,使消费者更高效、快速地形成品牌认知。

以奥迪为例,它的标志在汽车市场中就具备较强的独特性(见图 9-13)。在汽车界,运用圆形、椭圆形进行标志创作的品牌不少,如奔驰、宝马、雷克萨斯、沃尔沃、英菲尼迪等。但奥迪将最简单的圆环进行四联横排,在呈现手法上与其他车标的常规出发点差异很大,并且在高度与其他车标齐平的情况下,横向扩大了标志的面积,有效增加了车标的辨识度。

图 9-13　奥迪品牌标志

（二）辨识度

消费者在购买商品的过程中,可以通过品牌标志对不同的商品进行识别,品牌标志代表了品牌的价值、格调、形象、质量、信誉等内容,这也是消费者对品牌产生依赖的核心因素。具有高辨识度的标志通常具有高回忆度,促使消费者在发生购买行为时选择该品牌。

这就要求品牌标志在各种复杂的应用环境中能被人们轻易感知和快速识别,小到各类印刷品,大到建筑外形、大型显示屏,在投放品牌标志的时候都要进行辨识度测试,以保证标志在不同环境的一定距离内能被轻易识别。

（三）延展性

延展性是指标志延伸到各种应用情境时能否很好地被人们认知。

搜索引擎 Bing(必应)由微软公司于 2009 年推出,其最初的品牌标志(见图 9-14 左侧)就存在延展性弱等一系列问题,还曾经被知名品牌网站 Brand New 评选为年度十大糟糕标志之首。2013 年 9 月,微软聘请品牌设计师劳伦斯·利普希尔为其设计了全新品牌标志(见图 9-14 右侧),新标志一改过去过于圆润的风格,不仅图形符号有棱有角,而且标准字以字体 Seoge 为基础,可以更好地搭配微软公司其他系列品牌标志。

图 9-14　搜索引擎 Bing 标识

2020 年 4 月,Bing 把从 2016 年启用的绿色图标更换为蓝色"b"字图标(见图 9-15)。

图 9-15　索引擎 Bing 图标

新图标增加了圆角曲线和颜色的渐变,在风格上与 Microsoft Edge 的品牌标志更统一,图 9-16 左侧为 Microsoft Edge 图标,右侧为 Microsoft Bing 图标。

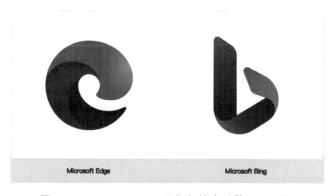

图 9-16　Microsoft Edge 图标与搜索引擎 Bing 图标

(四)记忆度

记忆度是指当消费者产生与品牌符号背后的服务相对应的需求时,会立即想起该品牌符号及其品牌名称。品牌标志若想形成高记忆度,需要把握两条核心途径:其一,通过有针对性的密集投放,使受众产生特殊印象,触发孤立效应;其二,品牌标志本身具有独特性,使受众在接触它时可以轻松产生品牌记忆。

以苹果公司的品牌标志为例,当年乔布斯邀请了麦肯纳创意总监罗勃·詹诺夫为苹果设计新标志,最初詹诺夫绘制的是一只完整的苹果图案,然而乔布斯并不满意,他觉得logo看起来又像苹果又像樱桃。于是,詹诺夫在一个完整的图案上处理出一个缺口,瞬间,这个品牌标志独一无二的记忆点就诞生了——"咬了一口的苹果"(见图9-17)。

图 9-17 苹果标识

(五)普适性

品牌标志的普适性使其成为最具渗透性的品牌信息载体,这一特性可以从两个角度来衡量:其一,品牌标志可以适配各种场景,能够在任何材质和任何场合中使用;其二,品牌标志能为不同国家、地区、民族、文化的受众接受和认可。尤其在当代社会,商品在国际范围内流通已成常态,设计品牌标志时更应该注意品牌投放地区的具体情况,例如要使用世界通用形态语言,注意规避文化禁忌(如数字、颜色、图案)等。

(六)前瞻性

国际平面设计大师靳埭强曾说:"商标不可与时代脱节,使人有陈旧落后的印象。现代企业的商标,当然要具有现代感;富有历史传统的企业,也要注入时代品味,继往开来,启导潮流。"[①]

面对飞速发展的社会和日新月异的市场竞争形势,现代企业的标志也应该历久弥新,实现经典永传。经典而不过时是所有品牌标志的最高愿景,因此,品牌在设计标志时不应随意追随潮流和时下热门的设计手法,而需要以更长远、更具前瞻性的视野去阐释品牌标志的美学。

(七)简洁性

当前,面对琳琅满目的品牌标志,消费者不仅看重标志的可识别性,更看重其美学价值,符合更多消费者审美情趣的品牌标志更容易脱颖而出。若品牌标志单纯凝练、简洁生动,同时能抓住品牌的功能特点和内在需要,体现构思的巧妙和耐人寻味的效果,就达到了"形简而意不减"的最高境界。

三、品牌标志的设计方法

色彩、图形符号、标准字可谓品牌标志的三大基石。其中,色彩可以强烈地传达情

---

① 今日头条:《享誉国际的平面设计大师靳埭强谈标志设计要素》,https://www.toutiao.com/article/6613900299440488964/,2018-10-19。

绪和第一感知印象,图形符号可以为品牌打造独一无二的识别性,标准字则可以最直观地展示品牌核心信息。三者发挥各自作用的同时相互配合,共同完成品牌标志符号化的视觉信息传播。

(一)色彩

色彩对人们的情绪唤醒的作用至关重要。在品牌视觉符号设计中,色彩的选择是基础和关键的一环。优秀的品牌善于选择一种独特的品牌色,使之成为其品牌的情绪、主张,让品牌符号更加生动、具象,以确保在其所处行业中形成独一无二的识别性。强烈而明确的品牌色可以让品牌在消费者脑海中建立起与竞争品牌迥然不同的第一印象,从而迅速地占领消费者的心智。曾经王老吉与加多宝的商标争夺战,争夺点除了商标和广告语之外,最后集中到了红罐包装的知识产权上,而且最终双方都不肯放弃红罐包装。而红罐争夺战的背后,其实是对已形成稳固消费习惯的凉茶消费者的争夺。

1. 色彩的特性及常见颜色的联想

颜色作为一种承载和传递意义的符号,在不同的文化、地域中有不同的含义。因此,品牌设计师在选用颜色的时候,应充分了解不同颜色背后的情绪和意义,通过恰当的色彩运用更好地表达品牌的气质。

一般来说,色彩可以划分为暖色调、冷色调及中性色调,这是色彩的特性区分。暖色调包括红色、橙色、黄色等,其呈现温馨、和煦、热情、温暖之感。冷色调则包括青色、绿色、蓝色、紫色等,其可营造宁静、清凉、高雅的氛围。中性色是对于人们来说色调感较弱的颜色,除了代表的黑白灰色外,还有米色、灰褐色等。

红色被国际上的著名品牌选作品牌色的比例极高,如肯德基、特步等(见图9-18),因为在许多国家、民族的文化中,红色都代表激情、热烈、豪放、富有生命力的积极情绪,被认为是最显眼的强调色。与此同时,红色也是血的颜色,在人的潜意识里,它也可能是警示、危险的信号,人们在大面积红色的空间里更容易焦躁,因此许多快餐品牌都选用红色作为品牌色,并将其大面积运用于实体空间,这样可以有效加速店内的"翻台率"①。

图 9-18 以红色做品牌色的标志

---

① 翻台率,是表示餐桌重复使用率的意思,计算方法为:(餐桌使用次数-总台位数)÷总台位数×100%。

橙色曾被瑞士最负盛名的设计师之一约翰·伊顿誉为"处于最辉煌的动态焦点"。橙色接近红色,但少了一些咄咄逼人之势,多了一些和煦的温暖,像太阳的光辉,又像果蔬的颜色,因此不仅能引起人的食欲,还能传递积极向上、活力四射的正能量。如小米、淘宝灯都是使用的以橙色为主色调的品牌标志(见图9-19)。

图9-19　以橙色为主色调的品牌标志

黄色是最具明亮感的颜色,给人明媚、快乐、愉悦、灿烂辉煌之感,具有快乐、希望、智慧和轻快的调性,如美团优选、闲鱼、麦当劳都是使用的以黄色为主色调的品牌标志(见图9-20)。

图9-20　以黄色为主色调的品牌标志

粉色给人柔软、温馨、可爱之感,极富浪漫主义气息,曾一度被认为是女性专属色,如爱彼迎、唯品会都是用的以粉色为主色调的品牌标志(见图9-21)。但粉色最早是作为男性专属色被广泛应用的,早在18世纪,欧洲人就把粉色视为"被汗水稀释的血液的颜色",它代表着勇敢、无畏,教会更是将粉色用于庄严的礼拜仪式。随着社会越来越包容和开放,粉色早已成为不同性别人群的钟爱色。

图9-21　以粉色为主色调的品牌标志

绿色在自然界中无处不在,代表了生命、健康、和平、和睦、宁静、安全等一系列正向含义,这也使得它成为最理想的心理舒适色之一,人们身处这一色系中会变得放松和镇定。绿色是黄色与蓝色的过渡色,中和了黄色的扩张感与蓝色的收缩感,因此它也是没有明显的冷暖倾向性的色彩。很多品牌标志将绿色作为主色调,如星巴克、微信等(见图9-22)。

图 9-22　以绿色为主色调的品牌标志

蓝色是天空和海洋的颜色,象征着永恒、博大、深邃、崇高、洁净、清新,也给人值得信赖、专业、可靠之感。因此,许多专业性强的组织,如金融、律所、银行等企业,都喜欢将蓝色作为品牌标志的主色调,以彰显自身严谨专业的定位,如中国建设银行、支付宝等(见图9-23)。

图 9-23　以蓝色为主色调的品牌标志

黑色既可以给人深沉、神秘、寂静之感,又可传递悲哀、压抑的情绪。总体来说,黑色因其冷静的属性,颇具现代感和雅致格调,同时具备严肃、庄重的气质,是正式会晤、商务场合的公认标准色,也备受时尚界青睐,在现代商业中应用广泛,如 Burberry、Prada 品牌标志都是以黑色为主色调(见图9-24)。

图 9-24　以黑色为主色调的品牌标志

白色是所有可见光均匀混合而成的颜色,象征着纯洁、干净、纯真、卫生。在品牌标志中,白色与很多颜色结合都能对比、碰撞出不一样的火花,是当之无愧的百搭色。

灰色作为经典的中性色之一,具有中庸、温和、谦让、中立、含蓄和高雅的感觉,在品牌标志设计中,一般被用于标准字的设计中,起到传递品牌气质的辅助作用(见图9-25)。

图 9-25　以白色、灰色做搭配的品牌标志

研究显示,人们的色彩偏好会随着年龄而改变。① 婴儿往往把红色作为他们的第一选择,随着年龄越来越大,蓝色则会受到更多偏好,这一定程度上是出于眼睛的自我保护机制,因为人们的眼部晶状体在不断老化,晶状体对蓝光的吸收率会随着年龄增大而上升,蓝色相较于红色可以使眼睛免于受到过于明亮的光线刺激。

2. 配色的基本方法

在品牌标志设计的实际操作过程中,通过色环配色是最快捷的配色方法之一。通过单色相、近似色、三元组、互补色等方法进行配色,色彩之间可以产生一种平衡美。

单色相是最简单的配色方案,它是指在同一个色相的颜色下进行明暗度或饱和度的改变,因色调相同,所以效果和谐,但也容易让人产生单调、乏味之感。

近似色是选用色环上相近的色彩进行搭配,不同色彩之间会有柔和的渐变性和均匀的过渡感,给人带来舒适的观感。许多调性柔和的品牌都会选用近似色进行搭配,以营造品牌内敛而细腻的气质。

三元组是色环中等距离的三个颜色,其颜色之间对比跨度大,效果强烈且富有张力,但若处理不好也很容易给人混乱之感,对设计者的审美能力要求较高。

互补色是色环上相对位置为180°的颜色,也是配色手法中效果最强烈和醒目的方式之一。因色彩之间色相差距大,所以对比强烈、充满生命力。

3. 潘通色——全球色彩营销的风向标

企业进行品牌视觉识别设计时,应对品牌标准色进行把控以控制输出偏差,这样才能保证品牌色在不同媒介中呈现的颜色高度一致。当前国际范围内,品牌标准色一般都使用潘通色(PANTONE)来把控输出偏差。

大名鼎鼎的PANTONE(潘通)公司是一家以专门开发和研究色彩而闻名全球的权威机构,PANTONE色卡也是享誉世界的色彩权威,已经成为当今色彩信息交流的国际统一标准语言。自2000年来,PANTONE的色彩专家每年都发布一种能够捕捉时代精神的色彩作为年度流行色,来表达全球的文化情感和态度。PANTONE年度颜色的选择基于色彩心理学、行业调研、大数据分析等,并将全球时尚流行趋势、电影文化、艺术世界和社会经济状况等要素融入其衡量维度。

每年下半年开始,全球各类机构都争相对新一年的流行色进行预测,但唯有PANTONE流行色的发布才是大众心中的"官宣"。每年PANTONE流行色发布后,人们的日常消费生活、穿着打扮甚至各行各业都潜移默化地受到影响——发布机构获得了关注,品牌与商家赚取了利润,媒体得到了话题,消费者感受到了乐趣……PANTONE年度流行色发掘了色彩的商业价值,其营销推手借时尚之名进行的全民娱乐和商业狂欢也成为最成功的色彩营销案例之一。

4. 品牌色的搭配哲学

我们从PANTONE年度流行色的选择可以看出,品牌色的选择并不是靠拍脑袋决定的,而是需要经过科学和严谨的论证。一般来说,品牌色的选择与搭配需要综合考虑以下三种核心因素。

---

① [美]德鲁·埃里克·惠特曼:《吸金广告》,焦晓菊译,江苏人民出版社,2014年版,第233页。

其一,目标消费者偏好。品牌应将目标消费者对于色彩的偏好和禁忌纳入考虑范围,如面对男性客户群体时,过分柔和的色彩可能会引发错误的品牌联想;针对年轻客户群体时,也不适合使用过度沉闷的颜色,会给人老气横秋之感。

其二,品牌气质。企业需要综合考量品牌所属行业特征、品牌核心理念等因素,整合品牌传播的关键在于对品牌的人格化打造,因此要塑造品牌的专属性格色彩,以更好地唤起目标消费者对品牌的准确认知。

其三,区别竞争对手。在尊重行业规律的基础上,品牌可以大胆突破常规,进行合理创新,选择差异化的色彩,更好地进行品牌区隔。

拓展阅读

从 Tiffany 蓝到 Hermès 橙,没人能拒绝这些奢牌的专属色[①]

Tiffany 蓝、Hermès 橙、Valentino 红、CHANEL 黑白、Louis Vuitton 深棕……为什么当说起这些品牌时,人们会瞬间联想到它们对应的颜色?

在吸引消费者的注意上,色彩比 logo 更容易被记住,而这些刻入各大奢牌 DNA 的专属色,也延续到了它们的包装美学上。

1. Tiffany 蓝——"最有辨识度的品牌色"

把品牌专属色刻进品牌 DNA 的代表品牌,非 Tiffany & Co. 莫属。1845 年,品牌创始人 Charles Lewis Tiffany 首次使用了知更鸟蛋蓝,传说知更鸟一生只有一个伴侣,这一故事也赋予了这个颜色忠贞不渝的意蕴,为 Tiffany 品牌增添了一层永不褪色的浪漫光环。

"Tiffany 蓝"第一次走进大众的视野是在 1961 年,随着电影《蒂芙尼的早餐》上映,女神奥黛丽·赫本在 Tiffany 店前吃早餐的一幕成为影史上的经典,也让 Tiffany 标志性的知更鸟蛋蓝给人们留下了深刻印象。2001 年,全球色彩权威机构 PANTONE 更是为 Tiffany 蓝定制了专属色号"1837 蓝"(因为 Tiffany&Co. 诞生于 1837 年)。至此,除非 Tiffany 授权,否则任何印刷厂不能替任何人印制 PANTONE 1837。所以,当 LVMH 斥资 160 亿美元收购 Tiffany & Co 时,同时也收购了这一抹蓝色。

2. Hermès 橙——"时尚界独一份的橙红色"

与 Tiffany 蓝的美好设定不同,Hermès 橙产生于一场美丽的意外。成立于 1837 年的 Hermès(爱马仕),一直到一百多年过后才开始使用如今品牌标志性的橘红色。当时正处于二战时期,物资匮乏的窘况一度导致 Hermès 当时使用带金边奶色的纸盒稀缺,因此 Hermès 不得不启用工厂仅存的橘红色包装纸。出乎意料的是,经过了战乱纷飞的人们开始对洋溢着温暖、活力的橘红色喜爱有加。这个充满温度的颜色与 Hermès 包袋皮件的颜色非常契合,受到了各界的广泛好评。于是,这一抹橙逐渐成为品牌标志性的色彩,也象征

[①] 搜狐网:《从 Tiffany 蓝到 Hermès 橙,没人能拒绝这些奢牌的专属色》,https://www.sohu.com/a/438286611_660809,2020-12-14。

着 Hermès 是骄傲、不甘平庸、不易被驾驭的独特品牌。在当时黑色当道的时尚界，Hermès 的橙红色更是如"戴着镣铐创新"一般独树一帜。

1960 年，Hermès 正式为这一橙红色注册了颜色，几代相传后，这个充满活力又自带高贵气质的橙色也与 Hermès 的品牌内涵逐渐融合。如今，Hermès 一共有 178 种不同型号、尺寸的橙色包装盒，这种颜色也成为 Hermès 最具标志性的色彩。

3. Valentino 红——"不是所有红都叫 Valentino"

红色可以说是创始人 Valentino Garavani 最爱的颜色，他对于这个颜色的痴迷源自一次在巴塞罗那看的歌剧《卡门》，舞台上的女人们穿着如火燃烧般的红裙深深刻进他的心。

Valentino 红是很有讲究的，这种如罂粟花一般热烈的红是有纯正配比的——0％的蓝、100％的红、100％的黄和 10％的黑。

品牌第一次使用这种红是在 1959 年推出的一条名为"Fiesta"的无肩带鸡尾酒裙上，从此红色变成了品牌的 DNA，Valentino 红也驰骋于整个时尚界。在 Valentino 心中，红色就是代表魅力的颜色，是创作自由、感性及女性美的结合。在 2008 年，Valentino 大师的告别之作上，所有模特穿着一样的红色连衣裙谢幕，如同罂粟花田盛开在眼前，场面震撼壮观。纪念 Valentino 大师入行 45 年的纪录片的封面也是他本人和六名穿着 Valentino 红裙的模特，可见他对这种红色的痴迷。

4. Chanel 黑与白——"永恒经典的黑与白"

Chanel 品牌创始人 Gabrielle Chanel 曾说："黑色包容一切，白色亦然。它们的美无懈可击，绝对和谐。在舞会上，身穿黑色或白色的女子永远都是焦点。"Chanel 对黑与白的喜爱，融入品牌的每件单品和细节。1926 年小黑裙的诞生，更是让她的设计在当时艳丽奔放的潮时尚市场中独树一帜。

Chanel 女士对黑白的钟爱与她的成长经历密切相关。她于 1883 年出生在法国，母亲去世、家庭贫困，姨妈将她送往修女学院学习。而修女的制服则正是黑白色，所以我们可以看到如今 Chanel 的很多单品，都保留了经典的黑白配色。同样，品牌均采用白底黑字的简约款纸袋，将品牌的黑白经典搭配延续到包装上。Chanel 无疑是让黑白色彩在现代时装史上潮流回归并成就经典的重要推手。

(二)图形符号

对品牌图形符号的设计，一般应遵循"完形视觉"原理。"完形视觉"（又名格式塔）概念源于德文"Gestalt"，中文译为"形式、形状、模式"。完形视觉原理是设计领域应用广泛的设计心理学原理，是一种诠释人类认知行为的学说，其核心含义是人们总是先看到整体，再关注局部，人们对事物的整体感受不等于局部感受的相加，人脑的视觉系统总是不断试图在感官上将图形进行闭合。整体不是部分的总和或简单相加，整体不是由部分决定，而整体的各个部分是由这个整体的内部结构和性质决定的。

完形视觉原理告诉我们,品牌标志若想给人留下深刻的印象,就要遵循人脑中的完形视觉识别机制——当我们看到品牌标志的时候,并不是首先看它的组成部件,而是看各部分能否组成一个和谐的主体。完形视觉原理有六大规则:简洁,平衡,接近,相似,连续和闭合[①]。

1. 简洁

人的心智有厌烦复杂的天然属性,同样,人脑在接触图形对象时,也会倾向于化繁就简,使之更符合自己的认知规律。品牌在对图形进行设计的过程中,应将多余的、没有规则的部分简化以免干扰标志的整体性。

肯德基的品牌标志在全球百强品牌中都属经典,其图形部分是肯德基创始人哈兰德·大卫·桑德斯,图形的核心识别在于白发、白胡子、戴着黑色领结和黑框眼镜的老爷爷形象(见图9-26)。肯德基在2007年进行了品牌形象更新,将人物图像往更加概括、规则的方向简化,"老爷爷"也变得更加年轻化(见图9-27)。

图9-26　1997年版本肯德基标志

图9-27　2007年版本肯德基标志

2. 平衡

当整个画面的设计元素中出现混乱或不平衡的内容时,人们的注意力就会被带到此处,并开始思考如何解决这种混乱状态,而不是专注于获取设计本身所要传递的有效信息。因此,为了避免人们的注意力被无谓的内容干扰,我们必须把握设计的平衡。

视觉平衡有以下四种基本形态。

第一,对称平衡,是指以视觉中心点进行轴对称平衡、对称线平衡,如图9-28所示。

第二,不对称平衡,是指企业在组合不同设计元素时,通过视觉重量进行平衡的手法。这种不对称平衡可以形成对比,而对于元素间不同视觉重量的判断则十分考验设计师的水平,元素的形状、颜色、尺寸以及指向性、肌理等很多因素都会影响设计对象的视觉重量,如图9-29所示。

第三,放射平衡,是指图形以一个点为中心向外辐射开,其特点是在视觉上会产生一个向心力,突出其中焦点,如图9-30所示。

第四,均衡分布平衡,是指设计师在图形分布上对元素进行视觉重量上的均衡处理,如图9-31所示。均衡分布平衡方法可以体现设计对象的丰富性和空间的充实感。

[①]　徐适:《品牌设计法则》,人民邮电出版社,2019年版,第157页。

图 9-28　对称平衡　　图 9-29 不对称平衡　　图 9-30　放射平衡　　图 9-31　均衡分布平衡

3. 接近

接近是指当物体之间的距离相对更近时会被视为整体，当距离相对更远时会被认为不是一个整体。当圆形、方形、三角形等几何形状叠加时，会形成更密切的整体关系。

图 9-32 是我国著名设计顾问机构靳刘高设计的品牌标志，其灵感来自中国的传统饰物方胜①，方胜寓意"同心双合，彼此相通"，两个菱形叠加，形成了彼此区分但又整体感十足的图形符号。

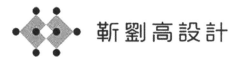

图 9-32　靳刘高设计的品牌标志

4. 相似

人们在接收视觉信息的时候会不经意地去概括物体的视觉特点，不管其是否在位置上相邻，都会将它们关联起来。图形间相似的特性越显著，越容易被视为相关联的整体。

品牌标志可寻找形状、方向、颜色、尺寸等方面相似的元素进行组合，去制造一个令人印象深刻的视觉记忆点。

如图 9-33 所示，亿滋的品牌标志里，中文字体和英文字母的颜色始终一致，而且所有的字形保持风格统一，形成了相似性，整体感十分强；与此同时，字体左右下角两侧分别以红色的水滴状形状进行点缀，加深了记忆点，形成差异点的对称手法。

图 9-33　亿滋品牌标志

---

① 方胜纹是汉族传统寓意纹样。方胜是古代妇女的饰物，指蕲蛇背部两侧各有黑褐色与浅棕色组成的菱形大斑纹（24 个"∧"形），其"∧"形的顶端在背中线（脊柱）相连或略交错。

5. 连续

连续的原理是人在接收视觉信息时,更倾向于感知连续的形式而不是分离的碎片化形态,因此,品牌标志在排列设计中的图形元素时应注重引导性和连贯性。

如图 9-34 所示,当一组元素以平滑的线性连续罗列时,看起来会更具整体感,更符合人们的信息阅读方式——单一明确的单位信息对象、线性引导的信息对象、具有形状的信息对象。①

图 9-34 连续的品牌标志

6. 闭合

视觉系统会自动尝试将敞开的图形封闭起来,从而将其感知为完整的图片而不是分散的碎片。图形的闭合性越强,人们识别出它的可能性就越大。

世界自然基金会(WWF)成立于 1961 年 4 月 29 日,其标志无疑是平面设计史上最令人印象深刻和最具创造性的标志之一。世界自然基金会最早的标志是由其创始人、英国著名博物学家、画家彼得·斯科特爵士于 1961 年设计的,当年,英国伦敦动物园迎来了大熊猫"熙熙",这只雌性大熊猫异常珍贵,是奥地利动物商海尼·德默在 1958 年以三只长颈鹿、两只犀牛以及河马、斑马与北京动物园换得的。熙熙在伦敦动物园借展期间,一度造成万人空巷的场面。

后来,该标志分别于 1978 年、1986 年、2000 年进行了三次改动(见图 9-35),其字体和矢量简化略有变化。仔细观察可以发现,最新的熊猫标志有很多块彼此之间没有连接,大熊猫的头、背、肩部均有弧线空白,但是人们看到图标却依然能一眼认出它是熊猫,这便是人们的视觉系统依据闭合的规律,通过潜在的感知,在脑海中生成了并不存在的弧线,将图形变成完整的整体。在不影响受众感知的情况下,适量的缺失反而会给图形带来一种若隐若现、抽象的美感,更具艺术性。

图 9-35 世界自然基金会标志

(三)中文标准字

品牌标志里的标准字应简约、纯粹,字形需内敛并兼具张力。设计师应在深刻理解

---

① 徐适:《品牌设计法则》,人民邮电出版社,2019 年版,第 167 页。

本土文字结构源流的基础上,结合现代设计理念及不同品牌的行业属性、品牌气质等,进行品牌标准字的灵活创作。

1. 汉字的结构要素

我国汉字历史源远流长,汉字是炎黄子孙智慧的结晶,见证着中华民族的崛起,历经岁月风霜的洗礼愈发璀璨夺目。日本、朝鲜、越南等诸多国家和地区都曾以汉字作为官方文书的载体,直至现在这些国家的文字中依然能看到汉字的痕迹,汉字对其文化发展进程的推动作用不言而喻。

随着时代的更迭,汉字也演变出许多风格的书体——小篆、隶书、楷书、瘦金、行书、草书……每种书体在当代都有众多拥趸,共同丰富、壮大着汉字的文化体系。与此同时,印刷革命也促进了印刷体的蓬勃发展,宋体、仿宋体、黑体等字体可谓时代的佼佼者,比如,黑体就以现代、匀称的几何观感为品牌所青睐,成为许多品牌的标准字。

中文标准字的设计有理论支撑,字体的特征也是有故事的。设计字体,其实就是在改变字体的衬线和非衬线、字重、字怀、中宫、重心等属性。①

（1）衬线、非衬线字体

衬线和非衬线的区别在于字体的笔画在开始、结束的地方有无粗细变化及额外的装饰,这些细节影响着字体气质和风格的展现。笔画粗细不同、有装饰的是衬线字体,如图 9-36 左边宋体的"宋"字;反之,笔画粗细相当、无装饰的是非衬线字体,如图 9-36 右边黑体的"宋"字。

图 9-36　衬线、非衬线字体

（2）字重

字重是指字体笔画的粗细,字重直接影响着字体气质。字重越轻,字体就越纤细轻盈;字重越重,字体就越强烈稳重(见图 9-37)。

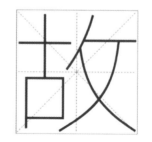

图 9-37　字重的轻重区别

---

① 知乎:《字体设计原理——汉字的基本属性》,https://zhuanlan.zhihu.com/p/337453479,2020-12-16。

品牌标准字在选择字重时,应综合考虑承载标准字的不同材质及字体印刷的大小等因素。字重过轻,会导致识别度低;字重过重,会导致标准字在尺寸很小的时候细节模糊,辨认度不高。

(3)字怀

字怀是指汉字笔画所围出的留白空间,也叫字腔。如图 9-38 所示,左边的汉字字怀相对较大,右边的汉字字怀相对较小。在字号小或阅读距离远的情况下,字怀越大,字体的可识别性越强。

图 9-38　字怀大小的区别

(4)中宫

中宫指字体在字面框的中心区域位置(见图 9-39)。唐代书法家欧阳询根据汉字字形特点发明了九宫格的界格形式。九宫格的中间一小格即"中宫",上面三格为"上三宫",下面三格为"下三宫",左右两格分别为"左宫"和"右宫"。字体中宫的调整,关系到字体结构的松紧和字体重心的高低,字体笔画向中宫紧缩,字体相对紧凑,反之则相对较散。

图 9-39　字体中宫高低的区别

(5)字面

字面指字身内汉字所占的面积(见图 9-40)。通常中宫越大,字面越大。半包围和全包围结构的字,部分笔画要向内框收缩调整,这样才能跟其他结构的字体达到视觉平衡。

(6)重心

重心是指字体视觉中心点的高低,它也是影响字形气质的关键因素之一。重心在视觉正中位置的汉字平整、自然,重心向上字形则偏高挑,重心向下字形则偏敦实(见图 9-41)。

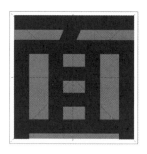 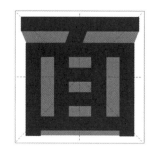

图 9-40　字面大小区别

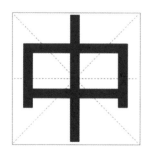 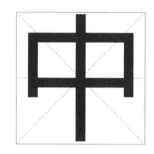

图 9-41　字体重心高低的区别

2. 中文标准字设计方法

在考量中宫、重心、字重等影响汉字字形风格因素的基础上，品牌通过笔画的精简、字标的符号化等方式，可实现重塑中文标准字的气质的目的。

(1) 笔画的精简

对汉字笔画的精简设计是为了在保证受众认知的基础上，让受众因字形细节与日常字形不同而加深记忆。企业在运用这类设计方法时需要注意在不影响字体识别度、保证阅读流畅性的前提下操作，同时有意识地为字形创造独特性。

以香港地区知名连锁品牌"满记甜品"为例，该品牌专业生产、经营各类正统港式甜品。品牌标志由香港著名设计师李永铨设计，他对字形的减法做得十分巧妙且有艺术感，标准字显得简洁而富有张力，趣味性十足。"满"字右侧的字形构造特色鲜明，结构灵感借鉴了传统行草中的结构。"甜"的右侧也做了很多细节上的减法，形成了更紧密的整体（见图 9-42）。

图 9-42　满记甜品品牌标志

(2) 字标的符号化

在图形标中，将汉字设计成图形符号是一种十分巧妙的手段，它往往可以形成较大差异性，让人印象深刻。

溢涌堂创立于 2015 年，是富饶集团推出的养生品牌，品牌于 2020 年委托 Hellocean（你好大海）品牌设计机构创作了新的品牌标志（见图 9-43）。新标志将"溢"字打造成圆形徽标符号，圆形中间的笔画组合起来正如建筑标志，意指溢涌堂依托线下实体店的模式，其实体店深入各大社区、生活场所，向人们传递、普及品牌的健康生活管理理念及方式。圆形符号右侧的三点竖向排列,模拟人体的穴位,凸显品牌"穴位养生"的定位。新标志在表形达意方面明显优于旧标志。

图 9-43　溢涌堂品牌标志的变化

日本岛田公司创立于 1921 年,是销售家具材料、室内装修材料及家具的老字号企业。其品牌标志是将汉字"岛田"两字进行组合及图形符号化处理,并通过偏深红的立体化线条塑造出标志的印章造型,造型同时也象征着品牌的装修板材(见图 9-44)。日本与中国一样,被称为"印鉴社会",在商务文件、公文、银行存折中都有大量传统汉字印章的存在,这也是组织信用的象征。

图 9-44　岛田公司品牌标志

第三节　产品包装设计

整合营销传播理论的重要代表人物之一汤姆·邓肯提出,包装是消费者在购买前看到的最后的广告。① 俗话说"人靠衣装马靠鞍",商品也是如此,包装设计就犹如产品的外衣,承担着为产品提供附加价值的关键作用。随着社会的进步和人们生活水平的提高,大众审美也在普遍提升,越来越多的消费者愿意为赏心悦目的视觉感受买单,追求"颜值"也正是消费者想要实现"尊重需要"及"自我实现需要"的一种体现。美学营销已成为整合品牌传播过程中不可或缺的一环。

一、包装的概念及功能

在当下竞争激烈、节奏更迭神速的市场环境中,"颜值"愈发成为一种可变现的资

---

① [美]汤姆·邓肯:《整合营销传播》,周洁如译,中国财政经济出版社,2004 年版,第 497 页。

源,"颜值经济"已然走到了舞台中央。在互联网社交平台的高互动性加持下,高颜值也成为消费者的社交谈资之一,众多品牌纷纷打造外表出众的产品,并通过互联网口碑的力量快速地进行声量的发酵。在"颜值即正义"的新消费时代,如何将产品包装设计与新的消费需求、消费习惯结合,继而打通塑造品牌差异化形象的重要通路,成为当前每个品牌在发展过程中必须探索的新方向。

商品的包装设计是根据产品本身的特质、市场定位、目标消费者的审美等一系列因素,采用适当的原材料,通过科学的结构设计和艺术的视觉表现创作出的商品的包装容器或展示制品。商品包装具备众多功能,在提升品牌形象和促进消费者购买方面的影响力不容小觑。

(一)识别功能

当前,市场上同类商品的同质化程度越来越高,这不仅体现在产品定位、质量、功能等方面,也体现在产品的包装上。相较于前者,改变产品包装的成本相对较低,难度较小,成为品牌树立自身差异点的重要手段之一。

一个设计精良、富有审美情趣的包装能使产品在竞争中迅速脱颖而出,给消费者留下深刻印象。尤其在当前,随着自助服务的概念在零售业扩展开来,包装对于消费产品而言更是极其重要的品牌信息,它代替了销售员的角色,让消费者在面对琳琅满目的货架时能以最快的速度锁定某一品牌,并得到产地、成分、功能等相应的品牌信息。

法国最大的连锁超市之一 Intermarché 发售了一款橙汁并为其命名"The Freshest Fresh Orange Juice Brand Ever Created"(史上最新鲜的鲜榨橙汁品牌),为了表示其新鲜程度,品牌直接在每瓶橙汁的瓶身上都印上榨出这瓶果汁的准确时间,甚至精确到了分钟(见图9-45)。要知道,全球每天的橙汁销量几乎有一半都是欧洲市场贡献的,欧洲本土消费者对于橙汁饮品最基本也是最高的要求就是新鲜,许多消费者倾向于在鲜榨果汁铺购买橙汁也是出于这个原因。当 Intermarché 敏锐捕捉到超市橙汁热销度不够的这一痛点背后的根源时,顺势推出了这款"即时榨汁"的橙汁产品,新鲜与否一目了然。据报道,这款成功的包装设计在短短3小时内就赢得了5000万次的曝光量,为超市增加了25%的来客数。将最大的卖点直截了当地印在包装上,这一策略让 Intermarché 的橙汁销量轻松实现逆袭。

图 9-45　Intermarché 超市橙汁的包装设计

(二)便利功能

包装的主要目的是保护商品,让产品安全地到达消费者手中;同时,还要迎合人们的行为习惯,方便运输及消费者的日常使用。品牌在产品包装上也要不断更新换代,以更符合目标消费者行为惯性的方式改造包装,这种方式能显著增强消费者对品牌产品的黏性。

以百事可乐为例,百事公司于1970年第一次推出可乐的两升装塑料瓶款式,并在20世纪90年代对产品包装进行过一次更新。直到2018年,百事公司才决定对两升装塑料瓶包装进行第二次"翻修"。为什么百事时隔三十年才迎来包装的升级迭代?正如百事公司首席设计官Mauro Porcini所说的,"我们修改的是一个年销量达到5亿量级的产品",①因此必须慎之又慎。历经三年左右的研究和调研,新包装于2020年底正式出炉。相比旧瓶子,新包装"腰部"曲线明显,"身材"更修长,如图9-46所示。据FastCompany报道,为了让新瓶设计更符合人体工程学,百事公司将整个瓶子的周长收窄至10.4英寸(大约为26厘米),还在瓶身的下半部分加入了一圈向内凹的旋转纹理,让消费者更容易握持。新设计赢得了消费者的认可,在百事公司前期的调研中,有九成左右的用户认为新款两升装的瓶子比旧款更好握,往杯子里倒饮料时也更容易找到受力点。

图 9-46 百事两升装塑料瓶新老包装对比(左边老款,右边新款)

百事两升装新包装的另一个设计调整,是瓶子上那层标签贴纸,新款设计把它的位置往上移动了一些,以避开部分超市里的货架栏。另外,新标签的面积也比旧标签小了24%左右,意味着整个瓶子使用的塑料变得更少,更符合当前节能社会的环保要求。

(三)增值功能

包装设计是产品给消费者的第一印象,它承载着产品的文化理念,是打造品牌好感度的第一阶梯。好的产品包装可以融艺术性、知识性、趣味性和时代性于一体,提升商品的档次,满足消费者更高层次的心理诉求。

丹麦皇室御用牛奶品牌Arla的包装盒可谓"干货"满满,上面印着食品安全提示、食谱、短篇小说等内容,这无异于在卖牛奶的同时附赠一份有趣有用的日报,如

---

① 36氪:《百事可乐的新瓶子,变弯了》,https://36kr.com/p/1003381781991940,2020-12-09。

图9-47所示。包装盒摇身一变也成为产品,这一手段大大提高了用户对产品的好感与依赖。

图9-47　丹麦牛奶品牌Arla的包装设计

当前,人们的环保意识愈发强烈,消费观点也渐渐转向支持并购买可回收的以及由自然的环保材料制成的产品包装。2019年中国青年报社社会调查中心调查结果显示,53%的受访者表示,愿意为电商使用可再利用的环保包装支付一定费用。① 越来越多的品牌开始响应环保的号召并对产品包装进行相应的改动,让消费者看到一个负责任的良心企业的担当,这一举措无疑是对品牌形象的有力提升,能够助力品牌增值。

(四)联想功能

好的包装应该在传递美好理念和愿景的基础上,使消费者产生关于品牌的美好联想,继而加深对品牌的好感。

当前,许多国货品牌开始乘古典文化元素的"东风",越来越多的产品包装设计开始将中国文化和东方美学作为灵感来源,花西子品牌就是其中的代表。从外包装的苗家银器、景德镇白瓷、同心锁,到打开外盒看到的雕花口红和彩妆盘,花西子屡屡因为产品的精美包装和造型而"出圈",甚至火到国外。以花西子的同心锁口红为例(见图9-48左),它的包装以中国古代锁头造型为灵感,外观十分精致。白瓷口红同样如此,品牌方认为陶瓷寓意"China",非常有中国特色,于是专门找到景德镇一家陶瓷工厂制作口红外壳(见图9-49右),这家工厂还是爱马仕的合作工厂之一。

2020年,为献礼故宫600周年,毛戈平彩妆品牌与故宫联手打造了一系列文创彩妆,每一款包装都是近乎完美的艺术品(见图9-49)。毛戈平品牌在充分考虑产品特性的基础上,把故宫古典的文化元素融入产品包装设计,将自己的独特、高级审美发挥到极致:外盒灵感来自太和殿及藏品中的松、鹤形象,鎏金复刻纹理细致地呈现了生动的艺术效果;"跃龙点韵"系列唇膏包装顶部雕琢有瑰丽的蟠龙元素,膏体以国色红为基调,并满铺经典的蟠龙形象花纹,打造龙身缠绕金柱的视觉体验。② 该联名系列彩妆艺

---

① 中国新闻网:《电商使用可再利用的环保包装支付一定费用》,https://www.chinanews.com.cn/sh/2019/12-24/9041491.shtml,2019-12-24。
② 搜狐网:《国货毛戈平的故宫彩妆系列包装设计,堪称艺术品!》,https://www.sohu.com/a/387129590_183589,2020-04-11。

图 9-48　花西子品牌的同心锁口红和白瓷口红

术感十足,消费者在消费产品的同时,也能深度体验博大精深的中华文明,感受故宫文化带给现代人的视觉和精神冲击,品牌以联名包装设计为切入口,与消费者建立情感上的联动。

图 9-49　毛戈平×故宫联名彩妆系列

二、产品包装的原则

(一)实用性原则:延长品牌传播的生命线

品牌包装要明确其使用价值和功能。首先,企业应根据产品的不同性质和特点,合理地选用包装材料和包装技术,确保产品不损坏、不变质;其次,企业要合理设计包装,使其便于运输;最后,企业要尽量使用符合环保标准的包装材料。同时,企业还应思考一个核心问题——如何才能延长品牌传播的生命线?拓展产品包装的使用场景是非常重要的一个思路,而这个逻辑的背后,依旧离不开对使用价值和功能的追逐。

每年的冬日,饮品往往进入一年销售的淡季,而国内红酒品牌醉鹅娘在寒冷的冬天为消费者送来了关怀和温暖——"小绒鹿"自热罐红酒(见图 9-50)。这款产品的包装在常温(20~25℃)情况下使用,可达到 50℃左右的温度,酒液借助内胆装置可以瞬间升温。消费者只需简单地按压、摇晃瓶身,再等待1～3分钟,就可以在寒冷的冬日拥有一杯芳香四溢的热红酒,既可以品尝美味的饮品,又可以拿来取暖。醉鹅娘这一次的包装设计打破了季节场景对产品销售的限制,可谓暖胃、暖手又暖心。

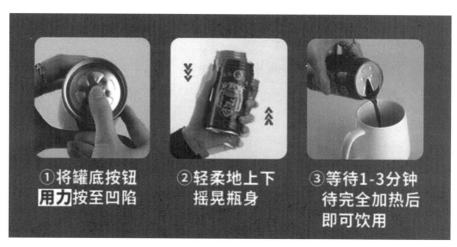

图 9-50　醉鹅娘"小绒鹿"自热罐红酒使用说明

一些品牌在设计产品包装时,还赋予了其功能转化的特色:在产品未销售时,包装发挥着保护产品的基础功能,当消费者购买并将产品拆封后,其包装转变了自身的价值属性,开始变成具有某种功能的工具。这同样也是对包装使用场景的拓展,延长了产品的品牌传播的生命线。

(二)艺术性原则:凸显社交货币属性

美国营销界经典的"7秒定律"告诉我们,消费者会在7秒内决定是否购买某一产品,[①]而影响消费者购买决策的关键,无疑是商品包装给消费者带来的第一印象。因此,包装的艺术性不仅能够彰显品牌的品味,还能迎合当代消费者的高审美需求。尤其在社交媒体时代,好看又好玩的包装不仅是免费的广告牌,更自带社交货币属性,让人禁不住想在社交平台或日常交往中"晒"出来。

凉茶品牌王老吉于2022年春节期间推出了"百家姓"版本(见图9-51),除原本的"王老吉"外,消费者还可选择"李老吉""高老吉""欧阳老吉""诸葛老吉"等上百种姓氏的"老吉"罐子,这一创新举措瞬间把王老吉推上热搜,即使更换"新皮肤"后的凉茶单价涨了近2.5倍,也无法阻止销量的疯狂增长——新品一经上架,天猫平台王老吉旗舰店的月销量就突破了10万。[②] 而且,王老吉在2021年10月就已经对近百枚姓氏"老吉"商标完成了注册,让山寨产品无路可走。基于王老吉的个性化定制服务,"姓氏罐"为"吉文化"注入新的表达方式,实现了话题量和销量的双增长。

---

① 360个人图书馆网:《你每年追的流行色 其实是场营销"骗局"》,http://www.360doc.com/content/19/1215/20/33036820_879944714.shtml,2019-12-15。
② 新浪财经:《"白老吉"、"雷老吉"、"孔老吉"……王老吉新出"百家姓"版本,比普通罐贵2.5倍》,https://finance.sina.com.cn/wm/2022-01-06/doc-ikyamrmz3568957.shtml?cref=cj,2022-01-06。

图 9-51 王老吉"姓氏罐"包装

(三)经济性原则:提高产品竞争力

在符合营销策略的前提下,产品的包装设计应尽量降低包装成本。由于不同商品的特性及用途不同,所以企业在选择和设计产品外包装形式时要充分考虑产品的成本,包括材料成本、人工成本、加工成本等,尽量降低生产成本,从而提高产品的竞争力。

如今,越来越多的品牌意识到产品包装的重要性,但通常陷入"过度包装"的误区,这样既不环保,也会让消费者质疑"羊毛出在羊身上",进而对品牌产生"本末倒置"的印象。这类现象同样值得品牌方反思。

三、品牌包装设计策略

包装是产品品牌的消费理念、心理以及特性等内容在视觉端的集中体现,包装设计对于丰富和提升消费者的多感官体验至关重要,体现着品牌推广的决心和对消费者的承诺,助力品牌树立良好形象。一般来说,品牌常见的包装设计策略主要有以下几种。

(一)等级包装策略

等级包装策略是指将商品按照质量、价值等分类标准分成各种等级,不同等级采用不同的包装,使包装的风格与产品的质量和价值相称。由于消费者的经济收入、消费观念、审美水平等方面都存在差异,对包装的诉求等级也不同,因此,对产品包装进行等级区分,可以满足不同群体的诉求。比如,自用产品则可以选择经济实惠的包装,送礼产品则可以选择造型别致、高级的包装;图书有精装、平装之分,前者更具收藏、礼品价值,后者更实惠。这种策略能显示出产品的特点,易于形成系列化产品,便于消费者进行选择和购买,但包装设计成本较高。

(二)类似包装策略

类似包装策略是指企业生产经营的各种产品的包装都采用相同的图案、色彩等,从而让企业旗下的所有产品更有辨识度,更具统一感。这种策略不但可以节省包装设计成本,还能通过一系列格调统一的产品包装在消费者心中形成累积、强化效应,继而起到增大企业声势、提高企业声誉的目的。而且,新产品上市时采用企业统一包装,也可以利用企业已有声誉,迅速在市场上占有一席之地。但其弊端在于,如果某一个或几个产品出了问题,会影响到品牌旗下的其他产品。

需要注意的是,类似包装策略适用于质量和水平相当的产品。若对质量等级完全不同的产品不进行包装的区分,则会对高档次优质产品产生不利影响。

(三)可循环包装策略

可循环包装,可以从以下两方面进行理解:一种是指包装的环保性,这种包装采用可回收利用或可再生材料制成,符合绿色社会发展的要求;另一种是指包装的再利用价值,包装在发挥安全运输产品的功能后还有其他用途,比如各大商超的布艺购物袋,不仅可供人们循环使用,上面印着的企业标识还持续发挥着宣传作用,再如,金属的曲奇饼干盒可持续发挥收纳、贮存功用,又如,某品牌生产的跳棋在棋盒上印上棋盘格,包装不再仅仅是装棋子的容器。

(四)差异包装策略

差异包装策略可以从以下三个角度来理解。

1. 产品性能差异化策略

企业的各种产品都有独特的包装,在设计上采用不同的风格、色调和材料。比如在同类品牌中找出自己产品所具有的独特性作为创意设计的重点,在包装设计上突出这一点,让消费者一眼就能识别出该品牌。

同品牌的洗发水往往是通过不同颜色的包装区分其主打功效,以品牌卡诗为例,其旗下的绚亮恒护洗发水,利用高饱和度的红色包装,凸显该系列产品在延缓褪色、增加光泽方面的功效;黑钻鱼子酱洗发水,以神秘、沉稳的黑色包装凸显产品原料的珍贵稀缺,打造品牌的高端感;菁纯润泽洗发水,以包装的金黄色来隐喻产品蕴含的植物油精华,表达该系列产品的润泽功效。

2. 产品容量差异化策略

即使同一种产品也可以根据产品的性质、消费者购买力大小和消费者使用、购买的习惯,按产品的重量、分量、数量设计多种不同大小的包装,以便于购买,促进销售。例如,瑞士出口美国的雀巢速溶咖啡,为适应一部分主妇每周购物一次的习惯,采用大号包装;为适应另一部分主妇每天购物的习惯,采用4盎司、2盎司的小包装,起到了很好的促销作用。

3. 变换包装策略

变换包装策略是在不改变产品质量的前提下,通过采用新材料、新工艺、新图案、新形状的包装来促进产品销售。特别是老产品对旧包装的推陈出新可以给消费者耳目一新的感觉。同时,企业在产品市场寿命周期的不同阶段,也应更换不同的包装式样,以达到提高产品销售量的目的。

现在各大品牌都喜欢做跨界/联名包装,这同样是变换包装策略的典型手段。在这方面，Evian(依云)矿泉水可谓无出其右。为了延续自己一贯的高端定位，依云十几年来一直保持与知名时尚设计大师的合作传统，每年都与各大奢牌、潮牌联手推出限量版纪念瓶(见图9-52)。2014年，依云携手黎巴嫩高级定制服装设计品牌ELIE SAAB推出联名设计瓶；2015年，为了庆祝由王大仁创立的纽约时尚品牌Alexander Wang成立10周年，依云以签名式的"条形码"标识作为印花烙印在玻璃瓶身之上。此外，三宅一生、Paul Smith、Courreges、Diane von Furstenberg、Kenzo、Off-white、Balmain等众多品牌都与依云进行过跨界联动。依云一直以来都很清楚自己的定位，正如其品牌全球总监Dawid Borowiec所说的："依云始终都在寻找具有前瞻性思维、秉承相同价值观的合作伙伴——愿意打破常规去发掘和尝试各种创新解决方案。"①通过与具备强大影响力品牌的合作，依云的高端、奢华形象被不断强化，成为追求品质生活的精英人士的不二选择。

图 9-52　依云的联名包装系列

(五)组合包装策略

组合包装是指企业把互相有关联的多种商品纳入一个包装容器之内，同时出售。组合包装既可以为消费者购买、携带、使用和保管提供方便，又可以增加企业的产品销量。工具配套箱、家用药箱、化妆盒等，都经常采用组合包装策略。

(六)赠品包装策略

赠品包装策略是指企业在某商品的包装中附赠一些物品，从而引起消费者的购买兴趣，甚至还能调动消费者重复购买的意愿。如儿童玩具、糖果、方便面等商品包装中附赠连环画、认字卡片、集邮卡等，化妆品包装中附有赠券等。

最近几年"盲盒营销"开始走红。其实早在多年以前，干脆面领域就已经开始玩"盲盒"了——小浣熊的98世界杯卡、水浒卡，小当家的水浒卡以及魔法士火影卡，这些藏在干脆面包装袋里的小卡片是无数80后、90后的童年回忆。其中，统一品牌是业内最早尝试"面饼＋卡片"的赠品包装策略的。2000年前后，98版《水浒传》正在电视上热播，统一借势推出了"水浒卡"，邀请国画高手绘制卡片上的水浒英雄形象(见图9-53)，全系列共计114张卡——108个英雄和6大恶人。每包干脆面里的卡片都是随机的，

---

① 新浪网：《依云和BALMAIN跨界合作 联名打造限量款玻璃瓶》，http://fashion.sina.com.cn/l/2022-12-19/1717/doc-imxxfeiw3892629.shtml，2022-12-19。

拆出什么角色全凭运气,正如现在年轻人的"盲盒上瘾症"一样,在那个互联网尚不发达的年代,买干脆面、抽卡、集卡、互赠交换成了中小学生最喜爱的几项课余活动,无数消费者为了凑齐水浒卡成箱成箱地买干脆面。公开数据显示,统一干脆面销量最好的时候,一年能卖出 1.2 亿包,其中 95% 是年轻人买的,而这 95% 的年轻人当中,又有 95% 都是为了其中的卡片。①

图 9-53　统一干脆面包装袋中附赠的"水浒卡"

四、疫情期间全球商品包装的悄然变身

从 2011 年到 2021 年,全球包装市场增长了 7.1%,这一增长大部分来自中、印等国。城市化进程的不断加速促使更多消费者接纳现代化的生活方式,消费者对包装商品的需求也相应增长,同时全球范围内电子商务产业的扩张也进一步加速了这一需求。此外,许多市场驱动因素也都对全球包装行业产生重大影响。② 尤其在新冠疫情期间,消费者购物习惯的改变推动了宝库商品包装方式在内的供应链的变化。

(一)趋势一:电商包装需求激增

近几年,随着疫情的发展,杂货、医疗保健产品和电子商务运输的包装需求急剧上升,与此同时,工业、奢侈品和一些 B2B 运输包装的需求则开始下降。

全球消费者越来越倾向于改变疫情前的购物习惯,从而导致电子商务快递和其他

---

① 搜狐网:《90 后不愿忘记的集卡式干脆面,才是最早的"盲盒鼻祖"》,https://www.sohu.com/a/466374751_121088870,2021-05-14。

② 华谋咨询:《疫情改变全球包装业,未来四大趋势值得把握》,https://www.sohu.com/a/551713295_128794,2022-05-27。

送货上门服务发展势头强劲上升。这进一步促进了消费者接触更多的现代零售渠道,比如对跨境电商平台的使用。疫情期间,各地对新鲜食品的线上需求也在激增,比如美国 2021 年上半年间的新鲜食品在线销售额相比 2019 年增长超过 200%,肉类和蔬菜的销售额增长超过 400%。① 与之相随的是包装行业逐渐增加的压力。

随着电商产业的迅速发展,线下体验不再那么频繁,包装在品牌体验中所占份额更大,成为品牌与消费者沟通的关键工具之一。因为经济的不景气,消费者对于价格也愈发敏感,包装生产、加工商需要尽力赢得足够数量的订单以维持其工厂的运营。

(二)趋势二:对包装的安全卫生要求更高

自 2017 年以来,人们对可持续性事物的兴趣愈发浓厚,特别是包装行业,这一趋势在全球各地的法律法规、消费者态度、各大品牌的环保措施中均有所体现。在我国,吉林、海南等地从"限塑"到"禁塑"的新规施行,引发了全国的广泛热议和关注,产品包装向可持续方向转变成为大势所趋。麦肯锡公司展开的《包装的可持续性:全球消费者心中的想法》(*Inside of the Minds of Global Consumers*)报告调查了 10000 名消费者,发现绝大多数受访者表示愿意为可持续包装支付更多的费用,比例最高的是中国,86%的人愿意为食品服务业的可持续包装支付更多的费用。②

值得注意的是,随着疫情的发展和防疫工作的常态化,全球消费者对可持续性包装的需求开始稍稍让位于对包装的卫生和安全指标的考量,不过两者之间并不冲突,这也给品牌包装设计提出了更高的要求——既环保又卫生健康,还能安全运输货物。比如,越来越多的消费者对购买可降解包装食品感兴趣,因为这些食品声称或证明包装是在"无触摸"环境中生产的,更符合疫情期间消费者对高等级安全卫生产品的需求。

(三)趋势三:"孤独经济"时代的小而美包装

疫情之下,电子商务的蓬勃发展,进一步推动了商品包装尺寸的变化。众多小零售商开始转向分销配送,与之相配的是较小的包装和较小的包装设备,以适应仓库的后台。此外,像亚马逊、沃尔玛和塔吉特这样的大零售商也在缩小包装尺寸,来应对激增的仓储需求。

与此同时,单身时代的到来也促使商品包装向小而美的方向改变。《中国统计年鉴 2018》的数据显示,中国单身人口总数已达 2.49 亿,是总人口的 18%。③ 单身、独居成为家庭常态,撑起了"孤独经济学"。这并不是中国特有的现象,在全球范围内,单人家庭数量的增长速度都普遍超过了其他类型的家庭。越来越多的消费者倾向于更频繁、更少量地购买杂货,这一消费趋势也给商品包装的改变带来了新思路,量小、便携、易分享的迷你装成为关键手段之一。以食品包装为例,现在的消费者更喜欢小份的零食,这不仅有利于人们维持健康的生活方式,而且更易携带和储存,减少浪费。

---

① 华谋咨询:《疫情改变全球包装业,未来四大趋势值得把握》,https://www.sohu.com/a/551713295_128794,2022-05-27。
② 广东省采购与供应链协会:《正在被疫情改变的商品包装》,https://www.sohu.com/a/443835097_99911982,2021-01-11。
③ 新浪财经:《中国单身人口已达 2.49 亿 都不结婚娃谁生》,http://finance.sina.com.cn/test/2019-08-05/doc-ihytcitm7042896.shtml,2019-08-05。

从星巴克看品牌视觉识别系统设计[1]

提到咖啡,许多人脑海中出现的第一个词可能就是"星巴克",其品牌知名度可见一斑。哪怕与世界范围内的强势品牌相比,星巴克的视觉识别系统设计都属佼佼者,是无数品牌参考、学习的典型(见图 9-54)。

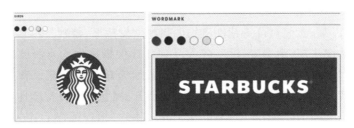

图 9-54 星巴克视觉识别系统设计

2019 年,星巴克首次对外发布了一套全新的品牌视觉识别系统指南[2],在保持品牌核心元素的基础上,充分迎合并满足了客户对创意表达的诉求。该指南分为理论、案例参考和核心元素拆分三个环节,其中核心元素拆分环节又包含 Logo、色彩、声音、字体、插图、照片五个板块。接下来,我们从以下四个核心要点出发,探讨星巴克的视觉识别系统设计精髓。

一、视觉识别的核心诉求:功能性和感染力

星巴克在品牌视觉识别系统设计中极力追求功能性和感染力的高度统一和谐,从菜单、制作物、食品包装到 Instagram 上的营销素材等,全都从这个诉求出发,并覆盖品牌应用的各种场景(见图 9-55),使品牌风格呈现高度一致性,强化大众对星巴克的品牌符号记忆。

二、善用颜色为品牌创造记忆点

颜色是品牌最容易给消费者留下记忆点的元素。星巴克设计团队以绿色作为锚点,将视觉风格加以延伸,树立鲜明的品牌形象。

创意总监 Ben Nelson 说:"从星巴克经典的美人鱼 logo 及店员的围裙出发,我们打造了属于星巴克的绿色世界。每一季,团队从新推出的饮品中提取灵感,挑选出流行色调,接着便展开、延伸出一系列的视觉设计,然而,这些都得回归星巴克最具代表性的颜色——Starbucks Green (pantone 3425)。"[3]

---

[1] 数英网:星巴克品牌 VI 系统指南,https://www.digitaling.com/articles/232308.html,2019-11-19。

[2] 数英网:《星巴克首度公开"品牌视觉识别系统设计",一览设计思维的 3 大重点》,https://www.digitaling.com/articles/232308.html,2019-11-19。

[3] 数英网:《星巴克首度公开"品牌视觉识别系统设计",一览设计思维的 3 大重点》,https://www.digitaling.com/articles/232308.html,2019-11-19。

图 9-55 星巴克点餐页面设计及产品包装设计

三、字体的易读性最重要,华丽次之

带有"文青"感的手写字是咖啡店的最爱,可是在阅读上却有不易辨识的缺点,因此星巴克选择了三种耐看易读的字体:Sodo Sans(见图 9-56)、Lander(见图 9-57)以及 Trade Gothic LT(见图 9-58)。

中规中矩的 Sodo Sans 是星巴克运用最为广泛的字体,常见于文案内容;Lander 是三者中唯一的衬线字体,主要用于表达情绪感染力的情境;而拥有利落轮廓的 Trade Gothic LT 则作为标题时使用。

图 9-56 Sodo Sans 字体   图 9-57 Lander 字体   图 9-58 Trade Gothic LT 字体

四、品牌核心要素之 logo

在短短四十年时间里,星巴克品牌标志经历了 4 次大的变动(见图 9-59),除了颜色的改变外,最大的变化就是不断在做"减法",变得一次比一次简洁。星巴克标志的变化,背后有什么故事呢?

图 9-59 星巴克品牌标志的四次改动

相信很多星巴克的忠实粉丝都知道，星巴克品牌标志形象的灵感源自一幅16世纪斯堪的纳维亚的双尾美人鱼木雕（版画）图案，品牌标志的主色调选择了与咖啡豆颜色一致的棕色，而品牌的名字则来自美国作家麦尔维尔小说《白鲸》中的人物——星巴克，他是一位处事极其冷静、极具性格魅力的大副，嗜好就是喝咖啡。人物、名称、意向都契合得恰到好处，1971年，"星巴克"的品牌标志由此诞生。

虽然星巴克最初的主色调——棕色能让人第一时间联想到咖啡，打造了鲜明的品牌印象，但是随着市场环境的变化，单纯买卖咖啡已难以为继，星巴克也不得不进行业务拓展，与咖啡品类较为接近的食品领域是品牌拓展的首选。为了拓展品牌联想，星巴克便将品牌标志的主色换成了让人感到新鲜、清爽的"星巴克绿"。此外，双尾海妖的图形也变得更加清晰、简洁，识别度更高。到了1992年，设计师压缩了标志中琐碎的空间，让图形边缘变得更加优雅、有规则，并放大了双尾海妖的上半部分，聚焦作为核心识别部分的双尾、长发及头顶的王冠和星。2011年，在品牌诞生40周年之际，星巴克全球创意团队携手Lippincott设计机构发布了品牌全新标志。新标志大胆去掉了标准字，保留并放大了图形符号部分，并将经典的品牌色扩展到整个标志当中。

至此，星巴克品牌标志的变化完成了从写实到写意的转变，也将化繁为简的设计思路表现得淋漓尽致。

优秀的品牌视觉识别系统设计能够将企业标志的基本要素有效地延展开来，形成企业固有的视觉形象，通过视觉符号设计传达经营者的理念、精神，有效地推广企业及其产品的知名度和形象。星巴克在其觉识别系统升级设计上强调视觉识别的功能性和感染力，无论是清晰贯穿整个品牌设计的标准色——星巴克绿，还是删繁就简的美人鱼logo，抑或清晰又有表现张力的字体……星巴克的品牌定位与品牌形象已渗透到每个设计细节，成就了星巴克品牌能够体现品牌核心竞争力的视觉识别系统。

课后思考题

1. 品牌命名的基本原则是什么？
2. 品牌色的选择需要综合考虑哪些因素？
3. 产品包装的设计需要遵循哪些基本原则？当前产品包装有哪些变化趋势？产品包装设计有哪些策略？

本章数字资源

第十章　整合品牌传播的品牌延伸

> **本章学习要点**
>
> 1. 品牌延伸的概念与类型。
> 2. 品牌延伸的优势与风险。
> 3. 品牌延伸的影响因素。

引例

在"财富增长"和"品牌价值维系"之间寻找平衡
——奢侈品的品牌延伸哲学①

奢侈品不仅是一种商品,也是一种稀缺资源的象征、一种社会身份标签,因此用"性价比"来要求奢侈品是不合适的,这种特质也注定了奢侈品品牌在经营过程中采用的策略,和大众消费品是有区别的。

截至2018年,全球奢侈品行业规模接近1.2万亿欧元,其中个人奢侈品(服装、箱包、手表首饰、彩妆香水)市场规模为2600亿欧元,复合增速达到了4%。中国是近十年来奢侈品消费增长最快的国家,2018年中国消费者贡献了33%的奢侈品消费金额,为世界第一。

一、奢侈品品牌价值的两大衡量指标:知名度和可得性

众多权威研究结果表明,品牌的梦想价值和知名度呈显著的正相关,而和品牌的可得性呈显著的负相关,因此,要提升品牌的梦想价值,就要扩大知晓品牌的人数和真正购买品牌的人数之间的差距。

该结论在奢侈品品牌的实际运营过程中被屡屡验证:很多品牌在短期利益驱动之下,进行了过多的授权,导致品牌产品泛滥、品牌过度曝光,品牌的普通化反而影响了品牌形象和长期盈利能力。Interbrand 发布的全球最具价值奢侈品牌 Top100 榜单中,上榜的奢侈品品牌中增值最快的 Chanel(香奈儿)

---

① 方正证券:《奢侈品行业研究框架:从产品体系、渠道和营销回顾奢侈品行业发展历程》,https://www.zhitongcaijing.com/content/detail/229672.html,2019-08-20。

和Hermès(爱马仕)等都是知名度非常高的品牌,这些品牌把商品的传播范围控制得较好。

二、品牌延伸方式:金字塔模式为主

奢侈品品牌在壮大的过程中通常都会进行品类的扩张。大多数奢侈品品牌都是由单一品类、单一品牌起家,在发展的过程中,为了适应市场需求及扩大市场占有率,品牌会逐步增加产品线,有的品牌甚至会根据品类和产品档次的不同设立不同的品牌线。例如LV(路易威登)是从皮具起家,Gucci(古驰)和Dior(迪奥)是从服饰起家,而现在,这些品牌基本覆盖了奢侈品的全部核心品类。

通常奢侈品品牌在进行延伸时会采取两种模式(见图10-1)。一种是金字塔模式,即品牌由上至下、由高端到低端设立不同产品及不同品牌副线,这也是多数品牌采用的方法。通常,金字塔顶端是最核心、价格最高的品类/品牌,知名度高但销量小,基本不盈利;金字塔底部是定价较低的产品,受众广、销量大。多数奢侈品品牌采取的战略是,对顶端的产品给予最高的营销投入、最大的曝光量以提升品牌整体的定位和档次,从而提升金字塔底部产品的定价能力与销量,进而实现盈利。第二种是星系模式,即围绕一个主品牌延伸出不同的子品牌,各子品牌根据不同用途、场合提供不同产品。使用该模式最典型的品牌是Ralph Laurens(拉夫劳伦),其Polo线主打休闲运动风格,紫标系列则满足消费者更正式场合的着装需求。

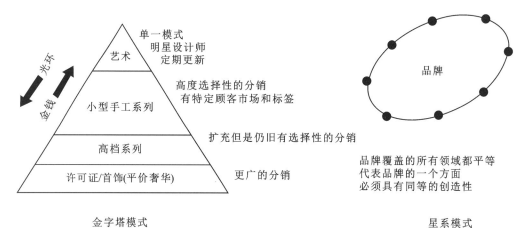

图10-1 奢侈品进行产品和品牌延伸的两种模式

以服装起家的Armani(阿玛尼)是典型的用金字塔模式进行品牌延伸的企业:处于金字塔顶端的是其高级定制服装品牌Armani Privé,虽然定价极高且客户极少,利润微薄,但品牌每年都参加国际时装周广泛宣传;往下是高级成衣品牌Giorgio Armani,产品售价也不菲;底部是时装品牌Armani Exchange,产品价格就显得非常亲民。Armani集团在开拓新市场的时候,通常都是让高端品牌Giorgio Armani先进入,当Amani的品牌形象逐渐稳定以后,才会让定位更大众化的Armani Exchange进入。

奢侈品品牌通常会设立入门款产品，让消费者对品牌有初步了解，以便消费者了解整个系列后买更贵的产品。由于新顾客对于品牌没有全面的认识，入门产品必须有鲜明的品牌特点，且相对容易获得。例如爱马仕的经典款包型Kelly和Birkin系列单价价格通常在10万左右，且通常需要购买足够额度的品牌其他产品才有经典款产品的购买资格，这也是爱马仕品牌为大众熟悉的"累计消费"销售策略。其入门款Evelyne和Herbag等价格则相对亲民很多，Herbag在造型上更是和经典款Kelly极其相似，非常有品牌辨识度（见图10-2）。

图10-2 爱马仕的入门款和经典款产品

三、品牌延伸趋势：发挥多品牌奢侈品集团的协同效应

当前，大部分奢侈品品牌都已经趋向于品牌集团化。大部分情况下，这是一个双赢的过程：对于品牌来说，其可以利用集团在原料供应、渠道扩展、财务、后台管理方面的资源；对于集团来说，它需要不同的品牌来丰富自己的品类、产品、形象矩阵，更多的品牌意味着更多的用户，能够改善公司盈利状况。此外，奢侈品行业热点通常变化极快，单一品牌很难做到每一季的产品都受欢迎，因此多品牌经营可以帮助集团降低业绩的波动性。

具体而言，品牌集团式延伸策略所产生的协同效应体现在以下三点。

一是品牌资源共享协同。各品牌可以通过共享资源来提升经营效率，比如产品的交叉供应及内部资源共享。奢侈品为了保持品牌的口碑和品质，核心品类的生产必须由自己掌控，非核心品类则可以由外部供应商供给，因此同一个集团内擅长某一品类的品牌可以交叉供应其他品牌。例如在Kering集团内，Sergio Rossi（塞乔·罗西）向YSL（圣罗兰）供给鞋子；Gucci向YSL供应皮具，向YSL、Boucheron（宝诗龙）供应手表；YSL Beaute向Boucheron、Stella McCartney（斯特拉·麦卡特尼）和Alexander McQueen（亚历山大麦昆）供应化妆品。此外，集团内的仓储、物流及外部合作商等资源也可以共享。

二是渠道拓展方面的协同。对于一些非头部品牌而言，进入新的市场，想获得优质区位的门店是有难度的（尤其在自营模式下），但可以依靠集团内明星品牌的溢价优势来和渠道商谈判。例如历峰集团下的一些珠宝、钟表品牌的渠道拓展受到了 Cartier（卡地亚）品牌的帮助，LV 品牌对于 LVMH 集团旗下其他品牌的渠道拓展也有正向效应。

三是品牌管理战略协同。成功品牌的经验可以复制，如 20 世纪 90 年代末的 YSL 面临授权许可泛滥、品牌走下坡路的局面，后来 Kering 公司收购 YSL 后，采用之前重振旗下 Gucci 品牌相似的战略来重振 YSL 品牌（见表 10-1），仅短短两年，YSL 品牌的收入就从 9000 万欧元增长到 1.5 亿欧元。

表 10-1　Kering 集团利用重振 Gucci 的经验来重振 YSL 品牌

措施	Gucci	Yves Saint Laurent
加强产品的设计和质量把控	1996 年开始，Gucci 终止或是买回了成衣、鞋和珠宝等产品的 100 项品牌授权，将产品线从 2.2 万个减少到 7 千个，并把产品的生产集中到 45 个当地制造商（并以合伙人的形式和制造商合作以绑定双方利益提升产品质量）。品牌授权费的收入占比从 1994 年的 9.7% 降低到 1999 年的 2.5%	2000 年终止了超过 100 项授权（当时授权许可达 167 项），并购回了重要品类的授权（女士成衣和珠宝等）；收购了 3 个授权合作的工厂；2003 年授权许可的数量减少到 6 项
加强对渠道的掌控度	1996 年开始，Gucci 开始收购经销商门店，自营店的数量占比由 1996 年的 38%（69/180，不含免税店）提升到 2000 年的 71%（131/184）	自营店数量从 2000 年 1 月的 15 家增加到 2004 年 1 月的 58 家，自营店贡献的收入从 2000 年的 32% 提升到 2003 年的 61%
培育新的核心品类	1996 年时成衣销售占比仅为 8.6%，公司购回女士成衣的品牌授权后，在 Tom Ford 的带领下 1999 年成衣占比提升至 14.6%，盈利能力大幅改善；皮具收入占比从 1996 年的 60% 降至 1999 年的 40%	借助集团的资源，新增了 YSL 品牌的配饰、钟表和眼镜（授权）等品类；配饰的收入占比由 2001 年的 10% 提升至 2003 年的 32%
加大品牌营销	加大营销投放预算，将营销费率目标维持在 7～7.5%（1993 年时费率仅为 3%）	2001 年开始加大营销投放预算
改善购物体验	对门店制定了新的主题，并对全球旗舰店进行了改造	升级了旧的门店；并由 Tom Ford 和建筑师 William Sofield 为 2001 年后新开门店设计门店概念
设计师	1994 年开始 Tom Ford 担任成衣系列设计师	2000 年开始 Tom Ford 担任所有品类设计师

资料来源：International Journal of Retail & Distribution Management，公司公告，方正证券研究所。

奢侈品品牌的价值来自优质的商品和服务、广泛的品牌知名度与适当的稀缺性。全世界的奢侈品品牌中，90%以上都进行了品牌延伸，其中仅有10%左右是幸存者。品牌延伸虽然能实现资源共享，节约费用支出，丰富产品矩阵，然而若控制不好也会弱化母品牌的个性，对品牌发展带来伤害。

回顾各大奢侈品品牌的延伸历程可以发现，成功的品牌延伸对从产品设计生产到销售、宣传的各环节都进行了强掌控，品牌不能因对业绩的过分追求导致产品泛滥、品牌形象下滑，在财富增长和产品稀缺性之间需要维持一定平衡，在品牌延伸时要对品牌信誉进行严格维护。

品牌延伸是整合品牌传播的重要战略之一，在国内外的品牌实践过程中都得到了广泛应用。品牌延伸策略运用的正确与否，在很大程度上关乎企业的经营成败。全面了解、分析品牌延伸的原理、可能性和必要性，对于这一战略的正确实施，对于最大限度地降低企业的经营风险具有十分重要的意义。

第一节　品牌延伸的内涵

品牌延伸问题的相关研究起源于 20 世纪 70 年代末的西方国家。彼时，随着市场竞争的加剧，产品更新换代不断加速，广告费用不断增加，新产品的开发门槛和成本投入也水涨船高，进入市场的风险越来越大。与此同时，产品同质化现象愈发严重，企业发展急需产品创新机制的建立。因此，许多公司在开发、推广新产品时往往借助公司的名气和已有品牌或产品的市场优势，这类品牌延伸现象得到了学界的关注。1979 年，Tauber 发表了著名的学术论文《品牌授权延伸，新产品得益于老品牌》，首次系统地提出了品牌延伸的理论问题。[①] 国外的研究热潮也渐渐影响了我国，国内学者于 20 世纪 90 年代中期开启了品牌延伸问题的研究。

一、品牌延伸的概念

品牌延伸（brand extension）是指企业借助消费者对品牌已有的联想，在原有产品类别的基础上，跨越原有产品线，开发新的相关或完全不相关的产品，以便缩短新产品被消费者接受的时间，减少新产品进入市场的投资和风险，以更少的营销成本获得更大的市场回报。

在品牌延伸过程中，首先使用某品牌的产品被称为"母品牌商品"，利用母品牌进行品牌延伸的新产品则被称作"子品牌商品"，消费者最容易由某品牌产生联想的商品被称作"旗舰品牌商品"。例如，当人们提到格力品牌，首先就会想到空调，因为格力正是靠制造台窗式空调起家的，空调也一直是该品牌的当家产品。因此，格力空调即是母品牌商品，同样也是旗舰品牌商品。

---

① 薛可、余明阳：《品牌延伸：资产价值转移与理论模型创建》，《南开管理评论》，2003 年第 3 期。

品牌延伸理论的重要贡献者之一——戴维·阿克曾选择一批业绩优秀的消费品公司进行研究,发现其中有95%的公司采用了品牌延伸策略将新产品推进市场。Nielsen公司曾对1977—1984年进入超市的新产品进行调研,发现其中有40%的新产品进入市场也是依靠品牌延伸策略。①

二、品牌延伸的相似概念辨析

很多企业在发展到一定阶段后便会面临品牌架构的问题。比如新推出的品牌与老品牌之间采取何种架构来共同面对消费者,老品牌拓展新品类时如何进行品牌延伸,如何处理主副品牌、母子品牌之间的关系,以使企业版图得到有效延伸,使品牌理念有效传达,进而抢占细分市场,获得利益最大化,都是企业需要思考的问题。

在学界和业界,经常会有人将母子品牌和主副品牌混用,甚至认为两者是同一概念,这种认知是错误的。它们在概念、导向和内容等方面均有显著差异,需要进行严格区分。

(一)母子品牌

母品牌一般是指公司品牌或者集团公司品牌;子品牌则是归属于公司或集团公司所有的业务或产品品牌,以满足客户分化升级的需求。母子品牌代表着资产隶属关系,子品牌被母品牌拥有。一般而言,消费者购买子品牌的产品并非因为母品牌,母品牌在影响消费者购买决策方面的作用不甚明显。比如宝洁是母品牌,玉兰油、汰渍、潘婷、佳洁士是它的子品牌;可口可乐是母品牌,雪碧、芬达、美汁源、纯悦是它的子品牌;通用是母品牌,凯迪拉克、别克、雪佛兰是它的子品牌;海尔是母品牌,卡萨帝、统帅、AQUA是它的子品牌。

(二)主副品牌

主品牌是市场中能影响消费者购买决策的品牌;副品牌是对主品牌的价值识别进行补充和调整的品牌,它一般会和主品牌同时出现,这也是判断主副品牌重要的依据之一。企业在生产多种产品的情况下,给其所有产品冠以统一品牌(主品牌)的同时,再根据每种产品的不同特征给其取上一个恰如其分的名称(副品牌)。

比如海尔是主品牌,"海尔美高美"是海尔旗下彩电品类的副品牌,"海尔小神童"是洗衣机品类的副品牌,"海尔小王子"是冰箱品类的副品牌。消费者购买美高美、小神童、小王子,主要是因为它们处于"海尔"这一名牌的影响力之中,因此可以看出,主品牌才是驱动消费者购买决策的因素。

再如,SONY是主品牌,它在笔记本领域的副品牌叫作VAIO,卡片机副品牌叫Cyber shot,游戏机副品牌是Play station,电视副品牌叫BRAVIA。

(三)母子品牌、主副品牌关系辨析

综上所述,子品牌和副品牌都对新品牌发展起到一定程度的促进作用。母子品牌反映品牌的归属关系,母品牌代表着持有人,旗下的子品牌拥有不同的品牌定位,同样,

---

① 薛可、余明阳:《品牌延伸:资产价值转移与理论模型创建》,《南开管理评论》,2003年第3期。

子品牌在进行品牌宣传和推广时应突出自身的独特定位。主副品牌反映品牌的影响，主品牌代表着高价值，副品牌在进行品牌宣传时也应将重点放在凸显主品牌上。

以广汽集团为例，广汽是传祺、中兴、吉奥、本田、丰田等子品牌的母品牌，但是广汽仅仅是提供信誉担保的背书品牌却并不是主品牌，这些子品牌才是在各自领域扮演驱动者角色的主品牌，各个主品牌还发展出一系列副品牌来强化对目标市场的驱动作用，比如主品牌本田旗下有讴歌、理念等副品牌，主品牌菲克旗下有菲亚特、菲克 JEEP 等副品牌（见图 10-3）。

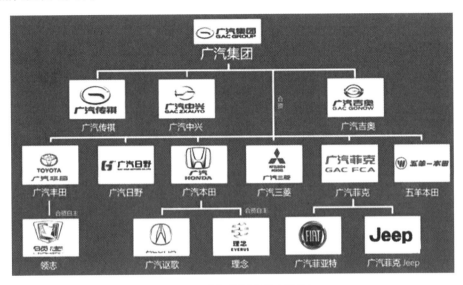

图 10-3　广汽集团品牌架构图

有时，品牌兼具母品牌与主品牌的双重角色。如作为母品牌的 Forte hotels 通过主副品牌的架构来响应不同的细分市场，Forte travellodge 针对路边方便旅店，Forte posthouse 针对大众旅店，Forte crest 针对高品质商务酒店，Forte grand 针对高级国际酒店，在这些细分市场 Forte 都是做为主品牌而存在的。

拓展阅读

品牌延伸策略 PK：母子品牌还是主副品牌？[①]

2005 年，蒙牛旗下特仑苏横空出世，开创了国内高端牛奶的先河。一年后，伊利也隆重推出旗下高端牛奶——金典（见图 10-4）。2007 年，两大品牌的市场 PK 战绩出炉：特仑苏在高端牛奶市场占据 60% 的份额，而金典所占份额不足特仑苏的四分之一。

为什么会有这么大的落差？我们或许可以从两个品牌的延伸策略中寻找答案。

特仑苏刚上市时，很多消费者不知道它是蒙牛家的高端线，因为在特仑苏的所有推广中，都在尽力淡化与蒙牛的联系，甚至在广告片中也绝口不提蒙

[①] 知乎：《品牌策略该选母子品牌还是主副品牌？》，https://zhuanlan.zhihu.com/p/388720043。

图 10-4　金典与特仑苏包装对比

牛,仅在片尾做了文字性提示,包装盒上也仅在侧面的最下方提到了蒙牛。换句话说,特仑苏是被蒙牛当作子品牌同时也是主品牌隆重推出的。

但金典就不同了,它是作为伊利的副品牌被推出的。在众多消费者心中,"伊利"和"蒙牛"一直是"平价牛奶"的形象和定位,因此,伊利推出的"金典"虽定位高端,但消费者并不买账,面对高于普通牛奶的定价,消费者心中不免打了个问号——"伊利凭什么卖那么贵"?平价的"出身"成为金典在消费者心中无法等同于"高端"的最大绊脚石。

后来,伊利调整了品牌延伸策略,金典摇身一变,从伊利的副品牌变成了独立的子品牌,从产品包装到品牌宣传全部实行子品牌的推广策略(见图10-5),之后金典终于扭转了在高端牛奶市场上的颓势。金典和特仑苏之争告诉我们,当主品牌不能为副品牌进行高端化赋能的时候,或许新品牌选择子品牌式延伸才能提升延伸产品的品牌调性。

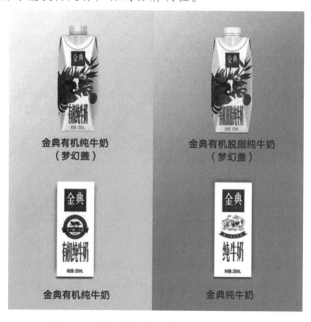

图 10-5　"变身"后的金典各系列牛奶包装

第二节 品牌延伸的类型

根据不同的分类标准,品牌延伸可以分为不同的类型。本章将从品牌延伸的产业领域、产品档次、品牌架构模式和品牌延伸产品所属的企业范围等四种分类标准出发,为大家介绍不同的品牌延伸类型。

一、品牌延伸的产业领域

依据这一分类标准,品牌专家科普菲尔将品牌延伸分为相关延伸和间断延伸。

(一)相关延伸

相关延伸是指企业将原有品牌延伸使用到企业所开发的在生产技术、工艺上具有共通性,或产品属于同一产业领域的其他产品身上。例如,海尔在成功开发冰箱后,又将该品牌运用到洗衣机、空调、微波炉、电视机等诸多产品上,它们都属于家用电器领域;佳能开发出照相机后,又借助相同的光学技术,将品牌延伸至复印机、打印机、数码相机等产品领域。这些延伸的产品与既有品牌产品属于同一个产业领域,相关性较强,因此延伸风险也相对较小。

(二)间断延伸

间断延伸是与相关延伸完全相反的延伸类型,是指品牌延伸商品与既有品牌的产品在生产技术工艺上没有共通性,或不属于同一产业领域。例如,高端会员超市山姆品牌延伸的产品覆盖整个日常消费品领域,这些产品横跨几乎所有的产业;华为公司也已跨界到新能源汽车领域。

但是这种延伸方式风险较大,以法国著名时装品牌皮尔·卡丹为例,自 20 世纪 60 年代起,该品牌开始将产品线延伸至香水和化妆品领域,因新产品的品类与核心产品(服装)在性质上较为接近,品牌延伸大获成功。此后,皮尔·卡丹开始大范围贩卖自己的品牌许可证。《纽约时报》2002 年的一篇新闻中报道,有 800 多种带有皮尔·卡丹名字的产品在 140 多个国家和地区销售,品牌年收入达 10 亿美元。虽然商标授权模式为皮尔·卡丹创造了丰厚的利润,但副作用同样影响深远。比如在中国市场,由于大量采取授权模式,皮尔·卡丹的质量难以保障,价格定位混乱,产品延伸的领域之间关联性低,导致品牌管理失控,品牌价值严重稀释,品牌的高端形象受损。同时,部分非法造假者看中"商机",开始大量生产销售山寨产品,一度导致冒牌现象屡禁不止[1]。

二、品牌延伸的产品档次

根据这一分类标准,品牌延伸可以分为向下延伸、向上延伸和双向延伸三种。

---

[1] 第一财经:《皮尔·卡丹去世:10 亿美元授权生意,中国市场的得与失》,https://www.yicai.com/news/100897772.html,2020-12-31。

（一）向下延伸

向下延伸也叫品牌低档化策略，是指既有品牌产品定位高档，在品牌延伸过程中推出中低档产品系列。一般而言，相较于向上延伸，品牌向下延伸因营销成本低廉、操作简单，更容易成功，因此受到许多企业的青睐。

奢侈品产业的发展经历了从绝对的高端化到逐渐平民化的过程。奢侈品品牌最初集中于少量品类，面向的消费人群比例较小；但在全球化过程中，其品类逐步扩大，覆盖的消费人群在不断扩大。例如，以Dior（迪奥）为代表的一批法国奢侈品品牌最早以高级定制时装起家，后来品牌版图开始逐渐向全球扩展，进入美国市场后，品牌发现高定时装的市场需求并不大，还要面临来自美国本土对手的竞争。面对这一情形，品牌开始向下延伸，推出了相对大众化的高级成衣系列，并渐渐使其成为品牌的核心品类。到了20世纪八九十年代，随着亚洲市场的兴起，不少品牌以授权许可的方式跨国经营，产品线开始延伸至手帕、太阳镜和配饰等单价较低的非核心品类，品牌的客户群体继续扩大。发展到现在，许多奢侈品品牌形成了金字塔式的产品结构和营销模式——金字塔顶端的产品知名度高但销量小、盈利少，然而品牌依然会给予其最高的营销投入、最大的曝光量以提升品牌整体的定位和档次，进而将品牌的溢价效应转移至金字塔底部的、定价相对较低的产品，而后者往往是品牌的主要利润来源。

但是应该看到，向下延伸也有较大风险，将强势品牌名冠于延伸产品上，如果两者在质量、档次上相差悬殊，不仅可能损害延伸产品，还会"株连"既有品牌。比如，号称钢笔之王的"派克"钢笔素以高档著称。1982年，派克展开了对低档钢笔市场的争夺，开始生产经营每支3美元以下的大众化钢笔，结果，派克不仅没有顺利打入低档笔市场，反而让其高端形象和美名受到损害，以至于被对手克罗斯公司乘虚而入，其高档笔市场销量只及克罗斯公司的一半。

相反，如果向下延伸的产品与既有品牌产品在质量、档次上没有明显差别，以至于被消费者认为两者可以相互替代，也会对既有品牌造成强烈冲击。国内某定位中高端的苦荞茶在品牌营销成功后，意欲向下延伸至需求量同样庞大的低端市场，在宣传新产品的时候突出其高贵出身和高品质，与此同时又兼具低价格。但是，苦荞茶由于其天然的产品属性，很难做到在产品档次有较大差异，且品牌在宣传时并未突出两种产品的差别，没有在消费者心中形成显著区隔，所以许多消费者转而去购买其低端产品，高端产品市场销量下滑严重。

（二）向上延伸

与向下延伸相反，向上延伸是指既有品牌产品定位于中低档，在品牌延伸过程中推出较为高档的产品。例如20世纪80年代末，在国内冰箱价格战打得火热时，琴岛-利勃海尔（海尔前身）为创造品牌价值与提升形象反其道而行之，不仅创新技术手段，上市更为高级的冰箱，还冒着经营失败的风险将全部产品提价10%，以强调品牌"高质量、高档次"的定位，这一营销策略取得了巨大成功，不仅帮助品牌筛选出属于自己的目标市场，也进一步创造了品牌价值，提升了品牌形象，强化了消费者的品牌忠诚度。

不过一般来说，品牌向上延伸的难度更大，成本更高昂，且很难扭转消费者对既有品牌早已形成的固有看法。

以德国大众为例,2002年,大众高调推出一款豪华版轿车——辉腾(见图10-6),该车配备多项行业领先工艺,包括无级可调的空气悬架、车内四区域无气流空调、全天候每小时300千米的速度巡航、车身抗扭转刚性每度37000牛·米的硬性要求等,且售价不菲,对标奔驰S级、宝马7系、奥迪A8等豪车。这台打着大众标志的百万级豪车可谓"低调奢华有内涵",一经上市就引发强烈轰动。但高关注度并未转化成高销量,辉腾自上市以来从未完成过销售目标,年销量甚至不足同档豪车奔驰S级的十分之一。2016年9月,辉腾正式宣布停产。据统计,辉腾给大众集团带来了约20亿欧元的巨额亏损。①

图10-6　大众辉腾车身外观

究其原因,辉腾是作为"大众"这一主品牌的副品牌推出的,因此也顺理成章继承了大众的"平民"形象,即使定位高端,也根本无法扭转消费者心中根深蒂固的品牌印象。相比于奔驰S、宝马7系、奥迪A8L拥有的牢固的品牌竞争力,辉腾虽在最初以"大众的高端系列"赚足噱头,但终究无法占领消费者心智,因为消费者始终不认可平民轿车品牌推出的所谓"豪车",很容易会出现"有钱的看不上,看上的买不起"的尴尬情况,最终导致大众在品牌延伸战略上的失败。正所谓"以己之短攻人之长",辉腾走向没落,看似偶然,实则必然。

(三)双向延伸

双向延伸是指延伸产品向既有品牌产品线的上下档次分别进行延伸,一方面增加高档产品,另一方面增加低档产品。

丰田在这方面就做得较好,它在其中档产品花冠的基础上,向上延伸出了豪华产品凌志(后改名为雷克萨斯)、高档产品佳美,向下延伸出了低档产品小明星。其中,凌志的目标消费者是企业的高管,佳美的目标是企业的中层经理,花冠的目标是企业的基层经理,而小明星吸引的则是手里资金不充裕的首次购买者。

---

① 界面新闻:《低调奢华神车辉腾为何停产走向灭亡?》,https://m.jiemian.com/article/1588243_qq.html,2017-9-13。

三、品牌延伸的品牌架构模式

（一）单一品牌延伸

单一品牌延伸是指由既有品牌产品延伸出的所有产品共用一个品牌名。比如统一品牌在方便面这一产品的基础上不断进行延伸，生产的产品包括奶粉、汽水、纯净水、茶饮料、果汁、酱油等，这些产品都共用"统一"的品牌名。娃哈哈也是采用这种策略，旗下的饮用水、八宝粥、奶粉等产品都以"娃哈哈"来命名。

这种品牌延伸方式的优点是可以节约大量宣传费用，增强品牌影响力，彰显品牌实力；缺点是消费者不易识别产品，而且只要其中一个产品出现问题，将会"殃及池鱼"，产生负面连锁反应。

（二）多品牌延伸

多品牌延伸是指企业利用自己的既有品牌，延伸并发展出更多品牌，并且这些品牌之间既相互独立又互有关联。

以宝洁公司为例，它旗下的品牌有3000多个，在这个庞大的品牌体系中，宝洁并没有成为任何一个产品的商标，而是作为出品公司对所有品牌起到品质保证的作用。宝洁经营的多品牌战略不是把一种产品简单地贴上几种商标，而是追求同类产品不同品牌之间在功能、包装、宣传等方面的差异，从而形成每个品牌的鲜明个性。多品牌延伸战略的实施，使宝洁公司在消费者心中树立起强大的品牌形象。

（三）主副品牌延伸

主副品牌延伸是指用一个成功品牌作为主品牌，涵盖企业生产制造的系列产品，同时给不同系列的产品分别命名，使其作为副品牌面向不同的细分市场，如此以主品牌展示系列产品社会影响力，以副品牌凸显各系列产品不同的个性形象。

主品牌是全部产品的标识，它不可能把每种产品的个性都充分展示出来，而副品牌正好可以弥补其不足，可以直观、形象地表达产品的特色、功能和利益点。因此，主品牌和副品牌要配合使用，前者可使企业的形象统一化，后者可以凸显产品个性，二者相互补充，相得益彰，使企业的品牌更丰富实在，更富有主体感，也更易于沟通传播。

比如，国际著名服饰品牌 Giorgio Armani 旗下包括13个服装品牌系列，有低价位的 Emporio Armani 和运动系列 A/X Armani Exchange，同时还包括主打牛仔服的 Armani Jeans 以及专注内衣的 Armani Underwear 等。

四、品牌延伸产品所属的企业范围

按照这一分类标准，品牌延伸可以分为在品牌所属企业内部的延伸和特许经营式的品牌延伸两种。

相较于前者，特许经营式的品牌延伸是其他公司通过购买某一品牌的特许权，以使自己的产品拥有该品牌的标识。运用这种方法，企业可以以较少的资金及管理投入获得较大的利润。

以华特迪士尼公司（DISNEY）为例，作为久负盛名的文化IP，其特许权授予的公司遍布世界各地，授权产品也几乎横跨所有的产业，全球的消费者都能在衬衫、鞋子、睡衣、床单、玩具、书籍、唱片、珠宝、家具、学习用具、食品等众多商品品类上看到迪士尼公司的名字、造型、人物等。在2019中国·北京国际版权授权大会上，美国电影协会大中华区总裁冯伟提到，迪士尼公司利用自己多年积累的无数经典IP进行授权，仅在媒体业务板块就获得了41%的收入，[①]可见其在商品授权这一开发与变现渠道的收入十分可观。

第三节　品牌延伸与品牌定位的关系

品牌延伸涉及原有品牌的定位变化、消费者对不同种类产品的接受能力以及品牌资产的变化等一系列复杂的因素，在实践中成功和失败的例子比比皆是。

品牌定位和品牌延伸同属增加品牌资产的重要战略手段，两者在增加品牌资产方面的有效性、差异性也一直是学界和业界的争议焦点。尤其是品牌定位理论的关键原则之一——"聚焦"在某种程度上对品牌延伸理念持排斥态度。所以，构建强势品牌到底是坚持品牌定位，还是需要进行品牌延伸？

接下来，我们先分别对两者在品牌资产增值过程中发挥的作用进行分析，探究两者的区别，在此基础上进行两者关系的讨论，讨论品牌如何通过两种战略手段的有机组合、合理运用，达到品牌增值的目的。

一、品牌定位的优势与风险

品牌定位是指品牌通过建立消费者对品牌清晰、独特、积极的联想，在消费者心中占据一个有利的地位，这个地位一旦确定下来，就会使消费者在需要解决某种特定消费问题时，首先考虑某一品牌的产品。很多品牌会在消费者心中激起某些独特的联想，是消费者制定品牌购买决策、与品牌建立关系的基础。消费者通过广告、亲身体验、口碑传播等途径接触品牌后，形成的品牌记忆和认同会在某种刺激下被激活，这就是品牌联想。而品牌联想产生的前提是消费者对品牌信息有记忆、有认同感。品牌定位就是企业通过对品牌信息的系统、持续、差异化传播，力争在消费者的脑海里产生记忆和认同感。

在第四章关于"品牌定位"的内容中我们也提到，品牌为了确定一个正确的定位，需要进行以下准备工作——进行市场细分，选择目标市场，辨析品牌与竞争对手的异同点。品牌通过努力寻找品牌自身的优势和该品牌与其他品牌的区别，寻找消费者未被满足的需求，为品牌在消费者的头脑中培养认同、制造差异提供依据。尤其在当今信息爆炸的时代，面对心智容量有限的消费者，品牌定位战略能快速引起消费者的注意并让他们牢记，实现"一击即中"。

[①] 知乎：《迪士尼公司是如何开展版权授权的》，https://zhuanlan.zhihu.com/p/93845198，2019-10-24。

虽然通过品牌定位可以快速形成消费者的品牌联想,进而构建品牌与消费者之间的牢固关系,但是它也存在一定的局限性,具体体现在以下几点。

其一,品牌定位只是增加品牌资产概念中的消费者概念及其相关的因素,对财务因素和市场因素作用很小,品牌整体资产的增加不能完全靠品牌定位战略来实现,还需要品牌延伸战略的支持。

其二,由于品牌定位战略有明确的目标消费者,在锁定一类目标消费者的同时也意味着把其他类别的消费者排除在外。正所谓"有得必有失",为了持续积累品牌资产,企业需要以品牌延伸战略去覆盖其余的细分市场。

其三,定位理论的"聚焦"理论要求品牌在传播时不断地强调一个强有力的概念、属性,这种独一性的坚持也存在一定风险:整体品牌形象的树立将受到制约,当产品的属性被竞争对手模仿后,产品的优势会迅速削弱且没有后路;同时,由于对产品属性的塑造和宣传过于单一、聚焦,当企业欲借助该产品赢得的市场声誉进行产品线延伸时,便容易受到不同程度的限制,难以借势发展。

二、品牌延伸的优势与风险

品牌延伸同样是把双刃剑,在肯定它为企业带来竞争优势的同时,也不能忽略其不恰当的使用可能给企业造成的负面影响及经济损失。

(一)品牌延伸的优势

一般来说,经过精心论证、策划和实施的品牌延伸策略能为企业带来诸多竞争优势,我们将以下三个方面进行分析。

1. 减少新产品的上市风险

一般而言,既有品牌延伸的新产品在上市时面临的风险更小,这集中体现在两个方面。

(1)缩短新产品被消费者接受的时间

强势品牌之所以能够有巨大的消费市场并长盛不衰,关键是在长期的市场推广过程中,其产品功效、品牌价值等诸多方面经过广大消费者亲身验证,具备良好的产品体验、品牌认知和过硬的口碑。

此外,对于消费者而言,出于时间和精力成本的考量,他们在进行消费决策时往往也倾向于考虑较为成熟的品牌,而不愿意花更多的精力去了解、记忆一个新品牌。同样,由于消费者普遍存在认知风险,即害怕因为做出某种行为或改变而承担损失、受到身体或心理的伤害等,为了尽可能降低这些风险,人们常常会有一种与多数人的选择保持趋同或一致的行为或心理倾向,同样会做出一些熟悉的、常规的选择或行为,消费者选择熟悉的品牌或进行回购则是这种心理的集中体现。

由此,出于减少精力成本并尽量规避购买风险等原因,消费者面对熟悉品牌的时候也会有较少的犹豫,有知名品牌背书的新产品则具备了这种天然优势,可以将消费者对已有品牌的信赖感轻松转移到自己身上,被消费者快速地接受。

(2)减少新产品的上市成本

强势品牌的商品在进行市场开拓和推广过程中,往往耗费相当大的时间、精力、财力成本在产品开发以及对销售渠道的拓展、建立和维护等工作上。利用品牌延伸,就相当于既有品牌已经为延伸产品铺好了路,后者可以利用前者的几乎所有资源,如品牌的视觉符号、包装,品牌传播各个环节形成的关系、声誉和规模效应等,以减少新产品上市的资金投入。尤其在延伸产品与既有品牌产品同属某一产品大类的情况下,品牌延伸策略发挥的效果往往更好。

2. 满足更多细分市场的需求

随着买方市场逐渐形成,消费者的需求和喜好也越来越多元。即使是同一个消费者,对品牌商品的偏好也会发生变化。因此,在同一产品大类里向消费者提供更多的具有差异性的产品,可以在更大的程度上满足消费者的不同需求。此外,为了有效展开市场竞争,企业也有必要开发多种延伸品牌的产品,以避免消费者的消费兴趣点发生变化时转而选择竞争对手的产品。

宝洁公司就是如此。其旗下产品已进入全球千千万万消费者的日常生活,从香皂、牙膏、漱口水、洗发水、洗涤剂,到咖啡、橙汁、烘焙油、蛋糕粉,再到卫生纸、感冒药、胃药,横跨清洁用品、食品、纸制品、药品等多种行业。而且,针对同类产品,宝洁还往往拥有诸多不同定位的品牌,仅洗衣粉就有汰渍、洗好、欧喜朵、波特、世纪等十余种品牌。

3. 提升既有品牌的形象和声誉

成功的品牌延伸可以拓展品牌的市场覆盖率,使更多的消费者接触、了解该品牌,从而提高品牌知名度;同时,消费者使用延伸产品的良好体验和感受,也可以对提高既有品牌声誉产生积极影响,使既有品牌的地位获得提升,从而壮大品牌资产。

以鄂尔多斯为例,1989 年开始做内销的鄂尔多斯凭着羊毛衫产品的优良品质、央视广告以及销售渠道的高效拓展迅速成长起来,引得众多小厂家纷纷仿效,羊绒衫市场迅速从供不应求转向供大于求。单一产品的局限性让鄂尔多斯的发展受到掣肘。于是,鄂尔多斯开始了大刀阔斧的品牌延伸战略,最终开拓了集合男装、女装、羊毛衫、内衣、皮业和羽绒等六大主体的企业版图。其中,作为副品牌、走中档大众路线的"鄂尔多斯奥群"羊毛衫品牌,在成立 1 年后就一举进入行业前三甲,成为鄂尔多斯集团的第二个中国名牌商标。[①]

(二)品牌延伸的风险

品牌延伸战略若使用不当,也会给企业造成负面影响。许多企业为了不"浪费资源",同时也为了规避"把鸡蛋放在同一个篮子里"的风险,急于借助已经树立的品牌来进行品牌延伸。品牌过度延伸会使"品牌伞效应"减弱,不仅让延伸品牌无法及时得到既有品牌的有力支持,也可能造成既有品牌被严重透支。正如定位理论之父艾·里斯所说,"品牌是根橡皮筋,你多伸展一个品种它就多一份疲弱"[②]。

品牌延伸的风险主要体现在以下方面。

1. 混淆消费者品牌认知,损害既有品牌的形象

一个能经受住市场考验的品牌必然有其独特的品牌定位,换句话说,它必须在某方

---

① 搜狐网:《鄂尔多斯品牌:破解多栖变身的斯芬克斯之谜》,http://news.sohu.com/20070130/n247926954.shtml,2007-01-30。

② 经济参考报:《品牌延伸谨防"过劳死"》,http://www.jjckb.cn/gd/2007-04/30/content_47874.htm,2007-04-30。

面优于竞争对手，并且这种特质为消费者所熟知。品牌延伸的目的是满足消费者新的需求或进入新的细分市场，这就需要企业对产品和品牌做出调整，但一味开拓市场而放弃品牌的特质和优势无异于舍本逐末，很容易使消费者对品牌的理解和认知发生混淆，从而模糊了对原品牌的独特印象，破坏品牌本身的整体定位。

如本章开篇提到的奢侈品品牌，多数不成功的奢侈品品牌延伸失败的原因在于其对品牌产品的数量及延伸范围控制得不好，造成产品泛滥、质量难以保障、价格定位混乱等一系列负面状况，降低了奢侈品品牌的神秘感，对品牌形象造成了极大伤害，导致品牌经营状况急速下滑。

再如我国的著名品牌五粮液，也进行了品牌延伸，五粮液家族几年间就延伸出五粮春、五粮醇、五福液、金六福、浏阳河、东方龙、川酒王、老作坊、铁哥们、情酒、岁岁乐、喜寿宴、蜀帝宴、五夜丰、交杯喜等上百个品牌，但由于这些延伸品牌过于杂乱，也损害了五粮液高档名酒的市场形象。

2. 挤占既有品牌的市场份额

品牌延伸不可避免地带来品牌定位的淡化和消失，这也进一步导致消费者对原品牌的忠诚度下降，品牌原来的市场份额也会被挤占。

例如，曾经位居美国卫生纸第一品牌的舒洁，将品牌产品延伸到餐巾纸这一品类后，不但没有扩大市场，其在卫生纸市场上的领航地位反而很快被宝洁公司取代。因为在消费者的固有印象中，舒洁是"卫生纸"的代名词，其消费联想往往与"卫生间"挂钩，与"餐巾纸"这一品类在属性和应用场景上有显著区隔甚至是冲突。

类似的例子还有很多。国内恩威医药公司，其核心产品是21世纪初中国女性清洁液第一品牌——恩威洁尔阴洗液。后来，恩威斥巨资推出一款太太口服液，依然沿用"恩威"品牌，起名为"恩威口服液"。公司虽然在口服液的广告宣传上投入极高的成本，却换来了两种产品的销量都下滑的局面。后来经过市场调查，公司发现，很多女性消费者对恩威旗下的这两款产品发生了认知混淆，不知是内服还是外用。

就连可口可乐也不例外，它曾经是世界上最具价值的品牌，如今该品牌的世界排名正在下滑。1982年8月9日，可口可乐在曾经355毫升罐装含糖的普通版可乐的基础上，推出了零卡路里的健怡可乐。这款产品首先是在美国上市，它是继1886年可口可乐商标使用之后的第一个延伸品牌。但这并未吸引更多的消费者：许多消费者不喝普通可口可乐，因为含有过多卡路里，同时他们也不喝健怡可口可乐，因为味道并不好。

3. 丧失开发新品牌的时机

企业将新产品投放市场时，往往会面临采用品牌延伸策略，或是制定全新的品牌传播策略的选择。两者只能择其一，选择其中一个就意味着必须承担失去另一个选择可能带来的机会。如果企业选择品牌延伸策略，就丧失了开发新品牌的机会，即使延伸品牌获得成功，原品牌产品也有可能走下坡路。也就是说，延伸品牌的产品很可能会挤占或侵蚀原品牌产品的市场。

三、品牌延伸与品牌定位的博弈

在分别了解了品牌定位、品牌延伸的优势和风险后，我们可以得出如下结论：品牌定位与品牌延伸同属增加品牌资产的战略工具，两者的关系不是零和博弈，而是彼此影响、互相补充、缺一不可。品牌需要在不同的发展阶段、面对不同的市场环境时,选择偏重不同的战略以达到持续积累品牌资产的目的。

品牌战略管理层在进行品牌定位时,应做好品牌发展的长远规划,充分考虑未来品牌延伸的方向和可能性;在进行品牌延伸时,也要分析已有的品牌定位是否满足将要进行的品牌延伸的条件和要求。品牌延伸成功的关键在于延伸品牌保持了既有品牌的核心价值,即品牌在消费者心目中的定位,这个核心价值可能是品牌独特的物理特性,也可能是品牌的情感属性。

总体来说,品牌在初创期必须有明确且具差异化的品牌定位,这样才能迅速建立消费者对品牌的独特认知和联想,形成与竞争对手的区隔,从而使新品牌在消费者心智以及市场中尽快占据一席之地。当品牌处于成熟期时,企业要在保持原品牌定位的基础上进行品牌延伸,将品牌在消费者心目中业已形成的品牌联想,延伸到新的产品线和新的产品组合上,以覆盖更广大的细分市场。当品牌处于衰退期时,面对市场冷遇,企业要对品牌进行重新定位以使品牌焕发新的生机,此时,品牌设计和品牌管理工作进入了一个新的循环之中。[1]

第四节 品牌延伸的影响因素

西方国家关于品牌延伸的研究起步较早,对于品牌延伸影响因素的探讨也较为深入且翔实。自20世纪90年代以来,我国诸多企业也开始了品牌延伸的广泛实践,但综观国内市场的品牌延伸实践,成功者少,失败者多。无论是"999"品牌从胃药延伸到了啤酒,还是茅台品牌从白酒延伸到了啤酒,抑或活力28品牌从洗衣粉延伸至纯净水,结果都不甚理想。国内种种实践呈现的特性与规律,与西方学界关于品牌延伸为企业带来正效应的相关论断并不吻合。由此,西方品牌延伸的理论成果在中国市场情境中的适用性也渐渐成为国内理论界和业界的研究热点。

究其原因,我国与西方国家所处的产业发展阶段和市场成熟度均有差别。西方国家市场普遍已进入成熟期,多数品类已有强势领导者,且西方国家消费者的消费理念较为成熟,品牌观念较强,对母品牌的忠诚度也较高,因此,基于既有品牌的延伸战略在西方国家市场有更充分的推广前提。而中国处于市场转型期,很多品类正处于起步和发展阶段,同时,中国消费者的品牌理念还处于普及阶段,更依赖品牌的质量联想。[2]

下面,我们将西方国家相关理论成果置于中国情境,分别从既有品牌特征、既有品牌与延伸产品之间的关系、延伸产品的营销环境、延伸产品的类别特征等四个角度,对品牌延伸的影响因素进行考量。

---

[1] 韩经纶、赵军:《论品牌定位与品牌延伸的关系》,《南开管理评论》,2004年第2期。
[2] 于春玲、李飞、薛镭等:《中国情境下成功品牌延伸影响因素的案例研究》,《管理世界》,2012年第6期。

一、既有品牌特征

既有品牌特征是品牌进行延伸的重要保障和参考指标，它可以细分为以下三个影响品牌延伸的因素。

(一)既有品牌实力

既有品牌可以为延伸产品及品牌提供资源、信誉、经验等保障，因此一般而言，既有品牌所属企业实力越强，品牌延伸成功的可能性就越高。

研究显示，品牌背后企业的技术实力对品牌延伸有显著影响，尤其是技术深度对消费者认知具有深刻影响，一般来说，技术深度强的品牌，延伸弹性大。以3M公司（Minnesota Mining and Manufacturing，明尼苏达矿业制造公司）为例，其产品开发一直有一条主线——对材料表面结构的控制，基本上所有的胶布、化学品、日用品，都是通过改变其表面的微观结构和工艺来实现产品的创新，诸如汽车尾部及高速公路的高反光材料和电脑防窥屏等，也都是通过结构改变来实现光学性能变化。3M公司品牌延伸的成功得益于其在材料化工领域具有极强的技术深度，技术的优势让其具有很强的品牌延伸弹性，能够拥有品类十分多元的产品线。

中信集团在这方面同样也是一个较为成功的例子。金融是中信营收和利润的主要来源，在此基础上，它又产业延伸至出版社、重工等诸多板块。经过几十年的实践，该公司充分发挥经济改革试点和对外开放窗口的重要作用，成功开辟出一条通过吸收和运用外资、引进先进技术、设备和管理经验为中国改革开放和现代化建设服务的创新发展之路。目前，中信出版社位列财经管理图书类出版社前列，中信重工在重型装备、国家大型项目，如铁路、桥梁、大飞机、一带一路等都有参与。中信集团在综合金融、先进智造、先进材料、新消费和新型城镇化五大业务板块多面发展，2021年它连续第13年上榜美国《财富》杂志世界500强，位居第115位。[①]

(二)既有品牌延伸历史及多样化程度

既有品牌在过往发展历史上，延伸成功的概率越高、延伸的多样化程度越高，积累的经验就越多元、越充分，其新的品牌延伸的成功可能性就越高。研究发现，过去延伸的成功、失败经验均有助于新品牌的延伸成功，正所谓"失败乃成功之母"，有时失败的延伸经历的作用甚至高于成功经历。

在产品组合多样化方面，既有品牌产品的组合越多元化，延伸产品之间的共性越强，消费者对既有品牌实力的感知度越高，品牌延伸成功的概率就越大。以六神为例，它起家于花露水这一明星产品，"六神花露水"的地位在国内市场不可撼动。虽然消费者对其印象早已固化，但六神后来成功延伸了花露水、洗发水、香皂、爽身粉等产品组合，而且均沿用了六神花露水这一既有品牌的属性——"清凉""夏季"以及"中草药"。这些产品组合共同强化了消费者对六神品牌实力的认知，成为六神向沐浴露延伸的重要基础。

---

① 凤凰网：《标普上调中信集团和中信股份评级展望》，https://finance.ifeng.com/c/88g4zyFmKzJ，2021-08-13。

(三)既有品牌现有消费者的态度

既有品牌的口碑越好,消费者的品牌忠诚度越高,品牌延伸成功的可能性就相对越高,因为消费者倾向于将对既有品牌的信任感转移到延伸产品上。

以国内豆浆机行业的开创者与引领者九阳为例,该品牌成立于1994年,国内第一台豆浆机就是由它生产的。因此,九阳成为众多国人心目中的豆浆机"鼻祖",即使面对后来诸如苏泊尔、美的等劲敌,它的市场地位也一直稳固。2019年,九阳豆浆机的线上销售以79.3%占比的绝对优势位列第一。后来,在豆浆机的基础上,品牌又延伸出诸如破壁机、榨汁机等厨房小家电品类,得益于国内消费者对品牌的信任以及九阳在产品质量、研发、销售等环节的严格把关,这些延伸品类的销售业绩也十分喜人。2020年上半年,除食品加工机系列外,公司营养煲系列、西式小家电、电磁炉系列分别占公司总营业收入的27.2%、15.7%、4.9%。[①] 除了豆浆机外,公司生产的破壁料理机、榨汁机、面条机和空气炸锅等主要优势品类也都牢牢占据市场第一的位置,其他大部分品类也均位列行业前三。

二、既有品牌与延伸产品之间的关系

衡量延伸产品与既有品牌关系的关键指标在于延伸产品与既有品牌的契合度。两者的契合度越高,消费者就会认为既有品牌拥有者制造此类别的延伸产品的能力越强,从而对其延伸产品持积极态度。

品牌的契合度可从不同维度衡量,一般而言,可以细分为技术或资源的可转移性、产品属性的互补性或相关性、品牌形象的契合三种维度。

(一)技术或资源的可转移性

首先,技术或资源的可转移性越高,品牌延伸成功的可能性越大。当前国际范围内奢侈品品牌集团化延伸策略中,非常重要的一点就是同一集团旗下的各品牌可以通过共享资源提升经营效率。奢侈品通过控制核心品类的生产来保证品牌的口碑和品质,通过依靠外部供应商供应非核心品类来降低成本,因此同一个集团内擅长某一品类的品牌可以交叉供应其他品牌。在本章开篇的引例中我们就提到,成立于1963年的开云集团(Kering),旗下拥有一系列国际知名品牌(包括奢侈品、体育和生活时尚用品以及零售品牌),销售覆盖120多个国家,其品牌延伸成功的关键手段之一,就是让集团内部的诸多奢侈品品牌在产品品类和仓储、物流及外部合作商等方面进行资源共享。

在此方面,国内成功的品牌延伸也与国外的成功经验有一定的相似性。比如,云南白药集团进行品牌延伸时,延伸产品几乎无一例外地将云南白药的专利成分作为卖点,云南白药也逐渐从单一中药企业转型成为涵盖多品类的大健康企业,产品线覆盖洗漱用品、护肤化妆品、洗发护发产品等日化用品行业,其品牌延伸战略可谓成功典范。正如云南白药董事长王明辉所言:"对于云南白药而言,无论进入哪个领域,产品只是一个

[①] 知乎:《说一说一个老牌品牌——九阳》,https://zhuanlan.zhihu.com/p/352418725。

载体,其中所蕴含的白药活性成分及其所具备的独特功效才是云南白药的真实卖点。这就是云南白药品牌延伸的核心实质!"①

(二)产品属性的互补性或相关性

1. 产品属性的互补性

延伸产品若能与既有品牌在产品属性上有效互补,两者相互借力不仅可以增强消费者对既有品牌的印象,还可以提升消费者对于延伸产品的接受度,达到 1+1>2 的效果。

以上海家化旗下的佰草集为例,它于 1998 年创立,始终坚持高端路线及中医中草药的品牌调性,在国内化妆品市场上独树一帜,承诺为消费者提供自然、安全、温和的有效产品和系统的服务,并逐步建立了清新、自然、健康的品牌形象。佰草集也将目标客户锁定于知性、重视生活理念和拥有不随波逐流的人生态度的人群。2003 年,佰草集汉方 SPA 成立,其沿袭了佰草集中医中草药的品牌定位,开启了汉方专业养生养美护理之门。该品牌有"春夏秋冬"顺应四时、内调经络、外养肌肤等多种 SPA 套餐,同时推出相应护肤品系列。佰草集护肤品与汉方 SPA 互相借力,共同巩固并强化了高端、健康、养生的品牌形象,传递佰草集自然、平衡的生活方式和文化内涵,更好地满足目标消费者的身心诉求。

2. 产品属性的相关性

产品属性的相关性与品牌延伸的成功率一般也呈现正相关。20 世纪 80 年代末,娃哈哈秉持中医食疗"药食同源"的指导思想,依靠一支"解决小孩子不愿吃饭问题"的娃哈哈儿童营养口服液走红全国。凭借着"饮品"出身,其产品线成功延伸出含乳饮料、饮用水、茶饮料、碳酸饮料、果汁饮料等八大类 100 多个品种的产品,这些产品都始终坚持"有营养"的产品卖点。其中,娃哈哈八宝粥是娃哈哈产品中的常青树。不过随着市场竞争日趋激烈,娃哈哈八宝粥也面临产品同质化和价格战等严峻挑战。于是,娃哈哈开始重新定位品牌,重启"药食同源"理念,将产品功能从"解渴、解饿"调整至"平衡、健康",开启了"功能型快消产品"时代——从红枣小米福养粥、百合莲子清养粥,再到低糖的轻之八宝粥、青稞粥系列,娃哈哈不断诠释和强调了其大健康的品牌定位。

由此可见,娃哈哈品牌的核心价值中对可信、安全等品质保证的一以贯之,品牌的童趣、欢乐、健康的基因和较强的品牌亲和力等种种因素使得它能从儿童饮品延伸至全年龄段产品。

(三)品牌形象的契合

品牌形象契合度指延伸产品与既有品牌在品牌定位、形象及目标消费者等方面的一致程度。现有实证研究表明,两者的品牌形象契合度越高,延伸产品更容易被消费者接受,品牌延伸成功的可能性越打大。

比如,提到念慈菴,广大消费者首先就会想到它的当家产品——川贝枇杷膏,其润肺化痰、止咳平喘的产品功效早已深入人心。这么一家出身中药世家的药企品牌,却高

---

① 刘迅:《云南白药的品牌延伸》,《企业管理》,2011 年第 2 期。

调进入草本饮料行业,拉开了其多元扩张之路。因为公司在对念慈菴进行市场调查时发现,很多消费者习惯冲调念慈菴枇杷膏以下火润肺,以枇杷膏核心成分为卖点的饮料有强大的潜在需求。于是,依托其在中药领域强大的研发能力和技术优势,念慈菴通过打造"降火是表象,润肺是根本"的利益诉求点,与竞争对手进行有效区隔,成为占领降火润肺的草本饮料市场的第一家品牌。由此可见,念慈菴品牌延伸成功的关键之处,在于对品牌"清燥润肺"这一既有品牌形象的继承,将广大消费者对于川贝枇杷膏的好感与信任直接转移到草本饮料上来。

三、延伸产品的营销环境

延伸产品的营销环境主要指延伸产品所在市场的参与者对延伸产品的态度或行为,它会显著影响品牌延伸的效果。延伸产品的营销环境可以细分为以下三个关键因素。

(一)企业的营销支持

企业对延伸产品的营销支持力度越大,延伸产品成功的可能性就越大。例如,上海家化根据佰草集目标消费者"知性""讲究文化内涵"的特点设计传播方式和沟通方式,通过各种会员活动如艺术展览、讲座等,一方面有效推广延伸产品,另一方面向消费者传递品牌的核心价值和诉求,强化延伸产品与既有品牌在形象上的关联。①

即使是企业营销能力有限的公司,也可以借助对外合作方式增强对延伸产品的营销支持,从而促进延伸产品的成功。晨光文具就通过与核心渠道合作伙伴分享品牌、产品和市场资源,为他们提供培训机会,进而赢得渠道成员对延伸产品的支持。

企业依据竞争所处的阶段设计相应的营销策略也可以使稀缺营销资源发挥最大价值,例如云南白药牙膏充分利用药物性牙膏的市场差异化特点,通过有效的广告等手段推进延伸产品成功。

(二)目标消费者因素

延伸产品的目标消费者因素也会影响其对延伸产品的评价。实践证明,与产品特点相匹配的消费者认知能促进品牌延伸的成功,目标消费者追求多样性的倾向也有利于驱使他们尝试新产品,从而推动延伸成功。

仍以佰草集为例,它目前有两条产品线最为有名:一条是主打修复和抗初老的太极系列,另一条是主打美白的新七白系列。其中,太极系列针对的是 25~35 岁有抗初老需求的人群,这一年龄阶段的女性有什么特征?佰草集在精心调研后发现,其目标消费者是讲究文化内涵的知性女性,她们对整个中国文化概念接受程度较高,尤其对太极、经络、中医养生等方面的了解完全超出佰草集的预期,她们对品牌衍生的一些护肤理念的接受度也较高,诸如某类产品需要配合什么样的手法来产生更好的疗效。于是,在面对 25~35 岁的目标消费者时,佰草集提出的"太极"一词就是取其平衡之道——现代女性的生活就是一场大型的"太极秀":在生活、工作、家庭之间,不断做平衡。女朋友、职

---

① 于春玲、李飞、薛镭等:《中国情境下成功品牌延伸影响因素的案例研究》,《管理世界》,2012 年第 6 期。

场女性、老婆、妈妈……这些人生角色通常是在一瞬间涌现到 25~35 岁的现代女性身上,而想扮演好每个角色,就意味着要学会平衡之道。平衡不是静态的完美分割,而是动态的进退与取舍,每位女性最终都要学会摆脱顾此失彼的混乱,懂得不再勉强、事事兼顾。佰草集太极系列产品要唤醒的就是那些努力平衡自己的同时平衡家庭的女性。

(三)竞争格局

品牌所处市场的竞争格局对品牌延伸的成功也有显著影响。一般而言,若市场尚未出现或形成具有稳定优势的领导品牌,或虽然形成领导品牌但市场格局不稳定,尚存在消费者需求盲点时,品牌延伸的成功率相应会更高。诸多实践结果证实,后者对品牌延伸的影响更大,因为即使市场已有领导品牌,品牌在延伸过程中依旧可遵循 USP 理论或定位理论,寻找市场空白点。

例如,当六神品牌延伸到沐浴露品类时,当时国内沐浴露市场已有力士这一领导品牌,但六神沐浴露依然靠着主打夏季、草本、清凉的独特产品定位,在市场上争得一席之地。

当云南白药想要延伸到牙膏品类时,当时前十大牙膏品牌已占据了中国市场 90% 的市场份额。云南白药依然凭借"非传统牙膏"的战略定位,以"云南白药国家保密配方成分"和解决"牙龈出血、肿痛、口腔黏损伤"问题的独特核心诉求,打造了国内中高端功能护口牙膏全新市场运作模式。后来,云南白药又开启了从"非传统牙膏"到"更适合国民饮食习惯的牙膏"的战略定位升级,在产品线构建上,以云南白药经典牙膏为核心产品,逐步打造包括金口健牙膏、朗健牙膏、孕妇牙膏、儿童牙膏等在内的全龄段产品矩阵。截至 2019 年 5 月,云南白药牙膏市场份额为 20.1%,成为国内牙膏市场单品牌领跑者。[1] 此外,云南白药还成为 2018 年小红书用户评选的"全球更好用的 17 支牙膏"中仅有的中国品牌。[2] "年度口腔护理"大奖的获得和全网牙膏销售领先品牌的荣誉,更是对云南白药牙膏品牌延伸战略的肯定。

四、延伸产品的类别特征

延伸产品的类别特征主要包括延伸产品的难度和延伸产品的品质,这两种因素对品牌延伸成功与否起着重要作用。

(一)延伸产品的难度

一般来说,如果消费者认为延伸产品具有难度,即技术或制造不容易实现,他们对品牌延伸的评价会更高,反之亦然。消费者往往认为没有难度的延伸产品与既有品牌不匹配,甚至会认为既有品牌这样做是想利用其品牌声誉欺骗消费者。

(二)延伸产品的品质

延伸产品的品质指延伸产品的质量、功效等,已有的品牌延伸实践充分证实了延伸

---

[1] 云南白药官网:《化妆品报:反超黑人,云南白药以 20.1% 市场份额成国内牙膏 NO.1》,https://www.yunnanbaiyao.com.cn/view/ynbyPc/1/17/view/4425.html,2019-08-30。

[2] 头条新闻:《"新白药 大健康",2021 凯纳咨询与云南白药战略合作再创"新高度"》https://www.cannor.cn/toutiao/2549.html,2021-01-08。

产品的品质对品牌延伸成功的重要影响。

以新国货品牌 Bananain(蕉内)为例,2016 年,中国内衣市场开始越过身材焦虑、审美偏执大肆横行的时代,消费者自我本位、自我差异的表达意识逐渐觉醒,消费观念也从"悦人"向"悦己"转变。而传统内衣行业设计老化、渠道单一、同质化严重的短板,加速了市场洗牌。凭借对多元化、个性化消费需求的敏感捕捉,蕉内抓住"基本款"这一品类创新的机会,自诞生起就定位于"体感科技"①。这一差异化的定位和稳中有进的产品战略支撑着蕉内从爆品突围到品类延展的一系列操作。蕉内在产品层解决的第一个痛点,便是用专利技术 Tagless 外印无感标签取代内衣缝制标签。当所有人对贴身服饰的扎人标签习以为常时,蕉内选择取缔标签,彻底解决内衣的异物感问题。而首批运用此工艺的无标签内裤,历经五年演变成为流行的"蕉内 500E 无感内裤",是蕉内销量千万的经典招牌。在以无标签内裤这一超级单品打开市场之后,蕉内又推出"无感内衣",同样运用热转印技术,通过去掉"扰人标签"来强化私密亲肤特点,主打舒适感和功能性。随后,蕉内陆续推出不掉跟的袜子、"不粘人"的儿童家居服……围绕"人的 24 小时体感"这个设计主线,蕉内陆续延伸出多款解决传统服饰痛点的产品。其中"凉皮-℃防晒系列"和"热皮+℃保暖系列"颇具代表性,也一脉相承地延续了"简洁且注重性能"的产品底色。②

自 2021 年 10 月以来,无论是 4 家城市首店的陆续开业、明星代言人王一博的官宣,还是当年双十一超 4.15 亿的自我战绩刷新,内裤、保暖品类蝉联行业 TOP1 的势头,都证明了蕉内在产品线延伸方面的正确决策——始终保持产品舒适感和功能性,将体感科技贯彻到底。

"新白药,大健康"——云南白药的品牌延伸之路③

云南白药是国药名企、民族医药的一面旗帜。自 1902 年成立以来,它不断巩固自己在国内中医药企业的领先地位,并开始了多元化之路,产品线延伸至诸多领域。2005 年初,公司确定"稳中央、突两翼"战略,"中央"以云南白药系列产品为主,"两翼"即大力发展透皮产品和健康产品,其中云南白药创可贴和牙膏成为重点明星产品。2010 年,公司全面实施"新白药,大健康"战略,开始培育洗护发、卫生巾及护肤新品牌。如今,云南白药已形成药品、日化品、中药资源和医药商业四大板块的业务格局。

一、云南白药品牌延伸背景

1902 年,云南名医曲焕章成功研制"云南白药"。1971 年,云南白药厂正

---

① "体感科技",即通过技术的迭代,持续提升人的感觉和体验。
② 数英网:《Bananain 蕉内的品牌增长图鉴,赛道黑马有何成长秘诀?》,https://www.digitaling.com/articles/671068.html,2021-12-13。
③ 凯纳咨询官网:《为民族品牌扬威:一支牙膏的 700 亿产业跨界突破》,https://www.cannor.cn/kehuanli/2528.html。

式建立,以生产云南白药为主。作为我国著名民族品牌,云南白药拥有国家保密配方,一直以来专注于止血疗伤用药市场。但云南白药产品结构已基本趋于稳定,成长空间有限,集团面临寻找新利润增长点的重大课题。

与此同时,云南白药在自己一向专长的领域也面临巨大的挑战。1992年,强生公司的邦迪创可贴进入我国市场,它简单易用且快速止血的强大功能适用多种消费场景,在短短几年的时间里,就迅速挤占了云南白药散剂的市场份额,成为中国快速止血赛道上的"王牌"。

痛定思痛之后,云南白药公司开始觉醒:如果不进行品牌延伸,不仅现有的局面难以维持,而且老的品牌地位也会被竞争对手蚕食,直至丧失。于是,从20世纪90年代末期开始,云南白药公司开始有意识地围绕其传统的白药生产线大做文章,实施品牌延伸策略。

二、云南白药品牌延伸历程

(一)透皮产品大攻关:云南白药创可贴的诞生

2001年,云南白药公司投资成立上海透皮技术研究有限责任公司,主要负责云南白药创可贴与云南白药膏的研究、生产和销售工作。这两种白药延伸产品充分利用了消费者对云南白药品牌的认知优势,保持了传统白药的核心功效;同时,结合消费者使用便利的需求,对传统白药进行深度挖掘改造,保证产品的创新性和实用性。

但即使有如此强大的专利成分以及云南白药品牌的背书,历时五年研发的云南白药创可贴在上市的前两年销量情况依然不容乐观,区域拓展受阻。

于是,云南白药创可贴重新调整品牌战略方向,以"有药好得更快些"的差异化战略诉求剑挑强生邦迪不含药物的"致命伤",实现了对"械字号"邦迪的强势反击,塑造了产品品牌消费信任和强区隔,以"真正的含药创可贴"抢占消费心智,跻身创可贴行业一线品牌,在行业龙头的竞争强压下成功实现品牌突围,实现了一个百年老字号的"品牌跨界变身"。

经过一系列营销"组合拳",云南白药迅速取得了好成绩:产品在不含药创可贴市场的份额居第二位,在含药创可贴市场的份额高居首位。

另外,云南白药还以传统白药为基础,先后开发出胶囊剂、酊丁剂、硬膏剂、气雾剂、喷雾剂等新剂型,逐步形成了围绕云南白药内服和外用的立体化产品系列。通过这一连串的品牌延伸,云南白药重新恢复了活力,为企业进一步发展打下了坚实的基础。

(二)大步进军日化行业:云南白药牙膏开启新时代

由于药品的开发周期长,审批非常严格,同时,云南白药公司发现日化行业有较高的利润率,而且通过日化行业可以非常有效地进行品牌延伸,扩展公司的业务范围,因此,云南白药公司开始了进军日化的战略布局。

当时在牙膏产品领域,功能性的牙膏还没有固定的国家标准,这无疑为云南白药集团提供了一个发展契机。云南白药在市场调查中发现,90%的成年人有口腔溃疡、牙龈肿痛、出血、萎缩等口腔问题,而传统牙膏解决的大多是防蛀、美白和清洁等牙齿问题。传统牙膏所不能解决的,消费群体存在的巨大潜在需求的"空白点",恰恰是云南白药牙膏的独特定位。于是,云南白药以牙膏为载体,将云南白药用于口腔保健,历时 4 年研制,应用了 12 项医药科技,攻克保全活性成分的难关,按照药品 GMP 和 GSP 生产、储存,于 2004 年推出中草药牙膏新品——云南白药牙膏。在竞争高度激烈的高端牙膏市场,云南白药公司硬是抢占了相当大的一部分市场份额,和传统的高端牙膏巨头(佳洁士、高露洁和中华)鼎足而立。

今天,随着品牌的不断成熟,云南白药牙膏的"非传统牙膏"定位已经升级为"更适合国人饮食习惯的牙膏",云南白药不断推出各种新型牙膏,以满足不同的细分市场,拓展品牌延伸的广度和深度。

云南白药牙膏的市场成功,开启和拉动了云南白药大健康产业之路,随后,洗发水、沐浴露等一系列大健康产品陆续成功推出。这些新产品既丰富了云南白药日化产品线,也能够在整体上实现较强的产品销售协同效应。随着云南白药产业价值链的不断延伸,企业集团市值也在不断飞跃,品牌价值更是持续领跑中国药企榜,树立了医药企业成功跨界大健康的产业成功典范。

三、云南白药品牌延伸的经验

云南白药成功进行品牌延伸的案例告诉我们,实施品牌延伸策略应重点把握以下几个方面。

(一)背靠大树好乘凉:既有品牌对延伸产品的支持

一般来说,强势品牌在进行品牌延伸时,无论在知名度、美誉度和品牌定位方面都具有得天独厚的优势,因此,将既有品牌的优势更好地转移到延伸产品上是进行品牌延伸的关键因素。

1. 既有品牌的知名度

云南白药作为百年老字号品牌,已在消费者心中占据了非常有利的位置,因此当云南白药公司进行品牌延伸时,可以得到消费者更快的认同和普遍的接受。

2. 既有品牌的美誉度

美誉度通常是指消费者对既有品牌代表的质量、档次、信誉等方面信息的感知体验。很显然,具有较高美誉度的既有品牌在进行品牌延伸时,会拥有较强的优势。神奇的云南白药在国内早就享有"中药国宝"的美誉,它的高美誉度奠定了品牌延伸的基础。

3. 既有品牌的定位

一提到云南白药,消费者脑海中就会把它和止血这个独特的功效联系起来。云南白药公司每推出一款新的产品,只要其主打的功能诉求是止血,那么在消费者心中就会产生一种暗合,这样既有品牌的核心价值就传递到了新产品中,在很短的时间里,消费者就能认同和接纳新产品。

(二)同根同源,同气连枝:既有品牌与延伸产品的高相关性

1. 产品核心价值的相关性

如果既有品牌和延伸产品的核心价值相关性越高,那么延伸产品就容易借鉴既有品牌的研发、生产及营销等方面的有效资源,消费者也越容易接受新产品。云南白药公司生产的创可贴是依托云南白药的核心价值进行延伸的,在这种品牌延伸中,白药的核心价值——"高效止血"被传导到创可贴的"止血"功效上,与此同时,云南白药创可贴的成功又转过来增强了既有品牌"高效止血"的核心价值。两者相互作用,构成了良性的循环互动,取得了很大的成功。

2. 消费者认知的相关性

消费者对延伸产品的认知和对既有品牌的认知的相关性越高,那么,既有品牌对消费者的有利点就越容易渗透到延伸产品中去。从这个角度来看,云南白药的系列延伸产品基本上都继承了云南白药"高效止血"的功效,消费者可以很容易地从延伸产品上找到和既有品牌——云南白药的一致性,他们对这两者的认知有高度的相关性。在这种高度相关性的基础上,云南白药公司的品牌延伸就"功到自然成"了。

(三)剑挑"致命伤",营造差异点:延伸产品的市场定位

延伸产品要想在竞争激烈的市场中立足,单靠既有品牌的支持还是不够的,它还必须有明确并兼具差异性的市场定位。在充分利用既有品牌的优势效应基础上,通过挖掘甚至是主动激发消费者的需求盲点,实现品牌延伸的"一击即中"。

面对当年邦迪一家独大的创可贴市场,云南白药敏锐察觉行业致命伤——市场上没有真正意义上的"含药"创可贴,即使邦迪也不例外。于是云南白药创可贴迅速找准自己的定位——"有药好得更快些",一举成为与邦迪分庭抗礼的创可贴大品牌。

云南白药牙膏把自身定位成一种具有生物功效的高端牙膏,这种市场定位一方面跟既有品牌的核心价值紧密相关,另一方面重点突出了云南白药牙膏具备市场上其他牙膏没有的药用功效,很好地与其他品牌进行了区分,缩短了云南白药的上市导入期,同时开辟了新的细分市场,也形成了一定得市场进入门槛。

(四)立体化攻势,整合式出击:延伸产品的宣传、销售渠道建设

云南白药公司对每一个延伸品牌的上市都进行了大量的销售投入,在新产品的推广过程中都做出了积极的营销努力。在明确延伸产品的市场定位及目标消费人群后,云南白药便进行立体化攻势,整合式出击。

在宣传侧,云南白药通过目标消费者喜闻乐见的渠道和方式进行全方位渗透。其中,云南白药创可贴在广告投放上,巧妙地运用主流媒体营造话题,从而高位起跳,进行高空覆盖;在广播媒体端,深度传播产品功能和特点;在纸质媒体端,确立传播新模式、新阵容,报花+专栏+新闻稿,"三三制"黄金组合。云南白药气雾剂针对年轻人市场,通过涂鸦风格的广告语标版强化"有伤有痛自己搞定"的个性主张,在云南、四川、广东等重点市场的校园内发起"挑战天下伤痛"活动。云南白药卫生巾品牌"清逸堂日子",针对消费心态成熟且产品知识认知度高的知性女性群体,采取软文与传统硬广强势铺开相结合的形式,聚焦目标消费群常用的社交平台与关注的热点,实时跟进并层层递进;同时还从社会公益、现代流行、两性视角等多个层面,打造了一系列多元性、多路径、与同类产品具有较高区隔性的大型地面推广活动。

在销售侧,云南白药也在积极探索适用于不同延伸产品的新渠道模式。云南白药牙膏上市之初,依托既有品牌在线下药店熟识度高的得天独厚的优势,辅以商超销售,通过药店渠道和日化渠道的有机结合,树立专业性品牌的同时兼顾了消费者的购买习惯,增加了产品销售量和市场份额。

四、总结

云南白药从单一中药企业转型为涵盖多品类的大健康企业,品牌延伸成效显著,也为中国诸多企业进行品牌延伸做了很好的示范。

如今,在健康中国战略背景之下,云南白药力图站在长远发展的高度担起社会责任,在助力健康中国建设的愿景下进行品牌规划。"不忘本来,面向未来",云南白药在巩固中药根本属性的基础上大胆创新,从培养大众健康习惯到传承中药文化,正一步步从中国走向世界。

【问题】
1. 云南白药的品牌延伸有哪些成功的经验?关键点在于什么?
2. 云南白药在品牌延伸策略方面还可以进行哪些改进?

课后思考题

1. 什么是品牌延伸?品牌延伸有哪些形式?
2. 中国企业在进行品牌延伸过程中,应该考虑哪些关键因素?
3. 母子品牌和主副品牌有什么区别?
4. 品牌定位于品牌延伸的联系和区别分别是什么?

第十一章 整合品牌传播的效果评估

> **本章学习要点**
>
> 1. 整合品牌传播效果的内涵。
> 2. 整合品牌传播效果的评估模型。
> 3. 整合品牌传播效果的评估方法。

"祝你成为中国锦鲤!"
——看支付宝如何掀起一场"病毒式"社交营销[①]

说到2018年的互联网热门词汇,"锦鲤"绝对榜上有名,转发锦鲤是当年社交场景中的潮流。正是那一年国庆期间,支付宝在微博发起的"祝你成为中国锦鲤"活动(见图11-1)将这一潮流推向顶点,其声势之浩大、反响之激烈可谓重新定义了社交营销。该活动还一举夺得2019中国广告长城奖营销效果类金奖、2019金投赏商业创意奖银奖、2019上海国际广告奖传播与效果类铜奖、2019大中华区艾菲奖社交媒体营销类铜奖等各大奖项。

图 11-1　支付宝锦鲤活动微博页面截图

[①] 知乎:《2018八大爆点活动营销大盘点》,https://zhuanlan.zhihu.com/p/52869732,2018-10-07。

一、目标与创意:"抽锦鲤"活动为支付宝和合作商家带流量

每年"十一"期间都是出境游高峰期,2018年,支付宝希望乘着黄金周的"东风",通过巧妙的营销手段吸引广大用户关注国内外与支付宝合作的商家,推动更多用户主动使用支付宝进行支付,为支付宝和合作商家带来巨额流量。

于是,深刻洞悉社交媒体传播裂变效应的支付宝,借助中国人的"锦鲤"情节,联动各大合作商家在微博平台推出"抽锦鲤"活动:转发支付宝的"祝你成为中国锦鲤"微博,支付宝将会在10月7日抽出一位集全球独宠于一身的幸运者,领取一份价值1亿元的超级大礼包。

二、执行与表现:社交媒体裂变式传播,品牌、KOL、获奖者共创话题热度

2018年9月29日,支付宝通过官方微博账号发布"抽锦鲤"活动;与此同时,200家支付宝合作品牌在活动发布后一小时之内及时参与评论、转发该微博,并晒出自己的奖品。奖品海报中价值1亿元的奖品清单震撼力十足,号称3分钟才能读完,其诱惑力彻底引发用户的集体参与,使该活动在几小时内迅速形成浩大声势。

为进一步扩大活动在全球的影响力,支付宝还设置了朋友圈晒图提高中奖率的玩法,通过号召网友将境外支付截图发到朋友圈,不仅宣传了支付宝的境外支付功能,更是将微博的声量引流到微信平台,进一步促进社交媒体的"病毒式"传播。与此同时,支付宝还借助公众号平台进一步宣传该活动。

此外,这场活动也得到各界KOL的齐助阵,诸多明星、大V借势转发,"三百万分之一的概率"让话题持续发酵,几度冲上微博头条。

最终,幸运儿诞生了——"中国锦鲤"获奖者"信小呆"拿下了这个超级大奖。她网感十足,不断产出诸如"下半生不用工作""脱非渡欧"等梗,掀起一波又一波话题热度;后来其微博还被自己的偶像李现"翻牌"转发,再次将话题热度推向高潮。同时,支付宝还将奖品制成长条幅并拍摄视频进行传播,并联合微博大V制造"吸欧"等新话题,引导用户参与,相关话题阅读量也十分惊人。

支付宝甚至制作了一份"全球移动支付好运地图",整体借鉴《清明上河图》的形式,形象地展示了支付宝在全球移动支付领域的阶段性成果,以感谢所有"把支付宝带向全世界"的用户。

三、效果与评价:全民狂欢,"锦鲤"成支付宝独有IP

"抽锦鲤"活动一经上线便掀起社交狂潮,微博实时数据统计,支付宝"锦鲤"在微博上线仅6小时便实现转发量破百万,成为微博史上转发量最快破百万的企业微博,最终收获400多万转评赞,2亿曝光量。活动高潮不断,引发用户不断互动参与,用户对支付宝的品牌好感度直线提升。同时,各个合作品牌付出的小心意引发了消费者的共鸣与互动,也提升了消费者对合作品牌的好感。

仔细揣测不难发现,该活动成功的背后,是支付宝对消费者"祈福"感情需求的精准把握与深刻洞察。同时,该活动重新定义了社会化营销:支付宝与强大的品牌团进行联动,用尽可能少的费用汇集众多商家,也让商家无须多出钱却能拥有强势曝光,形成多赢局面。支付宝也成为这场营销活动最大的受益

者;以往在社交平台上,锦鲤的代表一直是"杨超越",有着挥之不去的腾讯的影子;但是此次事件过后,支付宝接管了"锦鲤",将"锦鲤"形象变为支付宝独有的超级IP。此后,"锦鲤"也成为各大品牌进行传播活动策划的重点方向之一。

传播是品牌和消费者之间的桥梁和纽带,而传播效果则是检验品牌战略规划、品牌定位、品牌策略与手段的组合等一系列环节是否科学合理的最直观标尺和最终环节。品牌传播的关键目标就是实现传播效果的最优化,进而实现品牌形象的维护与经营效益的提升。

因此,研究品牌传播效果是为了更好地促进品牌认知度、美誉度与和谐度的提升,引起消费者对品牌信息的积极反应,从而促进品牌商品的销售和品牌形象的提升,进而不断积累品牌资产。[1]

第一节　整合品牌传播效果的内涵

对品牌传播效果研究进行追溯不难发现,它源自传播学中的传播效果理论。作为传播学的一个重要范畴,传播效果是指信息接收者对于信息的反应和评价,能直接检验传播目标的合理性和传播过程的有效性。因此,许多传播学理论都以传播效果为原点进行建构。

品牌传播效果研究在品牌学中同样举足轻重。无论是品牌理论的创新,还是品牌传播模式的重建都是为了不断地提升品牌的传播效果,品牌建构目标达成与否也由品牌传播效果来证明。如果脱离了品牌传播效果,一切品牌活动都无从谈起。

品牌传播的目的是实现传播效果的最优化和效费比的最大化,这是一个极其复杂且长期的过程,涉及产品、企业、媒介、受众、市场环境等多重要素,传播效果必然也会受到这些因素的影响和制约。[2] 而整合品牌传播效果是指企业对品牌的各种要素进行优化组合,将品牌信息通过各种渠道和呈现方式进行宣传推广,进而对消费者、企业乃至社会产生影响。因此,我们理解整合品牌传播效果的内涵也可以从以上三个主体的角度出发。

一、消费者层面

对于消费者来说,整合品牌传播对其产生的影响主要体现在,消费者接收品牌信息,进一步了解品牌产品,继而产生相应的购买行为。因此整合品牌传播对于消费者的效果可以划分为三个层次,即对品牌的认知效果、态度效果、行动效果。[3] 三者之间呈现品牌传播效果逐渐加深的过程。

---

[1] 舒咏平、郑伶俐:《品牌传播与管理》,首都经济贸易大学出版社,2008年版,第20页。
[2] 刘强:《论品牌传播效果》,《现代营销(学苑版)》,2011年第5期。
[3] 张树庭、吕艳丹:《有效的品牌传播》,中国传媒大学出版社,2008年版,第21页。

品牌传播对消费者最基础的作用在于传递品牌信息,在消费者记忆中留下印象,并通过合理的品牌传播策略不断深化消费者对品牌的认知。当某一品牌的宣传信息反复出现时,便会加深消费者对该品牌的记忆;消费者下一次浏览到该品牌的宣传内容时,就会联想到该品牌的相关特质,比如代表产品、产品质量等。之后,如果消费者产生相关产品需求,他们在一众同类型产品中可能会首先想到这一品牌,也会更倾向于选择消费该品牌产品。

消费者层面的整合传播效果与品牌战略、企业管理等密切相关,也受到消费者个人因素以及传播环境的影响。

二、企业层面

整合品牌传播效果既给企业带来可见的经济效益,也给企业带来无形资产的增加,两者相辅相成,共同保证企业及品牌的长远发展。

企业资源的合理配置、品牌销售和市场份额的增加属于整合品牌传播中有形资产的获取,而强势品牌在市场的延伸性、溢价收益等方面的优势都会进一步使企业资源得到优化配置,提升企业的市场效益,保证企业利润的最大化。

树立品牌形象、提升品牌价值、提高品牌知名度、美誉度和品牌忠诚度等属于品牌无形资产的累积,而这些无形资产也最终会转化为有形资产,并不断延伸品牌的生命力。品牌代表着信誉和承诺,它可以通过树立品牌形象来吸引和留住消费者。品牌忠诚度一旦建立,消费者不仅会青睐公司提供的各系列产品或服务,还会对其他竞争对手的促销、宣传等活动"免疫"。而且,忠实用户的营销成本最低,为企业赢得的利润最丰厚。

三、社会层面

企业作为经济社会活动的主体之一,在品牌传播的过程中也传递着企业的经营理念与人文关怀,在提升品牌影响力、追逐经济利益的过程中也履行着社会责任。越来越多的企业开始不再把利润作为唯一的经营目标,转而更多的关注企业对员工、消费者、社区和环境的责任等。而这些也将在某些契机、某种条件下转化为企业的有形资产,为企业带来丰厚的物质回馈。以旺旺集团为例,创立三十多年的旺旺始终以非凡的担当诠释食品企业的责任,不仅树立了良好的口碑,更扩大了品牌影响力。2008年汶川地震,旺旺为汶川灾区捐款500万,50辆卡车的食品当天上午就发到了灾区。2020年疫情形势严峻,湖南旺旺医院派出医疗队奔赴武汉,成为当时第一个支援湖北的民营医院;之后又主动请缨,成为长沙市疫情防控的定点医院之一,对患者开放24小时救助。除此之外,旺旺集团和旺旺医院还利用自身优势,生产了大量水神消毒液,赠送给周边老百姓、单位。疫情期间,旺旺集团累计送出超过15000吨的水神消毒液,相当于5000万瓶容量为300ml的酒精。[①] 2022年佩洛西窜台事件前后,旺旺集团二公子蔡旺家连发数条微博,以坚决的抵制态度、鲜明的爱国立场,直接把旺旺送上了微博热搜。旺旺官方直播间更是挂上"中国旺旺,旺旺中国"八个大

---

① 搜狐网:《刚刚,台企旺旺爆火!创始人:做堂堂正正的中国人!》,http://news.sohu.com/a/574874124_121123906,2022-08-07。

字,彻底点燃了粉丝的消费热情,12小时的直播销售活动中,销售额暴涨117倍,突破品牌在平台的销售记录。①

因此,整合品牌传播在社会层面的效果指品牌所传递的信息和所做的努力对社会的价值和反哺,包括对消费者的审美、价值观、生活质量等,以及对整个社会的物质、精神文化建设产生的潜移默化的影响。但是这个层面的效果比较抽象,难以准确衡量与评估,更不易通过定性或定量的方法得出实际的传播效果,因此目前还没有合适的评估模型和方法。②

第二节　整合品牌传播效果的评估模型

整合品牌传播活动的步骤和环节繁复,不仅包括前期的战略规划、品牌定位等准备环节,还包括品牌管理、用户反馈等后置环节,每一环节的规划及实施都会影响最终的品牌传播效果,因此,衡量品牌传播的效果要综合考虑过程效果和最终效果。同时,整合品牌传播效果是消费者、企业和社会层面效果的统一,需要企业进行统筹协调、综合评判。

传播学中"宏观效果论"的观点认为,大众传播是十分有力的,且能产生综合的、较长期的、宏观的社会效果。品牌传播效果也不例外,因为整合品牌传播是一个动态、长期、连续的过程,短则几个月,长则几年甚至几十年,只有通过持续的宣传推广,才能加深品牌在消费者心中的印象;而它对消费者和其他利益方的影响甚至会延续数十年。从企业经营角度来看,整合品牌传播效果需要通过企业效益的测量得出,而营业额、利润等指标都需要较长的测量周期。

因此,品牌传播效果的复合性、累积性等特质决定了其衡量维度及指标是十分复杂的。而如何测定和评价整合品牌传播的效果,也成为相关研究的焦点。

目前,众多学者及机构提出了大量有关品牌传播效果评估的理论模型,这也成为我们正确认识、构建品牌传播效果评估指标体系的重要基础。其中,广告效果测定模式是当前大多数品牌传播效果研究的基础,也是实践过程中企业对传播效果进行评估的主要依据。而随着世界范围内强势品牌所带来的收益日渐凸显,以及众多企业为适应时代发展对经营理念与战略的更新,品牌资产评估模型愈发成为许多知名企业衡量品牌传播效果的关键。这些理论模型的出现,是不同的时代背景、传媒生态、经济社会发展进程等因素综合作用的产物。需要说明的是,这些兴起于不同时期的品牌传播效果模型并没有"过时"一说,它们对处于不同发展阶段中的品牌有不同的参考价值和意义。

按照传播过程中所涉及的环节和变量及它们之间相互关系的复杂程度,整合品牌传播效果理论模型大致可以分为线性传播效果评估模型和非线性传播效果评估模型两类。

---

① 新浪新闻:《旺旺被"野性消费",销售额暴涨117倍》,https://k.sina.com.cn/article_1770735827_698b48d3019010kti.html,2022-08-18。

② 杜国清、陈怡等:《品牌传播理论与实务》,中国传媒大学出版社,2018版,第247页。

一、线性传播效果评估模型

线性传播效果评估模型认为,品牌传播效果的推进主要来自单一传播变量对消费者的作用,强调品牌传播过程中消费者在"接触—认知—态度—行为"这四个层面发生的变化,呈现出传播效果的累积、深化和扩大等特点。

接下来,我们主要介绍以下几种比较具有代表性的线性传播效果评估模型,分别是:AIDA 和 AIDMA 模型、DAGMAR 模型、效果层次模型、ARF 媒体评价模型和扩张关联模型。

(一)AIDA 和 AIDMA 模型

AIDA 模型由艾尔莫·里维斯于 1898 年首次提出,该模型认为销售人员向消费者推销产品的效果具有四个层级,即 attention(注意)、interest(兴趣)、desire(欲望)和 action(购买行为)。attention(注意)是指品牌传播的首要任务是吸引消费者的注意力,interest(兴趣)是指当消费者知晓品牌的存在后,品牌则要进一步引起消费者对品牌的偏好,desire(欲望)即品牌需要引导并激发消费者产生拥有产品的欲望,action(购买)即品牌传播的最终目标是促使消费者产生购买行为。

AIDA 模型是研究广告传播效果的基础理论模型,诸多广告效果评估模型都以此为基础进行延伸、变化。

1925 年,爱德华·斯特朗对 AIDA 模型进行了修正,增加了"记忆"(memory)这一层级,提出了 AIDMA 模型。他认为消费者在产生欲望(desire)后,还有记忆(memory)广告内容这一步骤,最后才产生购买行为(action)。AIDMA 模型奠定了广告阶段性效果评估的基础,认为广告从播出到真正触发消费者的购买行为需要经历一系列阶段。该模型将消费者行为阶段化,为广告传播效果的衡量设置了多种维度,有助于品牌针对性地研究消费者在受到品牌信息影响后所处的阶段并进行后续的品牌宣传。

(二)DAGMAR 模型

1961 年,美国广告学家 R.H.科利围绕广告传播目标提出了 DAGMAR(达格玛)理论,该理论名称来源于《为可测量的广告效果确定广告目标》(Defining Advertising Goals for Measured Advertising Results)一书的书名首字母。在科利看来,衡量广告效果的首要任务是明确广告投放的目标;广告的成败取决于它能否有效地把想要传达的信息与态度,在正确的时候,花费正确的成本,传达给正确的人。[①] 他认为,消费者对产品的态度和行为是分阶段的,会经历"知晓—理解—信服—行动"等过程,其中,知晓是指消费者对广告宣传的品牌和产品刚刚有所察觉或认知,理解指在知晓品牌或产品后,消费者对品牌内涵、产品特性、品牌所属企业的特质等内容有所了解,信服指消费者在深入了解产品及品牌的相关信息后,开始相信品牌宣传中的信息内容,甚至可能产生购买欲望,行动是指消费者最终采取了对该品牌产品的消费行为。品牌的传播策略需要根据不同阶段的情况有针对性地进行制定。

---

① 杜国清、陈怡等:《品牌传播理论与实务》,中国传媒大学出版社,2018 版,第 269 页。

DAGMAR模型强调评价广告效果时,在广告投放前和投放后分别对以上四个阶段进行测量,以更准确地评判广告投放目标的达成情况,并应在广告投放前根据调查结果确定广告投放目标,同时制定广告投放方案、预估广告投放预算。

DAGMAR模型在广告效果评价研究方面有广泛影响,其优点在于清晰地划分消费者对产品心理的不同状态,便于品牌进行广告投放管理,提升广告实效。但是该模型也存在缺点,如广告投放目标难以确定,广告投放预算无法准确预估,同时由于消费者心理受到多重因素的影响,仅以广告这个单一变量也不能精确判断广告对于产品销售的作用。

DAGMAR模型与前文的AIDA模型有相似之处,两者在描述消费者对广告接受的心理过程时都划分了四个阶段,且这四个阶段也较为相似,但两者最显著的区别在于对消费者心理研究的角度不同:DAGMAR模型从消费者角度出发,研究消费者通过广告宣传主动认识产品的心理变化过程,而AIDA模型则从广告主的角度出发,强调消费者被动接受广告的过程。

(三)效果层次模型

1961年,罗伯特·J.李维奇和加里·A.史坦利提出了效果层次模型,该模型考察了消费者从获取品牌传播信息到完成购买行为的心理变化过程,大致可分为以下六个阶段:认知(awareness)、知识(knowledge)、喜爱(liking)、偏好(preference)、信服(conviction)和购买(purchase)。

不难发现,效果层次模型是在AIDMA模型和DAGMAR模型基础上发展而来的。其中,知识是指消费者对品牌认知的程度。但相比DAGMAR模型,效果层次模型在"知识"与"信服"之间添加了"喜爱"和"偏好"两个阶段,"喜爱"与AIDMA模型中的"兴趣"属于同一水平,而"偏好"是比"喜爱"更进一步的心理阶段。[①]

效果层次模型中的各个阶段之间并不是等距的,通常来说,从产生认知到形成偏好可能比较迅速,而从品牌偏好到真正购买产品则可能需要较长时间。以广告为例,效果层次模型认为广告的效果既包括短期的、直接的效果,也包括长期的、潜移默化的效果。正常情况下,消费者不太可能立马从"对品牌陌生"的状态转变为"品牌的坚定拥护者"。相反,企业往往需要通过长期的、持续的品牌宣传使消费者最终产生购买行为。

(四)ARF媒体评价模型

ARF(advertising research foundation)媒体评价模型由美国广告调查财团于1961年提出,其关注的是对于广告媒介效果的测定。该模型的主要内容包括媒介普及、媒介暴露、广告暴露、广告认知、广告沟通和销售效果。媒介普及是指某种媒介在某一市场中普及的基本情况,如拥有收音机和电视机的总户数,报纸、杂志的发行份数或实际销售份数;媒介暴露是指媒介在目标人群中的暴露程度和潜在的视听受众的总人数,比如在特定时间内电视观众、广播听众的总数,或在特定时间内打开收音机、电视机的总人数;广告暴露是指接触到广告单位的总人数及接触到广告单位次数的合计,强调广告是否被目标人群真正接触到;广告认知是指目标受众对广告内容的认知度和记忆度;广告

---

① [日]清水公一:《广告理论与战略》,胡晓云、朱磊、张姮译,北京大学出版社,2010年版,第75页。

沟通是指广告对目标对象的态度改变、行为产生和决策的影响力,该阶段的效果评价指标是品牌理解度、好感度和行为意向度等;销售效果是指品牌传播(包括广告)带来的实际销售量的变化,其评价指标主要是传播或广告销售的促进度、消费者的行为发生率等。

ARF媒体评价模型的优点在于,企业可以对每一阶段具体的广告媒介效果进行量化,主要评估指标则包括广告投放情况、受众反馈数量、最终销售数据等。其中,媒介普及、媒介暴露、广告暴露是对广告媒体的影响力的评估,而广告认知、广告沟通及销售效果则是对广告本身的投放情况、与受众之间的信息交流情况的评估。它们反映的不仅是单一广告的即时效果,也是广告媒介和广告表现综合起来的效果。

(五)扩张关联模型

1984年,美国威斯康星大学的普利司通教授在DAGMAR模型和ARF媒体评价模型的基础上提出了扩张关联模型(Association Model),如图11-2所示。

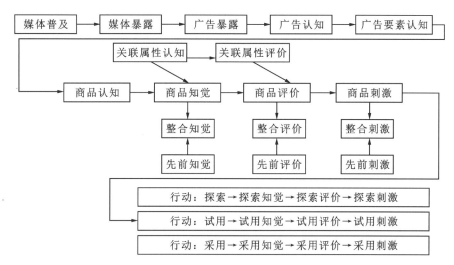

图 11-2 扩张关联模型示意图

该模型认为传播效果评估的前三个阶段分别是媒体普及、媒体暴露与广告暴露,这三个阶段直接沿用了ARF媒体评价模型的思路;之后从广告认知阶段开始,评估指标开始发生变化。

1. 第四阶段:广告认知—广告要素认知

广告认知阶段是消费者接触广告作品、了解广告中商品名称的阶段,其效果评估指标为广告注目率、内容认知度和内容记忆度。

广告要素认知阶段的评估指标为广告精读率和广告记忆度。

2. 第五阶段:商品认知—商品知觉—商品评价—商品刺激

商品认知阶段的效果评估标准以品牌的知名率为主,其评估指标为商品的品牌知名度和品牌记忆度。

从商品认知阶段经由关联属性认知,便发展到了商品知觉阶段,这一阶段消费者主要是了解广告诉求的品牌或与品牌有关的信息内容,其效果评估指标包括品牌认知度和内容理解度。

消费者在接触广告之前,就存在对广告中商品的认知与评价,这种认知与评价分别被称为先前知觉、先前评价,它们又分别与商品知觉、商品评价相互交融、相互作用,衍生出整合知觉、整合评价。这几个环节的效果评估指标是消费者的广告好感度、商品好感度、商品偏好度等。

之后是商品刺激阶段,消费者接收到的广告之外的信息对其形成的刺激被称为先前刺激,两者共同组成整合刺激,其效果评估指标为购买促进率、行动促进率、购买意图率等。

3.第六阶段:行动

最后一阶段便是行动阶段,它分为探索、试用和采用三种行动,每种行动又会触发知觉、评价和刺激等层级。在探索阶段,首先是探索比广告更为详尽的信息的行动产生了探索知觉,继而产生探索评价和探索刺激,这进一步触发了后续的试用和采用行为。行动阶段的评估指标包括购买率、使用满意度、品牌态度等。

二、非线性传播效果评估模型

相较于线性传播效果评估模型,非线性传播效果评估模型则更加关注品牌传播的多个环节、多个要素对最终传播效果的综合影响,因此在模型中引入更多变量,包括广告曝光量、品牌偏好度、消费者需求等。

以下是几种有代表性的非线性传播效果评估模型,分别为 FCB 方格、ELM 模型、整合模型和新广告传播效果模型。

(一)FCB 方格

FCB 方格由 1980 年 Foote Cone & Belding(博达大桥广告公司)公司的理查德·伍甘开发,它是用来描述消费者购买决策行为特征的工具。FCB 方格根据购买者"高度介入、低度介入"和"理性(认知)、感性(情感)"的偏向这两个维度,将一个平面划分为四个方格,每一方格内分布的产品反映出不同购买者相应的购买决策行为特征,如图 11-3 所示。

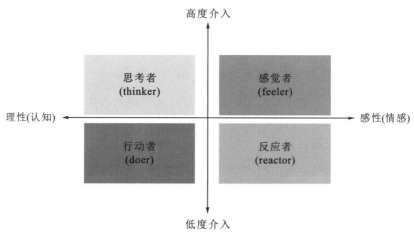

图 11-3　FCB 方格

1. 思考者（thinker）

该类型消费者行为特征是高介入、理性，其购买的产品往往是使用周期长、重复购买频次低的慢消品，该类产品一般为汽车、房屋、家具等，购买风险相对较大。消费者往往会主动收集、了解相关产品信息，形成对产品全面、理性的认识，购买决策遵循"学习—感觉—行动"的模式。面对此类消费者，广告应提供足够理性的诉求支持、鼓励消费者的试用比较。

2. 感觉者（feeler）

该类型的消费者行为特征是高介入、感性，其购买的往往是能够将品牌形象转移到消费者身上、有象征意义的产品，如香水、时尚服饰等，与消费者具有较强的情感联结。这一类型的消费者，其购买决策遵循"感觉—行动—学习"的模式。面对此类消费者，广告应注重感性的打动。

3. 行动者（doer）

该类型的消费者行为特征是低介入、理性，其购买的产品往往是一些介入程度低的日用产品，多为求便性的习惯性购买。消费者的决策一般遵循"行动—学习—感觉"的模式，他们消费此类产品时承担的风险较低，消费行为更容易实现，因此消费者会先行动，之后再通过产品效果来调整对品牌的态度及后续购买行为。面对此类消费者，广告应重视购买后的认同。

4. 反应者（reactor）

该类型的消费者行为特征是低介入、感性，购买产品主要是满足个人的特殊嗜好。该类消费者的决策一般遵循"行动—感觉—学习"的模式。对于此类消费者来说，广告中的产品功能信息并没有那么重要，他们更加关注产品独特的情感属性，因此广告应重视消费者的体验和自我感觉，品牌也需要以高强度的曝光来增强消费者对产品的印象，继而让其产生稳固的偏好。

该模型创造性地引入"介入度"这一要素，将传统的消费者决策过程研究提升至新的高度。但该理论人为地把消费者划分为边界清晰的四种类型，过于理想化而脱离现实情况。

（二）ELM 模型

ELM 模型（elaboration likelihood model，详尽可能性模型）（见图 11-4）是消费者信息处理过程中最有影响力的一种理论模型，由心理学家理查德·E. 派蒂和约翰·T. 卡乔鲍于 1986 年提出。详尽可能性是指个人对与议题相关的资讯仔细思量、深思熟虑的程度。该模型的核心思想是，消费者的行为由态度决定，而消费者处理信息的方式或者媒体的不同说服方式又影响着消费者的态度。[①]

ELM 模型认为，个人由于动机和能力不同，对于资讯会有不同的处理方式和路径，主要分为核心路线和外围路线。而人们选择处理信息的路径的根据主要有两点，一个是信息接收者个人判断信息的能力，二是信息接收者对于信息涉及事件的卷入度。

---

① 罗红梅：《基于 ELM 模型劝导路线的广告文案效果影响因素分析》，《老字号品牌营销》，2020 年第 10 期。

1. 核心路线

通过核心路线处理信息的消费者在面对各种信息时,会有意识地深入思考,以更加理性与批判的态度、较为积极和高参与度的心态进行信息处理。当消费者具有较高的知识水平、较强的理解力、有较多的时间精力时往往倾向于这种理性方式的选择,以获取更多的、更专业的产品信息。

2. 外围路线

而外围路径的信息处理方式恰好相反,采取此路径处理信息的消费者对信息的判断一般不会有积极、深入考虑品牌特性及其产品优缺点的过程,而是主要通过将品牌与广告中积极或消极的情感、情绪或技巧性的暗示联系起来。换言之,外围路线的信息处理方式往往会受到个体感性因素的影响,包括个人的价值判断和传播环境等。当消费者缺乏对信息内容的专业知识、对信息无法判断或精力有限时,更倾向于这种感性的选择。

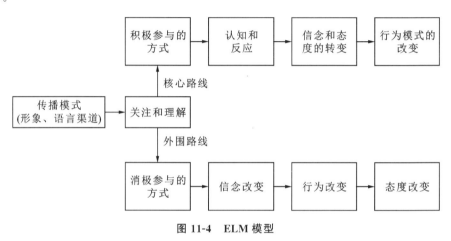

图 11-4　ELM 模型

(三) 整合模型

2001 年,日本学者仁科贞文将认知心理学、社会心理学的概念应用于广告活动和消费者心理反应的相关关系研究,提出了整合模型。该模型描绘了"传播效果"向"消费者行动效果"转化的非线性品牌传播过程[①]。

在整合模型中,与广告效果有关的信息处理被分为四个阶段,分别是广告信息处理阶段、商品信息处理阶段、需求信息处理阶段和购买行动处理阶段。其中前三个阶段所产生的效果是传播效果,而第四个阶段的效果体现的是消费者行动效果。仁科贞文认为,完整的广告传播效果必须包含传播效果与消费者行动效果两部分。

1. 广告信息处理阶段

指目标消费者群体接收到广告后所引起的"认知情绪反映"—"情报评价"—"插入型记忆"的连续心理发展过程,简单来说,即消费者从对广告信息产生认知到形成记忆的过程。

---

① 谢新洲、刘京雷、王强:《社会化媒体中品牌传播效果评价研究》,《图书情报工作》,2014 年第 14 期。

2. 商品信息处理阶段

指消费者对于广告信息处理的心理变化结果在大脑中被重塑,品牌相关的知识不断系统化,从而使消费者形成对商品及品牌的评价。

3. 需求信息处理阶段

该阶段是消费者需求产生的信息反应阶段,与上一阶段可以同时发生、并行处理。在此阶段,广告及其他内外部刺激唤起了消费者的需求。

4. 购买行动处理阶段

在此阶段,消费者会在了解商品及品牌知识的基础上,产生了相应诉求及消费动机,并在此基础上产生了商品及品牌的购买决策。

(四)新广告传播效果模型

2004 年,日本学者清水公一创建了新广告传播效果模型,提出了由广告商品、媒体评价标准、学习组合、感觉组合、行动组合组成的新广告传播模型(见图 11-5)。该模型认为消费者心理、态度和行为的改变会受到媒体卷入度、广告卷入度、商品卷入度等因素的影响,从而形成广告效果。

这一模型综合了前人所提出的各种直线型效果模型及非直线型效果模型,将广告效果评估分为五大部分:一是广告商品,消费者对于商品的卷入程度分为低参与度和高参与度两类;二是媒体评价标准,分为广告暴露、媒体暴露和媒体普及三个层面,与 ARF 评价模型相似;三是学习组合,主要是指消费者心理变化的过程,包含理解与认知两个方面;四是感觉组合,分为意图和态度两个方面;五是行动组合,分为采用和试用两种购买情况,由此消费者完成购买行为。

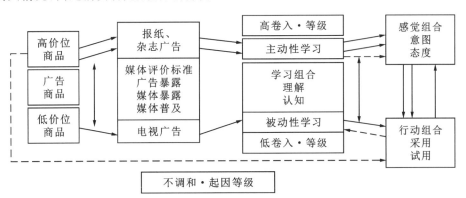

图 11-5　新广告传播效果模型示意图

三、世界知名机构的品牌传播效果评估模型

目前,业界和学界普遍认为,积累品牌资产是品牌传播的核心目标。因此,也有许多学者将品牌资产的增加与否作为衡量品牌传播效果的关键指标。代表的品牌资产评估模型,有英国英特品牌公司推出的 Interbrand 评估模型、国际市场研究集团的品牌资产引擎模型、扬·罗必凯广告公司的品牌财产评估电通模型、世界广告业巨头 WPP 旗

下的权威调研公司 Millward Brown(华通明略)开发的 BrandZ 等,这些模型从财务、市场、消费者等维度出发,共同架构起品牌传播效果的评估体系。

作为世界上公认的最著名的品牌价值评估公司,Interbrand(英特品牌)公司早在 2010 年就发表了《品牌价值评估方法及品牌排名的意义》一文,提出目前在全球范围内有影响力的 Interbrand 评估模型以及全球广告业巨头 WPP 集团旗下 Millward Brown 的 BrandZ 评估模型。下面,我们主要对这两种国际上最为著名且主流的品牌价值评估模型展开介绍。

(一)Interbrand 评估模型

Interbrand(英特品牌)公司于 1974 年在英国伦敦成立,是世界上最早研究品牌评价的机构,也被公认为世界上最著名的品牌资产评估公司,其在全球数十个地区设有分支机构。1987 年,该公司推出专有的 Interbrand 评估模型,在过去行业内单纯以财务要素进行品牌评估的基础上引入了市场维度,由此改变了品牌分析与评估方式,并于 1988 年为 RHM 集团实施了世界上首例公开的品牌价值评估研究工作。Interbrand 评估模型于 2010 年获得了国际标准化组织(ISO)10668:2010 的认证,是全球第一家获得该权威认证的品牌策略顾问机构,Interbrand 评估模型也成为品牌价值评估的国际通用方法。自 1999 年起,英特品牌集团每年都会发布年度"全球最具价值品牌(Best Global Brands) 100 强"榜单,该榜单被英国《金融时报》评选为"最受全球 CEO 重视"的三大榜单之一。

1. 模型的公式及因子构成

Interbrand 评估模型是基于品牌的过去、未来收益对品牌资产进行评价的方法(见图 11-6)。该方法涉及对过去和未来年份销售额、利润等方面的分析与预测,对处于成熟且稳定的品牌而言,是一种较为有效的品牌评估方法。

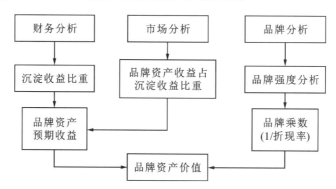

图 11-6 Interbrand 品牌资产评估过程

Interbrand 评估模型的计算公式为:

$$V(品牌资产) = P(品牌收益) \times S(品牌强度)$$

Interbrand 评估模型强调品牌给业务带来的额外收益,认为这部分额外收益是由品牌的作用力带来的,且品牌作用具备可延续性。

(1)品牌收益:反映品牌近几年的获利能力

Interbrand 评估模型认为,品牌收益并不仅仅是从品牌销售额中减去品牌的生产成本、营销成本、固定费用和工资、资本报酬以及税收等成本,还要考虑其他因素。比如,并非所有的收益或利润都是来自品牌,可能有部分收益或利润来自非品牌因素,例如固定资产投入、人员技能提高、管理效率提高、相对较高的定价、企业的成本优势、营销水平、客户服务水平等因素。在以快消品为代表的行业中,品牌对企业利润的贡献往往较大,而在一些以高新技术、工业产品为代表的行业则相反。

(2)品牌强度:决定品牌未来的现金流入能力

最初,英特品牌公司在计算品牌强度的模式时设计了七因子加权综合法,其中,影响品牌强度的七种因子分别是:市场领导力(leadership)、稳定力(stability)、市场力(market)、国际化能力(internationality)、市场趋势力(trend)、支持力(support)和保护力(protection)。

市场领导力是指品牌影响市场的能力,即品牌的发展与走向对市场影响的大小,反映了品牌在同行业中所处的竞争地位。一般来说,知名品牌往往具有较强的市场领导力。

稳定性是指品牌在市场上生存能力的大小,历史悠久的品牌一般稳定性较强。

市场力是指品牌目标市场的成长力和稳定性。若品牌选择了合适的目标市场,且目标市场能与品牌建立有效、长远的联系,品牌的竞争力也会渐渐增强。

国际化能力是指品牌超越地理和文化边界的能力,反映了品牌的文化包容性。

市场趋势力是指品牌的发展方向,反映了品牌与社会、行业发展趋势的一致程度。

支持力是指品牌所获得的持续投资和支持程度,它集中反映了品牌与社会公众,特别是与目标市场群体沟通的有效程度。

保护力是指品牌的合法性和受保护的程度。受保护的品牌所涵盖的行业与产品范围越广泛,其受到侵犯的可能性也就相对越小,品牌的竞争力也就更容易得到巩固。

由于品牌强度因子选择的主观性,1996年,英特品牌公司在进行品牌强度评估时又设计了四因子加权综合法,提出影响品牌强度的四种因子:比重(heavy,即同类产品中的市场占有率)、广度(broad,即市场分布)、深度(deep,即消费者忠诚度)、长度(long,即产品延伸程度)。

如今,英特品牌公司为品牌强度分析设计了10个诊断指标:真实性(authenticity)、清晰性(clarity)、品牌承诺(commitment)、品牌保护(protection)、应变能力(responsiveness)、一致性(consistency)、差异性(differentiation)、曝光度(presence)、相关性(relevance)、可理解性(understanding)(见表11-1[①])。每个指标的分值为10分,共100分。从10个指标的具体内容来看,品牌强度非常注重消费者感知,这也反映了品牌的本质要求。因此在通常情况下,消费者导向的品牌往往比销售导向的品牌在品牌强度指标上得分更高。

表11-1 英特品牌公司品牌强度诊断指标

指标	含义	分值区间
真实性	品牌是否基于产品的实际能力,是否传达明确的理念及价值观,能否满足消费者的期望	0~10
清晰性	品牌价值观、品牌定位和品牌主张是否阐述得明确清晰	0~10

---

① 顾伟:《Interbrand品牌资产评估模型述评》,《商业经济》,2012年第6期。

续表

指标	含义	分值区间
品牌承诺	品牌运作获得支持（如投资）的程度	0～10
品牌保护	品牌在各种层面得到保护的程度（如法律保护、专利设计）	0～10
应变能力	品牌自身的领导意识和不断自我发展更新的愿望	0～10
一致性	在各种传播终端，品牌承诺被消费者认同的程度	0～10
差异性	消费者感知品牌的定位和竞争对手的差别	0～10
曝光度	品牌在公众视野出现的概率及获得正向反馈的程度	0～10
相关性	品牌可以满足消费者的需求和期望的程度	0～10
可理解性	消费者和员工不仅知道该品牌，还对其内涵有深度理解	0～10

2．品牌资产评估方法的实施步骤

英特品牌公司的品牌资产评估方法主要由以下三个步骤组成。[①]

(1)确定反映品牌价值的各种参数并进行评分

英特公司品牌价值评估方法寻找到了影响品牌价值的80～100个参数并对其进行评分，然后根据评分的数值和各个参数的权重实施加权，合并成影响品牌强度的七个指标类别（即上文提到的市场领导力、稳定性、市场力、国际化能力、市场趋势力、支持力和保护力），并给出每个指标类别的得分值。以上参数和指标共同构成相对稳定的反映品牌强度的指标体系。

(2)对公司品牌获得的利润进行分解

为了保证测量的精准性，英特品牌公司提倡采用评估当年的前三年至后两年共五年的数据的方式，实现历史收益加权和预期收益的结合，同时剔除通货膨胀等因素，综合评估品牌收益。

(3)根据品牌强度推算出品牌强度倍数，再与当期品牌净利润额相乘

英特品牌公司的品牌价值评估方法中最为关键的参数是倍数，倍数一般是6～20倍不等，用以表示品牌可能的获利年限。品牌的市场信誉越高、越受消费者欢迎，可预期的获利年限越长，乘以净利润的倍数就越高，那么该品牌的价值就会越高。

3．对Interbrand评估模型的评价

(1)优势

Interbrand评估模型改变了以往的收益预测方法，在财务分析的基础上引入市场分析、品牌分析的维度，对品牌资产进行综合考量。Interbrand评估模型提出了"品牌强度"的概念，用品牌强度代表品牌未来的现金流入能力以及企业持续稳定经营的能力。在此之前，企业对未来收益的计算都是先根据历史相关数据对其未来一段时间的收益进行预测，然后乘以一定贴现率。[②] 根据历史数据来进行预测存在很大的不确定

---

① 刘红霞、杨杰：《从英特公司的品牌评估模型看我国企业品牌价值评估》，《会计之友》，2005年，第8期。

② 贴现率(discount rate)是指将未来支付改变为现值所使用的利率，或指持票人以没有到期的票据向银行要求兑现，银行将利息先行扣除所使用的利率。

性,而Interbrand评估模型通过引入品牌强度,将品牌强度乘以企业的利润来得出未来的收益,较好地解决了以上问题。

(2)不足

其一,Interbrand评估模型虽然将财务分析、市场分析、品牌分析有机地结合,但分析视角还是以企业为主,从消费者视角进行的考量并不多。

其二,品牌强度是Interbrand评估模型中引入的独特概念,其分析的各项指标随着品牌评估实践活动的发展不断完善,但对于指标的设置、各项指标的内涵、指标与指标之间的关系等还存在诸多争议。例如,在强度指标设置上并未专门设置独立的消费者的认知与态度评价指标,这一关系到品牌未来长远发展的关键性指标的缺失将在一定程度上影响品牌强度及其倍数的准确性。此外,在品牌强度分析过程中主要通过德尔菲法和专家意见法等定性研究法为主,缺乏定量分析。

其三,在实践中,很多利润的产生是诸多因素共同作用的结果,但财务分析首先要分离有形资产与无形资产对利润的贡献,在无形资产中还要进一步分离品牌和非品牌因素对利润的各自贡献,实践操作会相当困难。

(二)BrandZ评估模型

BrandZ创建于1998年,是由世界广告业巨头WPP旗下的权威调研公司Millward Brown(华通明略)建立的品牌资产数据库。该数据库是目前全球规模最大且资料最全的品牌资产类数据库,收录了全球5万多个知名品牌,品牌信息主要通过在线和面谈形式访谈30多个国家的200多万消费者而获得,并且做到每年更新。2006年起,Millward Brown联合《金融时报》(*Financial Times*)每年发布"BrandZ最具价值全球化品牌Top100"榜单;2010年起,每年发布"中国最具价值品牌Top50"榜单。由于母体公司的强大背景,以及强调采用的评估方法是以量化消费者决策行为和深度分析企业财务数据为基础的,BrandZ排行榜一经发布就引起了品牌价值评估领域的高度关注。[1]

1. 模型的公式

BrandZ评估模型强调品牌价值是企业价值的一部分,其评估公式为:品牌价值=品牌财务价值×品牌贡献。其中,品牌财务价值=品牌收益×品牌乘数。

此外,BrandZ评估模型引入了两个重要指标——品牌动能(brand momentum)和品牌贡献(brand contribution),分别反映品牌价值的未来增长潜力和品牌对企业盈利能力的贡献。

2. Brandz评估模型的实施步骤

Brandz评估模型的计算方法与Interbrand评估模型的原理基本一致,具体的实施步骤如下。

(1)确定品牌收益

BrandZ评估模型认为品牌收益是品牌给企业带来的增值,计算方法是用企业收益乘以品牌份额。与其他方法不同,BrandZ评估模型所评估的主要是直接面向消费者和

---

[1] 龚艳萍、谌飞龙:《品牌价值评估的理论演进与实践探索》,《求索》,2014年第3期。

面向市场的产品（或服务）品牌，而不是企业（或公司）品牌。因而，对于采用多品牌架构的企业来说，使用该评估模型首先要确定公司收益中有多少应归属于某个具体品牌。换言之，如果企业有多个品牌，在评估某一个品牌时，应将其他品牌创造的利润排除在外。此外，还应扣除相应的成本费用，从而确定该品牌上产生的投资回报。

该模型的评估所采用的财务数据主要来自彭博（Bloomberg）、分析师报告、调查机构 Kantar Worldpanel，以及企业向监管部门提交的材料。

(2) 推算品牌乘数

BrandZ 评估模型中，品牌收益的过去情况和当前现状都没有未来前景重要，于是它采用品牌乘数来显示品牌的未来收益，这种评估方式类似于股票市值计算法，即股票市值是收益的若干倍。品牌乘数的推算主要通过财务预测和消费者数据分析，在综合考虑品牌增长潜力和市场风险等因素的基础上评估品牌动能，评估值为 1~10 的乘数。

(3) 估算品牌贡献

估算品牌贡献是 BrandZ 评估模型的核心，其目的在于弄清消费者决定购买一个品牌到底在多大程度上是由感情而非功能因素支撑的，由此确定品牌本身究竟为企业价值做了多少贡献。

品牌贡献以百分比形式表示，Brandz 评估模型通过其自身构建的数据库来计算品牌贡献，从而保证品牌贡献的计算更加接近于现实生活，具体做法是：在分析 BrandZ 数据库中具体国家、市场、品牌的消费者调查数据的基础上，根据品牌对消费者购买决策的影响，比较品牌在不同品类和不同国家中重要性的差异，和品牌相对于价格、销售渠道等其他因素的作用大小，以及消费者最重视因素优先级的变化，然后按照 1~5 级指数（百分比）估算品牌贡献。

3. 对 BrandZ 评估模型的评价

与 Interbrand 评估模型主要基于市场要素的品牌价值评价模式不同，Brandz 评估模型不仅考虑了市场因素，还考虑了消费者因素。Brandz 评估模型依赖于自身构建的强大的数据库，评价的结果可信度较高。但是这种评价方法背后是较高的调查成本，并且不同国家消费者的决策模式受到各国文化等多种因素的影响，使得品牌评价更加复杂。

(1) 优势

BrandZ 评估模型的优势集中体现在以下两个方面。

其一，在品牌价值评估过程中凸显消费者因素，强调品牌贡献植根于现实世界的客户认知度和行为，而非不真实的专家意见。同时 BrandZ 评估模型要求剔除如财务、价格、便利性、垄断性等非品牌因素产生的收益，对品牌价值评估的准确度相对来说更高。

其二，将品牌与消费者的关系强度存在国别差异贯彻于品牌价值评估过程。这表现在 BrandZ 不仅将企业收益分割到每个品牌，还将每个品牌收益分割到不同国家市场，从而更好地估算品牌贡献。

(2) 不足

BrandZ 评估模型存在一些不足之处：一是它所宣称存储有海量信息的 BrandZ 数据库仅对 WPP 旗下公司开放，这就致使企业无法真正了解 BrandZ 的最终估值是如何产生的，因而很难指导企业开展提升品牌价值的实践。二是它坚称仅评估产品品牌，那么对于有评估需求的企业品牌来说，就没有评估方案，而产品品牌与企业品牌的评估方法、评估程序、评估工作的复杂性是不一样的。

总体而言,BrandZ 评估模型所强调的理念和方法符合品牌理论与品牌价值理论的最新研究共识,但要真正实施它需要有强大的数据库做支撑。

第三节　整合品牌传播效果的评估方法

对于如何评估和衡量品牌传播的效果,国内外研究已有很大的进展和突破,并建立了一些相应的评估标准和方式。需要注意的是,不同的评估体系往往基于不同的需求建立,因此评估结论可能会出现一定的差异。

接下来,我们将从接触、认知、态度、行为四个方面的效果对整合品牌传播的评估方法进行梳理。

一、接触效果评估方法

评估整合品牌传播的接触效果,主要是监测目标消费者与品牌信息发生接触的可能性,换言之,就是考察品牌传播媒体将品牌信息传达至目标消费者的程度以及实际引发的反应。

不同类型的媒体传播效果各有不同,对其传播效果的评估指标及方法也有区别。对传播媒体的分类有诸多方法,常见的有从表现形式、实现功能、影响范围、所属主体、时间发展等角度进行分类。在第八章中,我们已对以上几种分类方法进行了逐一讲解,在这一章,我们依然将传播媒体分为传统媒体和新媒体两部分,其中,传统媒体包括印刷媒体、电视媒体和广播媒体。

(一)传统媒体

1. 印刷媒体

印刷媒体的传播效果评估主要基于发行量、精读率等指标。

(1)发行量

发行量指媒体所印发的报纸等媒介实际到达受众手上的数量,又可细分为付费发行量(包括订阅发行量、零售发行量)和赠阅发行量。不同类型的发行量在评估上有着不同的价值:订阅发行量的读者对刊物有较强的兴趣与信心,对刊物的投入程度也较高,具有较高价值;零售发行量次之,赠阅发行量的市场价值最低。

一般来说,品牌广告到达与发行量呈正比,发行量越大,消费者接触到的广告就越多。[①]

(2)精读率

精读要求读者认真阅读的内容超过总字数的50%。精读率则是精读的读者人数占总阅读人数的比率,可通过抽样调查法进行统计。

2. 电视媒体

通常,我们主要通过开机率、收视率等量化指标来调查电视受众的收视行为,以进

---

① 胡晓云等:《品牌传播效果评估指标》中国传媒大学出版社,2007年版,第80页。

行电视媒体的传播效果评估。传播管理人员在对以上指标进行统计之前,必须首先明确某电视节目播出的地区与时间段,因为即使同一个电视节目,在不同的地区或不同的时间段播放也会出现不一样的收视状况。

(1) 开机率

开机率指在特定的时间段内,暴露于任何频道的家庭或人口占所有拥有电视机的家庭或人口的比率,反映的是家庭或个人的电视节目收视习惯的总体情况。

(2) 到达率

到达率是指一定时期内有机会接触电视广告一次或一次以上的人口百分比,而收看3次以上的人口百分比则称为有效到达率。

(3) 收视率

收视率是指某一时段内收看某电视频道(或某电视节目)的人数(或家户数)占电视观众总人数(或家户数)的百分比。某频道(或节目)收视率越高,就意味着有越多人收看了这个频道(或节目)。在其他条件相同的情况下,选择收视率更高的频道(或节目)期间投放广告,往往能取得更高的广告收益。收视率的主要变量是收视人数和收视时间,调查者主要运用概率论与数理统计原理对受众收视行为进行抽样调查与分析。

在电视媒体评估过程中,调查者也可以对一个电视节目的总收视人群按性别、年龄、职业、收入等统计指标进行分类,对不同指标受众各自所占的比率进行统计、分析。某一类受众与企业的目标消费者重合率越高,证明该节目广告投放的效果越好。

3. 广播媒体

广播媒体的传播效果评估主要基于收听率指标。在媒体评估与计算方式上,广播媒体与电视媒体并没有太大区别。

收听率是指某一时段收听某广播频道(或某广播节目)的人数占广播听众总人数的百分比。在收听率统计中,常用的数据采集方法有三种,即电话法、日记卡法和PPM法。电话法是指采用打电话的方式来收集听众收听广播信息的方法,一般用于一次性调查,而日记卡法和PPM法常用于固定样组的连续收听调查。在广播受众中,车载广播受众收听习惯较为稳定,且由于车上收听广播为封闭性的收听渠道,有力地保证了广播广告的到达率与收听率。

(二) 新媒体

新媒体是指利用互联网进行信息传播,以电脑、手机等为终端的媒体。按照传播渠道不同,网络新媒体可分为搜索引擎、移动新闻客户端、社交媒体等类型,而比较有代表性的广告类型则包括电子邮件广告、开屏广告、弹窗广告等。对于新媒体来说,其覆盖范围基本是所有网络用户,因此,行业中多用访问量、点击率、转化率、跳出率等指标来量化新媒体的传播效果。

(1) 访问量

网站的访问量通常用来描述访问一个网站的用户数量以及用户所浏览的页面数量等,常用的统计指标包括网站的总用户数量、页面浏览数量、每个用户的页面浏览数量、用户在网站的平均停留时间、不同时段的用户访问量等。

(2) 点击率

事实上,广告投放到受众眼前并不一定实现了品牌信息的传递,只有受众看到并点击广告进行浏览才算是一次有效的品牌传播。点击率能够在一定程度上反映广告对受众的吸引力,点击率越高,说明品牌广告的吸引力越强,反之,则说明受众对其不感兴趣。

点击率的计算公式为:点击率＝点击次数/曝光次数×100％,这些数据可通过网络运营商获得。

(3)转化率

转化率是用来衡量网络营销效果的重要指标,潜在用户在某一网站上完成一次网站期望的行为就记作一次转化。转化率的计算公式为:转化率＝转化次数/访问次数。

(4)跳出率

跳出率指访客来到网站后,只访问了一个页面就离开网站的访问次数占总访问次数的百分比。跳出率是反映网站流量质量的重要指标,跳出率越低说明流量质量越好,用户对网站的内容越感兴趣。

二、认知效果评估方法

在实践中,衡量品牌传播的认知效果,主要通过消费者对品牌的看法以及对品牌的了解程度来进行,测量往往采用定性与定量相结合的方法。

1. 反馈法

对于品牌来说,消费者对品牌的印象以及产品的使用反馈等信息,往往最能反映消费者的真实态度,因而是企业改进产品、完善服务、调整策略的重要参考依据。相应地,消费者的真实评价和使用反馈也会影响企业后续对于产品或服务的推广与销售。一般来说,品牌信息反馈管理的方法有两种:一种是同步反馈,指品牌实施传播的当下立即开展传播效果的测量评估,了解消费者对品牌信息的注意、理解和反映等情况;另一种是延时反馈,即品牌传播行为进行一定时间之后,再进行传播效果信息的收集与总结。

在当前信息环境下,消费者对于品牌的反馈信息遍布各类社交媒体,数量多且繁杂,因此,企业要想实时全面地掌握这类平台上的相关信息,可以借助各类舆情监测系统,如设置关键词进行全网全天候24小时监测。

2. 实验法

实验法是指在各种条件被严格控制的前提下,调查者有目的地对实验对象施加某种刺激,引发其某种行为反应,从而研究并找出该行为背后的心理或生理活动规律。

实验法主要通过小规模的实验来了解产品的宣传效果及其发展前景,并获取消费者对于品牌的看法意见。例如,要了解消费者对某一新产品的评价,就可以安排若干同类产品实验,进行试销调查。

常用的实验法包括销售区域实验、模拟实验、购买动机实验等。实验法的优点在于调查结果较为客观、准确,但弊端是实验周期往往较长、实施成本较高,且无法完全控制实验的影响因子。

3. 品牌回忆法

品牌回忆法是指调查者给消费者一些品牌使用或者购买的场景暗示,让消费者回忆并锁定某个品牌的方法。一个品牌越容易被认出,在同类产品品牌中越容易被记起,甚至提到某类产品时消费者想到的第一个品牌就是它,那么,这个品牌的知名度就越高,在消费者心中的优势地位自是不言而喻。尤其在品牌势均力敌、差异性不明显,或是商品的技术含量较低的情况下,消费者能认出、能想起的第一个品牌往往就是他可能购买的品牌。

因此,品牌回忆法是检测品牌知名度的有效方法之一。如果消费者在一众同类产品中成功回忆起某品牌,则在一定程度上表明该企业的品牌传播活动有效。消费者的品牌回忆数据可以通过调查、访谈等方法来收集,这类活动既可以由独立的第三方市场调查公司来实施,也可以由企业内部的市场调研等部门来实施。

三、态度效果评估方法

消费者对品牌的积极态度和评价是其产生消费行为的关键前提和条件。消费者对品牌的态度,取决于他们在多大程度上认为这个品牌具备他们所期望的价值。整合品牌传播的态度效果主要考察消费者态度是否在品牌传播活动后发生转变,包括消费者对品牌的好感度、价值认同、品牌偏好等。

其中,品牌偏好度是品牌影响力的重要组成部分,它反映的是消费者对某一品牌的喜爱程度以及为其产品付费的意愿。相对来说,企业让消费者知晓品牌及其产品的难度较低,而让其产生区别于同类其他品牌的偏好则较困难。因此,品牌需要通过传播活动让消费者建立起对品牌的独特偏好,通过展示品牌的独特优势吸引消费者注意力。消费者的品牌偏好一旦建立,之后的购买行为就水到渠成了。在业务层面,市场份额、流转速度和利润率就是消费者偏好的直接表现,这些都会影响企业的经济效益。

考察消费者对品牌的态度往往有以下几种方法。

1. 多重属性指数法

多重属性指数法是以消费者对品牌的多种属性态度来综合反映消费者的品牌态度。多重属性指数法的计算公式为:品牌态度指数=某属性的信念强度×属性的权重。其中,信念强度的测量可通过李克特量表[①]等方式,让受访者选择其认为该品牌有某属性的可能性有多大。而属性的权重则是通过受访者对属性的重要性排序来测定的。由各品牌属性的权重和信念强度可计算出品牌态度指数。如果在一次品牌传播活动之后,品牌态度指数明显高于传播活动进行前,说明这一品牌传播行为对品牌态度的形成有重大影响。

2. 投射法

投射法是一种心理测验法,目的是挖掘被测试者表面反应下的真正状态,以获得真实的情感、意图和动机。

投射法着重考察的是人们难以说出或不愿说出的内心深处的真实感受,或者某些存在于潜意识而不容易被个体觉察的感受。该方法的作用机制是测试者通过给出一些模糊的、不确定的刺激,使被测试者将自己的感情投射到这种无规定的刺激上,或通过谈论别人的问题而使被测试者放下自我防御机制,暴露自己内心真实的想法。企业在

---

① 李克特量表是由美国社会心理学家李克特于1932年在原有的总加量表基础上改进而成的。这种量表由一组与某个主题相关的问题或陈述构成,通过计算量表中各题的总分,可以了解人们对该调查主题的综合态度或看法。

运用这种方法时,往往让被测试者接受文章续写、词汇联想、漫画绘制等测试,考察其在无意识状态下的品牌态度①,了解他们脑海中最深刻的关于品牌与产品的相关信息,从而获得品牌形象或者产品属性中最显著的特征。

3. 语义差别尺度法

这种方法是把消费者对品牌的看法和态度用相关形容词进行描述,如富有吸引力、漂亮、令人愉快,等等,然后测定消费者在品牌传播活动实施前后描述品牌及产品的语义变化程度,衡量品牌传播对消费者品牌态度的影响效果。②

4. 排队法

排队法要求被访问者根据对某类产品中各个品牌的喜好程度对品牌进行排序,根据品牌的先后顺序判断消费者对各个品牌的偏好程度。

5. 访谈法

访谈者通过与受访者交谈,可以了解受访者对品牌的看法、态度等。访谈法可细分为深度访谈法、焦点小组访谈法等。

深度访谈类似于记者采访,为了最大限度保证受访者的观点、态度不受外界力量影响,消除受访者内心隔阂,让其畅所欲言,访谈者往往事先不拟定问卷、访谈提纲等,而是由访谈者和受访者就品牌相关的内容进行自由交谈,从而获得品牌的相关信息。

焦点小组访谈法则是由访谈者与受访者就品牌的某些具体问题进行座谈、展开讨论,以获取相关目标信息。该访谈法往往由主持人事先拟定提纲,访谈主题围绕消费者对某类产品的认知、偏好,广告创意的效果,产品定价是否合理,消费者对某项市场营销计划的初步反应等展开。

四、行为效果评估方法

分析消费者的行为效果,最直观的方法就是观察品牌传播活动前后销售情况的变化,评价指标以消费者转化率、品牌销售量等为主,评估方法主要包括调查法和统计法。

1. 调查法

调查法主要包括电话调查、中心地调查、入户调查、网络调查等,③是调查者从调查对象的总体中抽出若干样本小组,在一定时间范围内调查收集样本小组相关所需数据的方法。调查法主要用于了解品牌传播效果、商品购买情况、产品使用情况等。

在互联网时代,品牌市场调查更多地采用发放网络问卷等在线调查方式。网络问卷调查即企业运用计算机程序编辑问卷文本,并通过网络邀请消费者回答问卷以获取产品市场信息的调查方式。这种方法可以以较短的时间及人力成本获得足够多的样本,并且由于网络的匿名性,被调查者更便于回答一些涉及品牌敏感的关键性问题,这也使得调查结果更加真实可靠。

---

① 张树庭、吕艳丹:《有效的品牌传播》,中国传媒大学出版社,2008年版,第29页。
② 宁昌会:《品牌传播效果的衡量指标及测定》,《统计与决策》,2001年第7期。
③ 罗子明:《品牌传播研究》,《企业管理出版社》,2015年版,第196页。

2.统计法

统计法即运用统计学的原理与计算方法评估品牌传播效果,主要包括广告效果比率法、广告费用比率法、市场占有率法等。

（1）广告效果比率法

广告效果比率法根据广告投放后销售额增加的幅度与广告费用增加幅度之比测定广告效果,其计算公式为:广告效果比率＝销售额增加率/广告费用增加率×100%。

在销售量不变的情况下,广告费用增加越少,说明广告效果越好。

（2）广告费用比率法

广告费用比率是指广告费支出与销售额之间的对比关系,其计算公式为:广告费用比率＝本期广告费用总额/本期广告投放后销售总额×100%。

在销售总额不变的情况下,广告费越用越少,说明广告效果越好,反之,广告效果越差。

（3）市场占有率法

市场占有率是指某品牌产品在一定时期、一定市场上的销售额占同类产品销售总额的比率,其计算公式为:市场占有率＝某品牌产品销售额/同类产品销售总额×100%。[1]

在同类产品销售总额不变的情况下,品牌市场产品销售额越高,证明该品牌的占有率越高,也在一定程度上证明品牌传播的效果越好。

 案例

做一杯有温度的茶:茶颜悦色的"4V"品牌传播观[2]

一、案例概述

近几年,长沙这座城市的标志性符号又多了一个——茶颜悦色。这个以中国风为主题的新式茶饮品牌于2013年底在长沙问世,短短几年内便成为国内茶饮界当之无愧的"顶流"。2019年,茶颜悦色品牌获得天图资本、阿里关联企业的投资,进入快速扩张期;2020年,茶颜悦色长沙门店有200余家;后进驻武汉、重庆、南京等城市。

茶颜悦色能取得如此瞩目的成绩,离不开其背后科学、系统的品牌传播规划与战略。从品牌差异化(variation)的打造、品牌功能化(versatility)的实现、品牌附加价值(value)的探寻与品牌共鸣(vibration)的唤起,茶颜悦色充分玩转了"4V"品牌传播理念,以更为柔性的产品和服务,为大众做了一杯"有温度的茶",培养了一批具有高度品牌忠诚度的用户。

---

[1] 刘晶:《广告效果测定方法及应用分析》,《现代商贸工业》,2011年第16期。
[2] 吴妍珏、文杏梓:《2020基于4V营销理论的我国新式茶饮品牌差异化营销战略探析——以"茶颜悦色"为例》,《商场现代化》,2020年第17期。

二、品牌的"4V"传播策略

(一)品牌差异化的打造

"出奇制胜"是茶颜悦色的优势所在,它在品牌的市场定位、产品和品牌形象等方面的尝试都可谓标新立异,与其他新式茶饮品牌形成了显著区隔。

1. 市场定位:时尚、创新的文艺青年

茶颜悦色将18~35岁的都市白领作为目标客户群,因为这个目标群体时尚、对新鲜事物有强烈的好奇心与高接受度。这类人群广泛分布于各大高校及周边、城市核心商圈,茶颜悦色便瞄准了这些地方进行选址。开业至今,茶颜悦色已基本完成了在长沙主流商圈"十米一店、一街十店"的高密度布局。

2. 产品定位:"中茶西做"

茶颜悦色创新地将中国的茶文化与西方的咖啡工艺相结合,还根据消费者个性偏好定制产品甜度、温度与容量大小,打造新派茶饮品尝新概念——"一挑、二搅、三喝"的品尝诀窍,为消费者带来独特的品牌体验。

3. 品牌形象:国风美学

茶颜悦色作为新中式茶饮的代表,誓将国风美学贯彻到底。无论是品牌标志、门店装潢,还是茶杯设计、产品命名等,都体现出浓浓的古风韵味。其一,其品牌logo以古代仕女、团扇、八角窗等元素勾勒,并辅以朱砂红作为品牌标准色,简洁明了(见图11-7);其二,品牌各门店均以中式风格为基调,并根据所处地址进行差异化定制,且店名也别具特色,江枫渔火、竹林煮茶、幽兰阁、桃花源……各概念店的设计元素紧扣店名,让消费者沉浸式体验诗情画意;其三,产品名称别具一格,"浣沙绿""红颜""豆蔻""人间烟火""等等纸鸢"……你很难想象这是茶饮的名称,而茶颜悦色却做到了。此外,茶颜悦色还曾不惜重金买下故宫名画的版权,将其印制在奶茶纸杯上,传递中国传统文化的同时彰显品牌不俗的品位。

图11-7 茶颜悦色品牌标志

(二)品牌功能化的实现

茶颜悦色的产品设计及服务细节在实现产品功能的同时,也彰显了对消费者的浓浓关怀。比如,茶颜悦色的小票上印着一句话:只要您觉得口味有异,请果断行使"一杯鲜茶的永久求偿权"。此外,茶颜悦色还在探索更多的品牌情感价值功能,比如,它先后携手御泥坊联名定制"茶"护肤新品,形成美妆同盟;与喜茶合作,通过微博、微信、B站、线下门店等途径,讲述"阿喜长沙会茶颜"的动漫故事，实现同行联名营销；它还跟随深圳超级文和友开快闪店，开业排队时的盛况被网友戏称"清明上河图"再现。

(三)品牌附加价值的探寻

一杯茶也能做"周边"？这招儿还得看茶颜悦色。茶颜悦色将品牌特色与国风文化融入文创产品，开发出包括茶叶、茶具、茶罐、书签、古扇、笔记本等在内的众多文创产品，俨然将自己打造为一家"被茶艺耽误了的文创店"。

茶颜悦色尊崇"踏实、拼搏、责任"的企业精神，坚持诚信、共赢、开创的经营理念，真正贴心为消费者服务。其门店常备红糖、花露水、创可贴、暖宝宝等；2020年疫情暴发后，茶颜悦色首次推出外卖服务，且设有专门针对外卖的品牌"知乎茶也"，用瓦楞纸做外包装，可保温3小时，并配备防漏杯盖、吃法小贴士、芝士碗、环保纤维纸巾等，充分体现了企业用心服务的文化理念。①

(四)品牌共鸣的唤起

如何唤起品牌共鸣？消费者深度参与互动是茶颜悦色的制胜法宝。其品牌活动策划（如产品命名、包装风格等）均可由消费者主导：杯画创意与设计等由消费者推荐或评比；口味变幻、新品上市等由消费者抉择……茶颜悦色的品牌活动往往辅以幽默、坦诚又略带调侃的文风宣传，并充分利用社交媒体平台进行营销，不仅在消费者心中建立起"陪伴茶饮"的品牌形象，也将自己彻底打造为社交货币：茶颜悦色在微博、小红书、抖音等各类社交平台拥有一大批忠诚的高质量用户，其在小红书上的相关笔记更是高达几十万篇。强有力的自传播模式与互联网的加持，让茶颜悦色拥有了全国各地的铁粉，也省下了一大笔广告宣传费，使其能够将更多资金投入产品研发。

三、品牌传播效果一览：助力文化传播，带动城市服务业发展

茶颜悦色秉持"做一杯有温度的茶"的理念，通过各种差异化战略的结合，在竞争激烈的新式茶饮行业中脱颖而出，取得了不俗的品牌传播效果，不仅利用传统文化对品牌价值进行赋能，还实现了对传统文化的广泛传播，可谓双赢。

高流量带来的是高转换率和真金白银的销量。截至2022年，茶颜悦色在全国已拥有超过五百家门店。在长沙人头攒动的五一商圈，每走几十米就能看到一家茶颜悦色。对于外地游客来说，茶颜悦色也成为他们来长沙旅游必打卡的茶店，茶颜悦色甚至带动了长沙本地的旅游业、餐饮业等服务业的发展。2021年五一期间，小红书上长沙相关笔记数量比去年同期增长近3.9倍，而身处长沙的小红书用户搜索最多的内容是"茶颜悦色"，搜索量远超其他关键词；五一期间长沙的380家门店，售出饮品超过150万杯，接待消费者80万人次，较五一前增长数倍②。茶颜悦色与长沙这座城市进行了深度绑定，在助力文化传播的同时也带动了城市服务业的发展。

---

① 吴妍珏、文杏梓：《2020基于4V营销理论的我国新式茶饮品牌差异化营销战略探析——以"茶颜悦色"为例》，《商场现代化》，2020年第17期。

② 中国网财经：《茶颜悦色、文和友带火长沙旅游 小红书五一笔记分享增长3.9倍》，http://finance.china.com.cn/roll/20210512/5569937.shtml，2021-05-12。

【问题】

1. 茶颜悦色的成功经验对新式茶饮品牌有何启示?

2. 除了上述内容,你认为茶颜悦色还有哪些品牌传播策略是值得新式茶饮品牌学习和借鉴的?

课后思考题

1. 你如何理解 ELM 模型的核心路线与外围路线?
2. Interbrand 评估模型和 BrandZ 评估模型的优势与不足分别有哪些?
3. 新媒体的传播效果评估指标一般有哪些?

主要参考文献

[1] 何佳讯.品牌形象策划[M].上海:复旦大学出版社,2000.

[2] 菲利普·科特勒.营销管理——分析、计划和控制[M].梅汝和,等译校.上海:上海人民出版社,1994.

[3] 余明阳,戴世富.品牌战略[M].北京:清华大学出版社,2009.

[4] 大卫·奥格威.一个广告人的自白[M].林桦,译.北京:中国物价出版社,2003.

[5] 王海涛等.品牌竞争时代——开放市场下政府与企业的品牌营运[M].北京:中国言实出版社,1999.

[6] 大卫·奥格威.奥格威谈广告[M].曾晶,译.北京:机械工业出版社,2013.

[7] 杜国清,陈怡,等.品牌传播理论与实务[M].北京:中国传媒大学出版社,2018.

[8] 林升梁.整合品牌传播:战略与方法[M].北京:中央编译出版社,2017.

[9] 余阳明,朱纪达,肖俊崧.品牌传播学[M].上海:上海交通大学出版社,2005.

[10] 大卫·阿诺.品牌保姆手册——13个名牌产品推广、重建范本[M].林碧霞,李桂芬,译.台北:时报文化出版企业有限公司,1995.

[11] 韩光军.品牌策划[M].北京:经济管理出版社,1997.

[12] 凯文·莱恩·凯勒.战略品牌管理[M].李乃和,等译.北京:中国人民大学出版社,2000.

[13] 罗瑟·瑞夫斯.实效的广告——达彼思广告公司经营哲学:USP[M].张冰梅,译.呼和浩特:内蒙古人民出版社,1999.

[14] 张金海.20世纪广告传播理论研究[M].武汉:武汉大学出版社,2002.

[15] 程宇宁.整合营销传播——品牌传播的策划、创意与管理[M].北京:中国人民大学出版社,2014.

[16] 汤姆·邓肯.整合营销传播:利用广告和促销建树品牌[M].周洁如,译.北京:中国财政经济出版社,2004.

[17] 李华君.数字时代品牌传播概论[M].西安:西安交通大学出版社,2020.

[18] 卫军英.广告经营与管理[M].杭州:浙江大学出版社,2001.

[19] 菲利普·科特勒,洪瑞云,梁沼明,等.市场营销管理(亚洲版·第二版)[M].梅清豪,译.北京:中国人民大学出版社,1997.

[20] 祝合良.品牌创建与管理[M].北京:首都经济贸易大学出版社,2007.

[21] 戴维·阿克.管理品牌资产[M].奚卫华,译.北京:机械工业出版社,2005.

[22] 翁向东.本土品牌战略[M].杭州:浙江人民出版社,2002.

[23]艾·里斯,劳拉·里斯,张云.21世纪的定位:定位之父重新定义"定位"[M].寿雯,译.北京:机械工业出版社,2019.

[24]叶明桂.如何把产品打造成有生命力的品牌[M].北京:中信出版集团,2018.

[25]朱江丽.全媒体整合广告:策略与案例分析[M].北京:中国人民大学出版社,2016.

[26]艾·里斯,劳拉·里斯.公关第一广告第二[M].罗汉,虞琦,译.上海:上海人民出版社,2004.

[27]李国威.品牌公关实战手册[M].北京:中信出版集团,2018.

[28]谷虹.智慧的品牌:数字营销传播金奖案例2019/2020[M].广州:暨南大学出版社,2022.

[29]马歇尔·麦克卢汉.麦克卢汉如是说[M].何道宽,译.北京:中国人民大学出版社,2006.

[30]中国社会科学院语言研究所词典编辑室.现代汉语词典:第4版增补本[M].北京:商务印书馆,2002.

[31]黄合水.广告心理学[M].北京:高等教育出版社,2005.

[32]徐适.品牌设计法则[M].北京:人民邮电出版社,2019.

[33]德鲁·埃里克·惠特曼.吸金广告[M].焦晓菊,译.南京:江苏人民出版社,2014.

[34]胡晓云,等.品牌传播效果评估指标[M].北京:中国传媒大学出版社,2007.

[35]张树庭,吕艳丹.有效的品牌传播[M].北京:中国传媒大学出版社,2008.

[36]陈先红."关系生态说"与公关理论的创新[J].国际关系学院学报,2004(3):34-38.

[37]陈先红,陈欧阳.公关如何影响新闻报道:2001—2010年中国大陆报纸消息来源卷入度分析[J].现代传播,2012(12):36-41.

[38]董天策.关于"传播交叉领域"的研究——对新闻、公关、广告之互动的思考[J].新闻与传播研究,2009(1):87-94.

[39]舒咏平,谷羽.企业公益传播:公益营销的超越[J].现代传播,2012(9):94-96,110.

[40]余明阳,舒咏平.论"品牌传播"[J].国际新闻界,2002(3):63-68.

[41]余晓钟,冯杉.4P、4C、4R营销理论比较分析[J].生产力研究,2002(3):248-250.

[42]王佳炜,陈红.SoLoMo趋势下品牌传播的机遇与应对[J].当代传播,2013(2):95-96,103.

[43]张金海,廖秉宜.广告代理制的历史检视与重新解读[J].广告大观(理论版),2007(2):25-31.

[44]陈刚,潘洪亮.重新定义广告——数字传播时代的广告定义研究[J].新闻与写作,2016(4):24-29.

[45]潘忠党,刘于思.以何为"新"?"新媒体"话语中的权力陷阱与研究者的理论自省:潘忠党教授访谈录[J].新闻与传播评论,2017(1):2-19.

[46]彭兰."新媒体"概念界定的三条线索[J].新闻与传播研究,2016(3):120-125.

[47]郑雯静.互联网企业的程序化广告服务平台研究——以巨量引擎为例[J].新闻研究导刊,2020(13):210-211.

[48]李红妮.新媒体广告生态下互联网营销服务平台的赋能逻辑——以巨量引擎为例[J].传媒,2021(10):70-72.

[49]Kapferer J. Strategic Brand Management[M]. London:Kogan Page Limited,1992.

[50]Alicia Perry,David Wisnorn Ⅲ. Before the Brand:Creating the Unique DNA of an enduring Brand Identity[M]. New York:McGraw-Hill, 2003.

[51]Brigitte B. Design Management:Using Design to Build Brand Value and Corporate Innovation[M]. New York:Allworth Press,2003.

[52]Lieb R. Content marketing:Think like a publisher-how to use content to market online and in social media[M]. London:Pearson Education,2011.

[53]Handley A,Chapman C C. Content rules:How to create killer blogs,podcasts,videos,ebooks,webinars (and more) that engage customers and ignite your business[M]. New York:John Wiley and Sons,2010.

[54]Fog K,Budtz C,Munch P,et al. Storytelling:Branding in practice[M]. Berlin:Springer,2010.

[55]Varadarajan R. Strategic marketing and marketing strategy:Domain, definition,fundamental issues and foundational premises[J]. Journal of the Academy of Marketing Science,2010(2):119-140.

引用作品的版权声明

为了方便学校教师教授和学生学习优秀案例,促进知识传播,本书选用了一些知名网站、公司企业和个人的原创案例作为配套数字资源。这些选用的作为数字资源的案例部分已经标注出处,部分根据网上或图书资料资源信息重新改写而成。基于对这些内容所有者权利的尊重,特在此声明:本案例资源中涉及的版权、著作权等权益,均属于原作品版权人、著作权人。在此,本书作者衷心感谢所有原始作品的相关版权权益人及所属公司对高等教育事业的大力支持!

与本书配套的二维码资源使用说明

本书部分课程及与纸质教材配套数字资源以二维码链接的形式呈现。利用手机微信扫码成功后提示微信登录,授权后进入注册页面,填写注册信息。按照提示输入手机号码,点击获取手机验证码,稍等片刻收到4位数的验证码短信,在提示位置输入验证码成功,再设置密码,选择相应专业,点击"立即注册",注册成功。(若手机已经注册,则在"注册"页面底部选择"已有账号?立即登录",进入"账号绑定"页面,直接输入手机号和密码登录。)接着提示输入学习码,刮开教材封面防伪涂层,输入13位学习码(正版图书拥有的一次性使用学习码),输入正确后提示绑定成功,即可查看二维码数字资源。手机第一次登录查看资源成功以后,再次使用二维码资源时,在微信端扫码即可登录进入查看。